Schriftenreihe des
ZENTRUMS FÜR EUROPÄISCHE RECHTSPOLITIK
an der Universität Bremen (ZERP)

Band 55

Christiane Falge/Andreas Fischer-Lescano/
Klaus Sieveking (Hrsg.)

Gesundheit in der Illegalität

Rechte von Menschen ohne Aufenthaltsstatus

 Nomos

Die Deutsche Nationalbibliothek verzeichnet diese Publikation in
der Deutschen Nationalbibliografie; detaillierte bibliografische
Daten sind im Internet über http://www.d-nb.de abrufbar.

ISBN 978-3-8329-4784-2

1. Auflage 2009
© Nomos Verlagsgesellschaft, Baden-Baden 2009. Printed in Germany. Alle Rechte,
auch die des Nachdrucks von Auszügen, der fotomechanischen Wiedergabe und der
Übersetzung, vorbehalten. Gedruckt auf alterungsbeständigem Papier.

Editorial

Das Zentrum für Europäische Rechtspolitik der Universität Bremen (ZERP – www.zerp.eu), als Stiftung gegründet 1982 vom Senat der Freien Hansestadt Bremen, ist ein interdisziplinäres Forschungsinstitut zu Recht und Politik der Europäischen Union. Seit Januar 2009 ist es ein inneruniversitäres Institut am Fachbereich Rechtswissenschaft der Universität Bremen. Das Spezifikum der Forschungsarbeit des ZERP liegt in der Verbindung von rechts- und politikwissenschaftlicher Forschung, die die Disziplinen der politischen Theorie, der Rechtstheorie und -soziologie sowie des europäischen und internationalen Verfassungs-, Wirtschafts- und Privatrechts einbezieht.

Die Forschungsaktivitäten des ZERP werden im Rahmen der Fachbereiche Rechts-, Sozial- und Politikwissenschaften der Universität Bremen durchgeführt. Das ZERP ist eines der Trägerinstitute der Bremen International Graduate School of Social Sciences und des Sonderforschungsbereichs „Staatlichkeit im Wandel". Daneben arbeitet das ZERP mit prominenten ausländischen Partnerinstitutionen zusammen, so dem Europäischen Hochschulinstitut Florenz, der Universität Helsinki, dem Institute of European and Comparative Law der Universität Oxford, der Universität in Sassari und der Scuola S. Anna in Pisa.

Die Schriftenreihe des ZERP wählt einen disziplinenübergreifenden Zugang zu den Fragen Europäischer Rechtspolitik in der postnationalen Konstellation. Die Arbeiten, die in der Schriftenreihe des ZERP erscheinen, haben diese Perspektive auf transnationale Rechts- und Politikverhältnisse gemeinsam. Sie sind bestrebt, interdisziplinäre Verbindungslinien wieder einzuziehen und eine gesellschaftstheoretisch informierte Perspektive auf transnationale Ordnungsbildungsprozesse zu gewinnen. Als normative Betrachtungsfolie dient das Ideal eines sozial gerechten, auf Menschenrechte und Schutz der ökologischen Grundlagen verpflichteten und Grundfragen demokratischer und friedlicher Governance adressierenden transnationalen Verfassungsrechts.

Vorwort

> *Ihr, die so genannten illegalen Ausländer,*
> *solltet wissen, dass kein Mensch „illegal" ist.*
> *Das ist ein Widerspruch in sich.*
> *Menschen können schön sein oder noch schöner,*
> *sie können gerecht sein oder ungerecht, aber illegal?*
> *Wie kann ein Mensch illegal sein?*
>
> Elie Wiesel

Der Umgang mit irregulärer Migration war viele Jahre ein eher verdrängter Gegenstand der deutschen und europäischen Einwanderungs- und Integrationspolitik. Bislang geht man in Deutschland von ca. 1 Mio. betroffener Personen aus. In der Europäischen Union gibt es nach neueren Schätzungen des Hamburgischen Weltwirtschaftsinstituts (HWWI) im Rahmen des von der EU geförderten Projekts CLANDESTINO[1] zwischen 2,8 und 6 Millionen Menschen ohne regulären Aufenthaltsstatus.

Das Thema der irregulären Migration im Allgemeinen wurde in den letzten Jahren zu einem zentralen Bestandteil der europäischen Migrationspolitik. Während der Bereich des Grenzkontrollregimes weitgehend vereinheitlicht ist, herrscht auf europäischer Ebene Uneinigkeit über den Umfang der Rechte der Personen, die sich ohne gültige Aufenthaltspapiere in den Mitgliedstaaten aufhalten. Das betrifft insbesondere die Zugangsrechte zu den staatlichen Gesundheitssystemen. Nach wie vor existieren in den Mitgliedstaaten der EU unterschiedliche Umgangsformen in der Gesundheitsversorgung der Menschen mit irregulärem Aufenthalt.

Der vorliegende Sammelband fasst die Ergebnisse der interdisziplinären Konferenz „Gesundheit in der Illegalität. Rechte von Menschen ohne Aufenthaltsstatus" zusammen, die am 7. und 8. November 2008 im Rahmen der Bremer Integrationswoche im Deutschen Auswandererhaus in Bremerhaven organisiert durch das Zentrum für Europäische Rechtspolitik (ZERP) der Universität Bremen in Kooperation mit dem Interkulturellen Gesundheitsnetzwerk Bremen stattfand. Die Veranstaltung bot ein Forum für einen interdisziplinären Austausch von Wissenschaftlern und Praktikern, deren dort präsentierte Stellungnahmen in dieser Schrift in überarbeiteter und teilweise aktualisierter Fassung zusammengeführt sind.

Die Beiträge verbindet, dass sie der für die Betroffenen existentiellen Problematik der Exklusion aus dem Gesundheitssystem gewidmet sind. Sie beleuchten das Thema sowohl aus nationaler, europäischer und internationaler Sicht als auch in tatsächlicher und rechtlicher Perspektive. In vier Bereichen, hier nach Kapiteln geordnet, wird das Thema näher eingegrenzt: Um das *Leben in der Illegalität* in Deutschland und im europäischen Vergleich geht es im ersten Kapitel. Im zweiten Kapitel folgen exemplarisch Darstellungen zu *Versorgungspraxen* aus der Sicht unterschiedlicher Modelle im föderalen

---

1 <http://irregular-migration.hwwi.net>.

Inhaltsverzeichnis

System Deutschlands (Berlin, Bremen, Hamburg) sowie einzelner europäischer Staaten (Neapel als italienisches Beispiel, Niederlande und ein allgemeiner Überblick über die Situation in Europa). Den in der deutschen Praxis bedeutsamen Problemen der *Meldepflicht und des Zugangs zum Gesundheitssystem* widmen sich im dritten Kapitel vier Beiträge zum bundesdeutschen Aufenthalts-, Zivil-, Sozial- und Strafrecht. Das abschließende vierte Kapitel enthält Erörterungen zum *europäischen und internationalen Recht* unter verschiedenen Blickwinkeln: Der Möglichkeiten der Europäischen Harmonisierung, den aktuellen Regelungen der Aufnahme- und Opferschutz-Richtlinie der EU, dem Anspruch auf Gesundheitsversorgung nach dem UN-Sozialpakt und dem nach der Wanderarbeitnehmerkonvention.

Die Beiträge offenbaren aus den unterschiedlichsten Perspektiven die dringende Notwendigkeit eines legislativen Tätigwerdens, insbesondere im Hinblick auf die Meldepflicht des § 87 Aufenthaltsgesetz. Nach dieser Vorschrift ist eine Mitteilungspflicht öffentlicher Behörden an die Ausländerbehörden vorgesehen, wenn sie im Zusammenhang mit der Erfüllung ihrer Aufgaben Kenntnis von dem Aufenthalt eines Ausländers erlangen, der keinen erforderlichen Aufenthaltstitel besitzt. Problematische Folgen – und dies kommt in seiner Dramatik in einer ganzen Reihe von Beiträgen des Sammelbandes zum Ausdruck – hat dies vor allem für Familien von Migrantinnen und Migranten und deren Kinder. Der vorliegende Sammelband sucht aus rechtsethnologischer, soziologischer, rechtvergleichender, europarechtlicher und völkerrechtlicher Perspektive einen weiteren Anstoß dafür zu geben, dass der Bundesgesetzgeber im Hinblick auf die existentielle Frage des Zugangs zum Gesundheitssystem tätig werden möge.

Christiane Falge
Andreas Fischer-Lescano
Klaus Sieveking

Bremen, Mai 2009

Inhaltsverzeichnis

Vorwort 7

1. Kapitel
Leben in der Illegalität

Holger Hoffmann
Leben in der Illegalität – Exklusion durch Aufenthaltsrecht 13

Franck Düvell
Irreguläre Immigration nach Europa: Eine Einführung 23

2. Kapitel
Europäische Versorgungspraxen

Susann Huschke
Fragiles Netz – Krankheitserfahrungen undokumentierter Latinas in Berlin 45

Sandra Schmidt
Gesundheitliche Versorgung von Papierlosen in Deutschland aus Sicht der Medizinischen Flüchtlingshilfen 63

Elène Misbach, Burkhard Bartholome, Jessica Groß
Integration in die Regelversorgung statt Entwicklung weiterer Parallelsysteme: Eine aktuelle Perspektive für Berlin? 81

Eckhard Lotze
Die Humanitäre Sprechstunde des Gesundheitsamts Bremen – Kommunale Verantwortung für die Gesundheit aller Menschen 89

Luciano Gualdieri, Maria Laura Russo
Legalized and institutionalized Health Care for undocumented migrants in Naples 97

Tineke Strik
Zugang zu Sozialleistungen für Ausländer ohne Aufenthaltsgenehmigung: die Praxis in den Niederlanden 109

Gisela Penteker
Zugang zur Gesundheitsversorgung für Menschen ohne Papiere in Europa 115

3. Kapitel
Meldepflicht und Zugang zum Gesundheitssystem

Nele Allenberg / Tillmann Löhr
Der Prüfbericht Illegalität und alternative Lösungsansätze   125

Benedikt Buchner
Gesundheit in der Illegalität – Zivilrechtliche Fragen im Arzt-Patienten-Verhältnis   137

Dorothee Frings
Der Anspruch nach dem Asylbewerberleistungsgesetz auf eine medizinische
Grundversorgung für Menschen ohne Papiere   143

Christine Graebsch
Strafrechtliche Fragen der medizinischen Behandlung von Papierlosen: Humanitäre
Hilfe zwischen ärztlichen Pflichten und ausländerrechtlichem Beihilfeverdacht   161

4. Kapitel
Europäisches und internationales Recht

Timo Tohidipur
Sans Papiers und Gesundheitsversorgung Möglichkeiten europäischer
Harmonisierung   183

Marei Pelzer
Europäische Regelungen über den Zugang zur Gesundheitsversorgung:
Welche Rechte haben Migranten ohne Aufenthaltsstatus?   195

Valentin Aichele
Anspruch auf Zugang zu medizinischer Versorgung:
Das Recht auf Gesundheit nach dem UN-Sozialpakt   205

Katharina Spieß
Die UN-Wanderarbeitnehmerkonvention – Verbesserung der
Gesundheitsversorgung von irregulären Migranten und Migrantinnen?   223

Autorenprofile   233

1. Kapitel

Leben in der Illegalität

Leben in der Illegalität – Exklusion durch Aufenthaltsrecht

Holger Hoffmann

I. Vorbemerkung

Das Thema, ohne Fragezeichen gestellt, behauptet implizit, soweit deutsches Recht den Aufenthalt von Ausländern regele, enthalte es Bestimmungen, die Ausländer durch Illegalisierung vom gesellschaftlichen Miteinander oder der Integration in Deutschland ausschließen. Trifft das zu?

„Illegale" Einwanderung beherrscht seit Jahren die Themenliste der EU – Innen- und Justizminister. Der am 16.10.2008 im Rahmen des „EU-Gipfels" verabschiedete Europäische Pakt zu Einwanderung und Asyl erklärt eine stärke Kontrolle der illegalen Migration ausdrücklich zu einem politischen Ziel der Union. Legalisierungsaktionen, wie vor zwei Jahren in Spanien, als ca. 400.000 „Illegale" Aufenthalts- und Arbeitserlaubnisse erhielten, sollen zukünftig nicht mehr im nationalen Alleingang, sondern nur im Einvernehmen mit den übrigen EU-Staaten durchgeführt werden dürfen.

In Deutschland nennen wir sie „Illegale", in der Sozialarbeit auch oft „heimliche Menschen". Mir gefällt die französische Variante besser: „Les sans papier" – dies nicht zuletzt, weil sie in Frankreich z. B. oft medienwirksame Demonstrationen veranstalten, beispielsweise im September 2008, als eine Gruppe hauptsächlich aus Mali stammende Männer das ehrwürdige Sterne-Restaurant „La Tour d'Argent" in Paris besetzte, um auf ihre Situation aufmerksam zu machen. Sie forderten die französische Regierung auf, ihnen Aufenthalts- und Arbeitserlaubnisse zu erteilen – nicht die erste Aktion dieser Art und stets mit Rückendeckung der französischen Bevölkerung und der dort für Flüchtlinge aktiven „NGO's". Ist Vergleichbares in Deutschland denkbar?

II. Was bedeutet es praktisch, in Deutschland „illegal" zu leben?

Ein Deutscher, der Zahnschmerzen hat oder in eine Glasscherbe tritt, geht zu einem Arzt oder in ein Krankenhaus, nennt seinen Namen, zeigt seine Versichertenkarte und lässt sich behandeln. Menschen ohne Papiere haben aber keine Krankenversicherung und meist auch kein Geld, um privat Behandlung und Medikamente zu bezahlen. Schwangerschaft und Geburt sind mit großen Problemen verbunden. Aufgrund der bestehenden Meldepflichten fürchten die Betroffenen oft, medizinische Einrichtungen zu besuchen, weil dies zur Aufdeckung ihres unerlaubten Aufenthaltes und damit zu ihrer Abschiebung aus Deutschland führen könnte. Jede Erkrankung, die sie nicht selbst kurieren können, kann daher für sie (lebens-)gefährlich sein.

Oder: Schulpflichtige Kinder von Illegalen: Wenn man – wie üblich – von etwa 500.000 bis zu einer Million „Illegaler" in Deutschland ausgeht, müssten sich unter ihnen vermutlich einige Zehntausend schulpflichtige Kinder befinden. Eine Schule besuchen tatsächlich jedoch nur die wenigsten von ihnen. Die Angst ihrer Eltern, entdeckt zu werden, ist zu groß. Vorbildlich zu nennen ist hier München: In einem Beschluss von Dezember 2004 hat der Münchener Stadtrat festgelegt, dass das Recht auf Bildung für alle Kinder und Jugendlichen gelte. Weiter heißt es dort: „Das Schulreferat wird gebeten, allen Schulleitungen mitzuteilen, dass Kinder mit illegalem Aufenthaltsstatus grundsätzlich schulpflichtig sind. Die Schulleitungen sind nicht verpflichtet, Nachweise zum Aufenthaltsrecht zu verlangen".[1] In Nordrhein-Westfalen gilt seit dem 14.6.2007 eine ähnliche Verordnung, die die Erhebung von Daten zum Aufenthaltsstatus von Schülerinnen und Schülern nicht vorsieht. Meldebescheinigungen oder Kopien von Pässen der Eltern dürfen in NRW bei der Aufnahme ausländischer Schülerinnen und Schüler nicht, auch nicht auf Ersuchen der Ausländerbehörden, von den Schulleitungen gefordert werden.

In anderen Bundesländern ist das durchaus anders. In Hessen z. B. sind Schulen zur Erfassung des Aufenthaltsstatus und zur Meldung statusloser Kinder an die Ausländerbehörde verpflichtet. Geschieht dies nicht, droht das Ministerium schon seit 2005 mit dienstrechtlichen Konsequenzen. Strafrechtlich könnte es darüber hinaus als Beihilfe zum illegalen Aufenthalt gewertet werden, die Kinder und ihre Eltern nicht der Ausländerbehörde zu melden.

Oder: die ängstliche Frage einer alten Dame, kürzlich in einem „Flyer" der Ev.-luth. Landeskirche Hannover zu lesen: „Bekomme ich als Illegaler ein Begräbnis?". Sie stammt aus Kirgisien, ist 81 Jahre alt und lebt inzwischen seit über 15 Jahren ohne gültige Aufenthaltspapiere bei ihrer Tochter in Deutschland. Mittlerweile ist sie an Darmkrebs erkrankt. Weil sie keine Krankenversicherung besitzt, müssen ihre Kinder für die Kosten der Therapie aufkommen. Sie hat Angst, dass das Krankenhaus ihren Fall an die Behörden meldet und ihre Kinder dann „Ärger" bekommen. Ihre größte Sorge ist aber, ob sie als illegale Einwanderin in Deutschland nach ihrem Tod hier ein Grab bekommen könne.

Oder der Fall von Franziska: Sie ist drei Monate alt und besitzt weder Pass noch Aufenthaltspapiere, obwohl sie in Deutschland geboren wurde. Von ihrem deutschen Vater ist ihrer Mutter allerdings nur dessen Vorname bekannt. Franziskas Mutter kommt aus Ghana und lebt illegal in Deutschland. Sie hofft, eine Aufenthaltsgenehmigung zu bekommen, damit Franziska legal Kindergarten und Schule besuchen kann. Würde sich der deutsche Vater zu seiner Tochter bekennen, wäre dies kein Problem: Als Tochter eines Deutschen ist das Kind zugleich deutsche Staatsangehörige. Die Mutter erhielte dann eine Aufenthaltserlaubnis gemäß § 28 Abs. 1 Nr. 3 AufenthG als Elternteil eines minderjährigen ledigen Deutschen zur Ausübung der Personensorge, weil das deutsche Kind seinen gewöhnlichen Aufenthalt in Deutschland hat. Solange der Vater sich aber nicht zu seiner Tochter bekennt, ist der Nachweis der Vaterschaft praktisch kaum zu führen und die deutsche Staatsangehörigkeit des Kindes nicht feststellbar. Entsprechend

---

[1] „Deutschlands vergessene Kinder", Süddeutsche Zeitung, 21. Oktober 2008, 12.; NRW-Verordnung über die zur Verarbeitung zugelassener Daten von Schülerinnen, Schülern und Eltern (VO – DV I) vom 14.06.2007 (SGV.NRW S. 223).

wird es als ghanaische Staatsangehörige geführt – und hält sich ebenso wie die Mutter illegal in Deutschland auf.

Die Inanspruchnahme von Sozialleistungen setzt in Deutschland voraus, dass ein Ausländer über einen Aufenthaltstitel verfügt (Ausnahme: Asylbewerberleistungsgesetz). Wer keinen hat, macht sich nicht nur strafbar (§ 95 Abs. 1 Nr. 1 – 4 und Abs. 2 Nr. 1 und 2 AufenthG), vielmehr schließt solches Verhalten auch zahlreiche sozialrechtliche Ansprüche aus. Von welchen sozialen Rechten werden die Betroffenen „exkludiert", wenn ihr Aufenthaltsrecht nicht oder nicht mehr besteht? Dazu ein knapper Überblick:

- Kindergeld (KindergeldG)
- Elterngeld (G zum Elterngeld und zur Elternzeit, BEEG)
- Wohngeld (Wohngeld G)
- gesetzliche Krankenversicherung (SGB V)
- Grundsicherung für Arbeitsuchende (SGB II)
- Sozialhilfe (SGB XII - eventuell aber Leistungen gem. Asylbewerberleistungsgesetz)
- Leistungen der Kinder- und Jugendhilfe (SGB VIII)
- Ausbildungsförderung (BAFöG)
- Unterhaltsvorschuss (Unterhaltsvorschussgesetz)
- Opferentschädigung (OEG)

Etwas polemisch formuliert, lassen sich neun Gebote für „richtiges Verhalten Illegaler" in Deutschland formulieren:
- Geh nach der Arbeit sofort nach Hause.
- Geh in der Dunkelheit nicht mehr auf die Straße.
- Fahr nie schwarz.
- Melde dich am Handy nie mit Namen.
- Bewahre Pässe und Dokumente nicht zu Hause, sondern an einem sicheren Ort auf.
- Zahle immer Cash.
- Gib möglichst nie deine Adresse an.
- Lass dich in der Öffentlichkeit nie auf Streit oder Auseinandersetzungen ein.
- Will im Bus jemand deinen Sitzplatz, steh einfach auf und sag nichts.

Ein grobes Missverständnis wäre es jedoch, in solchem Verhalten den tugendhaften Musterausländer zu sehen. In Wahrheit, sagt z. B. der Migrationsforscher *Klaus Bade*[2], ist die Situation eher dadurch gekennzeichnet, dass die „heimlichen Menschen" sich überangepasst verhalten, um nur nicht aufzufallen und in Kontakt mit Behörden zu geraten. „Überangepasste Wesen", die unter Aufgabe ihrer eigenen Identität und Interessen hilf- und chancenlos am Rande der Gesellschaft ein Schattendasein führen und sich der Gefahr von psychischer Deformation aussetzen. Was z. B. eine junge „illegale" Philippina als Putzfrau leistet oder als Pflegerin eines Todkranken, gehört zu jenen Tätigkeiten, von denen *Bade* sagt, ohne Illegale würden in Deutschland viele Tätigkeiten kaum noch ausgefüllt werden. Ob im Bau oder im Gaststättengewerbe, ob bei häusli-

---

2 Folgende Angaben sind zitiert nach: „Endstationen der Sehnsucht", Süddeutsche Zeitung, 14. Oktober 2006, S. 3.

chen oder Reinigungsdiensten – nichts geht mehr ohne „Papierlose". Sie sind ein Wirtschaftsfaktor in Deutschland geworden.

III. Wie wird man in Deutschland zum „Illegalen"?

Es ist fast wie bei privatem Besuch: Gehört der Besucher nicht zur Familie, schneit unangemeldet herein und/oder bleibt sehr lange, hat man ihn nicht gern. Ganz ähnlich im staatlichen Bereich:

Stammt jemand aus einem Land, für das in Deutschland Visumspflicht besteht und reist ohne das erforderliche Visum, also „unangemeldet", ein, ist er von Anfang an ein „Illegaler". Reist er zunächst zwar legal ein, verliert sein Aufenthaltsrecht aber später, z. B. weil er sich nicht dem Zweck der Einreise gemäß verhält, also etwa als Tourist einreist, dann aber eine Arbeit aufnimmt oder bei befristetem Aufenthalt nicht rechtzeitig Deutschland wieder verlässt, entsteht ebenfalls Illegalität.

Ausländer bedürfen für die Einreise und den Aufenthalt in Deutschland eines Aufenthaltstitels, also
- Visum (§ 6 AufenthG),
- Aufenthaltserlaubnis (§ 7 AufenthG),
- Niederlassungserlaubnis (§ 9 AufenthG),
- Erlaubnis zum Daueraufenthalt-EG (§ 9 a AufenthG),

sofern nicht durch Recht der Europäischen Union oder durch Rechtsverordnung etwas anderes bestimmt ist oder aufgrund des Assoziationsabkommens EWG/Türkei ein Aufenthaltsrecht besteht (§ 4 Abs. 1 Satz 1 AufenthG).

Wenn ein Ausländer einen erforderlichen Aufenthaltstitel nicht oder nicht mehr besitzt, ist er/sie zur Ausreise verpflichtet (§ 50 Abs. 1 AufenthG). Dann hat er/sie Deutschland unverzüglich oder, wenn eine Ausreisefrist gesetzt wurde, bis zum Fristablauf zu verlassen (§ 50 Abs. 2 Satz 1 AufenthG).

§ 14 Abs. 1 AufenthG definiert, dass die Einreise eines Ausländers in das Bundesgebiet unerlaubt ist, wenn er
1. einen erforderlichen Pass oder Passersatz gemäß § 3 Abs. 1 nicht besitzt,
2. den nach § 4 erforderlichen Aufenthaltstitel nicht besitzt, oder
3. nach § 11 Abs. 1 nicht einreisen darf, es sei denn, er besitzt eine Betretenserlaubnis nach § 11 Abs. 2 (z. B. weil er früher schon einmal ausgewiesen und abgeschoben wurde).

Ferner kann der Aufenthaltstitel erlöschen (§ 51 Abs. 1):
- nach Ablauf seiner Geltungsdauer,
- bei Eintritt einer auflösenden Bedingung (z. B. bei Aufenthalt zum Studium nach Erreichen des Studienabschlusses),
- nach Rücknahme oder Widerruf des Aufenthaltstitels,

- nach Ausweisung (§§ 53-55 AufenthG), insbesondere nach einer Verurteilung als Straftäter,
- nach Bekanntgabe einer Abschiebungsanordnung nach § 58a AufenthG („Terrorismusverdacht").

Ohne im Einzelnen auf diese Bestimmungen des Aufenthaltsgesetzes einzugehen, dürfte deutlich werden: Aus zahlreichen Gründen kann ein Ausländer aus einem Staat, der kein EU-Staat ist, sein Aufenthaltsrecht in Deutschland verlieren.

Für „*Unionsbürger*" gilt demgegenüber, dass sie ihr Aufenthaltsrecht nur aus Gründen der öffentlichen Sicherheit, Ordnung oder Gesundheit verlieren (§ 6 Abs. 1 FreizügG/EU). Dabei kann die Feststellung „aus Gründen der öffentlichen Gesundheit" nur erfolgen, wenn die Krankheit innerhalb der ersten drei Monate nach Einreise auftritt (§ 6 Abs. 1 Satz 3 FreizügG/EU). Die Tatsache einer strafrechtlichen Verurteilung genügt für sich allein nicht, um die genannten Entscheidungen oder Maßnahmen zu begründen.

Bestraft wird nach illegaler Einreise und illegalem Aufenthalt gemäß § 95 Abs. 1 AufenthG mit Freiheitsstrafe bis zu einem Jahr oder Geldstrafe, wer ...

„Nr. 2 – ohne erforderlichen Aufenthaltstitel nach § 4 Abs. 1 Satz 1 sich im Bundesgebiet aufhält, vollziehbar ausreisepflichtig ist und dessen Abschiebung nicht ausgesetzt ist,

Nr. 3 – entgegen § 14 Abs. 1 Nr. 1 oder 2 in das Bundesgebiet einreist.".

Gemäß § 16 Aufenthaltsverordnung sind beispielsweise Staatsangehörige, die Nationalpässe oder Reiseausweise für Flüchtlinge besitzen, aus den Staaten Chile, El Salvador, Honduras, Panama (oder auch aus den Vereinigten Staaten von Amerika oder Kanada) für die Einreise und den Aufenthalt im Bundesgebiet vom Erfordernis eines Aufenthaltstitels befreit auch dann, wenn sie die zeitlichen Grenzen eines Kurzaufenthalts überschreiten. Dasselbe gilt beispielsweise für Staatsangehörige aus Kroatien oder der Republik Korea oder für Inhaber von Reiseausweisen für Flüchtlinge, die ausgestellt wurden von einem anderen EU-Staat oder Liechtenstein, Norwegen, Island oder der Schweiz.

Darüber hinaus sind nach § 17 der Aufenthaltsverordnung für die Einreise und den Kurzaufenthalt gemäß der Verordnung der EG Nr. 539/2001 (sog. „Visumverordnung") auch Staatsangehörige aus zahlreichen lateinamerikanischen Staaten für die Einreise und den Kurzaufenthalt grundsätzlich von der Visumspflicht befreit. Dies gilt beispielsweise für Staatsangehörige aus Argentinien, Barbados, Brasilien, Costa Rica, El Salvador, Guatemala, Honduras, Nicaragua, Panama, Paraguay, Uruguay oder Venezuela. Diese Regelung dürfte einer der Gründe sein, warum viele Lateinamerikaner zum Kreis der Illegalen zählen: Sie durften legal ohne Visum nach Deutschland einreisen – allerdings nicht arbeiten. Dafür brauchten Sie einen Aufenthaltstitel, der ihnen Erwerbstätigkeit gestattet – den sie in der Regel nicht erhalten. Deswegen ziehen sie es häufig vor, nach der legalen Einreise ohne Visum dann auch weiterhin im Land zu bleiben – allerdings nunmehr illegal.

Faktisch erscheint illegale Einwanderung vor allem als ein Problem der Großstädte des alten Bundesgebiets: Hier mag die Anonymität der Großstadt eine Rolle spielen, ebenso die Möglichkeiten, auf dem Arbeits- und Wohnungsmarkt „irgendwie" (illegal) unterzukommen. Da illegale Migranten keine Sozialleistungen von deutschen Behörden in Anspruch nehmen dürfen, schließen sie sich häufig bereits in Deutschland ansässigen legalen Einwanderern an. Die ausländische Wohnbevölkerung mit legalem Aufenthalt konzentriert sich in den Ballungszentren der Großstädte. Entsprechend lassen sich auch dort die meisten Migranten ohne legalen Aufenthaltsstatus nieder.

IV. Wege in die Illegalität

Schaut man insgesamt auf die hoch differenzierten aufenthaltsrechtlichen Normen, lassen sich *fünf „Illegalitätskarrieren"* identifizieren:

a) Seit Einführung der „Sichere-Drittstaaten-Regelung" 1993 (vgl. Art. 16a Abs.2 Satz 1 GG i.V.m. § 26a AsylVfG) *sind Angehörige visumspflichtiger Staaten, die aufgrund der Situation in ihren Herkunftsländern in Deutschland Asyl beantragen wollen, jedenfalls dann darauf verwiesen, illegal nach Deutschland einzureisen, wenn sie nicht unmittelbar aus dem Herkunftsstaat nach Deutschland kommen, sondern sog. „sichere Drittstaaten" durchqueren* (§ 26a AsylVfG). Zwar gibt es hier eine geringe Zahl von Ausnahmen (z. B. wenn der Ausländer im Zeitpunkt seiner Einreise in den sicheren Drittstaat bereits einen Aufenthaltstitel für Deutschland besaß oder Deutschland aufgrund von Rechtsvorschriften der Europäischen Gemeinschaft oder eines völkerrechtlichen Vertrages für die Durchführung des Asylverfahrens zuständig ist). Diese spielen aber in der Praxis so gut wie keine Rolle. Sichere Drittstaaten, die Deutschland umgeben, sind alle Mitgliedstaaten der Europäischen Union sowie Norwegen und die Schweiz. Eine Einreise beispielsweise aus der Türkei oder aus Vietnam, die über Griechenland oder Tschechien führte, gilt als Einreise über einen sicheren Drittstaat. Das Asylverfahren wird dann nicht mehr in Deutschland geführt, sondern der Betroffene nach den Regeln einer EU-Verordnung in den sicheren Drittstaat, über den er eingereist ist, zurück abgeschoben.

Aufgrund dieser Regelung hat sich inzwischen eine Praxis entwickelt, nach der die Einreisenden ihren tatsächlichen Weg verheimlichen, falsche Dokumente vorgelegt werden oder eine illegale Einreise ohne Dokumente erfolgt. Wird dann die Anerkennung als Flüchtling beantragt, wird zunächst eine Aufenthaltsgestattung für die Dauer des Asylverfahrens erteilt und so die aufenthaltsrechtliche Illegalität vermieden. Wird der Asylantrag aber abgelehnt, entfällt das Aufenthaltsrecht. Der oder die Betroffene ist ausreisepflichtig und erhält dafür eine Frist gesetzt. Erfolgt die Ausreise nicht innerhalb dieser Frist – wofür es viele Gründe geben kann, z. B. gesundheitliche im individuellen Fall oder generell eine Bürgerkriegssituation im Herkunftsstaat –, wird nach Fristablauf der Aufenthalt nur noch geduldet. Eine solche Duldung ist nach dem in Deutschland herrschenden Rechtsverständnis jedoch nur die Aussetzung des Vollzugsaktes „Abschiebung" und beinhaltet eben kein „legales" Aufenthaltsrecht. Die Betroffenen halten sich daher auch mit einer Duldung illegal in Deutschland auf.

b) *Menschen aus Staaten, für die in Deutschland die Visumspflicht gilt, die aber ohne Visum nach Deutschland eingereist sind*, halten sich von Anfang an illegal hier auf.

In der Praxis besteht eine Tendenz, für eine solche Einreise gefälschte Dokumente zu benutzen – auf den Märkten der Welt ist eben alles käuflich, so auch deutsche Papiere.

c) Die dritte Gruppe wurde oben schon beschrieben: *Personen aus einem der Staaten, denen die visumsfreie Einreise gestattet ist* (z.b. lateinamerikanische Staaten), *die aber in Deutschland keine Beschäftigung aufnehmen dürfen*. Sie wollen oft nicht nur als Touristen während eines kurzen Ferienaufenthaltes herausfinden, warum es „am Rhein so schön" ist. Vielmehr geht es meistens darum, in Deutschland Arbeit zu finden, was aber nicht erlaubt ist. *Nach einer Arbeitsaufnahme halten sie sich daher „illegal" in Deutschland auf.*

Ein Sonderproblem bilden hier die Angehörigen der osteuropäischen so genannten EU-„Beitrittsstaaten" (z. B. Lettland, Litauen, Bulgarien, Rumänien): Aufenthaltsrechtlich gelten für sie zwar die Regelungen für Unionsbürger, d. h. sie dürfen visumsfrei einreisen und sich in Deutschland aufhalten. Eine abhängige Beschäftigung ist ihnen aber für eine Übergangszeit, die spätestens 2012 enden wird, nur mit einer vorher erteilten Arbeitserlaubnis gestattet (§ 39 Abs. 6 AufenthG und § 8 Abs. 2 SGB II)[3]. Üben sie die Beschäftigung ohne Genehmigung aus, verhalten sie sich illegal, dürfen allerdings nicht ohne weiteres ausgewiesen werden.[4] Problematisch ist jedoch insbesondere ihre Krankenversicherung und -versorgung während des Aufenthalts in Deutschland: Grundsätzlich gilt zwar, dass gesetzlich krankenversicherte Unionsbürger im jeweils anderen Unionsstaat, in welchem sie sich tatsächlich aufhalten, auch die Leistungen der dortigen gesetzlichen Krankenversicherung beanspruchen können. Dies beruht auf dem Prinzip der wechselseitigen Anerkennung von Versicherungsverhältnissen. Da aber z. B. Rumänien, Bulgarien oder Lettland keine staatliche Krankenversicherung eingerichtet haben, bestehen für deren Staatsangehörige auch keine Ansprüche an die deutschen gesetzlichen Krankenkassen. Erforderliche Krankenbehandlung müsste dann privat bezahlt werden – wofür oftmals die Mittel fehlen. Nach Einschätzungen von Beratungsstellen bilden aus diesem Grunde Staatsangehörige der genannten Länder zu ca. 30 %-40 % die Klientel der medizinischen Hilfsnetze für „Illegale".

d) Die vierte Gruppe bilden jene *Ausländer, die möglicherweise zunächst mit Visum einreisten und eine Aufenthaltserlaubnis zur befristeten Erwerbstätigkeit hatten*, z. B. als Saisonarbeiter oder im Rahmen eines befristeten Werkvertrags-Arbeitsverhältnisses. *Läuft die Frist für diese Beschäftigung ab, oder stellt sich heraus, dass die Beschäftigung zu Bedingungen erfolgt, die nicht den Voraussetzungen des § 39 Abs. 2 AufenthG entsprechen, wird auch ihr Aufenthalt in Deutschland illegal.* Die zitierte Bestimmung ist sehr komplex. Für den hier erörterten Zusammenhang von besonderem Interesse ist, dass die Ausländer nicht zu ungünstigeren Arbeitsbedingungen beschäftigt werden dürfen, als vergleichbare deutsche Arbeitnehmer. Geschieht dies doch, entfällt die vorher erteilte Aufenthaltserlaubnis mit der Zweckbestimmung, einer – zeitlich eng befristeten – beruflichen Tätigkeit nachzugehen.

---

3 Zu Einzelheiten: vgl. HK – AuslR, § 39, Rn 23 ff. und *Frings*, Sozialrecht für Zuwanderer, Rn 103 ff., sowie zum Leistungsausschluss gem. § 52 a SGB V und § 33 a SGB XI für Unionsbürger: *Frings*, a. a. O., Rn 87.

4 Zu den Einzelheiten zum Verlust des Rechts auf Aufenthalt vgl. § 6 FreizügG/EU und die Kommentierung von *Geyer* in HK – AuslR, S. 1258 ff.

e) Eine fünfte Gruppe bilden *die ausländischen Opfer von Frauen- und Menschenhändlern*, die eingeschleust oder unter Androhung und Anwendung von Gewalt ausgebeutet wurden, insbesondere bei Tätigkeit im sog. „Rotlichtmilieu". Häufig handelt es sich um junge Frauen aus EU-Staaten (Lettland, Litauen, Polen, Rumänien, Bulgarien), die zwar grundsätzlich visumsfrei in westeuropäische EU-Staaten einreisen dürfen. Für sie gilt ebenfalls das oben unter c) Dargelegte. Anders jedoch bei „Drittstaatsangehörigen" (z. B. Philippinen, Vietnam, Kuba, Brasilien, Serbien oder Kosovo): Sie benötigen für eine Erwerbstätigkeit in Deutschland sowohl ein Einreisevisum als auch eine Aufenthaltserlaubnis mit Zweckbestimmung für die beabsichtigte Erwerbstätigkeit. Da sie jedoch in der Regel über entsprechende „Menschenhändlerorganisationen", also kriminelle Vereinigungen, nach Deutschland eingeschleust werden, besitzen sie weder das eine noch das andere. Konsequenz: sie müssen grundsätzlich ausreisen. Hier trat im August 2007 eine Veränderung der Rechtslage ein: gemäß § 25 Abs. 4 a AufenthG kann ein vorübergehendes Aufenthaltsrecht gewährt werden, wenn eine Frau Opfer einer Straftat gemäß §§ 232, 233 oder 233 a StGB geworden ist. Auch wenn bereits die Ausweisung verfügt wurde und die Ausreisepflicht vollziehbar ist, kann für einen vorübergehenden Aufenthalt eine Erlaubnis erteilt werden – jedoch nur, wenn diese vorübergehende Anwesenheit in Deutschland für ein Strafverfahren wegen dieser Straftat von der Staatsanwaltschaft oder dem Strafgericht für sachgerecht erachtet wird, weil ohne die Angaben des Zeugen/der Zeugin die Erforschung des Sachverhaltes erschwert wäre und die betroffene Person jede Verbindung zu den Personen, die beschuldigt werden, die Straftat begangen zu haben, abgebrochen hat und Bereitschaft erklärt wurde, wegen der Straftat als Zeuge auszusagen. Diese Neuregelung ist Konsequenz der sog. „Opferschutzrichtlinie" der Europäischen Union. Hier ist allerdings auch weniger das „humanitäre Interesse" an der ausgebeuteten Frau ausschlaggebend gewesen, als vielmehr das strafprozessuale Interesse an einer Überführung der Täter mit Hilfe von Zeugen/Zeuginnen. Ist das Strafverfahren beendet, endet in aller Regel auch das Aufenthaltsrecht.

V. „Hoffnungsschimmer"

Hoffnungsstiftend erscheint eine neuere Entscheidung des Europäischen Gerichtshofs.[5] Für unseren Zusammenhang ist aus dem Urteil folgendes von Bedeutung: Herr Metock, Staatsangehöriger Kameruns, war zunächst illegal in die Republik Irland eingereist und hatte dort Asyl beantragt. Sein Antrag wurde abgelehnt. Damit befand er sich illegal im Land. Nach dieser Ablehnung heiratete er eine britische Staatsbürgerin, die ihrerseits legal in Irland lebte und arbeitete. Als Herr Metock bei den irischen Behörden die Erteilung einer Aufenthaltserlaubnis wegen der Eheschließung beantragte, wurde dies abgelehnt, weil er sich bisher in keinem EU-Land legal aufgehalten habe.

---

5 EuGH, Urteil vom 25. Juli 2008 – Rechtssache C-124/08 „Metock".

Mit seinem Urteil stärkt der EuGH die Stellung jener, die zunächst illegal in einem EU-Staat sich aufgehalten haben: Er vertritt die Auffassung, dass nach der Heirat eines Unionsbürgers mit einem Nicht-EU-Bürger diese/r „Drittstaatsangehörige" sich auch auf das Aufenthaltsrecht aus dem EU-Vertrag berufen könne. Damit wird ein legaler Aufenthalt eines bis dahin illegal in einem EU-Staat sich aufhaltenden Drittstaatsangehörigen ermöglicht. Der Drittstaatsangehörige darf sich nunmehr frei als Verheirateter gemeinsam mit seinem Ehegatten in der EU bewegen und niederlassen, unabhängig davon, welchen Status er vorher besaß.

Dass Ehen von Staatsbürgern eines EU-Staates, also „Unionsbürgern", dem jeweiligen drittstaatsangehörigen Ehepartner im Prinzip zum legalen Aufenthalt in jedem anderen EU-Landland verhelfen, beunruhigt die Innenminister zahlreicher EU-Staaten. Deswegen wurde die EU-Kommission aufgefordert, bis Ende 2008 einen Bericht über die Umsetzung der Richtlinie zum Recht der Angehörigen von EU-Bürgern, sich im Hoheitsgebiet der EU-Mitgliedstaaten frei zu bewegen und aufzuhalten, vorzulegen.[6]

In dieser wie in mancher anderen Fallkonstellation der zurückliegenden Jahre keimt also Hoffnung für die „Papierlosen" aus Entscheidungen des EuGH. Abzuwarten bleibt, wie die nationalen Regierungen der Unionsstaaten den Inhalt dieser Entscheidungen in ihre jeweiligen Rechtsordnungen implementieren werden. Anlass zu starkem Optimismus im Hinblick auf eine „Liberalisierung" der Praxis des Umgangs mit Papierlosen geben die bisher bekannt gewordenen politischen Stellungnahmen leider nicht.

---

6 BAMF: eu-jus-news 9/2008, S. 5-7.

Irreguläre Immigration nach Europa: Eine Einführung[1]

Franck Düvell

Fast täglich können Zeitungsleser in der Presse eine Notiz über so genannte „boatpeople", „Scheinflüchtlinge" oder „illegale" Migranten, lesen. Einige dieser Berichte über irreguläre Migranten drehen sich um die Kanarischen Inseln (Spanien), die Ägäischen Inseln (Griechenland) und Lampedusa (Italien), andere berichten von irregulären Arbeitern, die bei einer Razzia in London, Brüssel oder Berlin festgenommen wurden. Manchmal liegt der Schwerpunkt der Berichte auf Sicherheitsaspekten oder auf jenen Ländern, die, aus Sicht der Europäischen Union, nicht in der Lage oder willens sind, Flüchtlings- und Migrationsbewegungen einzudämmen. Oder aber es geht um unliebsame Konkurrenz um Arbeitsplätze, mitunter stehen auch die arbeitsrechtlichen und humanitären Aspekte im Vordergrund.

Oft zeigen die Bilder neben den Männern auch Frauen und Kinder unter den „boatpeople" und später wird berichtet, sie alle hätten Asyl beantragt. Andere Dokumentationen zeigen, wie diese Menschen von der Polizei in Handschellen und wie Kriminelle abgeführt werden. Spätere Bilder zeigen, wie diese Menschen per Flugzeug nach Senegal, Mali oder Pakistan abgeschoben werden. Andere Nachrichten handeln von irregulären Migranten, die in der Landwirtschaft oder im Gastronomie-Bereich arbeiten; dies impliziert, dass die irregulären Migranten von einigen Arbeitgebern als Arbeitskräfte und Dienstleister durchaus geschätzt und teilweise in die gesellschaftlichen Systeme integriert werden. Dieser Beitrag wird einen Überblick über irreguläre Migration in Europa geben, die Schlüsselthemen und Sachverhalte entwirren und einige politische Implikationen diskutieren.

Definition irregulärer Immigration

Der ersten Frage, der sich dieses Kapitel widmet, ist die Definition von irregulärer Migration. Was zunächst als einfaches Unterfangen erscheint – man mag annehmen, ein Migrant hält sich entweder an die Ausländer- und Einwanderungsgesetze oder verstößt gegen diese, ist also entweder legal oder illegal – stellt sich bei näherer Betrachtung als weitaus komplizierter heraus. Vielmehr ist die Definition irregulärer Migration ein schwieriges und kompliziertes Unterfangen und eine klar abgrenzbare Definition nicht möglich. Zum einen ist „irreguläre Immigration" ein Sammelbegriff, der eine ganze Reihe von Typen, Modellen, Verhaltensweisen und Strategien umfasst.[2] Was die Migra-

---

1 Aus dem Englischen übersetzt mit Hilfe von *Katinka Koke*. Dieser Aufsatz basiert im wesentlich auf Franck Düvell, „Illegal Immigration in Europe: patterns, causes and consequences", in: *Christiane Timmerman, Ina Lodewyckx* und *Yves Bocklandt*, Grenzeloze solidariteit, over migratie en mensen zonder wettig verblijf. Leuven: 2008, 17-30.

2 *Karen Schönwälder, Dita Vogel* und *Guiseppe Sciortino*, Migration und Illegalität in Deutschland, AKI-Forschungsbilanz 1, Berlin: 2004.

tion letztlich irregulär macht, ist, dass Migranten auf die eine oder andere Art unwissend oder wissentlich einige oder alle Aspekte der Einwanderungs- und Ausländergesetzgebung eines Landes verletzt und dass dieser Verstoß derart schwerwiegend ist, dass er von den Behörden mit einer Ausreiseaufforderung oder Abschiebung geahndet wird. Es gibt vier grundsätzliche Aspekte, die den legalen Status von Migration bestimmen: Ausreise, Einreise, Aufenthalt und Beschäftigung. Jeder dieser Aspekte kann regulär oder irregulär sein und jede Kombination dieser vier Aspekte ist möglich.

Tapinos[3] macht drei Typen von irregulären Immigranten (Ausländern) aus:
- entweder hat eine Person heimlich oder ohne Erlaubnis die Grenze eines Landes überschritten und arbeitet dort (oder auch nicht);
- oder eine Person, die sich legal in einem Aufnahmeland aufhält, überzieht ihr Visum (ohne auszureisen) und arbeitet (oder nicht);
- oder eine Person, die sich legal in einem Aufnahmeland aufhält, verstößt gegen Visa-Bestimmungen, etwa durch eine Arbeitsaufnahme, und setzt dadurch ihren Aufenthaltsstatus aufs Spiel.
- Ein vierter Typ von irregulären Migranten, der bislang noch kaum betrachtet wird, sind Personen, die von irregulären Migranten abstammen und durch ihre Geburt zu irregulären Migranten werden, also den fehlenden Aufenthaltsstatus von ihren Eltern übertragen bekommen, ohne doch jemals selber eine internationale Grenze überschritten zu haben.

Normalerweise basieren akademische oder politische Diskurse auf einer einfachen Dichotomie, der zufolge Migranten entweder legal oder illegal sind. Allerdings ist die Realität weitaus komplexer. Einerseits wird das Bild vom irregulären Migranten von jenen bestimmt, die in LKWs versteckt oder bei Nacht über die Grüne Grenze einreisen. Eine andere, regelmäßig genannte Gruppe sind Asylsuchende, die zunächst einen auf ihrem Asylantrag basierenden Aufenthaltsstatus haben, die nach Ablehnung ihres Antrages allerdings nicht wieder ausreisen, sondern untertauchen. Darüber hinaus reisen viele irreguläre Migranten legal und mit einem Visum in ein Land ein – so die Einreise nicht ohnehin Visum-frei ist – und halten sich darauf hin legal im Lande auf, verstoßen dann aber gegen die Visumsauflagen. Dies sind insbesondere die Bestimmungen zur Aufenthaltsdauer oder zur Arbeitsaufnahme. Beispielsweise verletzen Migranten die in ihrem Visum gesetzten Aufenthaltsfristen, bleiben über diese Zeit hinaus im Land und werden nach einer Phase der Regularität irregulär (,*overstayers*'). Oder aber Studenten arbeiten ein paar Stunden mehr als erlaubt, das heißt, sie haben zwar eine Aufenthaltserlaubnis, würden aber, wenn ihr Arbeitsverhältnis bekannt wird, eine Beendigung ihrer Aufenthaltserlaubnis riskieren. Andere Personen, die sowohl eine Aufenthalts- als auch eine Arbeitserlaubnis haben, die aber an einen bestimmten Arbeitgeber oder eine bestimmte Art von Arbeit gebunden sind, wechseln mitunter den Job. In diesem Fall verlieren ihre Erlaubnisse allerdings ihre Gültigkeit und sie würden, wenn dies den Behörden bekannt wird, zur Ausreise aufgefordert werden. Einige wiederum, die zwar mit einem Touristen-Visum einreisen, aber tatsächlich beabsichtigen, irregulär zu arbeiten, täuschen die Botschaftsmitarbeiter in der Visa-Abteilung oder die Grenzschutzbeamten bei der Ein-

---

3 *Georges Tapinos*, "Irregular immigration: economic and political issues", in: OECD, Combating the illegal employment of Foreign Workers. Paris 2000, 13-43.

eise über den tatsächlichen Zweck ihres Aufenthaltes. Andere wiederum hatten womöglich gar nicht vor ihr Visum zu überschreiten, taten es aber aufgrund neuer und unerwarteter Möglichkeiten, die sich während ihres Aufenthalts boten, beispielsweise, weil ihnen eine Arbeit angeboten wurde. Schließlich belegen Berichte aus vielen Ländern, dass an sich reguläre Migranten ihren Aufenthaltstitel aufgrund von bürokratischen Missgeschicken verlieren, wichtige Post wie etwa Vorladungen zur Ausländerbehörde verloren gehen, Fristen verstreichen und damit der Aufenthaltsstatus erlischt.[4]

Und umgekehrt können irreguläre Migranten auf vielfältige Art und Weise ihren irregulären Aufenthaltsstatus regularisieren. Irreguläre Migranten stellen einen Asylantrag und regularisieren damit ihren Aufenthalt; andere heiraten einen Bürger oder Migranten mit legalem Status und erwerben auf dem Weg eine Aufenthaltserlaubnis; in vielen Staaten können irreguläre Migranten ihren Status im Rahmen von Legalisierungsprogrammen regularisieren. Manchmal werden irreguläre Migranten regulär, weil politische Grenzen verschoben werden und sich dadurch die Bedeutung ihrer Nationalität verändert. Namentlich die Bürger Polens, Litauens u.a. wurden durch die EU-Erweiterung zu Mitgliedern der EU, damit erhielten sie quasi über Nacht das Recht der Reisefreiheit und ihr Aufenthalt in anderen EU-Ländern wurde regulär. Die von Deutschland und anderen Staaten praktizierten Übergangsfristen zur Beschäftigung von EU-Ausländern resultieren dann allerdings in weiteren Formen von Abstufungen zwischen regulärer und irregulärer Migration. EU-Ausländer können zwar regulär in einem anderen EU-Land leben, aber nicht arbeiten. Wenn sie dennoch dort arbeiten gelten sie jedoch nicht als ausländerrechtlich „illegal". In Großbritannien können irreguläre Migranten ihre Regularisierung beantragen, nachdem sie sich mindestens 14 Jahre im Land aufhalten. Je länger sie sich also irregulär im Lande aufhalten, desto mehr nähern sie sich einem regulären Status an.

Schließlich gibt es in der Europäischen Union bislang keine allgemein gültige legale Definition von irregulärer Migration. Dementsprechend variieren die Art und die Ebene der Ahndung von Irregularität von Staat zu Staat. Zum Beispiel ist „illegale Immigration" in Großbritannien eine Straftat während es in den Niederlanden als ein verwaltungsrechtliches Delikt gilt. Auch ist es in Großbritannien eine Straftat, sich der Mitwirkung an der Ausweisung zu verweigern, während dies in Deutschland als verwaltungsrechtliches Vergehen gilt. Zudem werden die unterschiedlichen Aspekte irregulärer Immigration unterschiedlich behandelt, namentlich werden das Vorlegen falscher Identitätsdokumente oder falscher Visa sowie der Menschenschmuggel zu kommerziellen Zwecken als ernste Verbrechen angesehen. Im Gegensatz hierzu ist die irreguläre Einreise zum Zweck eines Asylantrages nicht strafbar. Darüber hinaus bestehen in einigen Ländern gesetzliche Mischformen. In Spanien etwa werden Migranten, die heimlich eingereist sind oder ihr Visum überzogen haben vom Innenministerium als irregulär betrachtet. Gleichzeitig können sich diese Personen allerdings bei den kommunalen Behörden anmelden und somit ihren Status auf lokaler Ebene regulieren. In Großbritannien wurde kürzlich bekannt, dass von einer Untersuchungsgruppe von irregulären Migranten etwa die Hälfte Sozialabgaben und Steuern abführte, zumeist anhand geliehener oder gekaufter Sozialversicherungs-

---

4　*Martin Baldwin-Edwards* und *Albert Kraler*, Regularisations in Europe. Study on practices in the area of regularisation of illegally staying third-country nationals in the Member States of the EU (REGINE), Wien 2009.

nummern. Und in den Niederlanden gab es bis 1998 die so genannten „weißen Illegalen", die zwar keine Aufenthaltserlaubnis hatten, aber doch Einkommenssteuer und Sozialabgaben bezahlten. Und schließlich spielt auch die Rechtspraxis eine Rolle. Beispielsweise werden irreguläre Migranten im Fall ihrer Aufdeckung durch Behörden und Polizei durchaus nicht in jedem Fall festgenommen sondern entweder mit der Auflage laufen gelassen, „ihre Papiere in Ordnung zu bringen", sich bei den Behörden zu melden oder aber nur eine Warnung ausgesprochen, wie etwa „wenn wir Sie noch einmal erwischen, werden Sie verhaftet". Dies wurde unter anderem in Deutschland, Großbritannien und Italien beobachtet[5] wohingegen in der Ukraine aufgedeckte irreguläre Migranten weiteren Konsequenzen durch Bestechung vorbeugen können.[6]

Diese Beispiele zeigen, dass das Ausmaß der Irregularität variiert, dass die juristische Bewertung in den EU-Mitgliedstaaten stark voneinander abweicht und dass der Status der Migranten oft ein Mix aus regulären und irregulären Aspekten ist. So kann zum Beispiel der Aufenthalt legal, die Arbeit aber ordnungswidrig sein. Die meisten Migranten findet man möglicherweise irgendwo auf einer Skala zwischen den zwei Polen Regularität und Irregularität. Demnach lässt sich der rechtliche Status eines Migranten zumindest aus soziologischer Perspektive keineswegs eindeutig bestimmen, ein einziges Adjektiv stellt sich oft als unzureichend heraus, um den Einwanderungsstatus zu bestimmen. Dieses Phänomen wird unter anderem als Teilbefolgung von Gesetzen (semi-compliance)[7] oder als semi-Legalität, beziehungsweise semi-Illegalität[8] bezeichnet. Darüber hinaus zeigen diese Beispiele, dass der Aufenthaltsstatus von Migranten häufig nicht statisch sondern veränderlich ist, dass also Migranten von einem Status in den anderen wechseln. Dies wird von Pajares[9] als Migrationstransition bezeichnet.

Motive und demographische Charakteristika irregulärer Migranten

Auch die Motive irregulärer Migranten sind ganz verschieden und sie haben eine Vielzahl von Gründen, irregulär einzureisen oder sich irregulär aufzuhalten. Es sind im Wesentlichen die gleichen Motive, die auch reguläre Migranten haben. Ein häufig vorkommendes Motiv ist die Arbeitsaufnahme. Ein anderes besteht darin, politisch instabilen Verhältnissen, aber auch sozialer oder familiärer Kontrolle zu entkommen und oft, aber durchaus nicht immer, darin, einen Asylantrag zu stellen. Andere streben die Zusammenführung mit ihrer Familie oder das Zusammenleben mit einem (neuen) (Ehe-)

---

5   *Bill Jordan, Bo Strath* und *Anna Triandafyllidou*, (Gastherausgeber), Journal of Ethnic and Migration Studies, 2 (2003).
6   *Franck Düvell*, Trapped between Scylla and Charybdis: Refugees in Ukraine, Oxford 2007, siehe auch <http://www.compas.ox.ac.uk/publications/papers/2007-06-Duvell-UkraineFindings.pdf>.
7   *Martin Ruhs, Bridget Anderson*, Semi-compliance in the migrant labour market, Working paper 06-30, Oxford 2006, <http://www.compas.ox.ac.uk/publications/Working%20papers/Ruhs%20Anderson%20WP0630.pdf>.
8   *Franck Düvell* (Hrsg.), Illegal Immigration in Europe, Houndmills, 2006.
9   *Miguel Pajares*, The relationship between status and migration transitions, Undocumented Worker Transition project, London 2009.

Partner an. Einige suchen ihr Humankapital zu verbessern, eine andere Sprache, eine andere Kultur oder andere Arbeitsweisen kennen zu lernen. Und wiederum andere suchen ein neues Leben, neue Herausforderungen oder das Abenteuer eines Lebens in einem anderen Land.

Mitunter lassen sich diese Vorstellungen aber nicht legal umsetzen. Dies ist der Fall wenn es keine Visakategorie für diese Vorhaben gibt, wie etwa für Asylsuchende, oder weil die Fluchtgründe als nicht ausreichend bewertet werden. Oder aber Anträge auf Familienzusammenführung werden abgelehnt, weil das Verwandtschaftsverhältnis als nicht nahe genug bewertet wird. Anträge auf ein Visum werden auch abgelehnt, weil die Anforderungen an die Erteilung eines Visas nicht erfüllt sind oder die Quote für bestimmte Jobs bereits erreicht ist.

Einige Migranten akzeptieren dies und nehmen von ihrem Vorhaben Abstand, stellen ihren Antrag in einem anderen Land oder zu einem anderen Zeitpunkt. Manche wissen oder wollen gar nicht wissen, dass sie keinen Migrantenstatus haben oder dass sie gegen die Migrationsgesetze verstoßen. Andere Migranten wiederum akzeptieren nicht, dass ihnen dass, was sie für ihr Recht, oder was sie für legitim halten, verweigert wird. In diesem Fall nehmen sie das Recht in die eigene Hand und entscheiden sich für die irreguläre Einreise oder den irregulären Aufenthalt. Sie stellen also ihre eigenen Ansprüche über die des Staates. Beispielsweise bewerten sie das Recht auf Arbeit, ein Leben in Sicherheit oder das Zusammenleben mit ihrer Familie oder dem Partner höher, als das Recht des Staates, den Zugang zu dem Territorium einzuschränken.[10] Das heißt, das Phänomen irreguläre Migration beinhaltet einen Konflikt zwischen den moralischen Vorstellungen von (einzelnen) Migranten und den Rechtsvorstellungen des Staates bzw. unterschiedlicher Staaten.

Schließlich sind auch die demographischen Charakteristika äußerst vielfältig. Irreguläre Migranten können beiderlei Geschlechts sein, jeden Alters, jeder Nationalität und jeder Profession. So berichten NGOs, etwa in Großbritannien,[11] von mehreren 10.000 Angestellten im Bankenviertel der Londoner ‚City', häufig Australier oder Neuseeländer, die dort irregulär arbeiten. Die Forschung stößt gelegentlich auf hochqualifizierte und hochbezahlte IT-Experten, auf Selbständige, wie etwa Steuerberater, Taxiunternehmer oder Übersetzer. Die Mehrheit der irregulären Migranten in Genf sind Frauen, die dort als Haushaltshilfen arbeiten, in Portugal dagegen waren es in der Vergangenheit Männer, die dort im Bauwesen tätig waren. Sozialarbeiter berichten von Fällen, in denen regulär im Lande lebende Migranten ihre zunächst im Herkunftsland zurückgebliebenen in der Zwischenzeit aber gealterten Eltern, wenn sie nicht zur Familienzusammenführung berechtigt sind, unter Umgehung der Gesetze irregulär nachholen. Ebenso berichten sie von im Ausland geborenen oder dort bei der Auswanderung zunächst zurückgelassenen Kindern, die zu einem späteren Zeitpunkt ohne Autorisierung ins Land geholt werden. Wissenschaftler, die irreguläre Migration in Europa untersuchen, berichten von eher unerwarteten Nationalitäten, wie etwa Equadorianern in Hamburg[12], Brasi-

---

10 *Düvell* (Fn. 7).
11 Joint Council for the Welfare of Immigrants (JCWI), "Time for an Amnesty?", in: JCWI Bulletin, Sommer 1999, 1.
12 *Sigrid M. Gomez-Schlaikier*, "'Wir sind hier, weil wir uns gegenseitig brauchen" – eine empirische Untersuchung zu illegal in Hamburg lebenden EcuadorianerInnen", in: *Klaus Jünschke*, und *Bettina*

lianern in London,[13] Rumänen in Irland,[14] Ukrainern in Portugal[15] oder Somaliern in der Ukraine[16]. Zwar können in einigen Ländern bestimmte Nationalitäten von irregulären Migranten als Hauptgruppen ausgemacht werden, Albaner und Rumänen in Italien, Marokkaner und Ecuadorianer in Spanien, Polen in Deutschland (bis 2004), andererseits jedoch illustrieren diese Beispiele, dass irreguläre Migranten aus vielen Teilen der Welt kommen und eine heterogene Gruppe darstellen. Darüber hinaus hängt die Zusammensetzung irregulärer Migranten von den nationalen und regionalen Arbeitsmärkten und der Nachfrage nach mitunter spezifischen Arbeitskräften ab. Dementsprechend ist jede Vereinfachung wie etwas die Vorstellung irreguläre Migranten seien vor allem „junge allein stehende Männer" grob irreführend.

Muster irregulärer Immigration

Medienberichte und Bilder von „Fluten" von „Bootsflüchtlingen" oder „illegalen Migranten" sind populär. Doch während sich diese Berichte in den Medien gut verkaufen und zur Rechtfertigung von politischem Durchgreifen geeignet sind, sind sie dennoch weit von der Wahrheit entfernt. Jüngste Zahlen der italienischen Regierung zeigen zum Beispiel, dass nur 10 Prozent der irregulären Migranten illegal per Boot angekommen sind.[17] Und während spanische Quellen von 12.000 (2008) bis höchstens 30.000 (2006) illegal ankommenden Bootflüchtlingen auf den Kanarischen Inseln berichten[18] liegt die Zahl der irregulären Bevölkerung bei etwa einer Million. Bootsflüchtlinge machen also nur einen kleinen Teil dieser Gruppe aus. In den nördlichen EU-Staaten, wie etwa in Großbritannien, dürften nicht mehr als 10,000 Personen jährlich heimlich und versteckt in LKWs einreisen. Diese Beispiele demonstrieren, dass nur eine Minderheit der irregulären Migranten auch irregulär eingereist ist. Vielmehr zeigen viele Studien, dass irreguläre Migranten meist legal einreisen, etwa mit einem Touristen-, Besucher-, Studenten-, Au-Pair-, Arbeits- oder anderen Visum, und dann entweder die im Visum gesetzten

---

Paul (Hrsg.), Wer bestimmt denn unser Leben. Beiträge zur Entkriminalisierung von Menschen ohne Aufenthaltsstatus. Karlsruhe 2005, 91-99.

13 *Bill Jordan, Dita Vogel* und *Estrella Kylza*, "Leben und Arbeiten ohne regulären Aufenthaltsstatus – ein Vergleich von London und Berlin am Beispiel brasilianischer Migranten und Migrantinnen", in: *Hartmut Häußermann* und *Ingrid Oswald* (Hrsg.), Zuwanderung und Stadtentwicklung, Leviathan 17 (1997), 215-231.

14 *Razvan Stan*, Irregular migration of Romanian workers to European Union: factors, management and practices. Budapest 2006, siehe auch <http://www.policy.hu/razvan/IPF_Research_Paper.pdf>.

15 *Maria Baganha, Jose Marques* und *Pedro Gois*, "The unforeseen wave: migration from Eastern Europe to Portugal", in: *Maria Baganha* und *Maria Fonseca* (Hrsg.), New waves: Migration from Eastern Europe to Southern Europe, Lissabon 2004, 11-21.

16 *Düvell* (Fn. 5).

17 *Paolo Cuttitta*, Delocalisation of migration controls to Northern Africa, Papier, workshop über 'The Europeanisation of national Immigration Policies', Berlin 2005.

18 Asociación por Derechos Humanos de Andalucía (APDHA), Derechos humanos en la Frontera Sur 2006. Informe sobre la inmigración clandestine durante el año 2005. Sevilla 2006.

Ausreisedaten überziehen (visa-overstaying) oder gegen die Visa-Bestimmungen verstoßen und eine Beschäftigung aufnehmen.[19] Die Überziehung der Ausreisefristen mag von Anfang an intendiert gewesen sein, das heißt, dass die Visa- oder Grenzschutzbeamten hintergangen wurden. Die Überziehung der Ausreisefristen kann aber auch die Folge von unvorhergesehenen Entwicklungen im Leben einer Person oder von unerwarteten Möglichkeiten sein, ein Jobangebot ist nur eine dieser Möglichkeiten, sich Verlieben eine andere.

Irreguläre Migration ist keine separate Wanderung, die eindeutig von der Wanderung von Arbeiterskräften, Studenten, Flüchtlingen, Familienmitgliedern oder auch Touristen abgegrenzt werden kann.[20] Stattdessen vermischen und überschneiden sich diese Wanderungen, weshalb die EU in einer Studie von einem Nexus zwischen regulärer und irregulärer Migration ausgeht[21] während der UNHCR das Paradigma „gemischter Ströme" („mixed flows') eingeführt hat.[22] Zum Beispiel können irreguläre Migranten in Wahrheit Flüchtlinge sein, die zwar irregulär einreisen, dann aber einen Asylantrag stellen, oder aber politisch verfolgte Frauen reisen als Au-Pairs ein, anstatt Asyl zu beantragen.[23] Umgekehrt nutzen Arbeitsmigranten die Institution des Asyls als Gelegenheit, ihren Status zu regulieren, häufig schlicht in Ermangelung anderer legaler Migrationskanäle.

Drei Mechanismen determinieren den Fluss von irregulärer Migration. Zum Teil sind es die Schmuggler, die die Reisewege und Zielländer bestimmen, dies geschieht vor allem in Abhängigkeit von den Grenzkontrollen. Darüber hinaus verläuft irreguläre Migration, wie andere Migration auch, innerhalb von Migrationssystemen und Migrationsnetzwerken.[24] Demnach sind bestimmte Sende- und Empfängerstaaten auf systemische Art und Weise historisch, wirtschaftlich, politisch und kulturell miteinander verbunden, was unter anderem die Wanderungsprozesse von Menschen beeinflusst. Und schließlich wird irreguläre Migration von der Arbeitskräftenachfrage, dem Ausmaß der Schattenwirtschaft und nicht zuletzt von konkreten Arbeitsangeboten etwa durch Bekannte oder auch einfach über das Internet beeinflusst.[25] Diese Makro-Mechanismen werden von Meso- und Mikromechanismen überlagert. So entstehen innerhalb oder separat von Migrationssystemen inter-personelle Netzwerke, die die Menschen in den Herkunftsregionen mit denen in den Ankunftsregionen verbinden. Beispielsweise untersucht Bleahu,[26] wie ein einzelner rumänischer Pilotmigrant in Barcelona den schrittwei-

---

19 Siehe unter anderem *Bill Jordan* und *Franck Düvell*, Irregular Migration: Dilemmas of Transnational Mobility, Cheltenham 2002.

20 *Gil Loescher*, "Asylum crisis' in the UK and Europe", Open Democracy 2003, 3, <http://www.opendemocracy.net/node/1234/pdf>, aufgerufen 24.3.2008.

21 Commission of the European Communities, Study on the links between legal and illegal migration. Communication from the Commission to the Council, the European Parliament, the European Economic and Social Committee and the Committee of the Regions. COM(2004) 412, Brüssel 2004.

22 UNHCR, UNHCR Global appeal, Geneva 2006, 334.

23 *Jordan* und *Düvell* (Fn. 18).

24 *Franck Düvell*, Europäische und internationale Migration, Münster 2006.

25 *Jordan* und *Düvell* (Fn. 18).

26 *Andrea Bleahu*, "Romanian migration to Spain. Motivation, networks and strategies", in: Public Policy Centre (CENPO) (Hrsg.) *New patterns of labour migration in Central and Eastern Europe*, Cluj 2005, 21-35.

sen Nachzug einer ganzen Gruppe, der Frau, dem Bruder, der Frau des Bruders, den Freunden, deren Familien und so weiter bewirkt. Untersuchungen auf der Mikro-Ebene zeigen, dass irreguläre Migranten oft auf einen biographischen Bruch reagieren.[27] So wandern junge Leute oft nach der Schule aber vor Studienbeginn oder vor einer Berufsausbildung aus, ältere Leute entscheiden sich für die Migration, weil sie arbeitslos geworden sind, ihre Firma Pleite gegangen ist oder weil sie geschieden wurden. Und in ärmeren Ländern migrieren Menschen unter anderem, wenn sie ein Alter erreicht haben, in dem sie für den Unterhalt ihrer Eltern oder anderer Familienmitglieder verantwortlich werden, oder wenn sie einen Karrieresprung anstreben, der in dem jeweiligen Land nicht zu verwirklichen ist.

In Europa ist irreguläre Migration teilweise ein nur kurzfristiges Projekt, wie etwa um eine bestimmte Summe Geld zu verdienen, um Güter (ein Auto, Möbel oder ähnliches) oder Eigentum zu kaufen, um in ein Geschäft zu investieren oder um eine vorüber gehende Krise, wie etwa Arztkosten zu lösen.[28] Ebenso kann es sein, dass irreguläre Migration ein wiederholtes oder gar regelmäßiges Projekt ist, wie jährlich zur Erntezeit, etwa um das eigene Einkommen aufzubessern. Insbesondere Migranten aus den Nachbarländern oder aus Ländern, in denen einfache oder billige Transportmöglichkeiten bestehen, sind oft mobiler, wie es in dem Fall von Polen in Großbritannien[29] und Belgien beobachtet wurde.[30] Diese Migranten kommen öfter, aber bleiben kürzer. Im Gegensatz dazu gibt es aber auch Fälle, in denen irreguläre Migranten, einmal eingereist möglichst lange im Lande bleiben. Dies trifft auf Migranten zu, die Furcht vor Verfolgung haben und glauben, dass sie nicht zurückkehren können.[31] In dieselbe Kategorie fallen auch irregulär nachgeholte Familienangehörige oder (Ehe-)Partner. Darüber hinaus bleiben solche irregulären Migranten länger, die im eigenen Land keine wirtschaftliche Zukunft sehen oder deren irregulärer Aufenthalt relativ erfolgreich im Sinne von einigermaßen gesicherten Verhältnissen ist. Schließlich hängt die Aufenthaltsdauer aber auch von geographischen Bedingungen und der Art des Kontrollregimes ab. So bleiben Migranten aus weiter entfernt liegenden Ländern, deren Reisen teurer, beschwerlicher oder riskanter sind oder aus Ländern, deren Bürger sich Visa-Beschränkungen gegenüber sehen, länger. Dies wurde in dem Fall von Brasilianern in London beobachtet.[32] Zudem wurde beobachtet, dass rigidere Grenz- und Einreisekontrollen eines Landes die Wahrscheinlichkeit erhöhen, dass Migranten, die erst einmal erfolgreich eingereist sind, so lang wie möglich bleiben. Dies hängt unter anderem mit den relativ hohen Risiken und Transaktionskosten, etwa für Schmuggler, zusammen, die eine wiederholte irreguläre Einreise unvernünftig erscheinen lassen. In solch einem Fall, wie in den USA beobachtet werden konnte, bildet sich eine dauerhafte aufhältige und stetig anwachsende

---

27 *Düvell* (Fn. 5).
28 *Bill Jordan* und *Dita Vogel*, Which policies influence migration decisions: A comparative analysis of qualitative interviews with undocumented Brazilian immigrants in London and Berlin as a contribution to economic reasoning. ZeS Arbeitspapier Nr. 14, Bremen 1997.
29 *Jordan* und *Düvell* (Fn. 18).
30 *Dorothea Steinborn*, „Chez Olga. Einmal Brüssel und zurück: Zehntausende Polen pendeln als Gärtner, Maler oder Putzfrauen in die EU-Hauptstadt", Die Zeit, 20. November 2003, 21-22.
31 *Siegfried Pater*, Menschen ohne Papiere, Bonn 2005.
32 *Jordan*, *Vogel* und *Kylza* (Fn. 12).

Bevölkerungsgruppe irregulärer Migranten heraus.[33] Demnach scheint es plausibel anzunehmen, dass irreguläre Migranten in jenen Ländern, in die sie relativ problemlos wiederholt ein- und ausreisen, zunächst mobile Strategien entwickeln. In Ländern mit erschwerten Einreisebedingungen geht man von einer längeren Aufenthaltsdauer irregulärer Migranten aus. Dies verändert sich allerdings mit der Dauer des Aufenthaltes und den Auswirkungen der Kontrollregime. Denn einerseits erwächst ein Trend zur dauerhaften Niederlassung während andererseits die Ausgrenzung von vielen gesellschaftlichen Bereichen sowie Kontrollerfahrungen den Ausreisedruck erhöhen.[34]

Seit 1996 wurden bisher insgesamt über 4 Millionen irreguläre Migranten legalisiert.[35] Die Erfahrungen mit Regularisierungsprogrammen in vielen Süd- und einigen Nordeuropäischen Staaten zeigen, dass drei Viertel bis vier Fünftel aller irregulären Migranten einen legalen Status bevorzugen. Dies impliziert, dass sie demnach auch bereit wären Steuern und Sozialabgaben zu zahlen. Insbesondere diejenigen, die sich bereits länger im Lande aufhalten, wie in Spanien beobachtet wurde, leiden zunehmend unter der Ausgrenzung und beginnen, einen regulären Status zu schätzen.[36] Jene, die dennoch keine Regularisierung anstreben, sind oft diejenigen, die aufgrund vorheriger Erfahrungen im Herkunftsland staatlichen Institutionen misstrauen oder die Bedeutung von Dokumenten noch nicht zu schätzen wissen.[37] Oder es sind jene, die nur für kurze Zeit zu bleiben und zu arbeiten beabsichtigen und sich nicht um die notwendigen Formalitäten scheren.[38] Daneben gibt es aber auch Fälle, in denen Irregularität aus strategischen Gründen gewählt wird, etwa weil dies höhere Einkommen bedeuten kann.

Irreguläre Migration in Zahlen

Die Bevölkerungsabteilung der Vereinten Nationen[39] zeigt, dass irreguläre Migration einer der am schnellsten wachsenden Typen von Migration ist. Und auch die Organisation für wirtschaftliche Zusammenarbeit und Entwicklung (OECD)[40] stellt fest, dass „ein bedeutender Teil jüngst auftauchender Ströme undokumentierte Migranten beinhaltet". Schließlich implizieren die jährlichen SOPEMI-Reporte der OECD, dass der Rückgang regulärer Migration seit 1993 und der Rückgang der Asylbewerberzahlen seit 1998 mit dem Anwachsen irregulärer Migration korreliert. Zu Beginn der 2000er Jahre

---

33 Wall Street Journal, The Border brigades, 28 January 2004.
34 Eine Verifizierung dieser Hypothesen steht allerdings noch aus, insbesondere die Auswirkungen von Kontrollmaßnahmen sind noch wenig untersucht.
35 *Philip DeBruycker* (Hrsg.), Regularisations of illegal immigrants in the European Union, Brüssel 2000.
36 *Charlotte Fiala*, Impact of Spanish immigration policies on Ecuadorian migrants and their families in Ecuador, PhD research, Oxford 2007.
37 *Fiala* (Fn. 36).
38 *Jordan* und *Düvell* (Fn. 18).
39 United Nations Secretariat, International Migration and Development, The Concise Report, Population Division, Population Newsletter No. 63, New York 1997, 7.
40 OECD, SOPEMI. Trends in international migration, Annual Report 2000, Paris 2001.

wurden jährlich schätzungsweise 100.000 irreguläre Migranten an den Außengrenzen der EU festgenommen, etwa weil sie gefälschte Dokumente vorzeigten oder die Grenzen heimlich überschreiten wollten. Andere Schätzungen gehen von bis zu 500.000 irregulären Einreisen jährlich aus. Darüber hinaus werden jährlich etwa weitere 200.000 irreguläre Migranten innerhalb der EU festgenommen und im gleichen Zeitraum etwa 225.000 Ausländer abgeschoben. Bei dieser Gruppe handelt es sich mehrheitlich jedoch nicht um irreguläre Migranten, sondern vielfach um abgelehnte Asylsuchende. Schließlich ist von 100,000 oder mehr Migranten auszugehen, die sich in den Nachbarstaaten der EU aufhalten, um von dort die irreguläre Einreise in die EU zu wagen. Dies sind einige 10.000 so genannte Transitmigranten in Nordafrika (Marokko, Libyen)[41] sowie je einige 10.000 in der Ukraine[42] und der Türkei[43]. Behauptungen, wonach eine Million Migranten allein in Libyen darauf warten von Nordafrika nach Europa überzusetzen,[44] scheinen übertrieben. Unter anderem basieren sie auf der Unterstellung, dass sich die im Ölförderland Libyen aufhaltenden Wanderarbeiter nur auf der Durchreise nach Europa befinden würden.

In der Migrationsforschung wird grundsätzlich zwischen dem Zufluss („flow') und Bestand („stock') sowie darüber hinaus zwischen der Zuwanderung („immigration'), Auswanderung und Rückkehr (emigration', „return') und der Differenz aus beiden, also der Nettomigration unterschieden. Demnach wächst der Bestand der Migrantenpopulation langsamer, als die Zahl der Einreisen insgesamt.[45] Dies trifft auch auf irreguläre Migration zu, bei der die Zahl der jährlichen Einreisen oder Visa-„Überzieher" nicht einfach über die Jahre addiert und eine beständig anwachsende irreguläre Migrantenpopulation unterstellt werden kann. Vielmehr sind auch irreguläre Migranten, wie oben argumentiert, durchaus mobil und verfolgen häufig nur temporäre Strategien. Die meisten Quellen stimmen darin überein, dass sich im Verlaufe eines Jahres zwischen 4-8 Millionen irreguläre Migranten in der erweiterten EU aufhalten.[46] Neuere Schätzungen halten dies aber für zu hoch gegriffen und gehen deshalb von 2,8 bis 6 Millionen irregulären Migranten aus.[47] Viele davon sind allerdings Bürger eines EU-Mitgliedstaates und wenn die Übergangsfristen auslaufen und die Arbeitsaufnahme legal wird, wird diese Zahl wohl zurückgehen. Weitere 9 Millionen werden in Russland vermutet[48] sowie 11-

---

41 ICMPD, Irregular transit migration in the Mediterranean – some facts, futures and insights, Wien 2004, 8.
42 *Düvell* (Fn. 15).
43 *Ahmet Icduygu*, Transit Migration in Turkey: Trends, Patterns, Issues, Florenz 2005.
44 *Jeremy Hart*, IOM/Repräsetant in Libyen, in BBC, "Destination UK", *Panorama*, 14/1/2008, <http://www.bbc.co.uk/mediaselector/check/accessibility/media/panorama/14jan08?size=16x9&bgc =FF3300&nbram=1&bbram=1&nbwm=1&bbwm=1&st=1>.
45 In den Medien und der Anti-Zuwanderungslobby wird allerdings gerne nur auf die Zuwanderungszahlen verwiesen und die Nettoimmigration verschwiegen.
46 *Saskia Sassen*, Migranten, Siedler, Flüchtlinge – Von der Massenauswanderung zur Festung Europa, Frankfurt 1996; *Düvell* (Fn. 7).
47 *Clandestino*, Fewer irregular residents in Europe than assumed. New online information on irregular migration, Athen und Hamburg 2009, <http://clandestino.eliamep.gr/less-irregular-residents-in-europe-than-assumed-new-online-information-on-irregular-migration/#more-229m>, aufgerufen 22.2.2009.
48 *Timothy Heleniak*, "Russia beckons, but diaspora wary", Migration Information Source, 1 Oktober 2002, <http://www.migrationinformation.org/feature/print.cfm?ID=56, aufgerufen 3.12.2004>.

12 Millionen in den USA.[49] Nun wäre es aber irreführend, anzunehmen, dass irreguläre Migranten nur in OECD-Ländern zu finden sind. Tatsächlich halten sich irreguläre Migranten in jedem Land der Erde auf. Sie werden aus Botswana und Nigeria, von der Türkei und der Ukraine, von Thailand und Malaysia, von Mexiko und Venezuela gemeldet. Weltweit muss von mindestens 44 Millionen irregulären Migranten ausgegangen werden. Diese machen etwa ein Viertel der rund 200 Millionen internationalen Migranten aus, zudem sind ein Fünftel bis ein Siebtel der irregulären Migranten in Europa anzutreffen.[50] Da sich irreguläre Migranten aber häufig weniger als 12 Monate im jeweiligen Zielstaat aufhalten, verteilen sich die schätzungsweise 2,8-6, bzw. 4-8 Millionen irreguläre Migranten über das ganze Jahr. Das heißt, die Anzahl derer, die sich zu einem bestimmten Zeitpunkt in der EU aufhalten, ist niedriger als die Gesamtsumme. In der EU rangiert der Anteil irregulärer Migranten an der gesamten Migrantenbevölkerung von 1-2 Prozent, in Schweden, was die niedrigste Rate in der EU zu sein scheint und bis zu 15 Prozent in Deutschland, was eine der höchsten Raten ist.[51] Dabei kommt es allerdings zu einer ungleichen Verteilung und einer Konzentration in Deutschland, Großbritannien, Frankreich, Belgien, den Niederlanden Spanien, Italien, Griechenland und inzwischen auch Polen. Irreguläre Migranten sind auch nicht gleichmäßig auf ein ganzes Land verteilt, sondern konzentrieren sich oftmals in bestimmten Regionen, Städten und Industrien.

Diese Zahlen müssen allerdings in einen breiteren Kontext gesetzt und bewertet werden. Zunächst muss die Zahl von 4-8 oder auch weniger Millionen irregulärer Migranten im Verhältnis zu den 40 Millionen regulären Migranten und zu einer europäischen Gesamtbevölkerung von 450 Millionen gesehen werden. Demnach repräsentieren irreguläre Migranten etwa 7,5 Prozent bis 15 Prozent, nach anderen Schätzungen 12 Prozent bis 20 Prozent der gesamten Migrantenbevölkerung, beziehungsweise 0.6-1.2 oder 1-2 Prozent der Gesamtbevölkerung. Darüber hinaus muss die Zahl irregulärer Einreisen und Visa-Überziehungen in ein Verhältnis gesetzt werden zur jährlichen Einreise von 2 Millionen regulären Migranten, der Einreise von 400 Millionen Nicht-EU Bürgern und einiger Milliarden legaler Grenzübertritte. Übereinstimmend kann daraus geschlossen werden, dass 100.000 irreguläre Migranten, die jährlich festgenommen werden, nur einen verschwindend geringen Teil des gesamten internationalen Personenverkehrs repräsentieren, also lediglich 0,025 Prozent oder noch weniger aller Grenzübertritte ausmachen. Übertreibungen oder gar Panikmache sind also unangebracht.

Solche Zahlen sind allerdings eine umstrittene Angelegenheit. Bislang sind die Methoden zur Erfassung verdeckter Populationen unbefriedigend und die Qualität von Zahlenangaben zur irregulären Migration nur gering. Zahlen, wie man sie in den Medien vorfindet, sind entweder ungenau oder fiktiv. So können Zahlen politischen Zielen wie etwa der Skandalisierung oder des Herunterspielens eines sozialen Phänomens dienen. Einige Wissenschaftler sowie politische Aktivisten halten den Umgang mit solchen Zahlen für Zahlenspielerei und fordern deshalb mitunter einen Verzicht von quantitativen Aussagen. Andere Sozialwissenschaftler argumentieren wiederum, dass die Gesellschaft den Umfang eines sozialen Problems kennen müsse um dessen Konsequenzen

---

49   BBC, 8 Januar 2004.
50   *Düvell* (Fn. 7).
51   *Düvell* (Fn. 7).

einschätzen und mögliche Lösungen und deren Implikationen diskutieren zu können. Genaue Kenntnisse über die Bevölkerungszahlen von Verwaltungsbezirken sind für kommunale Behörden eine Grundvoraussetzung zur Bedarfsplanung von Häusern, Schulen, Lehrern, Ärzten und Bussen.

Wirtschaftliche und soziale Aspekte irregulärer Migration

Wirtschaftswissenschaftler stellen das Phänomen der irregulären Migration aus vielen Gründen häufig unproblematisch oder sogar positiv dar:[52]
- irreguläre Migranten suchen sich Regionen, Sektoren und Arbeitsplätze aus, die normalerweise nicht sehr attraktiv sind und verfügen über eine höhere Flexibilität als einheimische Arbeitskräfte;[53]
- sie ermöglichen das Überleben von ansonsten unwirtschaftlichen Unternehmen;[54]
- über Niedrigpreise gewähren sie sozial schwachen Gruppen den Zugang zu bestimmten Gütern und Diensten die sich diese sonst nicht leisten könnten;
- sie ermöglichen es Teilen der einheimischen Bevölkerung, vor allem Frauen, Hausarbeit an niedrig entlohnte Migrationsarbeiterinnen abzugeben. Die somit von der Hausarbeit Freigestellten erhalten also die Möglichkeit, am Arbeitsmarkt teilzunehmen und können demnach zu einer Verbesserung des Haushaltseinkommens beitragen;[55]
- sie ermöglichen es Unternehmern, flexibel auf wechselhafte Moden, Nachfragen und Konjunkturen zu reagieren;
- sie erlauben die Arbeitsteilung, z.B. zwischen einem regulären und hoch entlohnten Facharbeiter (Maurer) und seinem irregulären niedrigentlohnten Assistenten und fördern somit die allgemeine Produktivität;[56]
- sie reagieren auf Diskrepanzen zwischen national verfügbaren regulären einheimischen und ausländischen Arbeitskräften und dem tatsächlichen Bedarf.

Einige empirische Studien gehen davon aus, dass irreguläre Migranten keine Konkurrenz für die einheimischen Arbeitskräfte darstellen und sich in der Arbeitswelt eher er-

---

52 *Gordon H. Hanson*, The Economic Logic of Illegal Immigration, CSR Nr. 26, April, Washington 2007.
53 *Michael Piore*, Birds of passage. Migrant labour in industrial societies, Cambridge 1979.
54 *Pnina Werbner*, "Renewing an industrial past – British Pakistani entrepreneurship in Manchester" Migration, 8 (1990), 7-41.
55 Vorrausgesetzt, sie verdienen mehr, als die irregular Haushaltshilfe kostet, siehe *Bill Jordan*, "Poles apart: how each EU country gets the migrant workers it requires", in: *Franck Düvell* (Hrsg.), Illegal Immigration in Europe, Houndmills 2006, 197-208.
56 Der Maurer kann seine Produktivität (das Verhältnis zwischen Arbeitszeit und Entlohnung), also etwa die Errichtung einer Wand, dadurch steigern, indem er einen kostengünstigen Gehilfen einstellt, siehe *Jordan* und *Düvell* (Fn. 18).

gänzen als miteinander zu konkurrieren.[57] Tatsächlich sind irreguläre Migranten überwiegend in spezifischen Nischen zu finden, etwa der Reinigung, ambulante Pflege, Gastronomie oder Landwirtschaft. Dort konkurrieren sie, wenn überhaupt, mit den unausgebildeten einheimischen, und insbesondere regulären ausländischen Arbeitskräften. Irreguläre Migranten stehen häufig am unteren Ende der Lohnpyramide und damit an der Basis der Wertschöpfungskette. Die Differenz zwischen den Löhnen der einheimischen Arbeitskräfte und denen der irregulären Migranten ist zum Teil auf die generelle Diskriminierung ausländischer Arbeiter zurückzuführen.[58] Die Differenz zwischen den Löhnen von regulären Migranten und irregulären Migranten basiert zum Teil auf dem prekären Aufenthaltsstatus, zum Teil sind die Lohnunterschiede allerdings bedingt durch die unterschiedlichen Fähigkeiten und Kenntnisse, etwa der Sprache oder des Handwerks. Dennoch entsprechen Vorstellungen von irregulären Migranten als per se Ausgebeutete und Niedrigentlohnte nicht der Realität. Vielmehr hat die Forschung auch die Kategorie erfolgreicher, angemessen, ja gut bezahlter irregulärer Migranten vorgefunden, die als Selbständige oder Angestellte tätig sind, Geschäfte betreiben oder Wohneigentum erwerben.[59]

Der offensichtlichste und beunruhigenste Aspekt ist die Ausgrenzung irregulärer Migranten von den sozialen Sicherheiten und Institutionen. So stehen irreguläre Migranten vor gesetzlichen Hindernissen, wenn sie Zugang zu Gesundheitsdiensten, Kindergärten oder Schulen suchen. Auch ist es sehr problematisch, die Polizei zu kontaktieren, etwa um eine Straftat anzuzeigen. Ohne Vorlage von Ausweis, Meldebestätigung und Aufenthaltserlaubnis werden Migranten dort in der Regel keine Dienste in Anspruch nehmen können. Zudem sind sie auch nicht durch Arbeits-, Gesundheit-, Sicherheits- und Wohnungsbestimmungen geschützt.[60] Diese Ausgrenzung ist in einigen Ländern stärker ausgeprägt als in anderen. So zeigt ein Vergleich, dass die Exklusionspolitiken in Schweden, Deutschland und Österreich am weitesten gehen, während Spanien, Italien und Belgien eher inklusive Politiken verfolgen und auch irregulären Migranten Zugang zu sozialen Diensten gewähren.[61] Demnach variiert der Grad der Exklusion irregulärer Migranten von den modernen sozialen Garantien, die die Bürger eines Landes vor den Folgen von Krankheiten und Behinderungen, Arbeitslosigkeit und Ausbeutung, Wucherei und unsicheren Wohnungssituationen, Kriminalität und Gewalt schützen.

Dennoch zeigen verschiedene Studien, dass sich die Mehrzahl der irregulären Migranten in der Irregularität einrichtet. Insbesondere kleinere Probleme werden mit Hilfe eines Netzwerkes von Verwandten, Freunden oder Unterstützern bewältigt. Solange keine größeren und ernsthaften Probleme auftreten, ist es möglich, dass illegale

---

57 *Jörg Alt*, Leben in der Schattenwelt – Problemkomplex illegale Migration. Neue Erkenntnisse zur Lebenssituation 'illegaler Migranten in München, Leipzig und anderen Städten, Karlsruhe 2003.
58 *Francisco L. Rivera-Batiz*, "Illegal immigrants in the US economy", in: *Slobodan Djacic* (Hrsg.), International Migration. Trends, policies and economic impact, London 2001, 180-203.
59 *Jordan* und *Düvell* (Fn. 18).
60 Platform for International Cooperation on Undocumented Migrants (PICUM), Book of solidarity. Providing assistance to undocumented migrants, Band. I-III, Brüssel 2002.
61 *Franck Düvell*, „Zugang zur Gesundheitsversorgung für Sans-Papiers: Ein europäischer Vergleich", in: Rotes Kreuz Schweiz (Hrsg.). *Sans papieres in der Schweiz. Unsichtbar – Unverzichtbar.* Zürich 2006, 136-156.

Zuwanderer ein annähernd normales Leben führen. Die Hilfekapazitäten dieser unterstützenden Netzwerke sind aber begrenzt. Auch sind Neuankömmlinge, beispielsweise wenn sie noch über keine großen Netzwerke verfügen, in besonderem Maße von der Ausgrenzung betroffen. Sie beginnen am unteren Ende der Sozial- und Arbeitsmarkthierarchie, erhalten die schlechteste und am niedrigsten bezahlte Arbeit und leiden unter Ausbeutung und schwierigen Arbeitsbedingungen. Die größten Probleme haben vor allem jene, die über keinerlei Kontakte oder Netzwerke verfügen, oder aber Mitglieder einer Community sind, die ohnehin bereits stark benachteiligt ist und deshalb illegalen Mitgliedern weder Arbeit in der Nischenökonomie beschaffen noch Unterstützung zukommen lassen kann. Es sind aber auch Menschen in besonderen Problemlagen, beispielsweise allein erziehende Frauen, Kinder und Jugendliche, Alte oder Kranke. Daraus resultieren Arbeitslosigkeit, Wohnungsnot, (sexuelle) Gewalterfahrungen, Krankheit und damit einhergehende psychische Nöte.[62]

Für diese Art der Ausgrenzung wird eine ganze Reihe von Gründen angeführt. So sollen potentielle irreguläre Migranten von der Einreise abgeschreckt werden. Reguläre Migranten und abgelehnte Asylsuchende sollen davor abgeschreckt werden, irregulär länger zu bleiben statt wie vorgesehen auszureisen. Der Aufenthalt von irregulären Migranten soll verkompliziert und sie dadurch zur Rückkehr bewegt werden. Reguläre Arbeitskräfte sollen vor unfairer Konkurrenz und die Sozialsysteme vor unrechtmäßigen Anspruchstellern geschützt werden. Solche Politiken setzen darauf, irregulären Migranten, wenn schon nicht den Zugang zum Territorium, dann doch zumindest den Aufenthalt so schwer wie möglich zu machen um darüber den Ausreisedruck zu erhöhen. Dies verhindert jedoch nicht, dass diejenigen Migranten, die dennoch irregulär bleiben, Arbeit oder Wohnung finden und deshalb wieder ausreisen würden. Tatsächlich werden sie nur von den regulären Arbeits- und Wohnungsmärkten ferngehalten und gehen stattdessen irreguläre Arbeits- und Wohnverhältnisse ein. (Mehr) Kontrollen führen dann dazu, dass sie immer tiefer in die Irregularität abtauchen, wo sie dann außer Reichweite der sozialen und arbeitsrechtlichen Sicherheitsbestimmungen sind. Die Einwanderungs- und Ausländergesetze tragen also zur Entstehung einer Schattengesellschaft mit ihren eigenen Gesetzen bei. Deshalb leben trotz dieser Maßnahmen nicht etwa weniger irreguläre Migranten in unserer Gesellschaft, wohl aber mehr Menschen, die von den sozialen und rechtsstaatlichen Institutionen ausgeschlossen sind. Zwar lässt sich der Abschreckungseffekt nur schwer messen, in Anbetracht der großen Anzahl von irregulären Migranten in Europa scheint er allerdings eine nur eingeschränkte Wirkung zu haben. In diesem Licht erscheint die Verweigerung von Sozialleistungen und gewissen Rechtssicherheiten, etwa der Einklagbarkeit von nicht ausgezahlten Löhnen, allerdings eher wie eine Art von Bestrafung.

---

62 *Norbert Cyrus, Franck Düvell, Bill Jordan* und *Dita Vogel*, „Illegale Zuwanderung in Deutschland und Großbritannien: Ein Vergleich" IMIS-Beiträge, 24 (2004), 45-74.

Ursachen und Gründe irregulärer Migration

Im 19. und frühen 20. Jahrhundert war zunächst von "unerwünschten Fremden" die Rede. Erst zu Beginn der 1930er Jahre sprach man etwa in den Niederlanden im Zusammenhang mit chinesischer Migration gelegentlich von „klandestiner Einreise". Systematisch wurde der Ausdruck „illegale Migration" zuerst in den 1930er Jahren verwendet, als die ungewollte jüdische Migration nach Palästina von den britischen Behörden als „illegal" bezeichnet wurde. Das Konzept der irregulären Migration ist also relativ neu und ist unmittelbare Konsequenz der erst ab dem ersten Weltkrieg schrittweisen Einführung von Lichtbildern, Pässen, und Visa sowie von Einwanderungsgesetzen, die zwischen legal und illegal unterschieden, und von Kontrollbehörden, die anhand der Gesetze und Ausweisdokumente den Status einer Person kontrollierten.[63] Dennoch wurde der Begriff der „illegalen Migration" bis in die 1960er und 1970er Jahre nur gelegentlich verwendet. Dies ist zum einen darauf zurückzuführen, dass die Einwanderungs- und Ausländergesetzgebung noch wenig differenziert war, also viele Verhaltensweisen weder reguliert noch untersagt waren. Zum anderen war es politische Praxis, solche Migranten, die nicht legal und als „Gastarbeiter" angeworben wurden, sondern auf eigenen Antrieb und ohne eine Arbeitsplatzzusage einreisten, als „spontane" Migranten zu betrachten und post hoc zu regularisieren. Anfang der 1970er Jahre und mit der ersten großen Krise der Nachkriegszeit wurde sowohl die massenhafte Anwerbung von Gastarbeitern beendet als auch Gesetze geschaffen, die (a) selbständige Migration ausschlossen und (b) vorherige Freiheiten und Rechte verringerten. In der Folge und mit der Verfeinerung der Gesetze fand das Konzept der „illegalen Migration" ab Mitte der 1980er und vor allem ab den 1990er Jahren zunehmend Verbreitung. Das heißt, dass irreguläre Migration im Verlauf der Zeit politisch und rechtlich konstruiert wurde, also ein soziales Konstrukt des späten 20. Jahrhunderts ist.[64]

Darüber hinaus lassen sich eine Reihe spezifischer Bedingungen am Ende des 20. Jahrhunderts ausmachen, die irreguläre Migration hervorbringen:

- Erstens rührt irreguläre Migration von einer Asymmetrie zwischen der Nachfrage nach Arbeitskräften und dem Angebot an regulär verfügbarer Arbeitskraft. Wenn aber ein Gut, nach dem eine Nachfrage besteht, regulärerweise nicht verfügbar ist, so wird diese Nachfrage häufig irregulär befriedigt.[65] Dass heißt, wenn die Wirtschaft auf rechtmäßigem Weg nicht die Arbeitskräfte findet, die sie braucht, dann wird sie wahrscheinlich ihren Bedarf aus irregulären Quellen decken.

- Zweitens besteht eine Asymmetrie zwischen den Kräften des Marktes, individuellem Streben und institutionellen Zielen: Individuen wollen ihr Leben durch Migration verbessern, Arbeitgeber (der Wirtschaftssektor) benötigen Migranten als Arbeiter, während die Politik Migration häufig ablehnt und somit eine Übereinkunft von Arbeitgebern und Migranten verhindert. Dadurch entsteht ein Spannungsfeld, bei dem

---

63 Vgl. *Jane Caplan* und *John Torpey* (Hrsg.), Documenting Individual Identity. The Development of State Practices in the Modern World, Princeton 2001.

64 *Düvell* (Fn. 7).

65 *Larissa Adler Lomnitz*, "Informal Exchange networks in formal systems: A theoretical model", *American Anthropologist*, 1 (1988), 42-55.

Staaten, Individuen und Unternehmer in Konflikt geraten und als Folge irreguläre Migration entsteht.
- Drittens ist irreguläre Migration das Resultat einer Asymmetrie zwischen individuellen Auffassungen von Verfolgung und institutionellen Definitionen. Dies zeigt sich unter anderem in einer große Diskrepanz zwischen Asylanträgen und Anerkennungen. Abgelehnte Asylsuchende, die Furcht vor der Rückkehr haben oder diese aus anderen Gründen ablehnen, werden stattdessen irregulär bleiben.
- Viertens besteht eine Asymmetrie zwischen flexiblem Leben, wechselnden Lebensumständen und Plänen von Migranten einerseits und unflexiblen und bürokratischen Immigrationsbestimmungen andererseits. Insbesondere unflexible Bestimmungen bezüglich der Aufenthaltsverlängerung oder Statusveränderung bedingt häufig irreguläre Migration.
- Fünftens beinhaltet das Zusammenwachsen der Wirtschaft weltweit die Entstehung globaler Arbeitsmärkte, globaler Migrationssysteme, globaler Migrationsnetzwerke, transnationaler Gemeinschaften und schlussendlich globaler Migrationsbewegungen. Diese bilden schließlich die Voraussetzungen für irreguläre Migration.
- Sechstens resultiert irreguläre Migration aus einer Asymmetrie zwischen dem zunehmenden wirtschaftlichen Zusammenwachsen der Welt und der Aufrechterhaltung des konventionellen politischen Staatensystems. So wird einerseits der Fluss von Informationen, Kapital und Waren zunehmend liberalisiert. Gleichzeitig wird das Transportnetz immer enger und die Beförderungsmittel immer erschwinglicher. Andererseits aber bleiben viele Migrationsbeschränkungen bestehen. Dies stellt eines der großen Paradoxe der Globalisierung dar.[66]

Diese Asymmetrien sind das Resultat einer fundamentalen sozialen Transformation, die in den frühen siebziger Jahren ihren Anfang nahm und bis heute anhält. Diese Phase wird wahlweise als Post-, Neo- oder zweite Moderne, als neuer Fordismus, als Risikogesellschaft oder flüchtiger Kapitalismus beschrieben.[67] Demnach wurde die Moderne durch Industrialisierung, Massenproduktion und lebenslange Arbeit, durch starke Nationalstaaten und Bürokratien, durch Wohlstand und Konsum, Kleinfamilien und Massenorganisationen (Parteien und Gewerkschaften) sowie den Kalten Krieg charakterisiert.[68] Demgegenüber wird die zweite Moderne, also die Gegenwart, durch Deindustrialisierung (in den Industriestaaten) und die Verlagerung der industriellen Fertigung und zunehmend auch von diversen Dienstleistungen in die Schwellenländer, Privatisierung (der staatlichen Industrien), die IT-Revolution, das Ende des Eisernen Vorhangs, gewaltsamen politischen Wandel in vielen Staaten und schließlich durch Globalisierung, Massenarbeitslosigkeit in vielen Ländern charakterisiert. Dies geht einher mit flexiblen

---

66 Diese Argumente wurden entwickelt in *Düvell* (Fn. 7).
67 *Jeffrey Alexander*, "Modern, Anti, Post and Neo: How Intellectuals Have Tried to Understand the Crisis of our Time", Zeitschrift für Soziologie, 3 (1994), 165-97.
68 Siehe unter anderem *David Harvey*, The Condition of Modernity, Oxford 1989; *Joachim Hirsch*, Das neue Gesicht des Kapitalismus. vom Fordismus zum Post-Fordismus, Hamburg 1996; *Gøsta Esping-Andersen*, Social Foundations of Postindustrial Economies, Oxford 1999; *Carl-Ulrik Schierup*, 'Bloody Subcontracting' in the Network Society: Migration and Post-Fordist Restructuring across the European Union, in: *Carl-Ulrik Schierup*, *Peo Hansen* und *Stephen Castles* (Hrsg.), Migration, Citizenship, and the European Welfare State - A European Dilemma, Oxford 2006, 231-47.

und unsicheren Arbeitsplätzen, der Aufhebung der Wohlstandsgarantien, mit Individualisierung und einer Schwächung der Gestaltungsspielräume der Nationalstaaten. Bauman charakterisiert die erste Moderne als ‚festen' und die zweite Moderne als ‚flüchtigen Kapitalismus'.[69]

Diese sogenannte ‚zweite Moderne' bedeutete jedoch nicht eine einfache Ersetzung des alten durch das neue System. Vielmehr koexistieren Elemente des ‚festen' neben denen des ‚flüchtigen' Kapitalismus und geraten dabei in Konflikt. Einerseits entwickeln Menschen, einmal aus den alten Zwängen der sozialen und industriellen Beziehungen befreit, individuelle Strategien und werden flexibler und mobiler, was die Zunahme der inländischen und internationalen Migration erklärt. Sie scheinen also Beck's Konzept der Risikobiographien[70] sowie Paugam's Konzept der Prekarität zu entsprechen.[71] Andererseits ist sich die Politik aber noch uneins, ob und wie diese neue geographische Mobilität mit den Anforderungen des Marktes und dem Prinzip des souveränen Nationalstaates in Einklang gebracht werden soll. Abgesehen von einigen liberalen Maßnahmen Ende der 1990er Jahre, etwa in Großbritannien, Spanien und Portugal, oder der Green Card Initiative von Kanzler Schröder, wurden seit Beginn des neuen Jahrtausends allerdings die Migrationskontrollen eher sogar noch verstärkt. Diese eher protektionistischen Politiken waren zum Teil Reaktion auf eine Reihe religiös motivierter terroristischer Gewalttaten in den USA, Großbritannien und Spanien und religiös motivierte Morde in den Niederlanden. Die dadurch provozierten Ängste und Sicherheitsbedenken richteten sich gegen (weitere und unkontrollierte) Zuwanderung. Es ist davon auszugehen, dass dieser Trend zum Protektionismus durch die Wirtschaftskrise von 2008/9 noch weiter verstärkt wird.

In der Folge finden sich geographisch mobile Personen zwischen beiden Trends wieder. Einerseits passen sie sich scheinbar perfekt an die neuen flexiblen und individualistischen Bedingungen an, die der Neoliberalismus vorgibt, während sie doch andererseits als Bedrohung wahrgenommen und ausländerrechtlich ausgeschlossen werden. Man könnte also erstens argumentieren, dass irreguläre Migration Indikator und Folge von unvollständigen und andauernden Transformationsprozessen am Übergang von der ersten zur zweiten Moderne, oder vom ‚festen' zum ‚flüchtigen' Kapitalismus sind und zweitens, dass irreguläre Migranten Opfer allgemeiner Prekarisierungsprozesse sind.

---

69 *Zygmund Bauman*, Flüchtige Moderne, Frankfurt 2003.
70 Aus den sicheren Verhältnissen der fordistischen Massengesellschaft entlassen nehmen Menschen ihr Schicksal zwar selber in die Hand, tragen damit aber auch die Risiken ihrer Biographien, siehe *Ulrich Beck*, Risikogesellschaft. Auf dem Wege in eine andere Moderne, Frankfurt 1986.
71 Prekarität, etwas euphemistisch auch Flexibilität genannt, ist charakterisiert durch Befristung, (relative Rechtlosigkeit, Unsicherheit und Ausgrenzung, siehe *Serge Paugam*, "Poverty and Social Disqualification: a Comparative Analysis of Cumulative Social Disadvantage in Europe", Journal of European Social Policy, 4 (1996), 287-303.

Politische Implikationen

Um die politischen Implikationen irregulärer Migration zu untersuchen, sollen zunächst ein paar Fragen aufgeworfen und diskutiert werden:
- Ist es politisch, praktisch und ethisch möglich 4-8 Millionen irreguläre Migranten aus der Europäischen Union abzuschieben?
- Ist es möglich die Mobilität von Menschen vollständig zu kontrollieren, potentiell irregulär bleibende Migranten präventiv zu identifizieren und beispielsweise Personen mit elektronischen Ortungsgeräten auszustatten (,tagging'), so dass ihr Aufenthaltsort den Behörden jederzeit bekannt ist?
- Ist es möglich Unternehmen, private Haushalte und die Gemeinden ethnischer Minderheiten derart umfassenden und lückenlosen Kontrollmaßnahmen zu unterwerfen, die die Unterbringung und/oder Beschäftigung von irregulären Migranten unmöglich machen?
- Ist es möglich irreguläre Migranten komplett von den Wohn- und Arbeitsmärkten auszuschließen, um ihren Aufenthalt auf diese Weise unmöglich zu machen?

In autoritären Regierungen könnte die Antwort darauf „ja" sein. Beispielsweise wurden an der türkischen Grenze irreguläre Migranten erschossen,[72] in Libyen wurden Massenabschiebungen durchgesetzt[73] und in der Ukraine werden nicht-weiße Personen aufgrund ihrer Hautfarbe täglich kontrolliert.[74] Aber solche Praktiken widersprechen den Grundsätzen von Menschenrechten, Antidiskriminierungsgesetzen, bürgerlichen Freiheitsrechten und Rechtsstaatlichkeit in liberalen und demokratischen Gesellschaften und würden zudem Interventionen durch die Zivilgesellschaft auf den Plan rufen.[75] Darüber hinaus zeigt die Erfahrung, dass beispielsweise in den USA die Erhöhung des Budgets für die Kontrolle von Migration mit einer Zunahme der irregulären Migrantenpopulation einhergeht.[76] Und die Forschung zeigt, dass vermehrte Grenzkontrollen nur raffiniertere Formen der irregulären Migration hervorrufen, während Kontrollen im Inland Migranten dazu veranlassen, tiefer in die Schattenwirtschaft einzutauchen.[77] Insofern sind Repressionsstrategien ein teilweise ineffektives Mittel, um irreguläre Migration zu verhindern. Auch wenn in der politischen Praxis und in einer Art Reflex häufig auf repressive Maßnahmen gesetzt wird, so sind die eingangs gestellten Fragen doch eher mit „Nein" zu beantworten.

Wenn dem so ist, stünden liberale Demokratien vor einem Dilemma. Einerseits können sie irreguläre Migration, nicht registrierte Bevölkerungsgruppen und die Nichtentrichtung von Steuern und Sozialabgaben nicht tolerieren. Mit den herkömmlichen repressiven Mitteln können sie dies andererseits jedoch ebenso wenig verhindern. Nun

---

72 Tageszeitung, 11. Mai 2000.
73 Migration News, Africa, San Diego, 2000, siehe auch <http://migration.ucdavis.edu/mn/comments.php?id=2292_0_5_0>.
74 Düvell (Fn. 15).
75 Han Enzinger, Dutch tighten rules for immigrants, Interview, in: Radio Netherlands 2004, <http://www.rnw.nl/hotspots/html/dut020614.html, aufgerufen 20.1.2004>.
76 Wall Street Journal (Fn. 30).
77 Düvell (Fn. 7).

stehen ihnen aber eine Reihe von Alternativen zur Verfügung[78] die darauf zu überprüfen wären, ob sie Auswege aus diesem Dilemma weisen. Diese sind:

1. Amnestien und Regulierungsprogramme,[79]
2. die Einführung geordneter und legaler Migrationswege[80] wie z.b. neuen zirkulären und temporären Gastarbeiterprogrammen,
3. die Umleitung von Geldern zur Kontrolle der Migration in die Entwicklungshilfe,[81]
4. politische Integration, wie im Falle der fortschreitenden EU-Erweiterung, bei der effektiv die Migration reguliert wird,[82]
5. einige Wirtschaftswissenschaftler argumentieren, dass die Bewegungsfreiheit von Menschen ein enormes wirtschaftliches Wachstum erzeugen würde und dieses den bestehenden Migrationsdruck beträchtlich dämpfen würde,[83] und
6. politische Philosophen befürworten ebenfalls häufig die Freizügigkeitsprinzipien.[84]

Die meisten dieser Argumente zeigen den potentiell positiven Effekt von liberaleren Politiken auf. Diese könnten demnach den Weg zu einer sozialverträglichen, nachhaltigen und damit zukunftsfähigeren Migrationspolitik ebnen. Bislang allerdings werden diese Alternativen von der Mehrheit der Wähler, Parteien und Politiker abgelehnt und sind in Zeiten der Krise schwerer vermittelbar als in Zeiten des Aufschwungs.

Fazit

Migration ist ein inhärentes Element der Geschichte und Kultur der Menschheit. Die derzeitige soziale und politische Verfasstheit unserer Gesellschaft scheint allerdings schlecht auf den Umgang mit geographisch mobilen Bevölkerungen vorbereitet zu sein. In ihrem Versuch, unerwünschte Migration aufzuhalten geraten Staaten in Konflikt mit zwei starken Kräften, den Mechanismen des Marktes[85] und der Willenskraft und Sub-

---

78 Für eine Übersicht siehe *Michael Jandl* (Hrsg.), Innovative Concepts for Alternative Migration Policies, Amsterdam 2007.
79 *DeBruycker* (Fn. 32).
80 *Thomas Straubhaar*, Why do we need a General Agreement on the Movements of People (GAMP)?, HWWA Discussion paper 94, Hamburg 2000.
81 Z.B. *Antoine Pécoud* und *Paul de Guchteneire* (Hrsg.), Migration without borders scenario, Oxford 2007.
82 Siehe Guardian, 25 Februar 2004.
83 *Bob Hamilton* und *John Whalley*, "Efficiency and Distributional Implications of Global Restrictions on Labour Mobility", Journal of Development Economics, 14 (1984), 61-75.
84 *Joseph H. Carens*, "Aliens and citizens – the case for open borders", Review of Politics, 49 (1987), 251-73; *Phillip Cole*, Philosophies of Exclusion. Liberal Political Theory and Immigration, Edinburgh 2000.
85 *Slobodan Djacić*, "Illegal immigration trends, policies, and economic effects", in: *Slobodan Djajić* (Hrsg.), International Migration: Trends, Policies and Economic Impact, London 2001, Kapitel 7.

jektivität des Menschen (,human agency').⁸⁶ Angesichts der relativ hohen Zahl irregulärer Migranten in Europa und anderswo scheinen diese Kräfte partiell stärker zu sein als die Kräfte der Kontrollinstitutionen. Des Weiteren zeigen derzeitige Migrationsbewegungen, dass der Migration-Politik Nexus derzeit nicht zu gewinnen ist.⁸⁷

Aus normativer Perspektive ist irreguläre Migration Ausdruck eines bedeutenden politischen Versagens, aus der sozialen Perspektive ist es ein bedeutendes Problem und aus der humanistischen Perspektive ist es eine Tragödie für die betroffenen Individuen. Insofern illustriert irreguläre Migration einige der Fehlentwicklungen unserer Gesellschaft. Tatsächlich kann die Ausgrenzung von geographisch mobilen Bevölkerungen als eine signifikante Ungerechtigkeit zu Beginn des 21. Jahrhunderts angesehen werden. Deshalb sollten auch alternative, innovative, nachhaltige und damit zukunftsfähige Politiken in Betracht gezogen werden um diese Herausforderung anzugehen und um die politische Ordnung und die menschliche geographische Mobilität miteinander zu versöhnen.

---

86 *Michael Smith*, "Urbanism: medium or outcome of human agency", Urban Affairs Quarterly, 3 (1989) 353-7.
87 *Dimitriou Papademetriou*, "The Global Struggle with Illegal Migration: No End in Sight", Migration Information Source, Washington 2005: MPI, <http://www.migrationinformation.org/Feature/display.cfm?ID=336>.

2. Kapitel

Europäische Versorgungspraxen

Fragiles Netz –
Krankheitserfahrungen undokumentierter Latinas in Berlin

Susann Huschke

1. Einleitung

Undokumentierte MigrantInnen leben in einer Art gesetzloser ‚Parallelwelt', in der die meisten deutschen und internationalen Rechte nicht viel gelten. Leben in der Illegalität bedeutet Leben in Abhängigkeit von anderen: von Menschen, die eine Wohnung unter der Hand vermieten, Menschen, die Schwarzarbeit bezahlen, Menschen, die Kranke behandeln, auch ohne Krankenversicherung. Abhängigkeit macht verletzlich: wer seinen Status offenbart, stellt seine Existenz aufs Spiel, kann denunziert und abgeschoben werden. Was bedeutet es für undokumentierte lateinamerikanische Migrantinnen, in diesem Kontext krank zu werden? Welche Wege gehen Illegalisierte, um gesund zu werden? Anhand der Fallgeschichten der Chilenin Mónica, der Bolivianerin Luz und der Kubanerin Ramira gehe ich diesen Fragen nach.

Die Hypothesen und Fragen, die ich in diesem Beitrag aufwerfe, basieren auf ersten Zwischenergebnissen aus den mittels qualitativer Interviews, informeller Gespräche und teilnehmender Beobachtung gewonnen Daten meiner laufenden Promotionsforschung.[1] Eingangs stelle ich in Teil 1 die Strukturen der Gesundheitsversorgung für illegalisierte LateinamerikanerInnen in Berlin dar und gebe einen kurzen Einblick in den Migrationskontext und die Lebenssituation meiner Gesprächspartnerinnen, sowie in die Methodik meiner Forschung. In Teil 2 stelle ich die Geschichten der drei Migrantinnen im Kontext des Lebens in der Illegalität dar. In der Diskussion der Beispiele in Teil 3 gehe ich dann auf die Bedeutung und die dynamische Vielfalt sozialer Beziehungen ein, sowie auf die Zusammenhänge zwischen Biographie und Migrationserfahrungen. Abschließend beziehe ich meine Daten auf die medizinische Versorgungssituation in Berlin.[2]

1.1 Heilungsstrukturen in Berlin

Zwei nicht-staatliche Anlaufstellen stellen in Berlin gewissermaßen die „Knotenpunkte" für die medizinische Versorgung von Illegalisierten dar: die *MalteserMigrantenMedizin* in Schöneberg und das *Büro für medizinische Flüchtlingshilfe* (*medibüro*) in Kreuzberg.

---

1 Seit Juli 2008 wird diese Promotionsforschung von der Hans-Böckler-Stiftung finanziell unterstützt.
2 Ich danke *Prof. Dr. Hansjörg Dilger* und *Dr. Christiane Falge* für die konstruktive Kritik an früheren Versionen dieses Beitrags.

Die *MalteserMigrantenMedizin*[3] bietet an drei Tagen in der Woche eine offene Sprechstunde für alle Menschen ohne Krankenversicherung[4] an.

Das Berliner *medibüro*[5] versteht sich als antirassistische und nichtstaatliche Organisation. Zwei Mal pro Woche wird eine zweistündige Sprechstunde angeboten, in der Kranke an HausärztInnen, FachärztInnen und Krankenhäuser vermittelt werden. Das Netzwerk des *medibüros* zählt etwa 120 UnterstützerInnen aus dem medizinischen Bereich, die unentgeltlich undokumentierte MigrantInnen versorgen. Auch die MitarbeiterInnen des *medibüros* arbeiten unentgeltlich. Anfallende Materialkosten, Labortests oder Krankenhausaufenthalte werden, so weit möglich, aus Spenden finanziert.

Neben diesen beiden zentralen Anlaufstellen behandeln einige andere Institutionen der staatlichen oder nicht-staatlichen Gesundheitsversorgung, wie die Caritas-Ambulanz für Wohnungslose, ebenfalls sporadisch Illegalisierte. Hinzu kommen einzelne niedergelassene ÄrztInnen, die auf privater Verhandlungsbasis undokumentierte MigrantInnen medizinisch versorgen. Lateinamerikanische MigrantInnen nutzen darüber hinaus Hausmittel, Heilkräuter und spirituelle Behandlungen gegen Erkrankungen.

Das Vorhandensein dieser Möglichkeiten sollte nicht darüber hinweg täuschen, dass die Gesundheitsversorgung trotz der kreativen Anstrengungen, die undokumentierte MigrantInnen unternehmen, auch in Berlin grundlegend unzureichend bleibt. Ein Grundproblem stellt die Interpretation des Paragraphen 87 des Aufenthaltsgesetzes dar, der alle „öffentlichen Stellen", die Kenntnis von einem illegalen Aufenthalt haben, verpflichtet, diesen bei der Ausländerbehörde zu melden. ÄrztInnen, auch in öffentlichen Krankenhäusern, unterliegen allerdings der (rechtlich übergeordneten) Schweigepflicht, und auch Krankenhausverwaltungen als „Gehilfen" der ÄrztInnen dürfen Daten prinzipiell nicht weitergeben.[6] Nichtsdestotrotz herrscht sowohl auf medizinischer Seite als auch bei den undokumentierten MigrantInnen eine faktische Unsicherheit bezüglich der Übermittlungspflichten: Muss an die Ausländerbehörde übermittelt werden? Werde ich abgeschoben, wenn ich zum Arzt oder ins Krankenhaus gehe?

Nicht-staatliche Stellen und engagierte EinzelkämpferInnen unter den MedizinerInnen können, so lässt sich festhalten, unter den aktuellen rechtlichen und politischen Umständen lediglich eine Parallelversorgung bieten, die weder ausreichend finanziert ist, noch den medizinischen Standard der Regelversorgung erreichen kann.[7]

---

3   Vgl. Beitrag von *Adelheid Franz* in diesem Band.
4   Nicht-staatliche Versorgungsstellen wie die *MalteserMigrantenMedizin* und die *medibüros/medinetze* behandeln zunehmend in den letzten Jahren auch OsteuropäerInnen, die seit der Öffnung der EU-Außengrenzen legal in Deutschland leben, aber nicht krankenversichert sind und ohne die nötigen finanziellen Mittel für eine Privatbehandlung keinen Zugang zur regulären Gesundheitsversorgung haben.
5   Vgl. Beitrag von *Elène Misbach* in diesem Band.
6   Vgl. Deutsches Institut für Menschenrechte (Hrsg.), Frauen, Männer und Kinder ohne Papiere in Deutschland – Ihr Recht auf Gesundheit. Bericht der Bundesarbeitsgruppe Gesundheit/Illegalität, Berlin 2007, S. 14 f.
7   Z.B. *Jörg Alt*, Leben in der Schattenwelt. Problemkomplex „illegale" Migration, Karlsruhe 2003. S. 150 ff.; *Philip Anderson*, „Dass sie uns nicht vergessen..." Menschen in der Illegalität in München, München 2003, S. 34 ff. Elektronisches Dokument <http://www.gruene-muenchen-stadtrat.de/seiten/pdfs/studie_illegalitaet.pdf>; *Stefan Alscher* et al., Illegal anwesende und illegal beschäftigte Ausländerinnen und Ausländer in Berlin – Lebensverhältnisse, Problemlage, Empfehlungen, in:

1.2 Undokumentierte LateinamerikanerInnen: ein Überblick

Im Zentrum dieses Beitrags stehen Ausschnitte aus den Fallgeschichten der Chilenin Mónica, der Bolivianerin Luz und der Kubanerin Ramira. Auf sehr unterschiedliche Weise meistern sie das Leben in der Illegalität, so dass ihre Geschichten einen Eindruck von der Heterogenität der Biographien und Erfahrungen undokumentierter MigrantInnen vermitteln. Gleichzeitig jedoch weisen ihre Fallbeispiele Parallelen auf. Ihre Familien gehören nicht zu den „Ärmsten der Armen" in ihren Herkunftsländern, die drei Migrantinnen und ihre Familienmitglieder waren (finanziell) in der Lage, einen Studienabschluss oder weiterführende Ausbildungen zu absolvieren. Alle drei sind nach Deutschland gekommen, weil sie mit ihrer Arbeit als Reinigungskräfte in Privathaushalten das Vielfache von dem verdienen, was sie in ihren Heimatländern trotz ihrer Qualifikationen verdienen könnten. Sie leben alle drei jeweils in einer eigenen Wohnung, die ihnen lateinamerikanische Bekannte vermieten.

Die Gesamtheit meiner bisherigen Daten weist eine größere Heterogenität der Lebensumstände und Biographien auf, allerdings ist der Bildungsstand der LateinamerikanerInnen in meiner Forschung allgemein eher hoch: alle meine GesprächspartnerInnen haben mindestens eine Oberschulbildung, in den meisten Fällen eine weiterführende Berufsausbildung oder ein abgeschlossenes Studium. Dies deckt sich mit der Einschätzung, die Alt für die Gruppe der lateinamerikanischen MigrantInnen aufgrund einer Expertenbefragung vornimmt.[8] Damit unterscheidet sich die Gruppe der Latina/os[9] von anderen MigrantInnengruppen, denn insgesamt wird von Alt für undokumentierte MigrantInnen in Deutschland eine große Heterogenität bezüglich des sozialen Status angegeben.

Bisher existieren keine zuverlässigen Schätzungen, die Auskunft darüber geben, wie viele undokumentierte MigrantInnen aus bestimmten Herkunftsregionen in Deutschland leben, selbst die geschätzten Gesamtzahlen variieren zwischen 500.000 und über 1.000.000. In der vorhandenen Literatur zu deutschen Großstädten und in den von mir bereits in Berlin geführten Expertengesprächen werden jedoch immer LateinamerikanerInnen als eine der größeren MigrantInnengruppen angegeben, neben undokumentierten MigrantInnen aus den Ländern Afrikas und Asiens sowie aus Südosteuropa. Weiterhin wird ein kausaler Zusammenhang zwischen der Existenz dokumentierter MigrantInnen aus einer bestimmten Region und einer dementsprechend großen Gruppe Illegalisierter hergestellt.[10] In Berlin leben derzeit etwa 10.000 registrierte MigrantInnen aus Latein-

---

Demographie Aktuell. No.17., Berlin 2001, S. 34, Elektronisches Dokument <http://www.demographie.de/demographieaktuell/index.htm>.

8 Jörg Alt, Anlage 5 Zusammensetzung der „Illegalenpopulation" in Deutschland, 2003, S. 2 f. Elektronisches Dokument <http://www.joerg-alt.de/Publikationen/Materialanlagen/05AnteilIllegal.pdf>.

9 Ich verwende den Ausdruck Latina/os, der von meinen GesprächspartnerInnen selbst benutzt wird, synonym zum Begriff LateinamerikanerInnen.

10 Vgl. Wolfgang Krieger et al, Lebenslage „illegal". Menschen ohne Aufenthaltsstatus in Frankfurt am Main, Karlsruhe 2006, S. 78.

amerika,[11] woraus sich also im Sinne Kriegers auf eine dementsprechend hohe Zahl undokumentierter LateinamerikanerInnen schließen ließe.

Zwischen Februar und Dezember 2008 habe ich Interviews und/oder informelle Gespräche mit zwölf Frauen und sechs Männern aus Chile, Bolivien, Kuba, Peru, Venezuela, Uruguay und Kolumbien, die als undokumentierte MigrantInnen in Berlin leben oder gelebt haben, geführt. Dieses ungleiche Geschlechterverhältnis gründet sich einerseits auf der Tatsache, dass der Zugang zu Gesprächspartnerinnen aufgrund der Genderrollen einfacher war und sich schneller vertrauensvolle Beziehungen mit Frauen ergeben haben. Andererseits spiegelt sich hier auch eine weltweite Tendenz von Migrationsbewegungen wider: die Feminisierung der Migration. Die Migration aus Lateinamerika nach Europa scheint dabei im besonderen Ausmaß von Frauen getragen zu werden.[12]

Meine bisherigen Daten legen die Vermutung nahe, dass die genderspezifischen Arbeitsmöglichkeiten in Berlin ebenfalls eine Feminisierung der Migration begünstigen. Diejenigen meiner Gesprächspartnerinnen, die sich einen Zugang zu den nötigen Netzwerken erarbeiten konnten, haben vor allem als Reinigungskräfte in Privathaushalten zahlreiche Verdienstmöglichkeiten. Für lateinamerikanische Männer scheint es eher mühsam zu sein, eine Anstellung zu finden, beispielsweise mit Hilfstätigkeiten in der Gastronomie und im Baugewerbe.

1.3 Methodik der Forschung

Seit September 2007 untersuche ich mittels einer ethnologischen Feldforschung die Behandlungspraxen, Versorgungsnetzwerke und Krankheitserfahrungen undokumentierter Latinos/as im Kontext ihrer Migrationsgeschichten und ihrer Lebenssituationen in Berlin. Meine Kontakte zu den MigrantInnen ergaben sich anfangs vor allem durch meine Rolle als Deutschlehrerin. Seit September 2007 unterrichte ich in einem lateinamerikanischen Verein Deutsch als Fremdsprache.[13] Ausgehend davon nutze ich die Schneeballmethode, bei der ein Kontakt zum nächsten führt. Alle Gespräche und Interviews führe ich auf Spanisch.

Seit März 2008 bin ich außerdem beim *Büro für medizinische Flüchtlingshilfe (medibüro)* tätig. Über das *medibüro* nehme ich keinen Kontakt mit LateinamerikanerInnen auf, da wir unsere Sprechstunden als einen „geschützten Ort" verstehen, den die Menschen mit einem gesundheitlichen Anliegen aufsuchen können, ohne „ausgefragt" zu werden, so dass eine Interviewanfrage fehl am Platze wäre. Nichtsdestotrotz stellt die

---

11 Amt für Statistik Berlin-Brandenburg, Ausländer aus 184 Staaten leben in Berlin. Pressemitteilung vom 20.04.2007 – Nr. 88, 2007. Elektronisches Dokument <http://www.statistik-berlin-brandenburg.de/pms/2007/07-04-20.pdf>.

12 *Patricia Cerda-Hegerl*, Feminisierung der Migration von Lateinamerika nach Deutschland, in: *Lena Berger* et al., Sin fronteras? Chancen und Probleme lateinamerikanischer Migration, München 2007, S. 141; *Trinidad L. Vicente Torrado*, La inmigración latinoamericana en España, Mexico City 2006, S. 6, Elektronisches Dokument <http://www.un.org/esa/population/meetings/IttMigLAC/P13_Vicente.pdf>; *Gioconda Herrera*, Mujeres ecuatorianas en las cadenas globales del cuidado, in: *Gioconda Herrera* et al. (Hrsg.), La migración ecuatoriana. Transnacionalismo, redes e identidades, Quito 2005, S. 281 ff.

13 Dieser Verein wird im Folgenden aus Gründen des Datenschutzes anonymisiert als *Centro* bezeichnet.

Arbeit beim *medibüro* einen integralen Bestandteil meiner Forschungsmethologie dar. Neben individuellen Regelungen, was ich den GesprächspartnerInnen für die Zeit und Energie, die sie darauf verwenden, mir meine Forschungsfragen zu beantworten,[14] anbieten kann, bietet mir das *medibüro* die Gelegenheit, eine Art „generalisierte Reziprozität" in meine Forschung zu integrieren und die Rolle der Forscherin um den Aspekt der praktischen und politischen Arbeit zu erweitern.

Meine Forschung stellt das offene und flexible Erforschen des Umgangs mit Krankheit in den Vordergrund. Zur Datenerhebung dienen problemzentrierte Interviews,[15] offene Gespräche mit dokumentierten und undokumentierten LateinamerikanerInnen sowie teilnehmende Beobachtung bei informellen Treffen und Veranstaltungen wie Gottesdiensten und politischen Diskussionsabenden. Dem methodischen Prinzip der Grounded Theory folgend werden die Daten parallel zur Feldforschung transkribiert und kodiert. Daraus ergeben sich fortlaufend Hypothesen, die im weiteren Verlauf evaluiert werden. Abschließend erfolgt der Abgleich der Daten aus verschiedenen Methoden und Forschungssituationen (Triangulation) und es werden Schlussfolgerungen gezogen.

2. Krankwerden in der Illegalität

Im Folgenden werde ich darstellen, was es für Mónica, Luz und Ramira bedeutet, als undokumentierte Migrantinnen in Berlin krank zu werden. In den bisher geführten Interviews wird deutlich, dass meine Gesprächspartnerinnen mit großer Mühe und viel kreativer Energie darum bemüht sind, ihr Leben in der Illegalität zu organisieren und sich in Berlin zu behaupten. Undokumentierte MigrantInnen haben weder gesicherte Arbeitsverhältnisse, noch Mietverträge, noch eine Krankenversicherung. Sie können ihre Rechte nicht einklagen und sind in vielerlei Hinsicht auf die Hilfe anderer angewiesen, infolgedessen von ihnen abhängig – und damit auch immer verletzlich.

Um ein Dach über dem Kopf zu haben, muss ihnen jemand „unter der Hand" eine Wohnung vermieten oder sie bei sich wohnen lassen. Um einen Job zu finden, brauchen sie jemanden, der sie empfiehlt und sie vermittelt an jemanden, der sie ohne Papiere beschäftigt. Um eine Erkrankung zu behandeln, brauchen sie jemanden, der ihnen beschreibt, wie sie das *medibüro* oder die *MalteserMigrantenMedizin* finden können, der sie zu einem niedergelassenen Arzt bringt oder ihnen sagt, wer sich mit Medikamenten und Behandlungen auskennt.

Wer aber ihren Status kennt, ihre Adresse, ihren richtigen Namen, kann sie denunzieren. Ein unzufriedener Arbeitgeber, eine genervte Sprechstundenhilfe oder eine enttäuschte Freundin muss nur die Polizei rufen, um ihren Aufenthalt hier zu beenden. Eine

---

14 Beispielsweise: Begleitung zum Anwalt; Suche nach einer Kindertagesstätte, die ein illegalisiertes Kind aufnimmt; Übersetzungen; Informationen zu Hilfsangeboten in Berlin (u.a. zum *medibüro)*; Kontaktherstellung mit anderen Latina/os.
15 *Andreas Witzel*, Das problemzentrierte Interview, in: Forum Qualitative Sozialforschung/Forum: Qualitative Social Research, 2000, Jg. 1, H. 1. Elektronisches Dokument <http://www.qualitative-research.net/fqs-texte/1-00/1-00witzel-d.pdf>.

Denunziation und die daraus folgende Festnahme durch die Polizei ist das Damoklesschwert, das über Illegalisierten schwebt: eine Festnahme führt im Normalfall zur Abschiebung. Eine erzwungene Rückkehr ins Heimatland bedeutet für viele illegalisierte LateinamerikanerInnen eine Rückkehr in (wirtschaftliche) Chancenlosigkeit, in Arbeitslosigkeit und finanzielle Unsicherheit, die sich beispielsweise auch auf die Ausbildungschancen ihrer Kinder negativ auswirkt.[16] Diese existenzielle Bedrohung schwingt bei allen sozialen Beziehungen mit. Daraus resultiert oft ein grundsätzliches Misstrauen undokumentierter MigrantInnen nicht nur Organisationen, sondern auch Individuen gegenüber, um sich gegen das Risiko zu schützen, durch zu viele „MitwisserInnen" den Aufenthalt in Deutschland aufs Spiel zu setzen.

Diesen Spagat zwischen Abhängigkeiten und Verletzlichkeit vollbringen undokumentierte MigrantInnen auf unterschiedliche Art und Weise. Phasenweise erleben meine GesprächspartnerInnen eine relative Stabilität. Sie gehen mit den Widrigkeiten des Lebens in der Illegalität kreativ und mit viel Durchhaltevermögen um. Notfälle wie eine akute Krankheit allerdings bringen das fragile Gleichgewicht schnell ins Wanken. Das widersprüchliche Zusammenspiel aus der Notwendigkeit, Netzwerke aufzubauen, und der berechtigen Angst vor Verrat und Abschiebung wird im Krankheitsfall besonders deutlich, wie die folgenden drei Fallbeispiele zeigen. Erkrankungen wirken hier als eine Art Bruchstelle, die sich verändernd auf das Netzwerk sozialer Beziehungen auswirken kann: Beziehungen werden bewusst im Krankheitsfall aktiviert, andere werden beendet, neue werden geschaffen. Lücken im sozialen Netz, die vorher unbeachtet bleiben konnten, werden im wahrsten Sinne des Wortes spürbar.

2.1 „Ich komme gut zurecht" – Die Geschichte von Mónica

Die Chilenin Mónica ist Mitte 30. Schon als junge Frau verließ sie Chile, um in Frankfurt am Main Deutsch zu lernen. Zwischenzeitlich lebte sie wieder einige Jahre bei ihrer Mutter in einer ländlichen Region in Chile. Einer ihrer zwei Brüder ist Arzt, der andere leitet als Selbstständiger ein kleines Unternehmen, ihre Schwester ist mit einem Polizisten verheiratet und hat dadurch ebenfalls ein gutes und sicheres Einkommen. Mónica sieht sich als das „schwarze Schaf"[17] in ihrer Familie, weil sie nicht studiert hat wie ihre Brüder und nicht verheiratet ist wie ihre Schwester. Sie entschied sich, „aus emotionaler Notwendigkeit" wieder nach zu Deutschland kommen[18] und auch ohne Aufenthaltsgenehmigung zu bleiben. Seit acht Jahren lebt sie nun als Illegalisierte in Berlin.

Mónica arbeitet als Reinigungskraft und Babysitterin für verschiedene deutsche Familien. Über das Leben in der Illegalität sagt sie: „Ich komme gut zurecht, ich habe nie Probleme gehabt, Probleme wie... sagen wir, sehr große, sehr große habe ich nie gehabt." Mónica wäre lieber legal hier, aber einen regulären Aufenthaltsstatus und eine

---

16 Immer wieder wird von meinen GesprächspartnerInnen als Migrationsgrund angeführt, dass sie ihren Kindern in ihrer Heimat aus finanziellen Gründen keine gute Ausbildung jenseits der oft als mangelhaft bewerteten staatlichen Angebote bieten können.

17 Alle direkten Zitate sind als solche gekennzeichnet und wurden von mir ins Deutsche übersetzt.

18 Mónica brauchte als Chilenin für einen Besuchsaufenthalt von maximal drei Monaten kein Visum, um nach Deutschland einzureisen. Erst nach Ablauf der drei Monate war sie somit *ohne legalen Aufenthaltsstatus*.

Arbeitsgenehmigung gibt es für Hausangestellte nicht. Die einzige Legalisierungsmöglichkeit wäre für sie die Heirat mit einem Deutschen/einer Deutschen oder einer/m MigrantIn mit unbefristeter Aufenthaltsgenehmigung. Nur zur Sicherung des legalen Aufenthaltsstatusses, „por los papeles" zu heiraten, kann sie sich aber nicht vorstellen. Sie zieht es vor, alleine und unabhängig als Untermieterin in einer Mehrzimmer-Wohnung zu wohnen, die ein kubanischer Bekannter mit legalem Aufenthaltsstatus für sie angemietet hat.

Im Interview betont sie die guten Beziehungen zu ihren deutschen ArbeitgeberInnen, die ihren Status kennen. Von anderen LateinamerikanerInnen spricht sie eher schlecht und gibt sich sehr misstrauisch. Sie hat schlechte Erfahrungen gemacht, als sie zusammen mit anderen (legal hier lebenden) Latino/as versuchte, ein Restaurant zu eröffnen. Die Zusammenarbeit gelang ihnen nicht, Mónica stieg aus und verlor dabei 8.000 Euro. Die Frage, ob sie Freunde habe, die sie beispielsweise im Krankheitsfall unterstützen, verneinte sie, Freunde habe sie eigentlich kaum, eher Bekannte. Vor allem ihre Arbeitgeber seien für sie da, wenn sie krank ist. Mónica erzählt:

> „Zum Beispiel einer meiner Chefs, der ist Psychologe, aber auch Allgemeinmediziner, deshalb kann er auch Rezepte ausstellen oder dir sagen, welche Medikamente es gibt. Aber letztendlich sagt der mir auch, wenn es etwas Schlimmeres ist: ‚Mónica, es ist besser, wenn du zur Caritas[19] gehst, damit sie dich dort behandeln und wir dann sehen, welche Möglichkeiten es gibt.' Und die andere Möglichkeit ist der Mehringhof[20], zum Beispiel wegen eines Zahnarztes war ich da."

Das Interview mit ihr habe ich im Juli 2008 geführt. Mónica ist es wichtig, ihre Unabhängigkeit zu betonen, und dass es ihr gut gehe. Weder bei der Arbeit oder der Wohnungssuche, noch bei der medizinischen Versorgung schien sie größere Probleme für sich zu sehen.

Einige Zeit später erhielt ich um zwei Uhr nachts einen Anruf von Mónica. Als ich sie am nächsten Morgen zurückrief, war sie völlig aufgelöst, sie klang sehr verängstigt und unsicher; ganz anders, als ich sie kennen gelernt hatte. Sie hatte in der Nacht akute und sehr starke Bauchschmerzen gehabt und sich nicht zu helfen gewusst. Zuerst versuchte sie, ihren Arbeitgeber, den Psychotherapeuten und Arzt, zu erreichen, der aber verreist war und nicht helfen konnte. Obwohl wir uns nur ein Mal gesehen hatten, rief sie danach mich an, ihr schien sonst kaum jemand als HelferIn in Frage zu kommen. Ihr Arbeitgeber hatte ihr dringend geraten, ins Krankenhaus zu fahren und sich dort auf private Rechnung behandeln zu lassen. Mónica machte sich große Sorgen darum, wie sie die Arztkosten bezahlen sollte und entschied sich, die Chilenin Paola anzurufen, die ihr nach der misslungenen gemeinsamen Restauranteröffnung Geld schuldet, um von ihr Geld für den Krankenhausaufenthalt zu fordern. Das Geld habe sie nicht, erfuhr sie von ihr, aber sie würde ihr ihre Krankenkassenkarte leihen. Mónica sah keinen anderen Ausweg und willigte ein, obwohl ihr klar war, dass eine „geborgte" Krankenkassenkarte

---

19 Gemeint ist die *Caritas-Ambulanz für Wohnungslose*, wo auch MigrantInnen kostenlos und anonym behandelt werden, ohne dass der aufenthaltsrechtliche Status eine Rolle spielt. Sie bieten eine medizinische Grundversorgung und verteilen bestimmte Medikamente.

20 Gemeint ist das *Büro für medizinische Flüchtlingshilfe*. In der lateinamerikanischen Community ist das *medibüro* unter dem Namen *Mehringhof* bekannt, nach dem Ort der Vermittlung in einem Büro im Kreuzberger Mehringhof.

sie in Schwierigkeiten bringen würde, falls dies entdeckt würde. Paola fuhr sie in die Notaufnahme eines christlichen Krankenhauses.

Die stark übergewichtige Mónica hatte, als sie eingeliefert wurde, einen systolischen Blutdruckwert von 235, stark erhöhten Zucker, Gallensteine und eine akute bakterielle Magenschleimhautentzündung. Mónica blieb zehn Tage im Krankenhaus, ohne dass bekannt wurde, dass sie nicht ihre eigene Chipkarte benutzt hatte. Die ÄrztInnen diagnostizierten eine Diabetes Mellitus Typ II und empfohlen ihr eine strikte Diät zur Gewichtsreduktion. Die Nachbehandlung übernahm ein Allgemeinmediziner, der ihr im *medibüro* vermittelt wurde. Ihre Diabetes-Medikamente kauft sie sich auf Privatrezept für 50 Euro im Monat.

2.2   „Ich habe niemanden, der mir hilft" – Die Geschichte von Luz

Luz ist eine kleine, zierliche Bolivianerin in den Dreißigern. Sie hatte in Russland in den 90er Jahren Ingenieurwesen studiert. Während der Semesterferien kam sie immer nach Berlin, um als Straßenverkäuferin Geld zu verdienen. 2006 entschied sie sich, mit ihrem damals knapp zweijährigen Sohn Federico aus Bolivien nach Berlin zu migrieren, „wegen der Arbeit", wie sie sagt, „um ihre Situation zu verbessern". In Berlin lebte bereits ihre Schwester mit einem gesicherten Aufenthaltstatus. Sie lud sie zu sich ein, Luz sollte ihr im Haushalt und mit ihren Kindern helfen. Luz hatte das Leben und Arbeiten in Berlin aus ihrer Studienzeit in guter Erinnerung und wurde enttäuscht.

Die Beziehung zur Schwester verschlechterte sich innerhalb weniger Monate. Der Grund war, dass die Schwester das Zusammenleben mit Luz und dem kleinen Federico auf engstem Raum in ihrer Wohnung als unerträgliche Belastung empfand, so dass Luz auszog. Es war sehr schwirig für sie, einen Kitaplatz für Federico, eine Wohnung und eine Arbeit zu finden. Das erste Jahr erlebte sie als mühsam und frustrierend, aber lateinamerikanische Bekannte, die sie beispielsweise im *Centro* kennen lernte, halfen ihr bei der Kita-Suche, der Arbeitsvermittlung und der Wohnungsanmietung. Luz arbeitet seitdem in einem kleinen Laden als Reinigungskraft und Aushilfe.

Die Situation von Luz wird nicht nur entscheidend dadurch geprägt, dass sie ein Kleinkind versorgt, sondern auch durch eine chronische Erkrankung: Luz hat Lupus, eine systemische Krankheit, die in den aktiven Phasen Entzündungen im ganzen Körper, in den Knochen, den Gelenken und im Nervensystem hervor ruft. Diese Krankheit wurde bei ihr als junge Frau in Bolivien diagnostiziert und behandelt. Luz erzählt von ihrem ersten Winter in Berlin im Jahr 2006. Gerade hatte sich ihre Wohn- und Arbeitssituation etwas stabilisiert.

Luz: „Aber dann hatte ich das Problem mit der Gesundheit. Als er krank wurde und ich [auch noch]. Das war sehr schwirig, denn er hatte da einen Unfall in der Kita, er hat sich ins Ohr geschnitten. Und sie riefen mich an auf der Arbeit, denn sie wussten, dass ich keine Versicherung habe. Ich hab sie nicht sehr gut verstanden, jetzt geht es schon so irgendwie mit dem Deutsch, aber am Anfang nicht so, ich verstand nur, dass er hingefallen war, und Blut und nicht mehr! Und dass ich schnell kommen sollte. Und sein Ohr. Ich habe mir alles mögliche vorgestellt, ich ließ die Arbeit sein, rannte, und da war er, blutend, und sie sagten mir, dass sie nichts machen können, das verstand ich auch. Und dann hatte ich ihn und jetzt: was mache ich? Es war Winter! Und es war ein Freitag, es war ein Freitag! Und ich kannte einen Ort wo sie ihn geimpft hatten, ich kann mich nicht erinnern, irgendwas mit Jugend...[21] Gut, dort ging ich hin, und das war an dem Tag geschlossen. Und ich wusste nicht, was ich machen sollte, was werde ich tun, ich hab ihn jetzt so, und sie hatten mir gesagt, vielleicht müssen sie das nähen, aber ich hab das dann sauber gemacht und so gelassen... und jetzt hat er seine Narbe da, zwei Narben, wo er sich geschnitten hat."

S.H.: „Das hat dich alles sehr erschreckt, oder?"

Luz: „Ohhh... ich habe auch Lupus. Das ist eine systemische Krankheit, es gibt keine wissenschaftliche Heilung dafür. Es ist eine Krankheit, die schläft und wieder erwacht. So kann man das erklären. So ging es mir ganz gut, und dann genau.... diese Krankheit wird aktiv durch Emotionen. Und als sie mir sagten, dass er hingefallen sei, und das Blut, und... Genau als er sich das Ohr verletzt hatte, da habe ich mich so erschrocken, dass meine Krankheit sich aktivierte. Und ich kann mich nur noch erinnern, dass ich mich nicht bewegen konnte, ich konnte nicht. Und Federico mit seinem Ohr, wie weinte er... nein, das war schrecklich. Und die Verzweiflung, und ich alleine! Mit ihm! Und er weinte, kannst du dir das vorstellen? Er hat sich auf mich raufgesetzt und der Schmerz war so schlimm, ich musste ihn wegstoßen und.... lass mich in Ruhe! Und ich hatte Medikamente, ich habe die genommen, in Bolivien ist das auch schon passiert, also hab ich angefangen, die zu nehmen."

S.H.: Hast du diese Medikamente aus der Apotheke geholt?

Luz: „Nein, die habe ich zum Teil aus Bolivien mitgebracht. Und der andere Teil, den haben sie mir bei der Caritas geschenkt. Und so war das, später ging ich zum Arzt, ich erinnere mich nicht, so ging ich da hin, aber ich erinnere mich, dass es Winter war. Es war sehr kalt und ich hatte aufgehört zu arbeiten. Und so habe ich mich ein bisschen erholt."

2007 hat sich Luz dann an das *medibüro* gewandt. Ihr wurde dort ein Rheumatologe vermittelt, der unentgeltlich die notwendigen regelmäßigen Kontrolluntersuchungen durchführt, damit neue Schübe der Lupus-Erkrankung rechtzeitig behandelt werden können. Auf die Frage, ob sie darüber hinaus Menschen kenne, die ihr in einer aktiven Phase der Krankheit helfen können, antwortete sie im September 2008:

Luz: „Nein. Ich habe eine Schwester, die hier in Berlin lebt, aber mit der habe ich keine gute Beziehung. Ich habe niemanden, wo ich Federico lassen kann. Er ist immer mit mir zusammen."

2.3 *„Zum Arzt gehe ich erst, wenn ich was Schlimmes habe"* – Die Geschichte von Ramira

Die Kubanerin Ramira ist ebenfalls in den Dreißigern. Sie hat in Kuba studiert und danach auf dem Land in der Provinz Camagüey als Ökonomin gearbeitet. Sie hatte nie vorgehabt, nach Deutschland zu migrieren, aber dann lernte sie einen Deutschen ken-

---

21 Der Kinder- und Jugendgesundheitsdienst führt kostenlos Impfungen für Kinder durch.

nen, der sie wiederholt zu sich einlud, bis sie vor 2004 einwilligte. Der deutsche Freund entpuppte sich hier als gewalttätiger Alkoholiker, so dass sie ihn verließ. Sie lebt jetzt alleine in Berlin. Auch Ramira arbeitet wie Luz und Mónica als Reinigungskraft, mehrheitlich für deutsche ArbeitgeberInnen.

In den letzten 12 Monaten habe ich mit Ramira viele Gespräche ohne Tonbandgerät geführt, die sich spontan ergaben, da sie ein formelles Interview bis vor Kurzem aus Misstrauen ablehnte. Sie hat nach einer weiteren gescheiterten Beziehung mit Gewalterfahrungen im letzten Jahr viele Monate in sozialer Isolation und schwerer Depression gelebt. Sie wog am Tiefpunkt bei einer Größe von 1,50 m nur noch 30 kg, schlief nur wenige Stunden, arbeitete viel. Sie aß kaum, trank viel schwarzen Kaffee mit Zucker und rauchte. Sie sagt, dass sie auch jetzt nur esse, um arbeiten zu können, nicht weil sie Appetit habe.

Ramira hat große Angst davor, von der Polizei entdeckt zu werden, sie vertraut kaum jemandem und ist viel allein. Sie sagt, Freunde habe sie nicht. Darunter leide sie, es sei schrecklich, keine Freundin zu haben: „Man braucht eine Freundin, die einem zuhört, die mit einem spricht." Sie vermisst ihren 15-jährigen Sohn und ihre alte Mutter, die beide in Kuba geblieben sind, sehr, beide hat sie seit vier Jahren nicht gesehen. Sie schickt regelmäßig Geld nach Hause und finanziert so den Unterhalt für ihre Mutter und ihr Kind wesentlich mit.

Im Laufe der letzten Monate hat Ramira mir von verschiedenen gesundheitlichen Problemen erzählt. Sie wirkt oft nervös und ängstlich. Wenn sie über ihre Erfahrungen mit Männern oder über ihre Familie in Kuba spricht, weint sie. Sie hat Schlafstörungen und Suizidgedanken. Eine Psychotherapie, die sie beim *Centro* begonnen hatte, lehnt sie inzwischen ab, weil sie mit der Therapeutin nicht zurechtkommt, und weil sie ja auch nicht „verrückt" sei, wie sie sagt. Auf die Frage, wie sie es schaffe, jeden Tag wieder aufzustehen und durchzuhalten, sagt sie: „Was soll ich sonst tun?" Eine Rückkehr nach Kuba kommt für sie nicht in Frage, sie sieht sich in der Verantwortung, mit ihrer Arbeit in Berlin für ihre Familie in der Heimat zu sorgen.

Im Frühling 2008 plagten sie Rückenschmerzen und belastende Nervosität. Sie erklärt sich diese einerseits mit der Arbeit als Reinigungskraft, andererseits aber mit „Stress" und den Belastungen, die sie erlebt. Sie konnte wegen dieser Beschwerden monatelang nur wenige Stunden am Tag arbeiten und Geld verdienen, was sie wiederum auch bedrückte, da sie die Brotverdienerin für ihren Sohn und ihre Mutter ist. Hinzu kam dann im April ein entzündeter Zahn und eine fiebrige Erkältung oder Grippe. Sie kam dann mehrere Wochen nicht zum Deutschkurs, mit folgender, per SMS geschickter Begründung: „Ich habe mich sehr traurig gefühlt und hatte keine Lust, aus der Wohnung zu gehen".

Das Fieber blieb zwei Wochen, aber zum Arzt ging sie nicht. Sie behandelte sich selbst mit heißer Zitrone und Lutschtabletten, gegen die Rückenschmerzen nahm sie verschreibungsfreie Schmerztabletten. Den Zahn ließ sie dann von einem Verwandten einer deutschen Arbeitgeberin, einem Zahnarzt, behandeln. Der bot ihr außerdem an, auch alle anderen kranken Zähne zu behandeln für insgesamt 300 Euro, die sie in Raten bezahlte.

Vom *medibüro*, der *MalteserMigrantenMedizin* oder anderen medizinischen Versorgungsstellen hatte sie in den vier Jahren ihres Aufenthaltes noch nichts gehört. Mein wiederholtes Angebot, ihr über das *medibüro* einen Arzt zu suchen, nahm sie nicht an: Sie antwortete beispielsweise per SMS auf meinen Vorschlag:

„Der Zahn tut nicht mehr weh Gottseidank und das Fieber das wohl Grippe ist soll nicht sinken damit der Virus den ich habe abstirbt wenn es bis Montag noch so ist gehe ich zum Arzt".

Einige Wochen später erkrankte sie an Windpocken. Auch damit wollte sie nicht zum Arzt gehen, sie blieb zu Hause und behandelte sich so, wie sie das in Kuba gemacht hatten: sie blieb mit zugezogenen Vorhängen im Bett. Das hohe Fieber und den Juckreiz hielt sie einfach aus, sie meinte, das man da nun mal nichts machen könne.

Wiederholte Male sagte sie auf meine Bemerkung, dass 40 Grad Fieber, ein entzündeter Zahn oder dauerhafte Rückenschmerzen vielleicht besser medizinisch behandelt werden sollten, dass dies nicht nötig sei und sie nur zum Arzt gehen würde, „wenn sie etwas Schlimmes hätte". In vielen Gesprächen wurde einerseits deutlich, dass Ramira den Kontakt mit Hilfsorganisationen aus Misstrauen vermeidet, aus Angst, dass doch jemand nach den Papieren fragt und die Polizei ruft. Andererseits spielt aber auch ihr biographischer Hintergrund eine Rolle: sie erzählt, dass sie auch in Kuba den Gang zum Arzt eher vermieden hätte, nicht, weil es keine Möglichkeiten der Versorgung gegeben hätte, sondern weil sie „es nicht mag".

Im Dezember 2008, mehr als sechs Monate nach unserem ersten Treffen, entschied sie sich letztendlich dazu, sich wegen einer akuten Phase schwerer Depression und Schlafstörungen an das *medibüro* zu wenden. In meiner Begleitung wollte sie sich um Psychopharmaka und eine Therapie bemühen. Auslöser war ein erneuter Konflikt mit ihrem alkoholabhängigen kubanischen Ex-Freund. Ihr ging es sehr schlecht, wieder aß sie kaum etwas, trank nur Kaffee. Im Gespräch mit mir im Wartezimmer des *medibüros* konnte sie das Weinen nicht unterdrücken, presste sich die Fäuste ins Gesicht und fragte mich verzweifelt: „Was soll ich tun?!! Ich kann nicht mehr, ich kann nicht mehr." Sie spricht von Suizidgedanken, sagt aber, dass sie weiterleben müsse und ihren Sohn nicht im Stich lassen dürfe.

Das *medibüro* konnte ihr einen Arzt vermitteln, der ihr Antidepressiva und Schlafmittel verschrieb, sowie eine spanisch-sprachige Psychotherapie.[22]

3. Diskussion

Die drei Fallbeispiele bieten einen Einblick in die Komplexität und Heterogenität der Krankheitserfahrungen undokumentierter Latinas in Berlin. Im Folgenden werde ich einige Aspekte aufgreifen, die die Zusammenhänge zwischen sozialen Netzwerken, individuellem biographischen Hintergrund und Krankheit deutlich werden lassen. Abschließend beziehe ich meine vorläufigen Ergebnisse auf die deutsche Versorgungspraxis.

Grundlegend ist festzustellen, dass die Netzwerke meiner Gesprächspartnerinnen vor allem spanischsprachige, „lateinamerikanische" Netzwerke sind, die sich nicht an natio-

---

22 Die Psychotherapie hat Ramira allerdings bis zur Fertigstellung dieses Textes noch nicht begonnen, was sie damit begründete, dass sich ihr Zustand so verschlechtert hatte, dass sie es nicht schaffe, den Psychotherapeuten aufzusuchen und mit dieser ‚fremden' Person zu sprechen.

nalstaatlicher Herkunft orientieren. Freundschaften und andere private Kontakte entstehen vor allem innerhalb der lateinamerikanischen MigrantInnen-Community in Berlin, auch wenn diese Beziehungen zum Teil als problematisch und konfliktreich empfunden werden. Eine Ausnahme stellen deutsche ArbeitgeberInnen dar, die insbesondere im Krankheitsfall aufgrund ihres Zugangs zu Informationen und Kontakten im Gesundheitsbereich eine wichtige Rolle spielen können.

3.1 Illegalität, Krankheit und soziale Netzwerke

Die Krankheitsgeschichte von Luz zeigt auf bedrückende Weise die fundamentale Bedeutung, die sozialen Netzwerken für undokumentierte MigrantInnen zukommt. Luz kam 2006 mit ihrem knapp zwei Jahre alten Sohn nach Berlin, wo bereits ihre Schwester lebte, von der sie sich Arbeit, Wohnung und Unterstützung erhoffte – vergeblich allerdings, wie sich nach kurzer Zeit heraus stellte. So war Luz in ihrem ersten Winter in Berlin auf sich allein gestellt, da sie inzwischen ausgezogen war und nur noch sporadischen Kontakt zu ihrer Schwester pflegte. Selbst beim Unfall ihres Sohnes und ihrem Lupus-Ausbruch versuchte sie nicht, die Hilfe der Schwester in Anspruch zu nehmen. Darüber hinaus verfügte Luz in ihrem ersten Winter noch nicht über die sozialen Netzwerke, aus denen Unterstützung hätte kommen können. Auch das Wissen über die Versorgungsmöglichkeiten, beispielsweise beim *medibüro,* eignete sie sich erst im Verlauf des ersten Jahres an. Zentral waren hierbei ihre Kontakte zu anderen LateinamerikanerInnen, die sie unter anderem über das *Centro* herstellte.

Dieses Beispiel zeigt, dass nicht einmal die Notfallversorgung für undokumentierte MigrantInnen umstandslos realisierbar ist. Die Angst, bei einer Notfallversorgung im Krankenhaus der Polizei ausgeliefert zu werden,[23] hielt Luz davon ab, die Wunde ihres Sohnes oder den eigenen Lupus-Ausbruch behandeln zu lassen. Da sie nicht wie Mónica über soziale Netzwerke verfügte, die ihr einen Zugang zur medizinischen Versorgung ermöglichten, und auch noch nicht über alternative Versorgungsmöglichkeiten wie das *medibüro* informiert war, sah sie schließlich nur die Möglichkeit, die Notfälle „durchzustehen" und sich selbst mit Medikamenten zu behandeln.

Luz' Geschichte belegt außerdem, dass allein das Vorhandensein familiärer Kontakte vor Ort noch nichts über die Beschaffenheit dieser sozialen Beziehung aussagt. Solidarität und unterstützende soziale Beziehungen sind keine Selbstverständlichkeit, sondern werden in einem kontinuierlichen Prozess definiert und ausgehandelt, wie auch das Beispiel der Chilenin Mónica verdeutlicht. Das viel zitierte Konzept der bindenden *ethnischen Solidarität*[24] als konstituierendes Prinzip von MigrantInnengruppen mit der gleichen Herkunft erweist sich hier als zu undifferenziert, eine gemeinsame Herkunft oder Verwandtschaft allein produzieren nicht „automatisch" Unterstützung. Im Gegenteil, gerade auch diese Beziehungen sind im Verlauf der Migration Belastungen ausgesetzt,

---

23 Siehe Diskussion des "Meldeparagraphen" unter 3.3.
24 *Alejandro Portes*, Globalization from Below. The Rise of Transnational Communities, Oxford 1998 Press.

so dass die anfängliche Solidarität unter Umständen, wie im Fall von Luz und ihrer Schwester, schnell ein Limit findet.²⁵

Als der deutsche Arbeitgeber, den Mónica bei Erkältungen und anderen weniger akuten und bedrohlichen Krankheiten um Hilfe bittet, nicht zu erreichen war, wendete sie sich an ihre lateinamerikanische ehemalige Geschäftspartnerin, die ihr Geld schuldet. Mit dem „Verleih" ihrer Chipkarte riskiert diese rechtliche Konsequenzen und den Verlust der Mitgliedschaft in der Krankenkasse. Der Vorfall relativiert Mónicas Einschätzung während des aufgezeichneten Interviews. Dort gab sie an, dass von LateinamerikanerInnen, insbesondere von ihren ehemaligen GeschäftspartnerInnen und FreundInnen, im Krankheitsfall keine Hilfe zu erwarten sei. Sie führt dies auf ihre schlechten Erfahrungen mit diesen Netzwerken zurück. Hier aber fordert Mónica aktiv Solidarität und Hilfe ein und erhält diese auch. Obwohl sie sich eindeutig durch ihren Aufenthaltsstatus in einer vulnerablen Position befindet, sucht und findet sie hier einen Weg, Unterstützung zu organisieren. Diese Episode untermauert die eingangs gestellte These, dass meine GesprächspartnerInnen als undokumentierte MigrantInnen einerseits tatsächlich mit vielfältigen Widrigkeiten zu kämpfen haben, andererseits aber auch über individuell unterschiedlich gestaltete Ressourcen verfügen und ihr Leben in Berlin aktiv und erfolgreich mitgestalten.

Im Nachhinein allerdings beunruhigen Mónica die möglichen Folgen ihrer Entscheidung. Als ich sie einige Wochen nach dem Krankenhausaufenthalt wegen einer akuten Mandelentzündung zum Arzt begleitete, wirkte sie besorgt und meinte, dass Paola vielleicht wegen des Kartenbetrugs Probleme bekommen könnte, obwohl sie die Karte als verloren gemeldet hat. Sie glaubt, Paola würde sie wahrscheinlich nicht aus Verärgerung bei der Polizei denunzieren, aber sicher wirkte sie nicht: „Ich weiß es nicht, ich weiß es nicht", sagte sie auf meine Frage, was ihr denn passieren könnte. Die Ambivalenz sozialer Beziehungen wird hier deutlich: wer die (notwendige) Hilfe anderer in Anspruch nimmt, riskiert möglicherweise seine Existenz.

Ramiras Beispiel schließlich zeigt deutlich, dass die Belastung der Lebenssituation und Angst vor Verrat unter Umständen so gravierend sein können, dass soziale Kontakte grundsätzlich auf ein Minimum beschränkt werden. Auch Ramira steht, wie Luz und Mónica, vor dem Dilemma, einerseits auf soziale Kontakte angewiesen zu sein (um das Leben in der Illegalität zu organisieren, aber auch, um emotionale Bedürfnisse befriedigen), aber andererseits in allen Kontakten potentielle Risiken zu sehen. Ramira entscheidet sich oft, sich sogar im Krankheitsfall nur auf sich selbst zu verlassen. Einerseits leidet sie sehr unter der sozialen Isolation, sie betont ihre Einsamkeit immer wieder. Andererseits sieht sie sich aus Misstrauen und Angst und sicherlich auch aufgrund ihrer psychischen Belastungen nicht in der Lage, neue Freundschaften aufzubauen oder die Angebote nicht-staatlicher Einrichtungen zu nutzen. Daher blieb auch ihr lange nur die Möglichkeit, sich mit Erkrankungen und psychischen Belastungen selbst zu arrangieren.

An Ramiras Beispiel wird auch der Druck deutlich, den Rückmittelüberweisungen (*remesas*) erzeugen können: die Familie zu Hause braucht das Geld, das Ramira nur schicken kann, wenn sie arbeiten geht, wenn sie als Arbeitsmigrantin „funktioniert".

---

25 Vgl. auch *Sarah J. Mahler*, American Dreaming. Immigrant Life on the Margins, Princeton 1995; *Bill Jordan* and *Franck Düvell*, Irregular Migration. The Dilemmas of Transnational Mobility, Cheltenham 2002.

Ramira ist zwar „lokal einsam", aber global in soziale Beziehungen und reziproke Verpflichtungen mit ihrer Familie eingebunden, die ihre (Krankheits-)Erfahrungen und ihre Lebensweise in Berlin entscheidend mitbestimmen.

3.2 Krankheitserfahrungen und individuelle Ressourcen

Die Fallbeispiele verdeutlichen darüber hinaus ganz grundsätzlich die Bedeutung, die den Zusammenhängen zwischen Biographie, Migrationskontext, Gesundheit und Gesundheitsverhalten zukommt. Die individuellen Lebensgeschichten meiner Gesprächspartnerinnen geben Anhaltspunkte, die die Unterschiede in der Wahrnehmung der Lebenssituation und im Handeln erklären können.

Beispielsweise ändert sich Luz' Gesundheitsverhalten im Verlauf ihres Aufenthaltes in Berlin: die von ihr aufgebauten sozialen Netzwerke helfen ihr dabei, Informationen und Möglichkeiten der Versorgung in Anspruch zu nehmen, die ihr als Neuankömmling nicht zur Verfügung standen. Sie lernt im Laufe der Zeit, ihr Leben als allein erziehende Mutter in der Illegalität anders zu organisieren und aktiviert neue soziale Ressourcen. Für Luz ist der Aufenthalt in Berlin nicht die erste Auslandserfahrung. Möglicherweise erleichtern ihr die sozialen Fähigkeiten, die sie sich als junge Migrantin in Russland angeeignet hat, wie etwa das Erlernen einer Fremdsprache, das Sich-Zurecht-Finden in einem fremden Land und der Umgang mit den Belastungen, die transnationale Beziehungen mit sich bringen, diese aktive Netzwerk-Bildung? Außerdem hatte sie bereits in Bolivien die Behandlung ihrer Lupus-Erkrankung selbst organisieren und bezahlen müssen, da sie dort, wie viele Bolivianer, nicht über eine Krankenversicherung verfügte, so dass diese Eigenverantwortung für sie kein neuer Zustand war.

Ramira wiederum kam aus einem ganz anderen Kontext nach Berlin: sie lebte vorher im ländlichen Raum in Kuba, wo es „mehr Pferde gibt als Autos", wie sie sagt. Sie war nur ein einziges Mal in Kubas Hauptstadt Havanna, bevor sie nach Deutschland kam. Unvertraut mit urbanen Strukturen musste sie in Berlin erst einmal grundlegende Strategien des Überlebens in der deutschen Großstadt erlernen: Was ist eine U-Bahn, wie kaufe ich ein Ticket, wie komme ich von A nach B. Die Selbstorganisation von Gesundheitsversorgung ist darüber hinaus für sie ungewohnt, da Kuba über ein gut ausgebautes und allgemein zugängliches Gesundheitssystem verfügt.

Außerdem verdeutlichen alle drei Beispiele, welche Bedeutung transnationalen familiären Beziehungen zukommt. Mónica sieht sich als Außenseiterin in ihrer Familie. Die räumliche Entfernung von ihren Verwandten sieht sie eher positiv und als Möglichkeit, unabhängig ihr Leben zu gestalten. Diese Konstellation macht es ihr möglicherweise leichter, in Berlin neue soziale Netzwerke zu gestalten. Ganz anders Ramira: Die Verantwortung, die sie finanziell und emotional für ihren 15-jährigen Sohn und ihre Mutter empfindet, belastet sie sehr. Sie hält den Stress und die Sorge um ihre Familie für einen entscheidenden Auslöser für körperliche Beschwerden. Arbeitsausfälle wegen Schmerzen, Fieber und Depressionen erlaubt sie sich nicht, aus Angst „die Arbeit zu verlieren" und kein Geld nach Hause schicken zu können. Selbst in der akuten Phase schwerer Depression im Dezember 2008 geht Ramira jeden Tag zur Arbeit, obwohl sie sich kaum konzentrieren kann und nachts nicht schläft.

Mónica hingegen berichtet, dass sie, wenn sie sich schlecht fühle, sehr erschöpft sei oder erkältet, durchaus ihre Arbeit absagt und zu Hause bleibt und dies weder für sie noch für ihre Arbeitgeber ein Problem sei. Mónica sieht es als einen Vorteil für sich, dass sie sich nur um sich selbst zu sorgen hat. Für sie stellt die Versorgung von Familie und Kindern, wie sie sie bei anderen Illegalisierten erlebt, eine Belastung dar. Sie kommt zu der Ansicht, dass es alleine auf gewisse Weise einfacher sei, ohne Aufenthaltsstatus zu leben.

Die Bedeutung der Zusammenhänge zwischen Gesundheit in der Illegalität und dem jeweiligen Lebenskontext der AkteurInnen zeichnet sich an den Fallbeispielen bereits deutlich ab und erfordert eine eingehendere Untersuchung und Analyse sowohl im weiteren Verlauf dieser Forschung als auch in anderen Studien.

3.3 Schlussfolgerungen für die Versorgungspraxis

Die hier vorgestellten Fallgeschichten spielen sich nicht in einem politischen Niemandsland ab. Sie stehen vielmehr in entscheidenden Wechselwirkungen mit den politisch geschaffenen Strukturen der Gesundheitsversorgung in Deutschland und Berlin. Deshalb möchte ich abschließend meine bisherigen Ergebnisse auf die Versorgungssituation in Berlin beziehen.

Die hier vorgestellten Fallbeispiele zeigen, dass die Versorgungslücken, die sich aus der unzureichend finanzierten und außerhalb der Regelversorgung organisierten Gesundheitsversorgung ergeben[26], nur einen Teil des Problems darstellen. Hinzu kommt nämlich erstens, dass nicht davon auszugehen ist, dass alle Illegalisierten über die Netzwerke und das Wissen verfügen, um die Angebote in Anspruch zu nehmen, bzw. die Informationen über diese Angebote nicht alle Illegalisierten erreichen. Ramira lebt beispielsweise schon vier Jahre als Illegalisierte in Deutschland und wusste nichts von der medizinischen Versorgung des *medibüros*, der *MalteserMigrantenMedizin* oder der *Caritas*, und auch Luz kannte keine Institution, an die sie sich mit ihrem verletzen Kind und ihrer eigenen akuten Lupuserkrankung wenden konnte.

Zweitens ist zu beobachten, dass selbst wenn undokumentierte Migrantinnen die vorhandenen Angebote kennen, sie sie aus Angst vor Entdeckung oder vor den entstehenden Kosten nicht in jedem Fall nutzen. Für Ramira beispielsweise gewähren selbst niedrigschwelligen Institutionen wie das *medibüro* und die *MalteserMigranten Medizin* keinen ausreichenden Schutz vor der drohenden Abschiebung/Entdeckung. Hieraus resultiert das Ertragen von Krankheiten und extremem körperlichen und psychischen Leiden wie Fieber, tagelangen Zahnschmerzen und psychischen Erkrankungen – Situationen, die Ramira immer noch als „nicht schlimm genug" gelten, um bestehende Hilfestrukturen in Anspruch zu nehmen.

Versorgungslücken bestehen also nicht nur aus Mangel an Versorgungsstrukturen für Illegalisierte wie finanziellen Mitteln, ÄrztInnen und Krankenhäusern. Es sind vor allem auch die strukturellen Bedingungen, die undokumentierte MigrantInnen davon abhalten,

---

26 Vgl. z.B. Büro für medizinische Flüchtlingshilfe Berlin (medibüro), 10 Jahre Büro für medizinische Flüchtlingshilfe. Eine Erfolgsgeschichte, Berlin 2006, S. 20 ff.; Deutsches Institut für Menschenrechte (Fn. 6) S. 16 ff.; *Alt* (Fn. 7) S. 150 ff.

überhaupt eine Versorgungsstelle aufzusuchen, vor allem auch die eingangs erwähnte problematische (und rechtlich falsche) Auslegung des Paragraphen 87 des Aufenthaltsgesetzes. Obwohl meine GesprächspartnerInnen den Paragraphen und seinen Inhalt nicht kennen,[27] setzen sie sich mit den Auswirkungen dieser politischen Bedingungen auseinander, indem sie vor allem Krankenhäuser, aber auch Arztbesuche, eher vermeiden.

Die Position des Bundesinnenministeriums zu der Problematik ergibt sich aus einem Bericht aus dem Jahr 2007: mit der aktuellen Migrationspolitik (wie dem § 87 AufenthG) ist „eine abschreckende Wirkung (...) beabsichtigt"[28], um einerseits zu vermeiden, dass mehr irreguläre MigrantInnen nach Deutschland kommen und andererseits die bereits hier lebenden und arbeitenden MigrantInnen zu einer „freiwilligen Rückkehr" zu bewegen. Es lässt sich also feststellen, dass die aus der Angst folgende Vermeidung medizinischer Versorgung erklärtes Ziel der deutschen Migrationspolitik ist.

Hinzu kommt das Problem der Finanzierung. Mehrere Hundert oder Tausend Euro für eine Behandlung als Privatpatient aufzubringen, scheint für meine GesprächspartnerInnen ein großes Hindernis zu sein. Mónica beispielsweise fuhr mit kaum erträglichen Bauchschmerzen erst ins Krankenhaus, nachdem sie sich stundenlang über die Kosten der Behandlung den Kopf zerbrochen hatte und die einzige für sie finanzierbare Möglichkeit – das Benutzen einer fremden Chipkarte – aufgetan hatte. So ergibt sich also aus den finanziellen und den strukturellen Hürden eine eindeutige medizinische Unterversorgung undokumentierter MigrantInnen.[29]

Dabei ist allerdings zu beobachten, dass die Konsequenz, die meine Gesprächspartnerinnen aus ihrer Angst vor Entdeckung ziehen, in den meisten Fällen nicht, wie von der deutschen Migrationspolitik offiziell angestrebt, eine Rückkehr ins Heimatland ist. Stattdessen suchen die Akteurinnen andere Wege, wie ein „Aushalten" und Nichtbehandeln der Erkrankung, eine Behandlung, die über soziale Netzwerke organisiert wird oder eben ein weiterer Gesetzesbruch wie die Behandlung auf eine fremde Krankenversicherung. Sie entscheiden sich für akute Schmerzen, soziale Isolation und chronische Beschwerden, um sicherzustellen, dass sie weiterhin in Deutschland leben und arbeiten können.

Ein politischer Wandel auf Bundesebene ist zu diesem Zeitpunkt nicht abzusehen. In Berlin allerdings ist in den letzten Monaten einiges in Bewegung geraten. Das *medibüro* strebt eine dauerhafte Lösung des Problems durch eine Eingliederung in die Regelversorgung an und hat dafür ein Modell eines anonymen Krankenscheines entworfen, das

---

27 Auf meine Frage, was genau ihnen den passieren würde, wenn sie in einem Krankenhaus oder, in Ramiras Fall, auch bei einer NGO Hilfe suchen würden, wird nicht die Gesetzeslage angeführt, sondern es werden „Geschichten" zitiert, die sie gehört hätten, dass so etwas zu einer Festnahme durch die Polizei führen kann, oder ein eher unkonkretes, misstrauisches „Ich weiß nicht". Wobei auch hier wieder eine Differenzierung nötig ist: nicht alle meine GesprächspartnerInnen sehen einen Krankenhausaufenthalt auf diese Weise. Mónica beispielsweise fürchtet weniger die Abschiebung als vielmehr die Kosten eines Krankenhausaufenthaltes.

28 Bundesministerium des Innern, Illegal aufhältige Migranten in Deutschland. Datenlage, Rechtslage, Handlungsoptionen. Bericht des Bundesministeriums des Innern zum Prüfauftrag „Illegalität" aus der Koalitionsvereinbarung vom 11. November 2005, Kapitel VIII 1.2. Berlin 2007, S. 39, Elektronische Ressource <http://www.emhosting.de/kunden/fluechtlingsrat-nrw.de/system/upload/download_1232.pdf>.

29 Vgl. *Holk Stobbe*, Undokumentierte Migration in Deutschland und den Vereinigten Staaten. Interne Migrationskontrollen und die Handlungsspielräume von Sans Papiers, Göttingen 2004.

derzeit von der Berliner Senatsverwaltung für Gesundheit geprüft wird.[30] Für MigrantInnen wie Mónica, Luz und Ramira würde damit eine Möglichkeit entstehen, zumindest ihr Recht auf Gesundheit faktisch einfordern zu können, ohne ihre Existenz auf's Spiel zu setzen oder sich finanziell zu ruinieren. Es hinge dann nicht mehr von individuellem Wissen und Ressourcen ab, ob chronische Leiden wie Luz' Lupuserkrankung, psychische Belastungen wie Ramiras Depressionen und Suidizgedanken und Notfälle wie Mónicas akute Magendarmentzündung versorgt oder „ausgehalten" werden.

---

30 Vgl. Beitrag von *Misbach* in diesem Band.

Gesundheitliche Versorgung von Papierlosen in Deutschland aus Sicht der Medizinischen Flüchtlingshilfen

Sandra Schmidt

I. Einleitung

Die in der Öffentlichkeit zum Teil recht emotional geführten Debatten um die Zuwanderung von Asylbewerbern in die Bundesrepublik Deutschland führten Mitte bis Ende der 90er Jahre zu einer massiven Verschärfung des Asylrechts. Mit der Einschränkung des Rechtes auf Asyl durch die Änderung des § 16 im Grundgesetz kam eine grundsätzliche Diskussion um Asyl als Menschrecht in politisch links engagierten und kirchlich angebundenen Gruppen auf. In der Folge entstanden Kampagnen wie „Kein Mensch ist illegal" und „Bleiberecht für Alle". Zugleich stellen sich Fragen hinsichtlich der sozialen Sicherung dieser Bevölkerungsgruppe sowie der Gruppe derer auf, deren Asylantrag nicht bewilligt würde. Die Ausgliederung des Asylbewerberleistungsgesetzes aus dem Sozialgesetzbuch bewirkte eine Sonder- und Schlechterstellung von Asylbewerbern gegenüber deutschen Sozialhilfeempfängern. Insbesondere aber die Einführung der Pflicht öffentlicher Stellen und Behörden, Daten von Menschen ohne gesicherten offiziellen Aufenthaltsstatus an die Ausländerbehörden weiterzuleiten, führten zu der Vermutung, dass viele der Betroffenen die behördlich vorgesehenen Systeme und Wege zu umgehen versuchen würden. Es wurde befürchtet, dass dadurch jegliche Ansprüche auf soziale Sicherung, auch die der medizinischen Versorgung, nicht eingelöst werden könnten. Als Reaktion auf diese Problematik wurden aus dem Spektrum der zivilgesellschaftlich organisierten und politisch links engagierten Flüchtlingsinitiativen heraus die ersten Medizinischen Flüchtlingshilfen 1994 in Hamburg und 1996 in Berlin[1] ins Leben gerufen.

Die praktische Erfahrung bestätigte die vorangegangenen Vermutungen, die auch offizielle Stellen teilen.[2] Die Medizinischen Flüchtlingshilfen (auch MediNetze oder Medibüros genannt) erhielten regen Zulauf. Ihre Gründung war jedoch von der weiteren Auseinandersetzung darüber begleitet, ob es sinnvoll wäre, eine eigentlich öffentliche Aufgabe durch eigeninitiatives, zivilgesellschaftliches Engagement zu übernehmen. Der stillschweigenden Verantwortungsabgabe seitens des Staates sollte kein Vorschub geleistet werden. Der akute Bedarf seitens der „Papierlosen"[3] verlangte jedoch ethisch

---

1 Medizinische Beratungs- und Vermittlungsstelle für Flüchtlinge und Migranten Hamburg. Flyer <http://www.medibuero-hamburg.org/wiki/doku.php?id=materialien>; Büro für medizinische Flüchtlingshilfe (Hrsg.). 10 Jahre Büro für medizinische Flüchtlingshilfe, 2006, 6. Heute existieren Anlaufstellen in 14 deutschen Städten: Berlin, Bielefeld, Bochum, Bonn, Bremen, Freiburg, Göttingen, Hamburg, Hannover, Halle, Köln, Mainz, Nürnberg, Oldenburg.
2 Vgl. Bundesnachrichtendienst, Illegale Migration, Bonn, 2000.
3 Diese Bezeichnung ist eigentlich nicht präzise, denn Betroffene können durchaus über Pässe und andere Dokumente verfügen. Gemeint sind hier eher offizielle, den Aufenthaltsstatus betreffende

nach einer humanitären Hilfe. Daher konnten und wollten sich in Medizinischen Flüchtlingshilfen Engagierte nicht allein auf die politische und öffentlichkeitswirksame Arbeit beschränken.

Nachdem das Thema durch eine weitere Asylrechtsverschärfung Ende der 90er Jahre die Aufmerksamkeit einer breiteren Öffentlichkeit auf sich gezogen hatte, nahm sich neben den Medizinischen Flüchtlingshilfen auch der kirchlich angebundene Malteser Hilfsdienst der Problematik einer medizinischen Unterstützung von Papierlosen an.[4] Die erste Anlaufstelle der Malteser Migranten Medizin wurde 2001 in Berlin eröffnet[5], auf die bislang Praxen in neun weiteren deutschen Städten folgten.[6] Eine eingehendere Darstellung zur Arbeit der Malteser Migranten Medizin bietet der entsprechende Aufsatz im vorliegenden Band. Diese Stellen sind mit jeweils einem Arzt oder einer Ärztin besetzt und auch für nichtversicherte Deutsche offen. Ziel dieses auf besondere Niedrigschwelligkeit ausgelegten Angebots ist es, eine gesundheitliche Basisversorgung zu etablieren, die durch Kooperationen mit Fachärzten und Krankenhäusern einige zusätzliche Leistungen ermöglicht. Ein weiterer Teil der gesundheitlichen Versorgung findet über die anonymen und kostenlosen Angebote für infektiöse, besonders sexuell übertragbare Erkrankungen, in den Gesundheitsämtern statt, die auch von Teilen der Papierlosen wahrgenommen werden. Nicht zuletzt ist das eigenverantwortliche Handeln vieler Ärztinnen und Ärzte zu nennen, die, niedergelassen in Praxen oder Krankenhäusern, den Großteil der bestehenden Versorgung stillschweigend und unentgeltlich übernehmen.

Im Folgenden wird zunächst auf das Selbstverständnis und die Arbeitsweise von Medizinischen Flüchtlingshilfen eingegangen, um die medizinische Versorgungssituation von nicht Gemeldeten vor dem Hintergrund der Hilfsstrukturen beschreiben zu können. Besonderer Schwerpunkt liegt dabei auf den Erfahrungen des Bremer MediNetzes. Die Bedeutung eigenverantwortlicher Behandlung von Papierlosen durch niedergelassene Ärztinnen und Ärzte wurde durch eine kürzlich vom Bremer MediNetz durchgeführte Studie deutlich, deren Ergebnisse in einem eigenen Abschnitt dargestellt werden. Im Abschnitt über Lösungsansätze werden Gesundheitsämter als mögliche Stellen für eine öffentliche medizinische Versorgung von papierlosen Menschen diskutiert.

Papiere. Die inhaltlich korrekte Bezeichnung dieser Bevölkerungsgruppe wäre demnach „Menschen ohne offiziellen/legalen oder gesicherten Aufenthaltsstatus". Da jedoch „Papierlose" (oder papierlose Menschen) aus der französischen Bewegung der „Sans Papiers" entlehnt ist, die sich diesen Namen selbst gaben, stellt er eine gute und handliche Alternative für die genannte, doch sehr sperrige Bezeichnung dar. Abzulehnen ist aus Sicht der Flüchtlingshilfen jegliche Bezeichnung, die den Titel „illegal" in sich trägt oder die aufenthaltsrechtliche Situation im negativen Sinne für den Umgang mit einem Menschen festschreibt. Diese Bezeichnung „Illegale" ist zumindest aus menschenrechtlicher Perspektive irreführend, da hiernach kein Mensch in seiner Identität illegal sein, sondern nur illegal handeln kann. Eine weitere brauchbare, weil neutrale und schlichte, Bezeichnung kommt aus dem Englischen: „Undocumented migrants", könnte ins Deutsche mit „nicht Gemeldete" übertragen werden und wird nachfolgend alternativ zu „Papierlosen" verwendet.

4 Die prekäre Lebenssituation von Papierlosen wird, meist anhand von Einzelschicksalen, verschiedentlich in Zeitungsartikeln und Fernsehbeiträgen beschrieben. Eine eingehendere Darstellung bietet u.a. der Film von Hauke Wendler, Schattenwelt – Illegal in Deutschland, NDR, 2006.

5 Für eine Beschreibung des MMM Berlin siehe Franz in diesem Band.

6 Berlin, Darmstadt, Frankfurt, Hannover, Hamburg, Köln, München, Münster, Osnabrück (s. unter: <http://www.malteser.de/73.Malteser_Migranten_Medizin/default.htm>).

II. Selbstverständnis und Arbeitsweise von Medizinischen Flüchtlingshilfen

Medizinische Flüchtlingshilfen verstehen sich als Menschenrechtsorganisationen, das heißt, sie betrachten es als ihre Aufgabe, dem unveräußerlichen und unabdingbaren Recht auf gesundheitliche Versorgung auch für Menschen ohne einen legalen Aufenthaltsstatus zur praktischen Umsetzung zu verhelfen. Das bedeutet konkret, dass ein Rechtsanspruch auch bei diesen Menschen unabhängig von ihrem Aufenthaltsstatus bestehen bleibt, und dieser unabhängig von der staatlichen Migrationskontrolle zu gewährleisten ist. Die gesundheitliche Versorgung von Papierlosen stellt damit eine öffentliche Aufgabe dar, eine Auffassung, die einige Konsequenzen nach sich zieht.

Als Ziel (unabhängig von den Chancen, es realistisch umzusetzen) steht die Integration dieser Bevölkerungsgruppe in die Regelversorgung der gesetzlichen Krankenversicherung, also ohne Leistungseinschränkungen, wie sie durch das Asylbewerberleistungsgesetz vorgenommen werden. Um für die Zielgruppe eine möglichst der übrigen Bevölkerung angepasste Versorgung zu erreichen, arbeiten Medizinische Flüchtlingshilfen daher nach dem Vermittlungsprinzip: Nutzer werden an praktizierende Ärzte und andere Leistungserbringer des regulären Gesundheitssystems vermittelt, die zuvor für die ehrenamtliche Kooperation mit dem MediNetz einer Stadt gewonnen und in einer Kartei aufgeführt worden sind.[7] Die Vermittlungstätigkeit findet in offenen Sprechstunden (ohne Terminabsprache) statt, die ein- bis zweimal wöchentlich angeboten werden. Nutzer schildern ihre Beschwerden, woraufhin ein Mitglied des MediNetzes bei einer Ärztin/einem Arzt der entsprechenden Fachrichtung anruft und einen Termin ausmacht. Beim Karteiaufbau wird versucht, das gängige Spektrum von Allgemeinmedizinern und Fachärzten jeweils durch mehrere Praktizierende abzudecken.[8] Der Nachteil des Vermittlungsansatzes liegt darin, dass er nicht besonders niedrigschwellig ist: Die Nutzer müssen, bevor sie mit dem tatsächlichen Gesundheitssystem in Berührung kommen, zunächst die Vermittlungsstelle aufsuchen und haben so zwei Termine statt nur einem zu absolvieren. Gerade im Krankheitsfalle kann diese zusätzliche Last abschreckend wirken. Auf der anderen Seite bietet der Vermittlungsansatz gegenüber Konzeptionen mit einer eigens beauftragten MedizinerIn in einer entsprechend ausgestatteten Praxis zwei entscheidende Vorteile: Über eine Basisversorgung hinaus kann dem Nutzer im Bedarfsfall eine fachärztliche Behandlung wie auch Diagnostik angediehen werden. Darüber hinaus besteht die Möglichkeit, wie in der Regelversorgung auch, bei Unstimmigkeiten den Arzt zu wechseln oder eine Zweitmeinung einzuholen. Trotzdem sollte natürlich nicht über die Tatsache hinweggetäuscht werden, dass auch die Möglichkeiten

---

7   Das Bremer MediNetz arbeitet z.B. mit 39 Ärzten, 10 Hebammen, 2 medizinischen Labors und diversen Dolmetschern zusammen, die zumindest eine grundlegende Versorgung kostenfrei anbieten können.

8   Stationäre Behandlungen werden im Einzelfall, so weit möglich, mit verschiedenen Kliniken ausgehandelt, die eine unterschiedliche Offenheit für das Problem zeigen. In Bremen kann dabei kein Unterschied zwischen konfessionellen und anderen Häusern ausgemacht werden. Beim MediNetz Bremen fallen nur sehr wenige Operationsbedarfe an, in Hamburg wurden in den letzten beiden Jahren jeweils ca. 12 Operationen einzelorganisatorisch ausgehandelt. Die Fälle waren dabei unterschiedlich dringlich und unterschiedlich gut zu organisieren.

von Medizinischen Flüchtlingshilfen in einem sehr beschränkten Rahmen verbleiben (s. "Probleme der gesundheitlichen Versorgung von papierlosen Menschen").

Dieser beschränkte Rahmen ergibt sich hauptsächlich aus der Finanzierungsgrundlage: Die private Spendenbasis stellt eine unsichere Finanzierungs- und Planungsgrundlage dar. Z.B. kann das Geld für weiterreichende diagnostische Verfahren oder Krankenhausbehandlungen fehlen oder nur eingesetzt werden, wenn diese Verfahren absolut unvermeidlich erscheinen (dies kann erst zu einem relativ spätem Zeitpunkt im Krankheitsverlauf der Fall sein). Um auf der anderen Seite eine Finanzierungsbasis zu schaffen, die solche Unsicherheiten beseitigt, ist eine umfangreiche Akquisetätigkeit notwendig, die zumindest die zeitlichen Ressourcen kleinerer Gruppen übersteigt.

Eine weitere Konsequenz, die sich aus der menschenrechtlichen Auffassung ergibt, ist, dass das Hilfsangebot aus jeglichem Rahmen von Mildtätigkeit herausgehoben werden sollte. Das lässt zum einen die politische- und Öffentlichkeitsarbeit zur Aufgabe werden, die den zweiten Tätigkeits-Schwerpunkt von MediNetzen ausmacht und die kontinuierlich auf den Rechtsanspruch der Papierlosen auf eine gesundheitliche Versorgung und damit auch auf einen ungehinderten Zugang zum Gesundheitssystem[9] aufmerksam machen soll. Die Ablehnung des Mildtätigkeitsrahmens legte außerdem nahe, eine weiterreichende Professionalisierung des Hilfsangebotes möglichst zu umgehen. Die eigentlich öffentliche Versorgungsaufgabe sollte nicht stillschweigend in den zivilgesellschaftlichen Bereich dadurch verschoben werden können, dass dort eine als ausreichend betrachtete Infrastruktur aufgebaut würde. Deswegen wurde z.B. auf die Einrichtung von bezahlten Stellen, wie etwa über Vereinsstrukturen möglich, verzichtet. Die eigene Auflösung ist erklärtes Ziel von Medizinischen Flüchtlingshilfen, die durch die Übergabe der Versorgung in den öffentlichen Bereich ermöglicht werden soll.

III. Die Zielgruppe

Es kursieren verschiedene Schätzungen zu den Zahlen von nicht gemeldeten Menschen.[10] Insgesamt werden in Deutschland zwischen 500 000 und 1,5 Millionen Menschen vermutet.[11] Anderson nennt für München einen Schätzwert von 30.000 bis 50.000 erwachsenen Menschen und mehreren hundert Kindern[12], für Berlin und Hamburg wer-

---

9   Zur Bedeutung dieses Rechtsanspruchs siehe Deutsches Institut für Menschenrechte (Hrsg.), Frauen, Männer und Kinder ohne Papiere in Deutschland – Ihr Recht auf Gesundheit, Bericht der Bundesarbeitsgruppe Gesundheit/Illegalität, 2007, 19 ff. Verfügbar unter <http://files-institut-fuer-menschenrechte.de/437/IUS-041_B_AG_RZ_WEB_ES.pdf>.

10 Letztlich liegen Daten und Informationen über diese Gruppe jedoch per Definitionem im Dunkeln, ist sie doch existenziell darauf angewiesen, ein „Schattenleben" zu führen und ihr Vorhandensein generell so wie Informationen über etwaige Charakteristika und Lebensweisen möglichst zu verbergen.

11 *Jörg Alt*, Illegal in Deutschland – Forschungsprojekt zur Lebenssituation illegaler Migranten, Karlsruhe: von Loeper, 1999, 4.

12 *Phillip Anderson*, „Dass sie uns nicht vergessen..." Menschen in der Illegalität in München, Landeshauptstadt München. Sozialreferat, 2003, 15, <http://www.gruene-muenchen-stadtrat.de/seiten/themen/migration.html>.

den 100.000 Menschen angenommen.[13] Nach einer Berechnungsgrundlage, die für andere europäische Städte eingesetzt wurde, liegt der Anteil von Papierlosen zwischen 5 und 15 Prozent der ausländischen Bevölkerung.[14] Das würde für eine kleinere Stadt wie Bremen, die jedoch mit 12,9% einen vergleichsweise hohen Ausländeranteil aufweist, eine Gruppe von mindestens 4000 Menschen ergeben.

Papierlose stellen eine einheitliche Zielgruppe von Nutzern für gesundheitliche Versorgungsstrukturen insofern dar, dass sie als Bevölkerungsgruppe durch ihren fehlenden legalen Aufenthaltsstatus unter der gleichen Rahmenbedingung leben: Sie haben *de facto* keinen Zugang zum öffentlichen Gesundheitssystem bzw. zur gesetzlichen Krankenversicherung, da sie ihre Abschiebung riskieren, sobald sie ihre Identität preisgeben. In sich ist aber von einer sehr heterogenen Gruppe auszugehen, die sich sowohl von ihren Beweggründen für ein Leben in der Papierlosigkeit, ihren Wegen in diese sowie ihren Möglichkeiten und soziostrukturellen Merkmalen (Alter, Geschlecht, Bildung) stark unterscheiden kann.

IV. Wege in und Gründe für die Papierlosigkeit

Menschen geraten auf verschiedenen Wegen in die Papierlosigkeit. Sofern sie nicht von vornherein illegal einreisen, tauchen sie evtl. nach Ablauf eines legalen Aufenthaltsstatus in die Papierlosigkeit ab. Ausgangspunkt hierfür kann ein endgültig abgelehnter Asylantrag sein, ein zeitlich begrenzter Aufenthaltsstatus, wie etwa eine Duldung oder ein abgelaufenes Touristenvisum, ein studentisches oder ein Visum für AU-Pair Mädchen. Einige deutsche Familien melden ihre AU-Pair Mädchen auch von vornherein nicht an. Zudem kann eine Ehe-Scheidung von einem/einer Partner/-in mit Aufenthaltsgenehmigung oder einem/einer deutschen Partner/-in zum Verlust des legalen Status führen. Schon diese Aufzählung lässt auf verschiedenste mögliche Hintergründe für die Papierlosigkeit schließen.[15]

Die Beweggründe für ein Leben in der aufenthaltsrechtlichen Illegalität, bzw. für die Migration können noch weiter auseinander liegen: Politische Verfolgung, aber auch politisch instabile Herkunftsländer, eine lebensbedrohliche Armut im Herkunftsland[16] oder die Unterdrückung von Frauen können Gründe für eine Flucht sein. Frauen können

---

13 *Anna Kühne*, Jünger, kränker, nicht krankenversichert. Forum Ärztekammer <http://www.aerztekammer-hamburg.de/funktionen/aebonline/pdfs/1202909653.pdf>; siehe außerdem unter Büro für medizinische Flüchtlingshilfe. Leben in der Illegalität <http://www.medibuero.de/de/Leben_in_der_Illegalitaet.html>.

14 Z.B. *Godfried Engbersen, Joanne v.d. Leun, Richard Staring*, Illegal immigrants in the Netherlands, Sopemi-Report 2002, Paris: OECD, 12.

15 S. z.B. <http://gesundheitspolitik.verdi.de/gesundheit_von_a-z/migration/medizinische_versorgung_von_menschen_ohne_legalen_aufenthaltsstatus>.

16 Die WHO z.B. diskutiert bereits seit einigen Jahren, ob man bei so genannten „Wirtschaftsflüchtlingen" immer von freiwilliger Migration sprechen kann, geht es doch oft genug darum, einer existenziellen Notlage zu entfliehen. Siehe z.B.: WHO, International Migration, Health and Human Rights, Publication Series, Issue No.4, Dec. 2003, 10.

außerdem verschleppt oder mit falschen Versprechungen nach Deutschland gelockt worden sein und dann gezwungen werden, sich in der Sexindustrie zu prostituieren. Viele Menschen möchten ihren Familien im Herkunftsland aus der Armut heraus helfen und ihnen ein besseres Leben sichern, indem sie in Deutschland arbeiten und das Geld nach Hause schicken. Kinder oder Eltern von Migranten werden nachgeholt, um die Familie zusammen zu führen und/oder im Haushalt zu helfen. So verschieden die Gründe für und Wege in die Papierlosigkeit sind, so verschieden sind die Kultur, das Alter, Geschlecht, Bildungshintergründe und Absichten zu bleiben. Längst nicht alle Papierlosen planen auf längere Sicht, in Deutschland zu bleiben. Für einige ist Deutschland Durchgangsstation auf der Migrationsroute in andere Länder, einige planen in ihr Herkunftsland zurückzukehren, sobald sie genug Geld verdient haben, andere pendeln mehrfach oder regelmäßig zwischen Deutschland und dem Herkunftsland hin und her.[17]

V. Allgemeine gesundheitliche Lage und Risiken

Die Unterschiedlichkeit der Lage von Papierlosen spiegelt sich auch in einer unterschiedlichen gesundheitlichen Verfassung. So unterschiedlich die Beweggründe für und Wege in die Papierlosigkeit, so unterschiedlich ist auch die gesundheitliche Lage von Papierlosen. Zwar kann man annehmen, dass es sich bei dem Großteil um junge und gesunde Menschen handeln wird, da sie am ehesten die Strapaze auf sich nehmen können, in ein fremdes Land zu migrieren oder gar zu flüchten, und dort unter den erschwerten Bedingungen eines illegalen Aufenthaltsstatus zu leben. Doch bleibt ein nicht unbedeutender Teil älterer Menschen, die von ihren Kindern, offiziellen Migranten, nachgeholt wurden, und es werden Kinder in die Papierlosigkeit hinein geboren. Die gesundheitliche, besonders aber die psychische Verfassung kann sehr unterschiedlich sein: Flüchtlinge haben vielfach Traumatisierungen erlitten, die zu verschiedenen psychischen Störungen, wie z.B. der Posttraumatischen Belastungsstörung, führen können. Die Lebenssituation hier, die es wieder notwendig macht, sich versteckt zu halten und Angst vor Aufdeckung mit sich bringt, kann an die Verfolgungssituation, an die durchlebte Ohnmacht sowie psychische und körperliche Gewalterfahrungen im Herkunftsland erinnern und so zu Retraumatisierungen führen.[18] Zudem ist die Lebenssituation häufig von ausbeuterischen Abhängigkeitsbeziehungen geprägt: Arbeit unter widrigen Bedingungen und zu schlechtesten Löhnen gipfelt nicht selten darin, dass der Arbeitgeber den Lohn prellt, da er keine rechtliche Gegenwehr zu erwarten hat. Hohe Mieten für schlechte, feuchte und dunkle Wohnungen können es nötig machen, dass relativ viele Menschen auf engem Raum zusammenleben müssen. Einige Menschen entwickeln in solch aussichtsloser Lage psychische Erkrankungen.

Öfter angemeldete Bedenken, dass durch die unkontrollierte Einwanderung dieser Menschen eine Seuchengefahr entstehe, weil sie gefährliche infektiöse Krankheiten wie Tuberkulose oder exotische Tropenkrankheiten einschleppen würden, können zumindest

---

17   S. hierzu *Anderson* (Fn. 12), 16 ff.
18   S. WHO (Fn. 16), 16.

durch die Daten des Gesundheitsamts Bremen nicht bestätigt werden. Aus den Ergebnissen der Erstaufnahmeuntersuchungen in den Asylbewerberheimen des Landes geht hervor, dass das Erkrankungsspektrum der Zugewanderten eher dem in deutschen Praxen der Allgemeinmedizin vorzufindenden Spektrum entspricht. Höhere Tuberkulose-Inzidenzen werden eher bei Menschen aus osteuropäischen Ländern festgestellt.[19]

Weitere gesundheitliche Risiken, die aus der prekären Lebenslage der Papierlosen entstehen und den Krankheitsfall zur existenziellen Bedrohung werden lassen, liegen in der Untertreibung von Erkrankungen, der Selbstbehandlung und der möglichen Verschleppung dieser Erkrankungen. Viele Papierlose erscheinen erst spät (wenn überhaupt) in den Anlaufstellen. Sie zeigen häufig ein bereits fortgeschrittenes Stadium der Erkrankung, das die Behandlung kompliziert sowie die Arbeitsfähigkeit (von der Lebensqualität ganz abgesehen) und damit die Existenzgrundlage weiter beeinträchtigen kann.

Das Gleiche gilt für Schwangerschaften: Zwar handelt es sich hierbei nicht um Erkrankungen, aber eine Schwangerschaft stellt für papierlose Frauen eine schwierige bis bedrohliche Situation dar. Sie bringt viele Risiken dadurch mit sich, dass Voruntersuchungen und damit frühzeitige Interventionsmöglichkeiten häufig entfallen (s. „Probleme der gesundheitlichen Versorgung von papierlosen Menschen").

VI. Nutzer des Bremer MediNetzes

Nutzer des Bremer MediNetzes kommen zu 25% aus afrikanischen Ländern (hier besonders Nigeria, Kamerun und Ghana). Andere, gehäuft vertretene Herkunftsländer sind die Türkei und der Libanon, und einige osteuropäische Länder. Zu geringeren Anteilen stammen die Menschen, die das Bremer MediNetz aufsuchen, aus den Kontinenten Südamerika und Asien.[20] Ca. 10% der Nutzer stehen im Asylverfahren, das heißt, sie sind Asylsuchende oder Geduldete mit Residenzpflicht in anderen Orten, möchten aber ihren Aufenthaltsort ändern, weil sie z.B. in Bremen Familie haben. Einige möchten außerdem über das MediNetz ärztliche Zweitmeinungen einholen. Eine bedeutsame Entwicklung

---

19 Daten können beim Gesundheitsamt Bremen angefragt werden, s. auch: Daten des Gesundheitsamtes Bremen. Dokumentation der Kommunalen Gesundheitsberichterstattung. Verfügbar unter: <http://www.gesundheitsamt.bremen.de/sixcms/media.php/13/3_nb_GBE_Daten_Gesundheitsamt.pdf> Die Frage ist darüber hinaus, ob z.B. höhere Tuberkulose-Inzidenzen zu einem erhöhten Risiko für die Wohnbevölkerung führt (s.: <http://www.euro.who.int/tuberculosis/publications/20071204_10?language=German>). Der Ausbruch einer TBC-Erkrankung ist außerdem eher schlechten Wohnbedingungen und einem schlechten Ernährungszustand zuzuschreiben, als einem rein „mechanischen" Ansteckungsvorgang. Diese Zusammenhänge unterstreichen insgesamt die Notwendigkeit von besseren Lebensbedingungen und insbesondere einer besseren gesundheitlichen Versorgung für diese Menschen, da die Zuwanderung sowieso nicht gänzlich zu kontrollieren ist. Siehe <http://www.aerztewoche.at/viewArticleDetails.do?articleId=1379>; <http://www.gbe-bund.de/gbe10/abrechnung.prc_abr_test_logon?p_uid=gastg&p_aid=&p_knoten=FID&p_sprache=D&p_suchstring=10126::Tuberkulose>.

20 Das Spektrum der Herkunftsländer von Nutzern scheint den Anteilen der offiziell gemeldeten Ethnien zu entsprechen: In Hamburg z.B. stellen Menschen von süd- und lateinamerikanischer Herkunft einen Großteil der Nutzer des MediBüros dar.

der letzten Jahre ist der verstärkte Zulauf von Menschen aus neuen EU-Staaten (inzwischen 30-50% der Nutzer), die eigentlich nicht im klassischen Sinne als papierlos gelten können, deren medizinische Versorgung aber keineswegs gesichert ist. Zwar verfügen diese Menschen zumindest formal zunächst über eine Aufenthaltserlaubnis, aber in vielen Fällen ist nicht geklärt, inwieweit sie einen Anspruch auf gesundheitliche Versorgung über den so genannten Auslandskrankenschein geltend machen könnten.[21] Ihr Erscheinen weist zum einen auf eine bedeutsame Armutsproblematik auch innerhalb Europas hin. Zum anderen stehen die Anlaufstellen vor der Aufgabe, mit den kooperierenden Ärzten in Auseinandersetzung darüber gehen zu müssen, ob die Hilfeleistung auf diese Personengruppe ausgeweitet werden soll. Schließlich beschränkte sich die Zusage der Ärzte auf die Unterstützung von Flüchtlingen im klassischen Sinne.

Die Auswertung der Vermittlungsdokumentation des Bremer MediNetzes seit Gründung im Jahr 2000 zeigt Frauen als überwiegenden Anteil der Nutzer (60-70%). 36% aller Vermittlungen und Beratungen drehen sich um das Thema Schwangerschaft, deren Versorgung also einen Großteil der MediNetz-Arbeit ausmacht. In den letzten Jahren haben außerdem viele Menschen mit chronischen Erkrankungen das MediNetz Bremen genutzt (13% der Vermittlungen in 2007). Zwar machen akute Erkrankungen immer noch den größten Teil der Vermittlungstätigkeit aus, aber beide, die Versorgung von und Beratung bei Schwangerschaften wie chronischen Erkrankungen ziehen einen größeren Aufwand an Organisation, Vermittlung und Beratung nach sich. Letztere benötigt längere Beratungs- und Versorgungszeiträume als einfache akute Erkrankungen. Dieser Hintergrund erklärt auch, dass die 40-90 Nutzer pro Jahr bis zu 200 Kontakte im selben Zeitraum notwendig machten. Den geringsten Anteil machten Vorsorge- und Präventionsmaßnahmen, wie Impfungen, aus.

Die Vernetzung der Einzelnen innerhalb der Community und deren Unterstützungsmöglichkeiten scheint ausschlaggebend dafür zu sein, zu welchem Zeitpunkt und mit welchen Erkrankungen, bzw. Problemen die Menschen die Anlaufstellen aufsuchen. Das Bremer MediNetz scheint vielfach von Menschen genutzt zu werden, deren Erkrankungen oder Bedarfe einen höheren und längerfristigen Versorgungsaufwand mit sich bringen und die sozialen Netzwerke entsprechend überfordern, wie eben chronische Erkrankungen oder Schwangerschaften. Dieser Vermutung sollte durch eine Erhebung über die Gesundheitsversorgung dieser Menschen in Bremen nachgegangen werden (s. „Gesundheitsversorgung von papierlosen Menschen in Bremen – Eine Erhebung des Bremer MediNetzes unter niedergelassenen Ärzten").

---

21 Nicht nur die unterschiedliche Handhabe und verschiedene Leistungsumfänge in den Herkunftsländern erschweren die Inanspruchnahme. In vielen Fällen ist nicht geklärt, wie lange sich die betreffenden Menschen im Ausland aufhalten dürfen und welche Bedingungen sie im Herkunftsland erfüllen müssten, um entsprechend Leistungen in Anspruch nehmen zu können. Darüber hinaus scheinen einige der das Bremer MediNetz nutzenden Papierlosen, bereits im Herkunftsland einen eher niedrigen sozio-ökonomischen Status zu haben und konnten sich auch dort keine Krankenversicherung leisten.

VII. Probleme der gesundheitlichen Versorgung von papierlosen Menschen

Ist die Behandlung leichterer akuter Erkrankungen in der Regel relativ einfach zu organisieren, wird sie bei komplexeren Erkrankungen angesichts kostenintensiver diagnostischer Verfahren und/oder Therapien (Material-, Laborkosten, Medikamente, Zahnersatz, Hilfsmittel, Operationen) zunehmend schwierig und unsicher. Chronische Erkrankungen und Schwangerschaften stellen weitere komplexe Herausforderungen dar. Chronische Erkrankungen erfordern einen regelmäßigen Arztkontakt zur Überprüfung von krankheitsrelevanten Werten und der damit verbundenen medikamentösen Einstellung. Für Anlaufstellen, inbegriffen der kooperierenden Ärzte, bedeutet dies, dass die ehrenamtlichen Kapazitäten des behandelnden Arztes/der behandelnden Ärztin dauerhaft belegt werden. Darüber hinaus ist die regelmäßige Einnahme von oftmals teuren Medikamenten nötig. Die Möglichkeit, Musterpräparate zu organisieren und zu vergeben, wie es bei akuten Erkrankungen oft gegeben ist, erfordert hier einen größeren Organisationsaufwand und ist nicht immer vorhanden. Müssen die Medikamente regulär über eine Apotheke beschafft und bezahlt werden, stellen sie eine regelmäßige und dauerhafte Belastung der Spendenbasis oder der finanziellen Mittel der Papierlosen selbst dar. Auf Seiten der papierlosen Patienten kommt hinzu, dass die Compliance[22] nicht selten erschwert ist. Vielen Papierlosen fällt es schwer, Termine einzuhalten, weil sie spontan Arbeitsmöglichkeiten angeboten bekommen, die sie angesichts ihrer Notlage kaum ablehnen können. Tendenzen der Untertreibung und Verschleppung von Krankheiten können zu Chronifizierungen oder der Verschlechterung chronischer Erkrankungen führen, die bei einer früheren Behandlung hätten vermieden werden können. So hat sich das Asthma einer Bremer Nutzerin chronifiziert und derart verschlechtert, dass sie trotz dauerhafter Medikamenteneinnahme unter ständiger Luftnot leidet. Natürlich kann eine Verschlechterung der Erkrankung auch dadurch eintreten, dass die Behandlung immer wieder unterbrochen wird, weil z.B. das Land oder die Stadt gewechselt werden muss. Aufeinander aufbauende diagnostische Verfahren werden dadurch z.B. unterbrochen und Ergebnisse gehen verloren, so dass jeder neue Arzt/jede neue Ärztin evtl. wieder weiter vorne in der Diagnostik ansetzen muss. Zum anderen kann ein Misstrauen gegenüber der Qualität der medizinischen Versorgung bestehen: Im MediNetz Bremen haben wir öfter die Erfahrung gemacht, dass Nutzer aufgrund von Verständigungsschwierigkeiten offenbar den Eindruck gewonnen hatten, von Ärzten wie Patienten zweiter Wahl behandelt zu werden, was verschiedenste Gründe haben kann. Ein Beispiel hierfür ist das eines jungen Mannes, der im Herkunftsland einer schlechter gestellten Minderheit angehörte und sich daher auch in der medizinischen Versorgung schlechter behandelt fühlte. In Deutschland angekommen, verstärkte sich diese Skepsis, da er nun Angehöriger einer noch benachteiligteren Minorität war. Er hatte wiederum Bedenken, den Anweisungen seines Arztes zu vertrauen. Verbunden mit der Angst vor den möglichen Nebenwirkungen einer dauerhaften und regelmäßigen Medikamenteneinnahme, begann er, die Dosis eigenständig zu verringern und sich so angesichts seines jugendlichen Bluthochdrucks dem Risiko von Organschädigungen auszusetzen.

---

22 Unter Compliance versteht man in der Versorgungsforschung das Befolgen der ärztlichen Therapieanweisungen seitens der Patienten.

Schwangerschaften, die in der Arbeit des MediNetzes Bremen relativ häufig vorkommen, stellen eine umfassende organisatorische Herausforderung dar und sind für alle Beteiligten, Helfer, Hebammen, Ärzte wie natürlich besonders die Papierlosen selbst mit einigem Aufwand und Unsicherheiten verbunden. Wenn Frauen erst sehr spät in der Schwangerschaft zur Anlaufstelle kommen, ist dieser Aufwand öfter mit Zeitdruck verbunden, der dann Risiken birgt, wenn es in dieser Zeit zu Komplikationen kommt. So sollte bei einer geduldeten Frau, die in einem anderen Bundesland gemeldet und mit Zwillingen schwanger war, zunächst der Umzug mit der Behörde formal geklärt werden, bevor das diagnostizierte Transfusionssyndrom[23] operiert werden konnte.[24] Nach einer Woche kam es zu Komplikationen mit Lebensgefahr für beide Kinder und ein Noteingriff wurde durchgeführt. Dieser verlief soweit gut, mögliche Langzeitfolgen sind bisher aber noch nicht abzusehen. Bei regulärer Behandlung wäre es zu dieser Situation nicht gekommen.

Eine Schwangerschaft und die damit verbundene Geburt sowie die Grundversorgung des Kindes sind teuer. Es werden Labor- und Ultraschalluntersuchungen fällig, um frühzeitig Komplikationen erkennen und behandeln zu können. Eine Geburt kostet zwischen ca. 800€ außerhalb eines Krankenhauses und 4000€ für eine Kaiserschnitt-Geburt im Krankenhaus. Kommt es zu Komplikationen unter der Geburt, kann sich diese Summe deutlich erhöhen. Schließlich ist die Vorsorge bei Neugeborenen nicht gesichert. Wird eine Frau MediNetz betreut, können in der Regel die Vorsorge-Untersuchungen durchgeführt werden, wenn die Mutter den Kontakt hält. Insgesamt bringen Schwangerschaften wie auch die frühe Kindheit in der Papierlosigkeit also viele Unsicherheiten und Risiken mit sich, gerade in einer Lebensphase, die des besonderen Schutzes bedarf.

In den Aufgabenbereich der Medizinischen Flüchtlingshilfe fällt bei einer Schwangerschaft außerdem eine Sozialberatung, über die weitere Finanzierungsmöglichkeiten für die Geburt und evtl. eine Erstausstattung für das Kind ausfindig gemacht werden sollen. Für eine papierlose Frau bedeutet eine Schwangerschaft einen Verdienstausfall, der ihre bereits bestehende schlechte Finanzlage weiter verschärfen kann. Da wir zudem bei allen Nutzern prüfen, ob es Möglichkeiten gibt, sie offiziell in das reguläre Gesundheitssystem zu überweisen, fällt bei schwangeren papierlosen Frauen eine rechtliche Beratung hinsichtlich ihres und evtl. des Aufenthaltsstatus des Kindsvaters an. Hieraus können sich verschiedene Behördengänge und das Aufsuchen von weiteren Beratungsstellen ergeben. Im Prinzip kann für jede schwangere Frau, die reiseunfähig ist, d.h. mindestens für die Zeit des Mutterschutzes, eine Duldung erreicht werden. Auf diese Weise kann sie regulär entbinden. Da sie nach dem Asylbewerberleistungsgesetz nun auf jeden Fall leistungsberechtigt ist, kommen letztendlich die Sozialämter für die Geburtskosten auf. Allerdings ist die Betreffende dann gemeldet und muss möglicherweise in Kauf nehmen, relativ kurz nach der Geburt wieder „abzutauchen", d.h., sie darf zumindest unter der angegebenen Adresse und Telefonnummer nicht mehr erreichbar sein. Jede Frau in dieser Situation muss sich gut überlegen, ob sie solchen Strapazen gewachsen ist. Nach der Geburt stellt

---

[23] Hierbei wird eines der Kinder unter- und das andere überversorgt, wodurch beide Kinder Schaden erleiden können.

[24] Menschen mit einer Duldung haben eine „Residenzpflicht", das heißt, sie können ihren Wohnort nach der Meldung nicht mehr frei wählen, sondern müssen im Einzugsbereich ihrer Meldebehörde verbleiben.

sich die Frage nach einer Geburtsurkunde als einzigem formalen Identitätsnachweis für das Kind. Selbst wenn eine Duldung oder ein anderer offizieller Status der Mutter vorliegt, ist die Erlangung einer Geburtsurkunde mit einem enormen bürokratischen Aufwand verbunden. Es muss hierfür nämlich auch die Geburtsurkunde der Mutter vorliegen. Nicht alle Herkunftsländer stellen jedoch solche Dokumente in der für deutsche Behörden akzeptablen Form aus. In der Logik deutscher Standesämter jedoch, müssen verschiedene Sachverhalte formal eindeutig nachgewiesen werden: Die Mutter des Kindes muss über ihre eigene Geburtsurkunde eindeutig ihre Identität nachweisen. Zudem muss sie über einen Eintrag im Pass nachweisen, dass sie nicht anderweitig verheiratet ist, denn nach deutschem Recht wird der Ehemann rechtlich als Kindsvater und damit sorgeberechtigt betrachtet. Erlangt das Kind keine Geburtsurkunde, fehlt ihm jede Grundlage, seine Identität nachzuweisen, und damit die Aussicht, selbst einen Pass zu bekommen. Der Mutter jedoch fehlt der formale Beweis, z.B. bei einer anstehenden Abschiebung, ihre Mutterschaft wie die Zugehörigkeit ihres Kindes darzulegen.

Als letztes Beispiel problematischer, bzw. fehlender gesundheitlicher Versorgung seien hier psychische Erkrankungen genannt. Diese bringen einen sehr hohen Behandlungsaufwand mit sich, den kaum Therapeuten zeitlich und unentgeltlich leisten können. Zudem fehlt oftmals von vornherein eine Ansatzmöglichkeit für die Therapie: Wird in der Anfangsphase gerade bei Depressionen oder einer Traumatherapie auf eine Stabilisierung der Lebenssituation hinzuwirken versucht, sind in der Lebenssituation vieler Papierlose kaum stabilisierende Faktoren auszumachen. Sowohl Arbeit, Wohnung, das soziale Umfeld und die gesamte Identität sind vollkommen von Unsicherheiten bestimmt.

Zusammenfassend ist zu konstatieren, dass Erkrankungen oder auch Schwangerschaften, die eine längerfristige, teurere und/oder verschiedene Leistungserbringer für die Behandlung benötigen, zwar in Bremen vom MediNetz derzeit zu leisten sind, dies jedoch lediglich mit der geringen Inanspruchnahme des Bremer MediNetzes durch papierlose Menschen zusammenhängt. Das MediNetz gerät dadurch in das Dilemma, mehr Werbung machen zu wollen, um mehr Menschen zu erreichen, während dies gleichzeitig die Gefahr birgt, dass eine steigende Inanspruchnahme die personellen wie finanziellen Kapazitäten des MediNetz innerhalb kürzester Zeit überschreiten würde. Weiterhin ist darauf hinzuweisen, dass wir kaum stationäre Behandlungen betreuen. Ob und wie Bremer Papierlose Krankenhausaufenthalte selbst und mittels ihrer sozialen Netzwerke organisieren, wissen wir nicht. Da uns die Frage interessierte, welchen Anteil des Versorgungsbedarfs von Papierlosen das Bremer MediNetz abdeckt, führten wir 2007 eine Erhebung unter Bremer und Bremerhavener niedergelassenen Ärzten durch.

VIII. Gesundheitsversorgung von papierlosen Menschen in Bremen – Eine Erhebung des Bremer MediNetzes unter niedergelassenen Ärzten[25]

Nachdem wir bereits zuvor vergeblich versucht hatten, bei den großen bundesweiten sowie bei kleineren regionalen Stiftungen Fördergelder für eine umfangreichere qualitative Studie bewilligt zu bekommen, erklärte sich schließlich die Bremische Evangelische Kirche als einzige bereit, uns ihre für die ursprünglich geplante Studie zugesagten zusätzlichen Gelder als Hauptförderanteil zukommen zu lassen. Unterstützt wurden wir infrastrukturell und inhaltlich außerdem durch das Bremer Gesundheitsamt, mit dem wir bereits vorher in verschiedenen Fragen kooperiert hatten. Die sehr begrenzten Mittel ließen nur eine kleinere Untersuchung zu, was durchaus auch positive Wirkungen hatte, da wir nun erstmalig in Deutschland ein quantitatives Design zu dieser Problematik anwandten. Der kleinere Rahmen machte es außerdem notwendig, die Befragung auf die niedergelassene Ärzteschaft in Bremen und Bremerhaven zu beschränken.[26]

Eine Faxumfrage mittels eines 2-seitigen Fragebogens unter 936 niedergelassenen Ärzten der Fachrichtungen Allgemeinmedizin, Innere Medizin, Frauenheilkunde, Kinderheilkunde, Chirurgie/Orthopädie, Psychiatrie/Nervenheilkunde sowie Zahnheilkunde in Bremen und Bremerhaven sollte Aufschluss über folgende Leitfragen geben:
- In welcher Größenordnung nehmen Papierlose die reguläre Gesundheitsversorgung in Bremen wahr?
- Wie viele Ärzte in Bremen sind mit der Versorgung von Papierlosen konfrontiert?
- Über welche Wege (der Vermittlung) wird die Gesundheitsversorgung von Papierlosen in Bremen gesteuert?
- In welchen Fachrichtungen kommen Papierlose gehäuft vor?
- Welche Kosten entstehen den Praxen bzw. in welcher Größenordnung entgehen den Praxen Einnahmen?

Uns antworteten 143 von 936 angeschriebenen Praxen.[27] Die Fachgebiete Allgemeinmedizin und Innere Medizin waren dabei der üblichen Verteilung entsprechend repräsentiert, Kinderheilkunde und Frauenheilkunde waren stärker vertreten, Chirurgie/Orthopädie und Nervenheilkunde/Psychiatrie waren etwas unterrepräsentiert.

Die Ergebnisse waren für uns teilweise recht überraschend. Von 143 antwortenden Ärzten gaben 52% an, Erfahrung mit der Behandlung von Menschen ohne Papiere zu haben. Die Anzahl der Behandlungen ist größer, als vom MediNetz vermutet und verteilt sich auf mehr Praxen, als angenommen. Zwar war zu vermuten, dass die Hilfsangebote des MediNetzes nur einen kleinen Teil der Zielgruppe erreichen würden, ein Aus-

---

25 *Andreas Wiesner, Vera Bergmeyer, Sandra Schmidt, Ute Bruckermann*, Gesundheitsversorgung von papierlosen Menschen in Bremen, Thomas Hilbert/Gesundheitsamt (Hrsg.), 2008.
26 Im qualitativen Design waren dagegen auch Interviews mit Vertretern von Krankenhäusern, Hebammen und Papierlosen selbst vorgesehen.
27 Der Rücklauf von 15,3% ist zwar absolut gesehen klein, aber für Umfragen unter der Ärzteschaft als durchaus gutes Ergebnis zu bewerten. Natürlich sind damit die Ergebnisse nicht als repräsentativ zu betrachten, aber es lassen sich nichtsdestotrotz interessante und gültige Schlüsse daraus ziehen.

gangspunkt der Studie war aber die These, dass die Gesundheitsversorgung ungleich auf die Ärzteschaft verteilt ist, und z.b. ein Großteil der Praxen die bereits mit dem Medi-Netz kooperieren, zusätzlich „privat" involviert wären. Erstaunlicherweise haben aber nur 9 der mit MediNetz kooperierenden Praxen auf die Umfrage geantwortet, das heißt, dass 65 der 74 Praxen, die angaben Erfahrungen mit der Behandlung Papierloser zu haben, außerhalb des MediNetzes, also auf eigenes Engagement hin behandeln. Umgekehrt bedeutet das auch, dass man also mindestens die fehlenden 30 „MediNetz-Praxen" zur Summe der Papierlose versorgenden Ärzteschaft hinzuzählen darf. Die meiste Erfahrung mit der Behandlung Papierloser haben hausärztlich tätige Praxen, Kinderarztpraxen und gynäkologische Praxen. In der Nervenheilkunde/Psychiatrie kommen die Papierlosen offenbar nicht an.

Die Menschen gelangen außerdem überwiegend nicht über das MediNetz sondern über soziale Netzwerke, das heißt Bekannte, Freunde oder Verwandte in die Praxen. Außerdem gelangen sie selten über andere Ärzte in die befragten Praxen, woraus sich vermuten lässt, dass Praxen eher nicht an weiterbehandelnde Facharztpraxen 'überweisen'. Die Behandlungen werden vielfach privat in Rechnung gestellt, von einem großen Teil der Praxen aber auch erlassen.[28] Aus diesen Ergebnissen lässt sich bereits schließen, dass die medizinische Versorgung von Papierlosen im Land Bremen weitgehend selbst organisiert vonstatten geht. Darüber hinaus lässt sich bereits angesichts des geringen absoluten Rücklaufs feststellen, dass das MediNetz der Versorgung der gesamten Zielgruppe in keiner Weise gewachsen wäre.

Die Ergebnisse der Erhebung, die auch als weitere argumentative Basis für die öffentliche medizinische Versorgung von papierlosen Menschen dienen sollte, lassen weitere Risiken für diese Bevölkerungsgruppe erkennen. Wenn Menschen überwiegend über soziale Netzwerke an eine medizinische Versorgung gelangen, entstehen hier weitere Abhängigkeiten: Was geschieht mit den Menschen, die nicht so gut vernetzt sind oder nicht über Kontakte verfügen, die ihnen Zugang zu einem(r) Facharzt/eine Fachärztin verschaffen oder bei diesen einen ermäßigten Preis oder eine Kostenerlassung erwirken können? Menschen mit größerer Vulnerabilität als andere, geraten aufgrund ihrer geringerer Vernetztheit in noch stärkere Abhängigkeiten und Bedrängnis. Zudem ist kaum davon auszugehen, dass größere Behandlungsaufwände von den sozialen Netzwerken ohne weiteres bezahlt werden können, was auf eine massive Unterversorgung schließen lässt. Die Annahme und die bisherigen Beobachtungen des Bremer MediNetzes werden insofern bestätigt, als dass viele Menschen in solchen Fällen das MediNetz aufsuchten, wenn sie keine anderen Unterstützungsmöglichkeiten mehr ausfindig machen konnten. Die Inanspruchnahme von MediNetz gilt aber nur für nicht sehr dringliche Fälle, die über längere Sicht geplant werden können. Bei dringenden Fällen wie Verletzungen oder akuten sehr schweren Erkrankungen suchen diese Menschen das MediNetz offensichtlich nicht auf.

Auf der anderen Seite müssen die Behandelnden allein darüber entscheiden, wie groß der Behandlungsumfang ausfallen soll oder kann. Das ist zwar auch in der täglichen regulären Praxis der Fall, doch besteht hier ein größerer Druck, eine möglichst unauf-

---

28 Diese Frage bezog sich allerdings auf Nichtversicherte allgemein. Ob für Papierlose besondere Bedingungen gelten, ob sie also eher bezahlen müssen oder eher kostenfrei behandelt werden oder ob sich für sie genau die gleiche Verteilung ergibt, lässt sich hiernach nicht beantworten.

wändige und kostengünstige Behandlung durchzuführen. Der Aufwand betrifft direkt die eigenen zeitlichen und evtl. finanziellen Ressourcen des Arztes/der Ärztin, wenn sie oder er der/dem Patienten/-in keine eigene finanzielle Belastung zumuten möchte. Eine Vernetzung scheint zudem zumindest unter den Befragten nicht zu bestehen, das heißt, dass der Aufwand auch nicht auf mehrere Personen verteilt wird. Behandelnde werden damit einem verschärften „Rationierungsbedarf"[29] ausgesetzt, Patienten sind dieser sehr subjektiven Rationierung recht hilflos ausgeliefert.

Die Ergebnisse der Bremer MediNetz-Studie zeigen, dass es einen Bedarf an medizinischer Versorgung für papierlose Menschen gibt, der derzeit durch zivilgesellschaftliches Engagement auf Kosten Einzelner geleistet wird. Darüber hinaus ist von einer massiven Unterversorgung dieser Bevölkerungsgruppe auszugehen. Die bestehende Notwendigkeit einer Überleitung der Versorgungsaufgabe an öffentliche Stellen muss daher unterstrichen werden,

VIII. Lösungsansätze

Verschiedene Lösungsansätze zur medizinischen Versorgung von papierlosen Menschen werden derzeit diskutiert. Hier seien exemplarisch nur zwei Ansätze vorgestellt, nämlich das des „anonymen Krankenscheins" und eingehender das der „humanitären Sprechstunde", das momentan in Bremen eingeführt wird. Für eine breitere und eingehendere Diskussion verschiedener Lösungsansätze sei auf den Bericht der Bundesarbeitsgruppe Gesundheit/Illegalität verwiesen.[30] Für bereits in der Praxis erprobte Lösungswege siehe Anderson[31] und die humanitären Sprechstunden im Gesundheitsamt der Stadt Frankfurt.[32]

Die Einführung eines anonymen Krankenscheins wird zur Zeit zwischen dem Büro für medizinische Flüchtlingshilfe Berlin und städtischen Repräsentanten in Berlin verhandelt[33]. In den Augen des MediNetzes Bremen handelt es sich hierbei um die bestmögliche Lösung, weil das Prozedere dem der regulären Versorgung am ähnlichsten ist: Je nach Ausgestaltung müssen sich die Nutzer zwar evtl. zunächst an eine näher zu bestimmende Vergabestelle wenden, die die Bedürftigkeit und Berechtigung der Nutzung fest- und den Krankenschein jeweils ausstellt. Danach können die Nutzer jedoch in freier Arztwahl jede/-n Ärztin/Arzt des Regulärsystems aufsuchen, wie die Leistungsberechtigten der gesetzlichen Krankenversicherung auch, es sei denn Kooperationsvereinbarungen werden nur mit einer begrenzten Anzahl und Auswahl von Ärzten getroffen. Ebenfalls Verhandlungssache ist der Leistungsumfang. Dieser wird im besten Falle dem im Asylbewerberleistungsgesetz festgelegten Rahmen entsprechen, im schlechteren

---

29   Im Falle eines nichtvorhandenen Budgets kann man natürlich nicht im eigentlichen Sinne von einer Rationierung sprechen.
30   Deutsches Institut für Menschenrechte (Fn. 18).
31   *Phillip Anderson* (Fn. 12).
32   Siehe unter: <http://www.frankfurt.de/sixcms/detail.php?id=2999>.
33   Für weitere Details s. *Huschke* und *Misbach* im vorliegenden Sammelband.

Falle wird ein niedriger ausfallendes Budget festgelegt. Ein sehr kleines Budget könnte so dazu führen, dass Papierlosen lediglich Zugang zu einer Basisversorgung gegeben wird. Festzustellen bleibt, dass es sich beim anonymen Krankenschein um einen bestimmten formellen Leistungsberechtigungsnachweis und eine Form der Abrechnungsmöglichkeit handelt, so, wie Fondsmodelle eine bestimmte Finanzierungsart darstellen. Über die Finanzierung und den Leistungsumfang ist damit noch keine Aussage getroffen.

In Bremen ist 2008 in Anlehnung an das Frankfurter Modell der Humanitären Sprechstunden, von Seiten des Gesundheitsamtes und in Kooperation mit dem Medi-Netz Bremen die humanitäre Sprechstunde entwickelt worden.[34] Die Entwicklung eines Lösungsansatzes für die medizinische Versorgung von papierlosen Menschen in Bremen war im Koalitionsvertrag der Stadt Bremen zwischen SPD und Grünen als Aufgabe vereinbart worden. Das Konzept sieht ein Sprechstunden-Angebot in den Praxis-Räumen des Gesundheitsamtes mit zwei bereits im Gesundheitsamt arbeitenden Ärzten vor, die zwei mal wöchentlich für jeweils zwei Stunden für eine Basisversorgung von papierlosen Menschen zur Verfügung stehen würden. Die Abrechnung erfolgt anonym über einen dafür angelegten Topf des Gesundheitsamts-Haushalts. Die Finanzierungsgrundlage orientiert sich an den Kosten zur medizinischen Notversorgung von Obdachlosen sowie an den Kosten der medizinischen Versorgung für den Bedarf nach §2 und §3 des Asylbewerberleistungsgesetzes. Das Budget errechnet sich aus dem Mittelwert zwischen der angenommenen Unter- und der Obergrenze möglicher geschätzter Fallzahlen. Zusammen mit den Kosten für eine vorzuschaltende Clearingstelle beträgt es 35.000 €/Jahr (ohne weitere Personal- und Infrastrukturkosten, die vom Gesundheitsamt übernommen werden). Das Konzept ist als Projekt zunächst auf drei Jahre angelegt. Die Clearingstelle soll sowohl Bedürftigkeit, Berechtigung (Wohnort im Land Bremen) und evtl. weitere Bedarfe sondieren und wird der Behandlung direkt vorgeschaltet. Über die Basisversorgung hinaus sollen Kooperationen mit Fachärzten und Krankenhäusern arrangiert werden. Da sich diese Kooperationen derzeit in Verhandlung befinden, ist noch nichts über deren Umfang zu sagen. Klar ist, dass zumindest in näherer Zukunft ein Teil der fachärztlichen Versorgung weiterhin über das Netzwerk der mit MediNetz zusammen arbeitenden Ärzte wird laufen müssen. Deswegen und auch, um Zugänge zur Zielgruppe herzustellen und weiter auszubauen, wird das MediNetz in Bremen weiterhin bestehen bleiben und mit dem Gesundheitsamt kooperieren.

Das MediNetz betrachtet die humanitäre Sprechstunde ambivalent. Als nachteilig, im Hinblick auf die menschenrechtliche Zusicherung einer gesundheitlichen Versorgung, ist sicherlich der Aufbau eines parallelen Basis-Versorgungsangebotes außerhalb des regulären Systems zu bewerten. Dieses schließt eine freie Arztwahl oder zumindest die Wahlmöglichkeit zwischen mehreren Ärzten aus.[35] Der zu erwartende Versorgungsumfang wird zudem vermutlich geringer ausfallen als in der Regulärversorgung. Diesen Nachteilen stehen jedoch deutliche Vorteile gegenüber: Mit dem Gesundheitsamt wird die medizinische Versorgung von papierlosen Menschen in eine Trägerschaft mit einem

---

34 *Eckhardt Lotze & Thomas Hilbert*, Konzept zur Gesundheitssicherung für Menschen ohne Papiere in Bremen, Gesundheitsamt Bremen (Hrsg.), 2008.

35 Jede/-r, der/die schon einmal gravierender erkrankt ist oder bei dem/der ein Risikofaktor hierfür festgestellt wurde, wird wissen, wie wichtig es sein kann, mindestens eine Zweitmeinung einholen und ggf. den Arzt/die Ärztin wechseln zu können.

öffentlichen Versorgungsauftrag übergeben, was einer wichtigen Forderung von Medizinischen Flüchtlingshilfen entspricht und ein wichtiges Signal seitens der Politik bedeutet, sich der öffentlichen Verantwortung zu stellen. Dadurch und durch die recht direkte Verbindung zum Gesundheitsressort wird die Diskussion um die Problematik enger an Öffentlichkeit und Politik gekoppelt. Darüber hinaus ist das Gesundheitsamt über die Instrumente der Gesundheitsberichterstattung in der Lage, eine fundierte Auswertung der Behandlungsdaten unter sozialmedizinischen, epidemiologischen und migrationsrelevanten Fragestellungen vorzunehmen,[36] mit der eine weiterreichende argumentative Unterfütterung für die gesundheitlichen Bedarfe dieser Bevölkerungsgruppe zur Verfügung steht. Das Gesundheitsamt Bremen hat sich seit längerer Zeit über das Referat Migration und Gesundheit mit der Erhebung und Dokumentation der gesundheitlichen Lage und Versorgung von Migranten sowie durch erfahrungsbasierte interkulturelle Handlungskompetenz profilieren können. So gesehen bringen die dort arbeitenden Ärzte mehr interkulturelle Kompetenz mit als in vielen niedergelassenen Praxen anzutreffen wäre. Dieser Vorteil kann zwar die Beschränkung der Arztwahl nicht ausgleichen; jedoch verspricht er eine bessere Behandlungsqualität gegenüber anderen Hilfsmodellen, die ebenfalls keine Arztwahl sondern nur eine praktische Sprechstunde bieten.[37] Die engere Verbindung zum Gesundheitsressort, die Möglichkeiten der Gesundheitsberichterstattung sowie die langjährige interkulturelle Erfahrung des Gesundheitsamtes in der medizinischen Versorgung lassen die Anbindung der Aufgabe an das Gesundheitsamt geeigneter erscheinen als etwa die Anbindung an wohlfahrtsverbandliche Träger.

Nicht zuletzt steht die Finanzierungsgrundlage mit der Verschiebung in einen öffentlichen Versorgungsauftrag ebenfalls auf breiteren und sichereren Beinen als dies beim MediNetz Bremen der Fall wäre. Schon von daher ist der mögliche Versorgungsumfang, selbst wenn es sich zunächst um eine Basisversorgung handeln sollte, als weiterreichend einzuschätzen und lässt sich vermutlich auf einen größeren Ausschnitt der Zielgruppe anwenden als bisher.

Verglichen mit dem anonymen Krankenschein ist das Modell der humanitären Sprechstunde, in Bezug auf Finanzierungsart und Leistungsumfang , evtl. nicht so viel schlechter zu bewerten als der anonyme Krankenschein. Beide Bereiche sind Verhandlungssache und beinhalten den Nachteil der fehlenden Arztwahl.

Nachdem in einigen deutschen Städten positiv aufzunehmende Zeichen seitens der Politik gemacht worden sind, sich der Problematik der gesundheitlichen Versorgung von papierlosen Menschen anzunehmen, bleiben mindestens Finanzierungsart und Leistungsumfang als politische Streitthemen der Medizinischen Flüchtlingshilfen und ähnlich Gesinnter bestehen. Nächste Forderungen lassen sich dahingehend formulieren, dass auch andere deutsche Städte oder Gemeinden den positiven Vorbildern folgen sollten und Finanzierungsart sowie Behandlungsumfang zumindest der Festlegung im Asylbewerberleistungsgesetz (das sich ja auch auf Menschen ohne gesicherten Aufenthaltsstatus bezieht) folgen sollten.

---

36   S. *Lotze & Hilbert* (Fn. 34), 9.
37   Was nicht heißen soll, dass es unter Ärzten in der Regelversorgung nicht ebenfalls interkulturelle sensibilisierte Akteure gibt. Grundsätzlich ist die interkulturelle Öffnung des deutschen Gesundheitssystems jedoch nicht gesichert.

IX. Fazit

Die medizinische Versorgung von nicht gemeldeten Menschen in Deutschland ist bislang nicht gesichert und wird stillschweigend in das ehrenamtliche Engagement der Zivilgesellschaft übertragen. Damit wird die Behandlung abhängig von Kontakten und Mitteln der Patienten wie auch der Behandelnden. Nichtstaatliche Organisationen zur medizinischen Versorgung dieser Gruppe können keine verlässliche und ausreichende Versorgungsstruktur bieten, da sie größtenteils ehrenamtlich und auf Basis privater Spenden operieren. Papierlose Menschen sind damit besonders bei Erkrankungen mit erhöhtem Versorgungsaufwand vom „goodwill" einzelner Personen abhängig.

Existenzielle Risiken entstehen so für Menschen, die sich sowieso schon in einer höchst vulnerablen Lebenssituation befinden. Darunter sind noch einmal besonders vulnerable Gruppen wie alte Menschen, Kinder und Schwangere auszumachen. Die Aussichtslosigkeit vieler Kinder, Zugang zu einer Geburtsurkunde und damit einem formalen Identitätsnachweis sowie zu einer Form der sozialen Sicherung zu erhalten, stellt in diesem Zusammenhang eine unzumutbare Härte dar: Selbst bei einer Befürwortung staatlicher Migrationskontrolle, können Kinder nicht für ihren „illegalen Zustand" verantwortlich gemacht werden.

Lösungsansätze, die inzwischen in einigen Städten auf den Weg gebracht werden, sind daher sehr zu begrüßen. Viele Fragen hinsichtlich des Leistungsumfangs und der Finanzierungsgrundlagen sind noch offen. Erst in näherer Zukunft wird sich herausstellen, auf welche Weise sich die verschiedenen beschriebenen Modelle auf die Versorgungssituation von Menschen ohne gesicherten Aufenthaltsstatus auswirken werden. Die verschiedenen Bestrebungen und deren Ergebnisse sollten daher miteinander verglichen werden, um geeignete Modelle für die medizinische Versorgung papierloser Menschen ausfindig zu machen.

Quellen

Alt, Jörg, Illegal in Deutschland – Forschungsprojekt zur Lebenssituation illegaler Migranten, Karlsruhe: von Loeper, 1999, 4.

Anderson, Phillip, „Dass sie uns nicht vergessen..." Menschen in der Illegalität in München, Landeshauptstadt München. Sozialreferat, 2003, 15.

Bundesnachrichtendienst, Illegale Migration, Bonn, 2000.

Büro für medizinische Flüchtlingshilfe (Hrsg.). 10 Jahre Büro für medizinische Flüchtlingshilfe, 2006, 6.

Deutsches Institut für Menschenrechte (Hrsg.), Frauen, Männer und Kinder ohne Papiere in Deutschland – Ihr Recht auf Gesundheit, Bericht der Bundesarbeitsgruppe Gesundheit/Illegalität, 2007, 19 ff.

Engbersen, Godfried; Leun, Joanne v.d.; Staring, Richard (2002). Illegal immigrants in the Netherlands. Sopemi-Report 2002, Paris: OECD.

Kühne, Anna, Jünger, kränker, nicht krankenversichert. Forum Ärztekammer http://www.aerztekammer-hamburg.de/funktionen/aebonline/pdfs/1202909653.pdf

Lotze Eckhardt & Hilbert, Thomas, Konzept zur Gesundheitssicherung für Menschen ohne Papiere in Bremen, Gesundheitsamt Bremen (Hrsg.), 2008.

WHO, International Migration, Health and Human Rights, Publication Series, Issue No.4, Dec. 2003, 10.

Wendler, Hauke, Schattenwelt - Illegal in Deutschland, NDR, 2006 (Film).

Wiesner, Andreas; Bergmeyer, Vera; Schmidt, Sandra; Bruckermann, Ute, Gesundheitsversorgung von papierlosen Menschen in Bremen, Thomas Hilbert/ Gesundheitsamt (Hrsg.), 2008.

Links:

Büro für medizinische Flüchtlingshilfe. Leben in der Illegalität http://www.medibuero.de/de/Leben_in_der_Illegalitaet.html.

http://www.malteser.de/73.Malteser_Migranten_Medizin/default.htm).

http://www.medibuero-hamburg.org/wiki/doku.php?id=materialien.

http://www.gesundheitsamt.bremen.de/sixcms/media.php/13/3_nb_GBE_Daten_Gesundheitsamt.pdf.

http://www.euro.who.int/tuberculosis/publications/20071204_10?language=German.

http://www.aerztewoche.at/viewArticleDetails.do?articleId=1379.

http://www.gbe-bund.de/gbe10/abrechnung.prc_abr_test_logon?p_uid=gastg&p_aid=&p_knoten=FID&p_sprache=D&p_suchstring=10126::Tuberkulose.

http://gesundheitspolitik.verdi.de/gesundheit_von_a-z/migration/medizinische_versorgung_von_menschen_ohne_legalen_aufenthaltsstatus.

http://www.frankfurt.de/sixcms/detail.php?id=2999.

Integration in die Regelversorgung statt Entwicklung weiterer Parallelsysteme: Eine aktuelle Perspektive für Berlin?[1]

Elène Misbach, Burkhard Bartholome, Jessica Groß

Problemaufriss

„Die Gesundheitsversorgung von Menschen ohne Papiere in Deutschland ist defizitär"[2] – so lautet das zusammenfassende Urteil der Bundesarbeitsgruppe Gesundheit/ Illegalität, in der sich auf Einladung des Deutschen Instituts für Menschenrechte und des Katholischen Forums Leben in der Illegalität bundesweit Fachleute aus Wissenschaft, Praxis, kommunaler Verwaltung, Kirchen, Wohlfahrtsverbänden und nichtstaatlichen Organisationen ausführlich mit dem Problem der medizinischen Versorgung von Menschen ohne legalen Aufenthaltsstatus beschäftigt haben. Laut Asylbewerberleistungsgesetz (AsylbLG) steht dieser Personengruppe medizinische Versorgung zu: Bei akuten und schmerzhaften Erkrankungen (§4) und wenn es zur Sicherung der Gesundheit unerlässlich ist (§6). Die Sozialämter sind allerdings durch den § 87 AufenthG verpflichtet, die Ausländerbehörde zu unterrichten, wenn sie Kenntnis vom unerlaubten Aufenthalt einer Person erlangen. Den Betroffenen droht dadurch Abschiebehaft und Abschiebung; daher nehmen sie die Leistungen nach dem AsylbLG faktisch kaum in Anspruch. Da ihnen der Zugang zur regulären Gesundheitsversorgung versagt ist, werden bei gesundheitlichen Problemen ÄrztInnen meist erst aufgesucht, wenn dies unvermeidlich ist. Die Chance für eine frühzeitige Diagnose und Therapie wird dadurch vertan. „Der Krankheitsverlauf droht schwerer zu werden, vermeidbare stationäre Aufenthalte und die Gefahr einer Chronifizierung der Beschwerden"[3] sind die Folge. Diese Einschätzung der Bundesarbeitsgruppe Gesundheit/Illegalität, in der auch das Büro für medizinische Flüchtlingshilfe aktiv mitarbeitet, deckt sich mit den Erfahrungen des Büros seit über zwölf Jahren: Krebserkrankungen werden zu spät erkannt, bei chronischen Leiden entstehen Folgeschäden an anderen Organen, Infektionskrankheiten werden nicht ausreichend therapiert und Impfungen und Vorsorgeuntersuchungen nicht in An-

---

1   Dieser Beitrag basiert auf einem Vortrag für das Forum Migration des 14. bundesweiten Kongress Armut und Gesundheit, 5. bis 6. Dezember 2008 in Berlin und erscheint in leicht geänderter Fassung in der Kongressdokumentation sowie in der Buchveröffentlichung zum Forum Migration im Mabuse Verlag.
2   *Deutsches Institut für Menschenrechte* (Hrsg.): Frauen, Männer und Kinder ohne Papiere in Deutschland – Ihr Recht auf Gesundheit. Bericht der Bundesarbeitsgruppe Gesundheit/Illegalität, Berlin 2007, 10.
3   Deutsches Institut für Menschenrechte (Fn. 2), 10.

spruch genommen, so dass zum Beispiel in der Schwangerschaft Gesundheitsschäden für Mutter und Kind entstehen können.[4]

Bislang werden die Betroffenen über inzwischen etablierte Parallelsysteme wie den Büros für medizinische Flüchtlingshilfe (Medibüro in Berlin seit 1996) sowie der Malteser Migranten Medizin (in Berlin seit 2001) mit den jeweils kooperierenden Netzwerken anonym und ohne Datenweitergabe an die Behörden kostenlos oder kostengünstig medizinisch versorgt.[5]

Diese Parallelsysteme basieren auf der – bezogen auf das Büro für medizinische Flüchtlingshilfe Berlin vollständig, bezogen auf die Malteser Migranten Medizin Berlin in Teilen – unentgeltlichen Arbeit der MitarbeiterInnen sowie auf privaten Spendengeldern. Unerlässlich und zentraler Bestandteil der Arbeit von Medibüro und Malteser Migranten Medizin ist die Kooperation mit vielen Berliner ÄrztInnen, die bereit sind, kostenlos zu behandeln, sowie die Zusammenarbeit mit engagierten Krankenhäusern, die stationäre Therapien zu reduzierten Sätzen ermöglichen.

Parallelsysteme sind keine Lösung

Die Übernahme der Versorgung von Papierlosen durch die genannten Gruppen kann jedoch keine Lösung sein. Zum einen wird die Einlösung des Menschenrechts auf Gesundheit in Deutschland zivilgesellschaftlichen Initiativen und der kostenlosen Arbeit von ÄrztInnen überlassen; Staat und öffentliche Hand entziehen sich elegant ihrer Verantwortung. Zudem besteht innerhalb solcher Parallelstrukturen kein individueller Rechtsanspruch auf angemessene und nachhaltige Gesundheitsversorgung; die Betroffenen sind letztlich vom „Goodwill" der Beteiligten in den Netzwerken abhängig. Zum anderen sind diese Parallelsysteme trotz hohem Engagement der beteiligten MitarbeiterInnen und Fachkräfte strukturell nicht in der Lage, in allen Fällen eine ausreichende Prävention, Diagnostik und Therapie zu erbringen, da die finanziellen und fachlichen Ressourcen begrenzt sind; d.h. sie können eine der Regelversorgung gleichwertige medizinische Versorgung nicht sicherstellen.

Grundsätzlich entsprechen Parallel- und Sondersysteme (für MigrantInnen) nicht dem Prinzip der Integration. Bemerkenswerterweise benennt der Berliner Senat in seinem Integrationskonzept ausdrücklich auch Menschen ohne legalen Aufenthaltsstatus als Zielgruppe. Mit einem (weiteren) Ausbau von Parallelsystemen gerät aus dem Blick, Regeldienste vernünftig an die Erfordernisse einer Einwanderungsgesellschaft anzupassen. Daher sollte der Berliner Senat seinem Anspruch gerecht werden und auch im Bereich der medizinischen Versorgung nach Modellen suchen, die eine Integration in die

---

4 Vgl. *Büro für medizinische Flüchtlingshilfe Berlin* (Hrsg.): Zehn Jahre Büro für medizinische Flüchtlingshilfe – Eine Erfolgsgeschichte?, Berlin 2006, 20 ff. Die Broschüre ist im Internet veröffentlicht unter <http://www.medibuero.de/de/Materialien.html>.

5 Bundesweit existieren in vielen Städten Büros für medizinische Flüchtlingshilfe, für eine Übersicht und Kontaktadressen siehe <http://www.medibuero.de/de/Links.html>.

Regelversorgung gewährleisten. Dies gilt selbstverständlich auch für andere Bundesländer, Kommunen und Städte.

Integration in die Regelversorgung durch anonymisierte Krankenscheine

Die eingangs erwähnte Bundesarbeitsgruppe Gesundheit/Illegalität sieht die Notwendigkeit einer Problemlösung und diskutiert in ihrem Bericht verschiedene Lösungsansätze und Empfehlungen. Die Empfehlung, die Übermittlungspflicht nach §87 AufenthG einzuschränken[6], ist auf Ebene der einzelnen Bundesländer nicht umsetzbar. Sofern also auf Bundesebene die Übermittlungspflicht weder abgeschafft noch eingeschränkt wird, sei auf Länderebene ein Fondsmodell oder die geschützte Vermittlung von Krankenscheinen realisierbar[7]. Ein Fondsmodell baut auf die bestehenden Hilfsstrukturen wie den Büros für medizinische Flüchtlingshilfe und Malteser Migranten Medizin auf und erscheint daher zunächst einfacher umsetzbar. Es weist jedoch nicht über die bestehenden Parallelsysteme hinaus.

Daher bevorzugt das Büro für medizinische Flüchtlingshilfe Berlin das Prinzip einer geschützten Vermittlung von Krankenscheinen (Anonymisierter Krankenschein) und hat ein Konzept für die Umsetzung in Berlin erarbeitet. Bei der Senatsverwaltung für Gesundheit wurde unter der Leitung von Staatssekretär Dr. Benjamin-Immanuel Hoff eine Arbeitsgruppe gebildet, die derzeit die Umsetzungsmöglichkeiten in Berlin prüft. Neben der Senatsverwaltung für Gesundheit, Umwelt und Verbraucherschutz ist die Senatsverwaltung für Integration, Arbeit und Soziales, das Büro des Integrationsbeauftragten und das Büro für medizinische Flüchtlingshilfe beteiligt.

Durch die geschützte Vermittlung von anonymisierten Krankenscheinen könnte die Integration von Menschen ohne geregelten Aufenthaltsstatus in die ambulante und stationäre medizinische Regelversorgung erreicht werden. Ein vergleichbares Modell wird seit Jahren in Italien umgesetzt. Über einen in staatlichen Gemeindegesundheitszentren (*Agenzie Sanitarie Locale*) vergebenen Code erhalten Menschen ohne legalen Aufenthaltsstatus Zugang zur regulären Gesundheitsversorgung.[8] Eine Übertragung des italienischen Modells auf die Situation in Deutschland ist aufgrund der unterschiedlichen Gesundheitssysteme nicht eins zu eins möglich, die Grundidee eines anonymisierten Krankenscheins jedoch schon.

Das Konzept des Büros für medizinische Flüchtlingshilfe sieht vor, dass eine ärztlich geleitete Anlaufstelle die Daten der Betroffenen erhebt, die Bedürftigkeit prüft und einen anonymisierten Krankenschein ausstellt. Mit diesem kann die ambulante und statio-

---

6   Deutsches Institut für Menschenrechte (Fn. 1), 12.
7   Deutsches Institut für Menschenrechte (Fn. 1), 22 ff.
8   Vgl. *Tanja Braun, Petra Brzank, Wiebke Würflinger*, „Medizinische Versorgung von illegalisierten Migrantinnen und Migranten – ein europäischer Vergleich", in: *Theda Borde, Matthias David* (Hg.), Gut versorgt? Migrantinnen und Migranten im Gesundheits- und Sozialwesen, Frankfurt/Main 2003, S. 119-141, 129 f.

näre Behandlung nach AsylbLG mit dem Sozialamt abgerechnet werden. Da die Datenerhebung unter ärztlicher Schweigepflicht erfolgt, besteht keine Übermittlungspflicht an die Ausländerbehörde.

Die Anlaufstelle für den anonymisierten Krankenschein könnte eine Stelle des öffentlichen Gesundheitsdienstes unter ärztlicher Leitung sein. Zum Team sollte ein Sozialarbeiter mit guten Kenntnissen im Ausländerrecht gehören. Die Ausstellung des Krankenscheins erfolgt – wie die Bedürftigkeitsprüfung – auf der Basis eines Kooperationsvertrages mit dem Sozialamt, da die Vergabestelle Aufgaben des Sozialamtes in dessen Auftrag wahrnimmt. Mit dem nummerierten anonymisierten Krankenschein können die Betroffenen dann jede ÄrztIn, Praxis oder jedes Krankenhaus aufsuchen. Die Abrechung erfolgt (im Fall Berlin) zentral über das Sozialamt Pankow, das bereits jetzt zuständig ist für Leistungen nach dem AsylbLG.

Die Anlaufstelle sollte zusätzlich die Funktion eines „Case-Managements" für die PatientInnen erfüllen, bei Bedarf Termine in geeigneten Praxen und Krankenhäusern koordinieren, Sprachmittlung ermöglichen und eine Rechtsberatung anbieten.

Vorteile und Nachteile des Konzepts Anonymisierter Krankenschein

Das Konzept ermöglicht eine Eingliederung von Menschen ohne Papiere in die reguläre ambulante und stationäre Versorgung sowie eine Kostenübernahme durch staatliche Stellen ohne Gefährdung durch Datenweitergabe. Basierend auf dem Rechtsanspruch auf Gesundheitsversorgung wird im Rahmen dieses Konzepts das individuell einklagbare Recht der Betroffenen nicht durch den „Goodwill" und somit der Abhängigkeit von Unterstützer/innen ersetzt.

Die medizinische Versorgung von MigrantInnen ohne Krankenversicherungen kann durch ein Modell Anonymisierter Krankenschein jedoch nicht insgesamt gelöst werden. Zum einen sind die Leistungen in dem beschriebenen Modell beschränkt auf die reduzierten medizinischen Leistungen des AsylbLG § 4 und § 6, die wiederholt von der Bundesärztekammer kritisiert und als dem ärztlichen Gleichbehandlungsauftrag zuwiderlaufend abgelehnt worden sind. Die reduzierten Leistungen bei Unterbringung und Verpflegung führen darüber hinaus zu weiteren gesundheitlichen Belastungen.

Zum anderen können nicht alle nichtversicherten Personen in das Modell integriert werden: MigrantInnen aus den neuen EU-Ländern beispielsweise halten sich in der Regel nicht illegal in Deutschland auf, sind aber häufig weder hier noch in ihrem Herkunftsland krankenversichert. Ihnen stehen keine Leistungen nach dem AsylbLG zu. In Notfällen ist eine Versorgung nach SGB XII möglich. Die reguläre Gesundheitsversorgung dieser Personengruppen bleibt aber ein ungelöstes Problem. Die Erfahrungen verschiedener Beratungsstellen zeigen, dass diese Problematik in Berlin in den letzten Jahren relevant zugenommen hat. Die Ursache dafür ist das Auseinanderklaffen von Reisefreiheit und sozialen Sicherungssystemen im Rahmen der europäischen Integration.

Kostenschätzungen

Eine Kostenschätzung des Modells[9] ist nur bedingt möglich, da unbekannt ist, wie viele Menschen sich in Berlin ohne Aufenthaltsstatus aufhalten und wie viele das Projekt in welchem Umfang in Anspruch nehmen werden. Nach Schätzungen der Wohlfahrtsverbände aus dem Jahr 2000 habe die Zahl für Berlin bei etwa 100 000 gelegen. Ohne diese Angabe überprüfen zu können, kann man davon ausgehen, dass sich die Zahl in den letzten Jahren aufgrund der EU-Erweiterung reduziert hat. Die Fallzahlen und Budgets der beiden Berliner Anlaufstellen als Grundlage für eine erste Annäherung an zu erwartende Kosten zugrunde zu legen, mag zunächst naheliegend erscheinen. Das Büro für medizinische Flüchtlingshilfe vermittelt jährlich rund 1000 PatientInnen, die Malteser Migranten Medizin versorgt im Jahr rund 3000 Menschen. Nicht alle diese Hilfe suchenden Menschen fallen unter das AsylbLG. Die Malteser Migranten Medizin gibt den Anteil der Menschen ohne gültige Aufenthaltspapiere für das Jahr 2007 in ihrem Klientel mit 67% an. Diese Ratsuchenden brauchen medizinische Behandlung in sehr unterschiedlichem Umfang. Sowohl das Büro für medizinische Flüchtlingshilfe als auch die Malteser Migranten Medizin greifen bei der Versorgung ihrer PatientInnen auf die unentgeltliche Arbeit von Hebammen sowie Ärztinnen und Ärzten zurück, Krankenhäuser berechnen für die stationäre Versorgung reduzierte Sätze. Das heißt: Die Budgets dieser beiden Anlaufstellen bieten kein realistisches Maß für eine Kostenschätzung bei regulärer Versorgung nach dem AsylbLG, da ein Großteil der Leistungen nicht abgebildet wird. Einigen Krankenhäusern bereitet diese Praxis bereits jetzt ernsthafte Budgetprobleme.

Darüber hinaus findet eine medizinische Versorgung auch außerhalb dieser Stellen statt. Dazu zählen die selbst organisierte Versorgung in den MigrantInnen Communities, die Angebote der Zentren für sexuelle Gesundheit und Familienplanung[10] sowie von Familienplanungszentren vor allem in der Schwangerschaft und bei sexuell übertragbaren Erkrankungen.

Grundsätzlich dürften jedoch die Pro-Kopf-Kosten geringer ausfallen als die des durchschnittlichen Kassenpatienten, da das Klientel insgesamt jünger ist. Mit Kosten im einstelligen Millionenbereich kann aber sicherlich gerechnet werden. Diese sollten prinzipiell bereits im Budget der Kommune eingeplant sein. Schließlich haben die Betroffenen einen Anspruch auf Leistungen nach dem AsylbLG, den sie bisher nur wegen der Gefahr der Datenweitergabe nicht in Anspruch nehmen. Es geht bei der Frage nach den Kosten daher nicht um freiwillige Leistungen der Kommune, sondern um gesetzlich abgesicherte Verpflichtungen.

---

9   Die folgenden Ausführungen beziehen sich auf eine mögliche Umsetzung des skizzierten Modells in Berlin. Schätzungen für andere Städte und Kommunen müssen selbstverständlich an die jeweiligen Bedingungen vor Ort angepasst werden.

10 In Berlin wurden 2008 die ehemals Sozialmedizinische Dienste der einzelnen Bezirke zum Teil fusioniert und insgesamt umbenannt in Zentren für sexuelle Gesundheit und Familienplanung. In einigen anderen Städten findet eine medizinische Versorgung analog dazu über Angebote der Gesundheitsämter statt.

Aktuelle Chancen zur Umsetzung eines Anonymisierten Krankenscheins

Bereits seit etwa zehn Jahren existiert ein ähnliches Modell erfolgreich in Italien, andere Modellvorschläge sind ebenfalls seit Jahren in der Fachdiskussion. Eine politische Umsetzung war in Deutschland bislang jedoch nicht in Sicht. Was hat sich an den Rahmenbedingungen geändert? Warum erscheint – zunächst in Berlin – die Möglichkeit zur Umsetzung eines Modells Anonymisierter Krankenschein günstiger als noch vor einigen Jahren?

In den letzten Jahren hat sich das politische Bewusstsein für die Problematik deutlich erhöht. Ausdruck hiervon sind unter anderem die Aktivitäten der Bundesarbeitsgruppe Gesundheit/Illegalität (BAG) und des Katholische Forums Leben in der Illegalität. Beide Foren haben nicht unerheblich dazu beigetragen, die Diskussion in eine breitere Öffentlichkeit zu tragen und zu beschleunigen. Die Broschüre der BAG „Frauen, Männer und Kinder ohne Papiere in Deutschland – ihr Recht auf Gesundheit", herausgegeben vom Deutschen Institut für Menschenrechte, ist seit ihrer Veröffentlichung im November 2007 auf großes Interesse gestoßen. In Tageszeitungen und Fernsehbeiträgen wird in relativ regelmäßigen Abständen über das Thema berichtet; auch wissenschaftliche Tagungen finden regelmäßig zum Themenkomplex „Leben in der Illegalität" statt.

Für die Berliner Situation kommt hinzu, das der politische Wille, eine Verbesserung der Gesundheitsversorgung für Illegalisierte umzusetzen, auf Seiten des Berliner Senats vorhanden ist. Auch in anderen bundesdeutschen Städten – u.a. in Hannover, Göttingen, Hamburg, Bremen, München, Freiburg – wird seit langem über Lösungsmöglichkeiten nachgedacht. Ein Berliner Modell könnte Signalcharakter für andere Städte haben.

Fazit

Das Modell Anonymisierter Krankenschein realisiert den individuellen Rechtsanspruch auf Gesundheitsversorgung im Gegensatz zur rein humanitären Hilfe, die geleistet werden kann – aber nicht muss. Eine Integration in die Regelversorgung würde gewährleistet – mit den Abstrichen, die das AsylbLG mit sich bringt. Die breite Kritik an diesem Gesetz der Ungleichbehandlung, die von der Bundesärztekammer bis hin zu Menschenrechtsorganisationen reicht, muss fortgesetzt werden.

Nichtversicherte EU-BürgerInnen fallen momentan durch alle sozialrechtlichen Netze. Reisefreiheit und Angleichung sozialer Standards klaffen drastisch auseinander. Hier muss auf anderen Ebenen schnellstmöglich eine Lösung gefunden werden.

Bis zur Umsetzung in Berlin sind noch einige Detailfragen zu klären. Dies ist jedoch machbar, wenn der politische Wille vorhanden ist. Der Berliner Senat ist nun aufgefordert, seinen mehrfach erklärten politischen Willen tatsächlich in die Praxis umzusetzen.

Es ist an der Zeit, auch in Deutschland eine nachhaltige Gesundheitsversorgung für Menschen ohne Papiere einzuführen. Berlin kann hier einen ersten Schritt gehen, in vielen anderen deutschen Städten wünscht man sich einen solchen „Startschuss".

Für die Realisierung bedarf es nach wie vor Überzeugungsarbeit über die Parteigrenzen hinweg – und auch in Teilen der Berliner Koalition. Dazu ist die Unterstützung aller ExpertInnen in Wissenschaft und Praxis auf verschiedenen Ebenen notwendig, sei es in den jeweiligen Fachgremien, Parteien oder Medien.

Verwendete Abkürzungen:

AsylbLG: Asylbewerberleistungsgesetz

SGB: Sozialgesetzbuch

AufenthG: Aufenthaltsgesetz

Die Humanitäre Sprechstunde des Gesundheitsamts Bremen – Kommunale Verantwortung für die Gesundheit aller Menschen

Eckhard Lotze

Bremer Tradition

Seit 15 Jahren sammelt das Gesundheitsamt Bremen Erfahrungen in der medizinischen Versorgung von Menschen mit unsicherem Aufenthaltsstatus. 1993 erlebte Deutschland eine starke Zuwanderung von Flüchtlingen und Asylbewerbern. Daneben reisten im gleichen Zeitraum auch sehr viele (Spät-)Aussiedler ein. Insbesondere die Unterbringung dieser Menschen in Gemeinschaftsunterkünften brachte und bringt gesundheitliche Probleme mit sich. In Bremen wurde auf diese Notsituation[1] hin vom Gesundheitsamt eine Untersuchung zur gesundheitlichen Lage und Versorgung der Flüchtlinge in Bremen durchgeführt (Mohammadzadeh 1993). Die bedenklichen Ergebnisse führten zum Aufbau des Gesundheitsprogramms für Asylbewerber, Flüchtlinge und Spätaussiedler.

Neben der Festlegung von (z.B. hygienischen) Mindeststandards der Unterbringung dieser Menschen wird im Gesundheitsprogramm ein umfassendes Angebot ärztlicher Hilfe geleistet. Eine Ärztin und ein Arzt des Referats „Migration und Gesundheit" des Gesundheitsamts bieten regelmäßig in den Erst- und Folgeunterkünften medizinische Sprechstunden an. Dadurch werden die durch das 1993 verabschiedete Asylbewerberleistungsgesetz verursachten Versorgungsdefizite für diese Gruppen ansatzweise kompensiert. In den Sprechstunden wird primäre Diagnostik und Beratung geleistet, aber auch eine (begrenzte) medikamentöse Behandlung angeboten. Durch die aufsuchende Arbeit in den Heimen sind unsere Ärzte gleichsam Hausärzte für die Bewohner der Gemeinschaftsunterkünfte. Dieser Ansatz ist als „Bremer Modell" bundesweit bekannt geworden.

Im Jahr 2003 wurde das Referat inhaltlich und personell erweitert. Seitdem wird auch die gesundheitliche Situation der Migranten der ersten Generation verstärkt in den Blick genommen. Dafür wurde ein Pflegewissenschaftler eingestellt. Zur Verbesserung der kommunalen Datenlage über Gesundheit und Pflegebedürftigkeit der älter werdenden Migranten wurden zwei Untersuchungen durchgeführt, die als Gesundheitsberichte (GBE-Berichte) des Gesundheitsamts über Bremen hinaus einige Beachtung fanden (Mohammadzadeh 2004 und Lotze 2007).[2]

---

1   Die Unterbringung erfolgte z.T. auf Schiffen im Bremer Hafen, in Weltkriegsbunkern, Turnhallen etc.
2   Sämtliche Veröffentlichungen des Referats Migration und Gesundheit finden Sie unter der URL <http://www.gesundheitsamt.bremen.de/sixcms/detail.php?gsid=bremen125.c.2507.de>.

Interkulturelle Öffnung (IKÖ): Die Lebenssituation von Papierlosen mitdenken

Die Interkulturelle Öffnung (IKÖ) der gesamten Bremer Verwaltung ist erklärtes Ziel der Bremer Landespolitik. Für den Gesundheitssektor kann das Gesundheitsamt ein wichtiger Schrittmacher zur Umsetzung der Ziele der Interkulturellen Öffnung sein.

Für Bremen wirkt das Gesundheitsamt seit langem an der Identifizierung von Zielen und Zukunftsthemen einer migrationsgerechteren Gesundheitsversorgung mit. Das wird im aktuellen dritten Integrationskonzept (für die Jahre 2007 bis 2011) des Landes Bremen deutlich. Dieses enthält einen expliziten Schwerpunkt zur „Gesundheitsversorgung". Die darin formulierten Ziele der Interkulturellen Öffnung für den Gesundheitsbereich stammen vom Referat Migration und Gesundheit und werden durch dieses Referat bearbeitet. Folgende Vorhaben stehen in den kommenden Jahren vordringlich zur Umsetzung bzw. Weiterentwicklung an und sind dort aufgeführt:

- Fortbildungsangebote im Gesundheits-/Sozialwesen
- zielgruppenspezifisches muttersprachliches Infomaterial
- Integration älterer Migranten in Bremer Altenhilfe / Gesundheitssystem
- Weiterentwicklung des Dolmetscherdiensts Bremen (DDB)
- Erweiterung des Gesundheitswegweisers für Migrantinnen und Migranten
- Sicherung der Gesundheitsversorgung Papierloser
- Offene Gesundheitsberatung für Migranten

Alle genannten Ziele sind durch Senatsbeschluss von Anfang 2008 als offizielle Bremer Integrationsziele verabschiedet worden. Die Sicherung der Gesundheitsversorgung papierloser Menschen wurde als Ziel bereits vorher im rot-grünen Bremer Koalitionsvertrag von 2007 erwähnt. Insofern nimmt das Gesundheitsamt Bremen den Auftrag der Bremer Politik für die Entwicklung eines Konzepts zur Einrichtung einer Humanitären Sprechstunde an.

Die Humanitäre Sprechstunde

Nach unserer Auffassung bedarf es gerade in Zeiten enger finanzieller Gestaltungsspielräume des öffentlichen Gesundheitsdienstes eines programmatischen Schwerpunkts hinsichtlich der Gesundheit besonders vulnerabler bzw. vernachlässigter Bevölkerungsgruppen. Hier liegt die „Kernkompetenz" der Gesundheitsämter bzw. hier sollte sie liegen.

Unsere praktische Arbeitserfahrung im beschriebenen „Bremer Modell" und der in Deutschland im EU-weiten Vergleich besonders schlechte Zugang von Papierlosen[3] zur

---

3 Menschen, die sich aufenthaltsrechtlich illegal in Deutschland aufhalten.

gesundheitlichen Versorgung führte 2008 zur Entwicklung eines Konzepts, das dem Gesundheitsamt Bremen eine federführende Rolle bei der Gewährung einer gesundheitlichen Grund- bzw. Notversorgung für Papierlose in Bremen zuschreibt. Denn es ist nach aller Erfahrung in deutschen Großstädten (vgl. Landeshauptstadt München 2003) von einer äußerst defizitären gesundheitlichen Versorgungssituation dieser Menschen auszugehen.

Das Konzept wurde und wird in Zusammenarbeit mit MediNetz Bremen[4] entwickelt und ab dem 2. Quartal 2009 praktisch für zunächst 3 Jahre projekthaft umgesetzt.

In Form einer Humanitären Sprechstunde wird an geeigneter Stelle ein regelmäßiges primärärztliches Angebot für Papierlose entwickelt.[5] Dort sollen die Menschen ohne Aufenthaltsstatus wenigstens die Ihnen nach dem Asylbewerberleistungsgesetz zustehenden medizinischen Hilfen erhalten.

Konkret wird das Angebot unter Nutzung der personellen und sachlichen Ressourcen des Gesundheitsamts Bremen (2 x 0,5 Stellen Ärztin/Arzt im Referat Migration und Gesundheit) entwickelt. Zunächst ist zum Herantasten an den tatsächlichen Umfang eines primärärztlichen Versorgungsbedarfs der Zielgruppe eine Sprechstundenhäufigkeit von zweimal wöchentlich je 2 Stunden angeraten. Die Sprechstunde findet möglichst in den Räumlichkeiten des Gesundheitsamts Bremen statt. Die im interkulturellen Versorgungskontext erfahrenen Ärzte des Referats Migration und Gesundheit bieten den Nutzern gesundheitliche Beratung und Diagnostik an. Im Rahmen des etablierten Gesundheitsprogramms dieses Referats wird auch eine begrenzte medizinische Behandlung angeboten werden.

Aus der Bewertung des Rechtsreferates Gesundheit des Bremer Gesundheitsressorts geht hervor, dass eine Ansiedlung der Humanitären Sprechstunde beim Gesundheitsamt den gesetzlichen Anforderungen von § 87 in Verbindung mit § 88 AufenthG. nicht widerspricht. Zum gleichen Ergebnis war auch das Sozialreferat der Stadt München gekommen.[6]

Das Gesundheitsamt profitiert beim Aufbau der Humanitären Sprechstunde von seinem hohen Bekanntheitsgrad und dem langjährig gewachsenen Vertrauen bei Menschen mit unsicherem Aufenthaltsstatus in Bremen. Eine eigens für das genannte Gesundheitsprogramm des Referats Migration und Gesundheit entwickelte Datenbank kann ohne finanziellen Aufwand modifiziert und zur epidemiologischen Auswertung des Angebots genutzt werden.[7]

Einschränkend muss gesagt werden, dass die Humanitäre Sprechstunde im Gesundheitsamt nicht geeignet zur Behandlung sehr kostenintensiver oder medizinisch hoch-

---

4   MediNetze sind Teil der bundesweiten Flüchtlingsinitiativen und existieren in vielen deutschen Großstädten. Die ehrenamtlichen Mitarbeiter vermitteln medizinische Hilfen an aufenthaltsrechtlich illegal in Deutschland lebende Menschen (sog. Papierlose).

5   Erste praktische Erfahrungen hat das Stadtgesundheitsamt Frankfurt mit der Einrichtung einer Humanitären Sprechstunde gemacht. Dort wurden jüngst die etablierten Roma- und Afrika-Sprechstunden für Menschen jeder Herkunft geöffnet. Das Bremer Konzept lehnt sich eng an das Frankfurter Vorbild an, es kann hier aber nicht umfassend dargestellt werden.

6   Sozialreferat München, Amt für Wohnen und Migration, Sitzungsvorlage Nr. 02-08/ V07107 (2005).

7   Das eröffnet die Möglichkeit einer soliden epidemiologischen Datenbasis zu diesem vernachlässigten Feld der Gesundheitsversorgung.

komplexer Gesundheitsprobleme ist. In diesen Fällen kann der Grundsatz der Anonymität des Angebots nicht durchgehalten werden. Dieser begrenzte Hilfeumfang im Rahmen der Humanitären Sprechstunde wird gegenüber den Nutzern vom Erstkontakt an offen angesprochen werden. Solche hoch komplexen Fälle sind jedoch nicht in großer Zahl zu erwarten. Es ist nach Erfahrungen von Akteuren in diesem Bereich davon auszugehen, dass das zu behandelnde Krankheitsspektrum in etwa dem der hiesigen Bevölkerung entspricht.[8]

Der Nutzung der Humanitären Sprechstunde wird ein „Clearing-Verfahren" vorgeschaltet, das von der Inneren Mission Bremen als Kooperationspartner geleistet wird. Durch einen Kooperationsvertrag werden momentan die Modalitäten der Zusammenarbeit geregelt. Abgeklärt wird im „Clearing-Verfahren"

- der ausländerrechtliche Aufenthaltsstatus,
- die soziale Bedürftigkeit und
- der längerfristige Aufenthalt des Nutzers in Bremen.

Das Gesundheitsamt Bremen strebt außerdem den Abschluss von Kooperationsvereinbarungen mit ambulanten und stationären Leistungserbringern an, um eine Behandlung der erfahrungsgemäss häufigsten Gesundheitsprobleme von Menschen ohne Papiere (Geburten, Mundgesundheit) für diese kostengünstig anbieten zu können.[9] Dabei ist durchaus angedacht, die Nutzer der Humanitären Sprechstunde im Rahmen ihrer Möglichkeiten an der Finanzierung der an ihnen von Kooperationspartnern erbrachten Dienstleistungen zu beteiligen.

Natürlich besteht innerhalb des Gesundheitsamts die Möglichkeit der engen fachübergreifenden (und kostenfreien) Verzahnung mit weiteren sozialmedizinischen Angeboten (Kindergesundheit, Familienhebammen, Sozialpsychiatrie, Referat AIDS/STD, etc.). Auch die externen langjährig gewachsenen Vernetzungen und Kooperationsbezüge mit Einrichtungen im interkulturell aktiven Sozial- und Gesundheitsbereich (z.B. REFUGIO Bremen e.V.[10], etc.) sollen zur Bereitstellung eines möglichst breiten Versorgungsspektrums genutzt werden.

Abschließend soll nicht unerwähnt bleiben, dass die über eine ärztliche Qualifikation hinausgehende interkulturelle medizinische Handlungskompetenz einen wichtigen Baustein für das Gelingen der Humanitären Sprechstunde darstellt.

---

8 So sind Menschen ohne Papiere in der Regel eher jung und nicht per se kränker als die Allgemeinbevölkerung.

9 Bisher müssen Menschen ohne Papiere als Selbstzahler oft den Abrechnungsfaktor von Privatpatienten bezahlen (2,3 facher Satz). Denkbar sind Vereinbarungen mit Krankenhäusern, Vertragsfachärzten, etc.

10 REFUGIO Bremen ist ein psychosoziales und therapeutisches Behandlungszentrum für Flüchtlinge und Folterüberlebende.

Argumente für das Gesundheitsamt als Akteur der Humanitären Sprechstunde

Natürlich sind zunächst verschiedene potenzielle Trägerschaften eines solchen Angebots diskutiert und gegeneinander abgewogen worden (z.B. wohlfahrtsverbandliche Träger). Die folgenden Argumente aber waren letztlich ausschlaggebend für die Ansiedlung der Humanitären Sprechstunde beim Gesundheitsamt Bremen:

1. Der <u>organisatorische Aufwand</u> zur Implementierung einer Humanitären Sprechstunde ist bei einer Übernahme durch das Gesundheitsamt Bremen nur gering. Die Infrastruktur des Referats Migration und Gesundheit kann gut genutzt werden und ist weniger kostenträchtig als die Neuschaffung von Strukturen.
2. Zwar ist die <u>Niedrigschwelligkeit</u> des Angebots einer Humanitären Sprechstunde von Seiten des Gesundheitsamts nicht ohne weiteres vorauszusetzen. Die den meisten Papierlosen in Deutschland bekannte Übermittlungspflicht für öffentliche Stellen an die Ausländerbehörden oder die Polizei wird auch für das Gesundheitsamt (fälschlicherweise) vermutet. Allerdings haben auch andere Referate des Gesundheitsamts (z.B. die AIDS-/STD-Beratung) mit einer länger eingeführten "Komm-Struktur" das Problem der notwendigen Niedrigschwelligkeit gelöst. Die enge Kooperation mit MediNetz Bremen kann außerdem die Schwelle zur Nutzung eines neuen Angebots des Gesundheitsamts senken helfen.
3. Das <u>Verhältnis einer Humanitären Sprechstunde zum Aufenthaltsgesetz</u> ist wie erwähnt nach der Einschätzung des Rechtsreferates im Bremer Gesundheitsressort nicht als grundsätzlich hinderlich für dieses Angebot seitens des Gesundheitsamtes zu betrachten.
4. Die notwendige <u>Verlässlichkeit und Dauerhaftigkeit</u> einer Humanitären Sprechstunde wird bei einer Anbindung an das Gesundheitsamt als hoch eingeschätzt. In punkto Verlässlichkeit ist insbesondere zu beachten, dass im Gesundheitsamt sowohl eine operative Leitung des Angebots sowie eine gegenseitige Vertretung (bei Krankheit, Urlaub etc.) vorhanden ist. Die Lösung der Humanitären Sprechstunde durch das Gesundheitsamt ist außerdem eine politische Aussage, dass Bremen sich dauerhaft der existenziellen Probleme von Papierlosen bei Gesundheitsproblemen annehmen will. So wie es der aktuelle Koalitionsvertrag der Bremer Regierungsparteien und das gültige Integrationskonzept des Bremer Senats ausdrücken.
5. Die <u>Gewinnung von freiwilliger finanzieller Unterstützung und von Spenden</u> ist für das Gesundheitsamt Bremen schwierig, aber nicht unmöglich. Allerdings steht die Frage der Einrichtung eines „Fonds zur Gesundheitssicherung von Papierlosen" wie in anderen deutschen Großstädten in Bremen zur Diskussion an.
6. Wegen der langjährigen epidemiologischen Auswertung des existierenden Gesundheitsprogramms für Asylbewerber, Flüchtlinge und Spätaussiedler im Referat Migration und Gesundheit ist eine fundierte <u>Auswertung der Behandlungsdaten</u> zu sozialmedizinischen, epidemiologischen und migrationsrelevanten Fragestellungen im Gesundheitsamt ohne finanziellen Aufwand möglich.

7. Die Ausgabentransparenz für ein Sprechstundenangebot ist im Gesundheitsamt ausgesprochen hoch. Internes Controlling und regelmäßige Leistungsberichte schaffen eine hochgradige Transparenz gegenüber den kostenverantwortlichen Stellen.
8. Zur Wirtschaftlichkeit des Angebots einer Humanitären Sprechstunde kann nur für die Lösung durch das Gesundheitsamt eine Aussage getroffen werden. Es erscheint durch die vorhandene personelle und räumliche Infrastruktur im Referat Migration und Gesundheit, die beschriebene Ausgabentransparenz und die Einbettung in die gesamte Organisationsstruktur des Gesundheitsamts die beschriebene Lösung als der wirtschaftlich sinnvollste Ansatz.[11]
9. Das Gesundheitsamt Bremen bietet im Referat Migration und Gesundheit bereits eine selten zu findende interkulturelle Handlungskompetenz auf ärztlicher Seite. Diese Kompetenz qualifiziert die Mediziner des Gesundheitsamts in besonderer Weise für die Anforderungen einer Humanitären Sprechstunde.
10. Die Einrichtung und nachhaltige Gewährleistung des Angebots einer Humanitären Sprechstunde beim Gesundheitsamt Bremen wäre das deutlichste Signal für eine dem Problem angemessene Wahrnehmung kommunaler Verantwortung für die Gesundheit aller in der Stadt Bremen lebenden Menschen.

Fazit

Selbstverständlich ist Entwicklung der Humanitären Sprechstunde durch das Gesundheitsamt keine Maximallösung. Diese erscheint aber kurz- und mittelfristig auf bundespolitischer Ebene ohnehin unwahrscheinlich. Sie ist eher ein Versuch, auf kommunaler Ebene der Verantwortung für das Recht auf Gesundheit für alle hier lebenden Menschen – unabhängig vom Aufenthaltstitel – gerecht zu werden. Zur realistischen Einordnung der Möglichkeiten einer Humanitären Sprechstunde muss hinzugefügt werden, dass sie keinesfalls die Tätigkeit der humanitär gesinnten Ärzte ersetzen kann, die sich mit MediNetz Bremen für die Gesundheit dieser Menschen oft unentgeltlich einsetzen. Die Humanitäre Sprechstunde wird wie angedeutet nur einen Teil der notwendigen Hilfen bieten können. Insofern bleibt noch viel zu tun, um eine umfassende, staatlich gewährte Gesundheitsversorgung für Papierlose im Rahmen der Regelversorgung zu schaffen.

---

11 Zu einer Wirtschaftlichkeitsbetrachtung kann es selbstverständlich nicht gehören, die von humanitär gesinnten Ärzten in Kooperation mit MediNetz Bremen kostenfrei erbrachten Leistungen in Anschlag zu bringen und einer einzurichtenden Humanitären Sprechstunde gegenüber zu stellen. Denn das hieße, sich der Verantwortung zu entziehen und den untragbaren Status quo zu zementieren, weil er ja für den potenziellen Kostenträger wirtschaftlich sei.

Literatur

Lotze, E. et al.: Pflegegutachten bei Migrantinnen und Migranten – Ein Bericht zu Daten des Gesundheitsamtes Bremen. Gesundheitsamt Bremen 2007.

Mohammadzadeh, Z.: Die gesundheitliche Lage und Versorgung der Flüchtlinge in Bremen. Verlag für Interkulturelle Kommunikation, Frankfurt/Main 1993.

Mohammadzadeh, Z. et al.: Ältere Migrantinnen und Migranten in Bremen – Lebenssituation, potenzielle Versorgungsbedarfe und gesundheitspolitische Perspektiven. Gesundheitsamt Bremen 2004.

Landeshauptstadt München, Sozialreferat, Stelle für interkulturelle Zusammenarbeit (Hg.): „Dass Sie uns nicht vergessen..." – Menschen in der Illegalität in München. München 2003.

Internet-Hinweis:

http://www.gesundheitsamt.bremen.de (Bereich „Erwachsene" und dort „Migration und Gesundheit").

Legalized and institutionalized Health Care for undocumented migrants in Naples

Luciano Gualdieri - M.D.*, Maria Laura Russo- Sociologist**

Although in the Italian literature on migration policy the healthcare system has been generally considered to be less relevant in terms of exclusion, because of its universalistic mission and organization, various research showed that also in the health sector there are problems of services access and use (Conti-Sgritta, 2004). Such difficulties are mainly due to the rapid growth of a multi ethnic society that found institutions to be unprepared to incorporate requests from a more and more differentiated population (Hirst, 1994).

This article deals with the experience of the Centre for the Health Protection of Migrants in Naples, which faces these difficulties and offers health activities to above seventy nationalities .

In Italy the Ministry of Interior grants undocumented migrants[1] access to urgent, continuing and essential care in the national Health System. Italy's health care system is a regionally based national health system that provides universal coverage. The Italian Constitution recognizes the right of protection of health to every individual as a fundamental right and as an interest of the community, and guarantees free care to needy people. Every person has the right to benefit from the NHS. Everyone can, anyway, add a private health care provision for expenditures not covered by the NHS (i.e. circumcision, plastic surgery). Everyone can also choose a general practitioner (GP = *medico di base*) from a public list that guarantees basic care free of charge. Admission to public health care provision (clinics, hospitals etc.), prescription of medicines and of specialized examinations requires GP consultation. To have treatments in hospitals (specialist visits, exams) you must pay popular prices. Alternatively people can access private practitioners or clinics where fees are higher but waiting lists non-existant. Besides, there exists a number of private outpatient clinics and hospitals with special rate arrangements granted by a convention with the NHS (table 1, Ferrera, 2006).

The full inclusion of legal migrants in the National Health System is guaranteed on 1998 by Act no. 40/98 and by T.U. 286/98 in the articles 34 and 35. According to such norms foreigners who are permanent residents independent of their employment status are entitled to the same rights and duties as Italian citizens. The compulsory registration with the NHS is guaranteed during the validity of the residence permit. In order to favour more stability of the right to healthcare the enrolment with the NHS is valid for the whole duration of the residence and its continuity is guaranteed during the time needed for the procedures of renewal of the residence permit. Ceasure of residence status automatically causes disenrollment from the NHS. The healthcare is also extended to family

---

* Centre for Health Protection of Migrants - Regione Campania – A.S.L. Napoli 1 – Ascalesi Hospital.
** University of Trento -Department of Sociology and Social Research.
[1] We define the group of undocumented migrants as people who enter Italy illegally and as those whose staypermit has expired. The terms undocumented also highlights the sociopolitical processes of „ille-galization,‟‟ in particular the legal production of migrant „illegality." (De Genova N., 2002).

dependents who regularly share living space with full equality of rights and duties as Italian citizens, NHS registration is guaranteed by birth to minors with a foreign background of migration registered with the NHS. The enrolment is done at the local health unit (A.S.L.) in the applicant's residential area. When it comes to legislative terms regular migrants share equal healthcare rights as citizens.

In order to safeguard the individual and collective health, health treatments are, however, also guaranteed to those people without private insurance or voluntary NHS registration as in the case of 1. undocumented migrants, 2. foreigners who although legally entitled to registrations do not appear on record and 3. foreigners who present for tourism or business reasons. If privately insured, the latter are required to compensate for the treatment

The NHS entitles undocumented migrants to *urgent* (referring to cases whose adjournment would risk a patient's life or damage his/her health unless), *continuing and essential* (referring to pathologies that are currently not acute but in the future could possibly develop into a health damage or life risk); out-patient and hospital care and all the preventive healthcare due to illness or accident. The inclusion of undocumented migrants into the NHS has been organized by Regions autonomously and created different solutions. In some regions, like Campania, undocumented migrants are admitted in "dedicated" out-patient surgeries. In other regions, like Trentino, undocumented migrants have free access to general practitioners and paediatric physicians, for the prescription of medicines or specialized examinations, as for Italians.

The following table shows the organisation of the National Health System from the central to the local level and their distribution of resources concerning Italian citizens and regular migrants.

The Italian National Health System and its ramifications

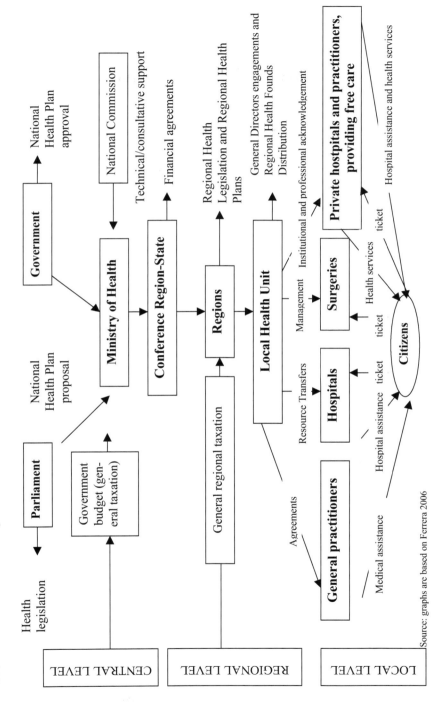

Source: graphs are based on Ferrera 2006

In the case of undocumented migrants the flow of resource is shown in the following table.

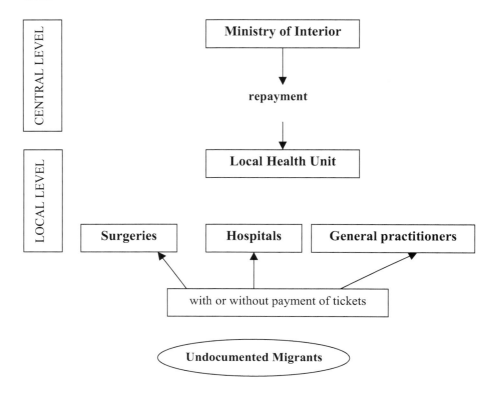

Undocumented migrants have assigned an anonymous ID regional code (STP: *Straniero Temporaneamente Presente* – temporary present foreigner), valid for six months and allowing the use of the above-mentioned health care services. Article 35 of the T.U. 286 in 1998 also remarks that access to the health care system by migrants may not be reported to the police authorities, except in case of criminal offence. At present, this article is being revised in the Parliament with the intention to oblige doctors to report undocumented migrants to the police.

In the case of undocumented migrants the payment of treatments is free of charge in case "they are without the necessary economic resources, excluding the payment of regular charges" (Circolare 5/2000 of Ministry of Health) and they are charged to the Ministry of Interior. This aspect is particularly relevant given the often low economic status of undocumented migrants. In order to be legible for such benefits migrants have to officially declare their financially inability (*Dichiarazione di Indigenza*). The Ministry of Interior refunds the expenses incurred.

The centre of Naples is populated by 1 million Italian citizens; furthermore there are approximately 50.000 (5%) migrants with a regular stay permit or health assurance and approximately 15.000 undocumented migrants, i.e. without permit of stay and/or health assurance (estimation by Caritas Migrantes, 2008).

Up to September 30th 2008 the Local Health Unit Naples 1 (A.S.L. Napoli 1), treated since 2002 more than 21.000 foreigners, 17% of which were without valid staypermit, socalled 'temporarily resident foreigners'. Most of the patients are young (72% between 18 and 50 years old) and originate from 150 different countries; however, the majority (79%) of the temporarily migrants come from a range of 10 countries and only 20 nationalities have more than 200 units registered at NHS (Sasci, 2008). Due to their cultural diversity the patients' have different needs and different ways of expressing those needs. Therefore the ASL Napoli 1, by referring to the Act 328/2000, has established the Social and Health Department, where the Service for Social and Health Activities for Migrants citizens and Homeless People (SASCI) operates. This service, which is represented in the City's local Council for Migration, tries to guarantee and support the promotion of equal access to health treatments.

Within the health services offered to foreigners by A.S.L. Napoli 1 the experience of the Centre for the Health Protection of Migrants (C.T.S.I.) is important. It is carried on in one of the highly populated boroughs in Naples near the main railway station. The Centre, which is dedicated to temporary migrants within a hospital unit (Ascalesi Hospital) includes a surgery department and also offers the possibility to access the other existing medical departments in the hospital. It was established by a medical doctor who is highly dedicated to engage himself in social issues in cooperation with a group of Neapolitan anti-globalization activists. After some months of informal work, the medical team managed to institutionalize this service so that today the surgery has become the referring centre for migrants healthcare in the Neapolitan area.

The Centre for Health Protection of Migrants, which was opened in 2002 consists of a full-time doctor, a part-time attendant, a part-time social assistant and a voluntary staff for the reception of patients. Recently a psychologist has been added once a week.

Since the retirement of the attendant in 2006 the doctor, as the only fulltime personnel, has to shoulder nursery tasks as well. The activity consists of diagnosis and treatment, delivery of ID code, injections and drugs, medications and minor surgery, prevention, follow-up of infectious diseases, psychological interviews, procedures of repayment by Ministry of Interior and data analysis.

Data of activity show an increase of activity both in number of visits and in migrant ratio among patients as can be seen in the following table.

Year	Examinations	Migrants
2005	1948	1201
2006	3291	1953
2007	3929	2035
2008	5287	2389

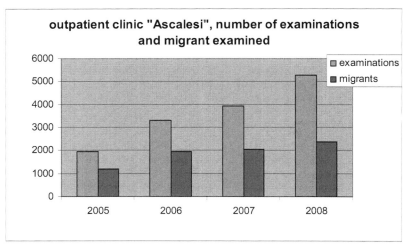

The increase can be explained by the following factors:

- the staff "cultural" abilities (not only linguistic)
- global approach to a health problem with diagnosis, immediate treatment by injections, drug delivery or minor surgeries, as "see and treat" (Lamont, 2005). The unique role of the physician who can listen to the problems, then he examines and he gives treatment, and if necessary consults a psychologist. In this framework the presence of the social assistant is essential, because it links problems of healthcare with social ones. This integrated approach is usually limited to the treatment of certain diseases such as diabetes in Naples for Italian citizens.
- information and education about one's disease
- availability of drugs (about 10 essential drugs)

A study comparing the Centre for Health Protection of Migrants and ten other outpatient centres involved in the treatment of undocumented migrants in Naples found that migrants in the Ascalesi Hospital were from a wider array of countries than other health centres. This might be related to the centres' location near the railway station in a highly populated district of Naples, an area with a high migrant density due to the low housing and living costs. The following table compares the country of origin of patients in the Ascalesi Centre (C.T.S.I.) and in institutions of the Service for Social and Health Activities for Migrants, Citizens and Homeless People (S.A.S.C.I.) over the whole city of Naples. The linguistic affinity with Senegal populations can explain the prevailing number of patients coming from this country to the C.T.S.I.

2006		2007		2008	
A.S.L.	C.T.S.I.	A.S.L.	C.T.S.I.	A.S.L.	C.T.S.I.
Ukraine	Senegal	Ukraine	Senegal	Ukraine	Senegal
Jugoslavia	Ucraine	Jugoslavia	Ucraine	Sri Lanka	Ukraine
Rumania	Bulgary	Sri Lanka	Morocco	Jugoslavia	Bangladesh
Sri Lanka	Algeria	Russia	Algeria	Russia	Morocco
Bulgary	Morocco	Rumania	Bulgary	Senegal	Russia
Senegal	Rumania	Bulgary	Rumania	Bangladesh	Pakistan
Russia	Russia	Senegal	Pakistan	Pakistan	Nigeria

The nationalities present in Naples are so heterogeneous that it is not possible to accommodate for nation-specific care. In C.T.S.I. an annual minimum of 70 nationalities access health care as shown in the following table.

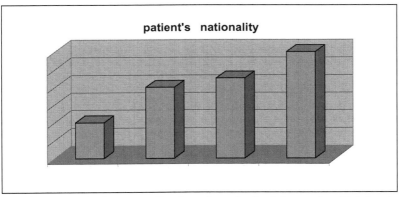

This great heterogeneity in terms of patients homeland origin requires high level multilingual competencies and approaches from clinic staff since at least ten nationalities have more than one hundred annual contacts with the facility. It is impossible to provide sufficient language and cultural competencies to such level of variation.

Thus, mediation is very difficult in an organisation where economic resources are much lower than for instance in Northern Italy. However, based on our experience, we would argue that cultural or linguistic mediation is not the solution to diversity in the context of migrants health care access. Migrants do not necessarily appreciate the presence of a mediator from their homeland or ethnic group. This is more so the case with migrants originating from Africa or Asia. So they often utilize a "confidential mediation", i.e. requesting the presence of friends, members of family or close people when examined.

The C.T.S.I. team experienced two strategies to overcome this difficulty:

- use of nonverbal communication for diagnosis, as practiced by paediatricians with infants

- use of written communications (in Italian or other languages) that 'follows' patients at home, at hospitals or at further health offices. So they can show their papers to confidential persons or to health operators to obtain translation or access to other health centres for specialized examinations.

However, language skills and cultural competence of health operators is the former approach for less urgent issues in particular to a migrant population because it creates confidence in the doctor – patient relationship and facilitates treatment. According to the C.T.S.I. experience the utilisation of mediators may impede that relation by making it more complex and less genuine; many psychological and sexual problems emerge out of presence of other people, independent of their national background.. In the case of Chinese or Arab patients however, linguistic mediation is crucial because in most occasions, health personnel lacks of sufficient language knowledge to fully relate with patients from those countries.

We argue that a good and profitable solution to mediation is forming and appointing a health promoter with linguistic and cultural competence which can address patients to different health departments and introduce them to preventive medicine in the new context. The point is to somehow find a balance between the need of language comprehension and the attention to pay to the setting of the cure.

Problematic is also that once, a health outpatient centre becomes well-known to the migrant community and has established rules of service, certain patients – generally with chronic diseases or psychological problems and major availability of time – monopolizes the daily available number of visits. Organization with strict rules of access provokes an adjustment by patients; patients with more available time, but not necessarily more urgent health problem, claim every place to be examined. This way, certain patients limit access of other patients with possibly more serious health problems. In face of this problem it is important to ensure a **permeability** of the organizational system. The paths of undocumented migrants in the Italian legal framework are rather complex, because they come across different socio-economic variables that are hard to structure. Therefore, it seems more foreseeing to invest on elastic and quick-answering resources rather than on stiff structuring (Geraci et al., 2008). Currently, the C.T.S.I. team is working on how to provide wider accessibility to patients with major problems and less available time. Strategies to achieve these targets rely on links with emergency rooms of our /other hospitals, easy contacts with associations, delivery of phone number of the outpatient centre, change of visiting days or hours with forward communication of at least two weeks or setting of the designation of a visiting day exclusively reserved for chronic patients (affected by TB or other infectious diseases).

A recent study (Musella et al., 2009) on the economic conditions of 240 undocumented migrants came up with alarming results: an undocumented migrant in Southern Italy monthly earns on average of € 600 from which he deducts an average rent for 2 rooms with 4 cohabitants of about € 120, remaining with € 190 for living costs and remittances to support an average of 3,5 people in the homeland.

These economic data support the vulnerability of a population that lives below the Italian poverty level while at the same time sustains the hardest work in the country as farm laborers, homeworkers, nurses or pieceworkers. From nine agricultural workers studied in this survey (0,3% of patients) six suffer from lombosciatalgia and infectious diseases, which is strictly related to poor living conditions. A similar study on 700 agricultural workers by Medécins sans Frontières (Medici senza Frontiere, 2008) in the region Campania in Southern Italy came up with comparable results which further underlines the need for attention to the problem.

In South Italy the problem of health care among undocumented migrants constitutes an excellent example to evaluate the quality of the Italian health-care system and can stimulate research aiming at new solutions that would similarly benefit patients without a background of migration. Recently, a national committee that studied tuberculosis guidelines and treatment for Italians (Consensus Conference "Politiche efficaci a contrastare la tubercolosi negli immigrati da paesi ad elevata endemia tubercolare", Rome, 2008 5-6 June) applied treatment modalities for migrants and came up with the result that the main problem of tuberculosis treatment is related to compliance (completion of medication and treatment). Problems issued to treatment of tuberculosis among migrants suggests new solutions and a different organisation to face tuberculosis in overall population (new guidelines of Ministry of Health on the basis of above-mentioned Consensus Conference). Migrants don't enrolling the NHS and so without insurance coverage give opportunity to study the effect of a system based on performance payment as in France; this payment system is present in Italy only for hospital care payment but not in territorial assistance. So in the case of undocumented migrants we are testing a system of payment based on performance. We have to remember that infectious diseases of migrants lead to a spontaneous continuing medical education; in our world, diseases forgotten but not eradicated, such as tuberculosis, malaria, parasitic infection, compel doctors to study newly. The weak economic income of migrants obliges to evaluate essential drugs and their use in treatment of common health problems; in fact in Italy some drugs are not dispensed by National Health System and patients need to pay. In our Centre we are obliged to find the most economic solution in prescription of drugs. Poor conditions of life of migrants highlight the role of prevention in a wide range of diseases and require a different approach of physicians in treatment (Oikie, 2007) without neglecting techniques of prevention.

Although the right of healthcare is formally established for undocumented migrants, in its concrete application, administrative procedures, as they are conceived, generate and sustain an unequal course which has been already described as *differentiated welfare system* (Tognetti Bordogna, 2003); above all, for instance, access to healthcare is assured only in the presence of urgency whilst prevention care is not provided.

Every year, the C.T.S.I. team prepares an activity report for the administration. This report contains data about the outpatient context of undocumented migrants. The following table shows the effect of the Centre's activity on migrants access to the hospital's emergency department:

Year	Monthly number of visits of the Centre	Monthly number of access of migrants to Emergency Department at Ascalesi Hospital
2004	120	212
2005	162	221
2006	274	243
2007	327	234
2008	440	227

The table shows that between 2004-2008 migrants access to the Centre grew almost four times while access to the hospital's Emergency Department only slightly increased from 212-227 monthly visits. As shown from previous experiences, hospital care for non urgent problems is more expensive than outpatient care (Forrest, 1996). This result stresses the concept that a good outpatient assistance can reduce utilisation of hospital care and becomes an economic advantage with cost reduction for the healthcare system.

We argued that in a socioeconomic context like Naples an organisation characterized by permeability is more effective and adequate for coping with the most serious health problems of undocumented migrants.

Cultural mediation is difficult to implement because of elevated number of nationalities living in Naples. Cultural mediation is not to be considered as a "panacea" for all migrants' troubles with Italian healthcare system.

Moreover an approach to migrants health problems based on outpatient clinic is more cost effective than the use of emergency services.

Finally we generally think that a good public and institutionalized outpatient assistance and hence the importance of regular doctors would be a sensible strategy for both undocumented migrants as much as for citizens. Outpatient assistance intervenes on a preventative care model and decisively contributes to the reduction of expensive emergency interventions. Primary care is actually among the principles of public Italian healthcare, and its concretization would reaffirm the health right for everyone, irrespective of legal status.

Bibliography

Caritas Migrantes, 2008, *Immigrazione, Dossier Statistico 2008*, Ed. Idos: Roma.
Conti C., Sgritta G.B. (2004) (edited by), *Immigrazione e politiche socio-sanitarie: la salute degli altri*, Salute e società,3, 2, Franco Angeli, Milano.
De Genova, 2002, "Migrant "illegality" and deportability in everyday life" *Annual Review of Anthropology*, Vol. 31 , pp. 419-447.

Ferrera M., 2006, Le politiche sociali. L'Italia in prospettiva comparata, Il Mulino: Bologna.

Forrest C.B., Startfield B. 1996, "Effect of first-contact care with primary care clinicians or ambulatory health care expenditures. *Journal of Family Practice* 43; 40.

Geraci S., Marceca M., 2009, "Criticità ed opportunità nell'accesso per gli immigrati alla medicina preventiva", 2009; in press.

Hirst P., 2004, Associative Democracy: New Forms of Economic and Social Governance, University of Massachusetts Press, Amerherst.

Lamont S. Saint, 2005, "See and Treat: spreading like wildfire? A qualitative study into factors affecting its introduction and spread", *Emergency Medicine Journal* ; 22:548-55.

Marceca M., 2008, "La salute degli stranieri tra fatti, contraddizioni e cambiamenti", Fondazione ISMU – Iniziative e Studi sulla Multietnicità. *"Tredicesimo rapporto sulle migrazioni 2007"*. Milano, FrancoAngeli, 149:164.

Medici senza Frontiere, 2008, Una stagione all'inferno – Rapporto sulle condizioni degli immigrati impiegati in agricoltura nelle regioni del Sud Italia – <http://www.medicisenzafrontiere.it>.

Musella M., Gualdieri L., Russo M.L., 2009,"Sulla condizione degli immigrati irregolari a Napoli" Prospettive sociali e sanitarie 2009, 8, 1-3.

Oikie S., 2007, "Immigrants and Health Care. At the Intersection of Two Broken Systems", *The New England Journal of Medicine*, n. 357, august 2007.

Sasci, 2008, Cittadini immigrati assistiti dalla ASL Napoli, http://www.aslna1.napoli.it.

Tognetti Bordogna M., 2004, "Differenze culturali e servizi sanitari nella società multietnica", Salute e Società anno III.

Zugang zu Sozialleistungen für Ausländer ohne Aufenthaltsgenehmigung: die Praxis in den Niederlanden

Tineke Strik

Das niederländische Sozialrechtssystem wurde direkt nach dem Zweiten Weltkrieg entwickelt. Damals war die Aufenthaltsgenehmigung keine Voraussetzung für den Zugang zu den Sozialleistungen. Illegale Arbeitnehmer hatten ein Recht auf Arbeitslosenunterstützung. Dies war mit Absicht so geregelt, um die Abhängigkeit vom Arbeitgeber zu vermeiden und das Risiko von Missbrauch zu verringern.

Erst Ende der achtziger Jahre, wurde der Ausschluss illegaler Arbeitnehmer von Sozialleistungen zur Diskussion gestellt. Für Asylbewerber wurden speziale Auffangsysteme entwickelt, wodurch Sie von den normalen Sozialdiensten ausgeschlossen wurden. Aber im Allgemeinen war man in Politik und Verwaltung der Auffassung, dass es im Hinblick auf die Integration nicht angemessen wäre, für Sozialdienste einen Unterschied zu machen zwischen Nationalität und Aufenthaltsgenehmigung.

Dann, in den neunziger Jahren, veränderte sich das Bild. Die Ausweispflicht wurde eingeführt und die Aufenthaltsgenehmigung wurde Voraussetzung für den Erhalt einer Steuernummer, welche ihrerseits legale Arbeit ermöglichte.

Dies war der erste Schritt, um illegale Migranten vom Arbeitsmarkt und einer Reihe von Sozialdiensten auszuschließen.

Verbindungsgesetz

Der wichtigste Schritt in dieser Hinsicht aber war das sogenannte "Verbindungsgesetz" (Koppelingswet) in 1998. Migranten, die illegal in den Niederlanden sind, verloren ihren Anspruch auf Ausbildung (nach der Schulausbildung), Sozialwohnung, Mietzuschuss, Kindergeld, Krankenversicherung und andere Sozialleistungen. Nicht nur Illegale wurden ausgeschlossen, sondern auch Migranten, über deren Aufenthaltsgenehmigung noch nicht entschieden war. Seitdem haben nur Migranten mit einer Aufenthaltsgenehmigung, befristet oder unbefristet, ein Recht auf Sozialleistungen. Legale Migranten, die nicht rechtzeitig eine Verlängerung ihrer Aufenthaltsgenehmigung beantragt haben, selbst wenn die Verspätung nur einen Tag beträgt, werden von den Sozialleistungen ausgeschlossen.

Das 'Verbindungsgesetz' hatte zwei Zielsetzungen: erstens musste das Gesetz illegale Migranten daran hindern, ihren Aufenthalt in den Niederlanden fortzusetzen. Zweitens musste das Gesetz die Erwartungen von Migranten, die eine Aufenthaltsgenehmigung beantragt hatten, dämpfen und dem Eindruck von Legalität entgegen wirken; dies würde die Ausweisung nach der definitiven Ablehnung des Antrags für eine Aufenthaltsgenehmigung nämlich unnötig erschweren. Geduldete Illegale sollten deshalb einen rechtmäßigen Anspruch auf Aufenthalt erhalten können, zumindest sollte von den Gerichten anerkannt werden, dass diejenigen, an deren Integration die Regierung mitgewirkt hat, ein Bleiberecht erwarten und nicht mehr abgeschoben werden können.

Datenaustausch

Der "Ausländer Beschluss" formuliert zwei Verpflichtungen: einerseits für die Ausländerpolizei, um die Verwaltungsbehörden über den ausländerrechtlichen Status von Migranten zu informieren. Und andererseits die Verpflichtung für die Behörden, die Ausländerpolizei über die Zusage, die Beendigung oder den Widerruf von Sozialleistungen zu informieren.

Die Verwaltungsbehörden sind verpflichtet, den ausländerrechtlichen Status des Migranten zu überprüfen, bevor Sie bestimmte Leistungen oder Dienste gewähren. Aber während der Debatte über den Entwurf des Verbindungsgesetzes machte die Regierung deutlich, dass Ärzte nicht verpflichtet sind, die Ausländerbehörden über die ärztliche Behandlung illegaler Ausländer zu informieren.

Der Gesetzentwurf führte zu anhaltenden politischen Diskussionen; zudem fühlten sich viele Sozialarbeiter und Ärzte unwohl: Konnten sie gezwungen werden, notleidende Migranten nicht zu helfen und Migranten ohne gültige Papiere zu verraten? Stünde das nicht in Widerspruch zu ihrer Pflicht, Menschen in Not zu helfen? Und war das überhaupt in Übereinstimmung mit fundamentalen Menschenrechten?

Ausnahmen

Diese Diskussion führte zu drei Ausnahmen in Bezug auf die im Verbindungsgesetz angesprochenen Rechtsverluste bei illegalem Aufenthalt: Das Recht auf Schulbildung für Kinder unter 18 Jahren, das Recht auf Prozesskostenhilfe und das Recht auf notwendige medizinische Versorgung gingen nicht verloren.

Die letzte Ausnahme bedeutet: Die ärztliche Behandlung, die ein Arzt für notwendig hält, also im großen und ganzen die Behandlung, die die Krankenkasse bezahlt, wird gewährt. Bis Januar 2009 erhielten Hausärzte eine Vergütung aus einem Fonds, dem sogenannten "Verbindungsfonds". Krankenhäuser verfügten über einen Fonds, aus dem jedes Krankenhaus eine Vergütung für die Behandlung nicht krankenversicherter Patienten erhielt. Diese verschiedenen Systeme – wobei manche Behandlungen gar nicht vergütet wurden – haben zu viel Kritik geführt. Illegale gingen nicht oder zu spät zum Arzt, weil ihnen ihr Recht auf ein ärztliche Behandlung unbekannt war. Sie befurchten, dass die Polizei informiert wird. Auch hat sich die Haltung der Gesellschaft den Illegalen gegenüber verschlechtert.

Es ist einige Jahre her, dass ein neues Versicherungssystem eingeführt wurde, wonach jeder Einwohner nicht länger pflichtversichert ist. Das hat zu einer Zunahme der

Nichtversicherten geführt, und das spezielle Budget der Krankenhäuser für die Kosten der Unversicherten wurde reichlich überschritten. Illegale wurden oft weggeschickt, wenn Sie vor der Aufnahme im Krankenhaus die Rechnung nicht bezahlen können.

Neue Regelung für medizinische Versorgung

Diese verschiedene Entwicklungen haben zu einer neuen rechtlichen Regelung geführt, die seit Januar 2009 gültig ist. Ausgangspunkt bleibt, das der Illegale seine eigenen Kosten der medizinischen Behandlung zahlen muss. Aber wenn das nicht möglich ist, und die Behandlung notwendig ist, dann wird den Hausärzten und Ärzten, die eine unbedingt notwendige Behandlung – also eine Behandlung, die nicht aufgeschoben werden kann, bis der Illegale die Niederlande verlässt – durchgeführt haben, eine Vergütung in Höhe von achtzig Prozent der erforderlichen Kosten bezahlt. Zwanzig Prozent müssen die Ärzte versuchen, von den Illegalen zu bekommen, sonst gehört dies zu ihrem 'Unternehmensrisiko'. Diese Regelung gilt auch für Zahnärzte für die Behandlung junger Leute bis 22 Jahre: eine zahnärztliche Behandlung für ältere Leute wird gar nicht vergütet. Für schwangere Frauen und Mütter mit kleinen Kindern wird die medizinische Versorgung aber zu 100 Prozent vergütet.

Krankenhäuser können Vergleichbares im Rahmen eines Vertrages mit der Versicherungsgesellschaft festlegen. Bei Abschluss eines derartigen Vertrags können Krankenhäuser eine Vergütung in Höhe von 100 Prozent bekommen. Die Regierung hat zugesagt zu versuchen, dass es in jeder Region ein derartiges Vertragskrankenhaus gibt. Krankenhäuser und Apotheker ohne Übereinkommen mit der Versicherungsgesellschaft können nur eine Erstattung der Kosten einer unmittelbar notwendigen Behandlung verlangen. Was unter notwendig zu verstehen ist, liegt in der Verantwortlichkeit der Ärzte. Sie müssen bei der Überprüfung berücksichtigen, wie lange sich der Illegale noch in den Niederlande aufhalten wird. Wenn das nur noch für kurze Zeit der Fall ist und die Behandlung verschoben werden kann, dann darf der Arzt die Behandlung nicht für notwendig halten.

Politische Diskussion

Manche Ärzte haben darauf hingewiesen, dass die Versicherungsregelung für alle anderen Patienten genau gegenseitig ist: es gibt einen Schadenfreiheitsrabatt, aber nicht für die Hausärzte, weil man für einen Besuch beim Hausarzt keine Hürde aufbauen möchte. Nur – bei Illegalen akzeptiert man jetzt doch ein Hürde.

Während der Diskussion im Parlament hatten einige Politiker davor gewarnt, dass diese achtzig Prozent Regelung ungewünschte Folgen haben kann: ein Arzt wird vielleicht nicht länger Illegale behandeln, oder eine Illegale oder ein Illegaler wird vielleicht nicht mehr oder zu spät zum Arzt gehen, oder der Arzt wird zu schnell auf ein Krankenhaus verweisen, weil dort alles vergütet wird. Deshalb hat das Parlament die Regierung beauftragt, für Ärzte in großen Städten, die viele Illegale behandeln, eine Sonderregelung zu entwickeln. Die Regierung hat versprochen, nächstes Jahr zu evaluieren, ob die Aufteilung achtzig/ zwanzig pro Hundert richtig ist.

Viele Parlamentsmitglieder hatten auch Sorgen geäußert über Illegale, die die Behandlung beim Zahnarzt selbst zahlen müssen. Manche Politiker befürchten, dass sie nicht rechtzeitig zum Zahnarzt gehen, aber später, wenn die Krankheit sich verschlechtert hat, ins Krankenhaus gehen müssen. Die Regierung hat jetzt zugesagt, das Risiko zu untersuchen, und eventuell zu einer anderen Lösung zu kommen.

Es gibt noch viele Frage und Dilemmata. Welche ärztliche Behandlung ist als notwendig anzusehen? Bedeutet die Definition "notwendig" dass die Behandlung zu verantworten und angemessen ist? Was gilt für präventive Behandlungen? Wie weit muss die Krankheit fortgeschritten sein? Und wie kann man auf die Ungewissheit Bezug nehmen, für wie lange der Illegale sich noch in den Niederlanden aufhalten kann? Was kann man dabei unterstellen? Bei der jetzigen Regelung wird die Versichertengemeinschaft nicht länger beurteilen, ob eine Behandlung notwendig sei, das ist eine Vertrauenssache gegenüber den Ärzten. Die aktuelle Gesetzesänderung gibt Ärzten mehr Gewissheit über die Vergütung. Aber noch immer entscheidet die Krankenkasse, ob die Behandlung nicht zu teuer war. Wir müssen abwarten, ob für Illegale andere Kriterien gelten sollen als für die Versicherten.

Besondere Gruppen

Ein ganz anderes Problem betrifft den Zugang zu ärztlichen Behandlungen von Illegalen in Haft. Sie haben nur Zugang zu einem Krankenpfleger, der überprüft, ob der Illegale zum Arzt gehen darf. Manchmal hat ein Pfleger die Entscheidung eines Hausarztes, dass eine Medizin oder eine Behandlung notwendig ist, widerrufen, weil er das selbst nicht für notwendig hält. Es schon einmal vorgekommen, dass Illegale gestorben sind, weil die ärztliche Versorgung gefehlt hat. Amnesty International hat diese Praxis offengelegt und darauf hingewiesen, dass hier ein Menschenrecht verletzt wird. Die Regierung hat zugesagt, die Praxis zu verbessern.

Nach dem Ausschluss so großer Gruppen durch das „Verbindungsgesetz" im Bereich der Sozialleistungen, zeigte sich die Notwendigkeit, dass bestimmte Gruppen wieder Rechte erhalten. Die Regierung konnte dieses Problem lösen, ohne die Grundlagen, des „Verbindungsgesetzes" zu verleugnen. Für diese Gruppen wurden Ausnahmeregeln geschaffen, die ihnen Unterstützung boten, um die fehlenden Sozialleistungen und Krankenversicherung zu ersetzen. Zu diesen Gruppen gehören zum Beispiel Opfer und Zeugen von Menschenhandel während des Strafverfahrens oder Opfer von Gewalt in der Familie, wenn sie nach der Trennung ihre Aufenthaltserlaubnis verloren hatten. Aufgrund einer Gerichtsentscheidung fallen auch Minderjährige, die die Entscheidung über einen Antrag auf Aufenthaltsgenehmigung in den Niederlanden abwarten dürfen, unter die Ausnahmeregelung. Das Gericht hat ihr Zugangsrecht auf die Kinderrechtskonvention gegründet. Deshalb gilt der Zugang nur für die Kinder: Falls eine Familie sich in dieser Situation befindet, erhält nur das Kind Sozialleistungen.

Anwälte versuchen überdies seit längerem, für illegale Migranten, die nicht zurückkehren können, da ihr Heimatland sie nicht einreisen lässt, den Zugang zu Sozialleistungen zu erstreiten; bis heute jedoch vergebens. Diese Schwierigkeit besteht manchmal bei Asylbewerbern. Wenn ein Asylantrag abgelehnt wird, hat der Asylbewerber noch vier Wochen Zeit, um in sein Heimatland zurückzukehren. Er kann auch in die Berufung gehen, und beim Gericht beantragen, die Entscheidung aufzuschieben. Wenn er nach Ablauf von vier Wochen keine Zustimmung vom Gericht erhalten hat, und noch nicht zurückgekehrt ist, dann werden die Leistungen beendet. Die Verantwortlichkeit für die Rückkehr liegt bei dem Asylbewerber. Ob es gelingt, die Dokumente für die Rückkehr zu bekommen, ist der Regierung egal. Nach vier Wochen kommt der Asylbewerber in den Status eines sich illegal aufhaltenden Ausländers und hat, ebenso wie andere Illegale, keinen Zugang zu Sozialleistungen. Auch wenn Sie einen neuen Antrag stellen, zum Beispiel aus medizinischen Gründen, bleiben sie von alle Leistungen ausgeschlossen.

Im Praxis hat diese Regel zu vielen humanitären Problemen geführt, und deshalb zu viel politischer Diskussion. Viele Gemeinde hatten beschlossen, für diese Gruppe selbständig die Unterkunft zu regeln, was die Regierung schwer kritisiert hat. Die Gemeinden begründen die Aufnahme mit dem Argument, dass sie die Pflicht haben, für ihre Einwohner zu sorgen. Auch weisen Sie auf das Risiko für die Volksgesundheit und die öffentliche Sicherheit hin, wenn Illegale keine Unterkunft und kein Geld haben. Die Regierung hat den Gemeinden vorgeworfen, dass sie ihre Politik, Rückkehr zu fördern, behindern. Jetzt haben die Regierung und die Gemeinden verabredet, dass Familien für eine längere Zeit Unterkunft erhalten: Sie haben nach gerichtlicher Ablehnung vier Monate lang Unterkunft, so lange sie an ihrer Rückkehr aktiv mitarbeiten. Als Gegenleistung nehmen die Gemeinden keine abgelehnten Asylbewerber mehr auf. Mit dieser Regelung tritt zwar eine zeitweilige Verbesserung für die Familien ein; es hat aber zur Folge, dass im Ergebnis noch mehr Illegale ohne Hilfe auf der Straße stehen.

Zugang zur Gesundheitsversorgung für Menschen ohne Papiere in Europa

Gisela Penteker

Zusammenfassung

PICUM, die Platform for International Cooperation on Undocumented Migrants, arbeitet von Brüssel aus und hat einen Beraterstatus bei der EU-Kommission. Im Zuge der Harmonisierung des europäischen Zuwanderungs- und Asylrechts ist es das erklärte Ziel der Plattform, auf die fundamentalen und unveräußerlichen Rechte von Migranten und Wanderarbeitern hinzuweisen, die unabhängig von Aufenthaltspapieren Gültigkeit haben.

Picum führt vergleichende Studien in verschiedenen europäischen Ländern durch, sammelt positive Beispiele des Umgangs mit Menschen ohne Papiere, veranstaltet Seminare mit ExpertInnen, formuliert Forderungen an die Akteure in der Politik. Das Recht auf Zugang zur Gesundheitsversorgung für alle Menschen ohne Ansehen ihres Aufenthaltsstatus ist in vielen internationalen Konventionen und nationalen Verfassungen festgeschrieben. Die Umsetzung ist in den verschiedenen EU-Ländern sehr unterschiedlich. Besonders in Deutschland ist die politische Diskussion von ordnungspolitischen Überlegungen dominiert. PICUM arbeitet dafür, dass der rigide Umgang der Bundesrepublik mit Menschen ohne Papiere nicht zum europäischen Standard wird.

Der Text gibt einen Überblick über die Gesundheitsprojekte von PICUM seit 2001 und über die erarbeiteten politischen Forderungen.

PICUM, die Plattform für internationale Zusammenarbeit über Menschen ohne Papiere, hat ihren Sitz in Brüssel und dort seit 2000 eine hauptamtliche Geschäftsstelle mit einem kleinen aber hoch qualifizierten Team. Sie finanziert sich aus Mitgliedsbeiträgen, Spenden und Projektmitteln. PICUM hat zur Zeit 101 institutionelle und 111 individuelle Mitglieder aus 25 Ländern.

PICUM ist eine NGO, eine Nicht-Regierungs-Organisation, deren Ziel es ist, die Beachtung der Menschenrechte von Menschen ohne gültige Aufenthaltspapiere in Europa zu fördern.

Außerdem sucht PICUM den Dialog mit Organisationen und Netzwerken außerhalb Europas, die ähnliche Ziele verfolgen. Obwohl PICUM eine kleine Organisation ist, hat sie einen Beraterstatus bei der EU und einen Beobachterstatus bei der UNO. Die von PICUM erarbeiteten Vorschläge und Forderungen finden so direkt den Weg zu den politischen Entscheidungsträgern auf EU-Ebene.

PICUM wurde mit dem Ziel gegründet, auf den Harmonisierungsprozess des Zuwanderungsrechts in der EU Einfluss zu nehmen und die Rechte einer Gruppe von Zuwanderern zu vertreten, die selbst keine Stimme haben. „Sans Papiers" halten sich in allen Ländern der EU auf und werden in vielen Arbeitsbereichen gebraucht. Sie arbeiten als

Haushaltshilfen, in der Altenpflege, im landwirtschaftlichen Bereich, im Bauwesen und in der Gastronomie. Nicht überall werden sie so vehement bekämpft wie in Deutschland.

Institutionalisierungsprozesse von „Sans Papiers" in Frankreich führten sogar dazu, dass diese über Demonstrationen in der Öffentlichkeit auf sich aufmerksam machen konnten. In Italien und besonders in Spanien gab es immer wieder Regularisierungskampagnen, in denen Menschen ohne Aufenthaltsgenehmigung legalisiert wurden, wenn sie nachweisen konnten, dass sie eine bestimmte Zeit im Land gelebt und gearbeitet hatten. In Spanien können sie diesen Nachweis erbringen, weil sie sich bei der Kommune, in der sie arbeiten, melden können. Sie können eine Wohnung mieten, zahlen kommunale Abgaben, können der Gewerkschaft beitreten, ohne dass die Ausländerbehörde etwas davon erfährt.

In Deutschland werden diese Legalisierungen von „Sans Papiers" von politischer Seite abgelehnt. Vielmehr werden Menschen ohne Aufenthaltsgenehmigung kriminalisiert.

Politische Lobbyarbeit wird durch das Fehlen von verlässlichen Daten zur Verdeutlichung des Problems erschwert. Es existieren lediglich vereinzelte empirische Untersuchungen, die jedoch je nach politischem Interesse oder ideologischem Konzept individuell interpretiert und hochgerechnet werden.

Daher war die Datenerhebung schon immer zentrales Ziel von PICUM.

Ein Schwerpunkt war der Zugang zur Gesundheitsversorgung für Menschen ohne Papiere in den europäischen Ländern.

Bereits im Jahr 2001 konnte ich beim ersten Health Care Seminar in Brüssel erste Erfahrungen hierzu sammeln. Bei diesem Treffen, aus dem die erste PICUM Publikation resultierte, wurde eine erste Bestandsaufnahme der Situation in Belgien, den Niederlanden, Großbritannien und Deutschland unternommen.

Wir erkannten die Variationen der unterschiedlichen europäischen Gesundheitssysteme, die durch Versicherungsbeiträge oder durch Steuergelder oder, wie in Deutschland, gemischt finanziert werden. Die öffentlichen Gesundheitsdienste sind staatliche Aufgabe oder Ländersache. Auch in den anderen europäischen Staaten werden Menschen ohne Papiere mit hohen Zugangsbarrieren zur medizinischen Versorgung konfrontiert. Besonders erschwert wird der Zugang jedoch in Deutschland. Öffentliche Stellen sind verpflichtet, Menschen ohne Papiere an die Ausländerbehörde zu melden. Hilfeleistungen für Menschen ohne Papiere werden mit Bestrafung nach dem Schlepperparagraphen bedroht.

Diesem ersten von PICUM organisierten Gesundheits-Seminar 2001 folgten weitere, in denen es zunehmend um gute Beispiele der Hilfe für Menschen ohne Papiere in verschiedenen Ländern ging. Die drei daraus hervorgegangenen Publikationen hießen folgerichtig „Book of Solidarity 01, 02, 03" und bezogen weitere Länder mit ein: Schweden, Dänemark und Österreich sowie Spanien, Italien und Frankreich. Der erste Band wurde 2004 bei Löper auch auf Deutsch veröffentlicht.

2007 gab es eine weitere Veröffentlichung zum Zugang zur Gesundheitsversorgung für Menschen ohne Papiere in Europa, in die auch Portugal und Ungarn einbezogen waren.

„Access to Health Care for Undocumented Migrants in Europe". In diesem Bericht werden die unterschiedlichen Garantien für das Recht undokumentierter Migranten auf Gesundheitsversorgung in internationalen Abkommen und nationalen Verfassungen dargestellt.

Nirgends in Europa ist der Zugang zur Gesundheitsversorgung für Menschen ohne Papiere untersagt. In einigen Ländern ist die Inanspruchnahme jedoch mit hohen Kosten verbunden. In allen Ländern gibt es zunehmend Restriktionen und die Tendenz, den Zugang zur Gesundheitsversorgung mit der Einwanderungskontrolle zu verknüpfen. Die betreffenden Gesetze und Verfahren sind in der Regel sehr kompliziert und bei den Akteuren im Gesundheitswesen wenig bekannt.

So ist in allen Ländern zu beobachten, dass bestehende Gesetze und Regeln ganz unterschiedlich umgesetzt werden. Es gibt Behördenvertreter, die die bestehenden Gesetze großzügig anwenden, die Informationscampagnen machen und sich um eine verlässliche Umsetzung bemühen und es gibt Behördenvertreter, die diskriminieren und zusätzliche Hürden aufbauen, mit der Begründung, Missbrauch vermeiden zu müssen. Oft braucht es den Druck von NGOs oder Unterstützern, um die Behörden zur Umsetzung der bestehenden Rechte zu veranlassen. Überall ist die Umsetzung mit einem hohen bürokratischen Aufwand verbunden.

Die EU Staaten haben unterschiedliche Konzepte und vermeiden in der Regel klare Definitionen. So sind viele Begriffe in Gebrauch: Notfall-Behandlung, dringende medizinische Behandlung, notwendige Behandlung, sofortige Behandlung, sofort nötige Behandlung, medizinisch notwendige Behandlung usw. Das führt zu Verwirrung und Unsicherheit, eröffnet aber auch Ermessensspielräume.

Die Untersuchungen von PICUM ergaben, dass finanzielle Regelungen zur gesundheitlichen Versorgung von Menschen ohne Papiere stark variieren.

In Ländern wie Schweden und mit einigen wenigen Ausnahmen Österreich wird medizinische Hilfe grundsätzlich und zwingend privat finanziert. In Schweden werden die Kosten für die Behandlung von Kindern abgelehnter Asylbewerber übernommen und in Österreich ist die Behandlung infektiöser Krankheiten wie Tuberkulose kostenlos.

Andere Länder wie Deutschland und Ungarn bieten sehr limitierte kostenlose Behandlung an (Asylbewerberleistungsgesetz). Diese sehr limitierte Basisversorgung wird in Deutschland durch die Meldepflicht offizieller Stellen an die Ausländerbehörden konterkariert.

Eine dritte Gruppe von Ländern, zu der Großbritannien und Portugal gehören, finanziert eine größere Bandbreite an Behandlungen. Hier unterliegen Papierlose jedoch einer restriktiveren, zweideutigeren und unsichereren Gesetzeslage.

Länder wie Frankreich, Belgien und die Niederlande haben für die Gesundheitsversorgung von Menschen ohne Papiere parallele Verwaltungs- und Finanzierungssysteme eingerichtet. Diese sind jedoch den Akteuren ‚sowohl den Patienten als auch den Dienstleistern oft nicht bekannt und die Menschen daher auf die üblichen Gesundheitsversorgungsstrukturen angewiesen.

Italien und Spanien bieten die weitest gehende Gesundheitsversorgung für Menschen ohne Papiere. Trotz vieler Lücken, schlechter Bedingungen und Fehlschläge vertritt die Spanische Politik den in der Verfassung festgeschriebenen Grundsatz, dass allen im Land lebenden Menschen, einschließlich derer ohne Papiere, der Zugang zum steuerfinanzierten Gesundheitssystem per Gesetz ermöglicht werden soll. (Zur Situation in Italien s.a. L. Gualdieri in diesem Sammelband).

Des Weiteren macht der PICUM Bericht länderspezifische Angaben zum Gesundheitssystem, führt die speziellen Rechtsansprüche von Menschen ohne Papiere auf öffentlich finanzierte Gesundheitsversorgung auf und gibt Einblick in die unterschiedlichen Verfahren zur Sicherung und Finanzierung der Gesundheitsversorgung von Menschen ohne Papiere. In Frankreich z.B. haben alle Menschen ohne Papiere, deren Gehalt unter dem festgelegten Mindesteinkommen liegt und die länger als drei Monate in Frankreich gelebt haben, kostenlosen Zugang zu allen Gesundheitseinrichtungen außer Zahnersatz und Kontaktlinsen. In den Niederlanden wurde ein Fonds eingerichtet, der für die Kosten der medizinisch notwendigen Behandlung von Menschen ohne Papiere aufkommt.

Ziel der PICUM Publikationen ist es, die Regierungen der EU-Staaten davon zu überzeugen, sich stärker in den öffentlichen Diskurs einzubringen. Dabei geht es darum, dass sie Verantwortung für die Gesundheitsversorgung von Menschen ohne Papiere übernehmen und diese nicht mehr wie bisher von zivilgesellschaftlichen Organisationen getragen werden muss. Auf diese Weise würden die Regierungen ihre internationalen Menschenrechtsverpflichtungen erfüllen.

In den Jahren, seit PICUM sich mit dem Thema der Menschen ohne Papiere beschäftigt, sind sie in den meisten Ländern aus dem Schatten getreten und als gesellschaftliche Herausforderung sichtbar geworden. So besteht auch in Deutschland eine öffentliche Diskussion und ein großes Engagement prominenter und etablierter Menschen und Verbände, die sich für die Rechte der „Papierlosen" einsetzen. Dennoch verläuft die Harmonisierung des europäischen Zuwanderungsrechts zunehmend in Richtung Abschottung und Festung. Sicherheit und Ordnung gewinnen die Oberhand über Humanität und Menschenrechte. Die Politiker Deutschlands treten dabei häufig als besonders engagiert auf und versuchen, immer wieder die bei uns geltenden restriktiven Regeln auf EU-Ebene umzusetzen. So sollen Menschen ohne Papiere ohne Anspruch auf eine Rechtsvertretung oder ein rechtskräftiges Urteil bis zu 18 Monate in Haft gehalten werden können (Beschlossen im Nov.2008). Regularisierungen, wie sie in vielen EU-Ländern bisher regelmäßig stattfanden, sollen verboten werden. Eine europaweite Datei von Fingerabdrücken perfektioniert dabei die Einwanderungskontrolle und außerhalb der EU errichtete Lager die Abschottung von weiterer Zuwanderung. Die Einhaltung von internationalen Menschenrechten in diesen Transitländern wird hierbei nicht in Betracht gezogen.

Daher versucht PICUM, weiter Argumente zu sammeln und Instrumente zu entwickeln, mit denen zivilgesellschaftliche Akteure auf die politische Entwicklung Einfluss nehmen können. Gegenwärtig versucht PICUM die Aufnahme von Menschen ohne Papiere als besonders vulnerable Gruppe in den europäischen Sozial- und Integrationsplan durchzusetzen. Eine derartige Regelung würde nationale Regierungen zwingen, der EU-Kommission über regelmäßige Rechenschaftsberichte ihren jeweiligen Umgang mit diesen Menschen darzustellen. NGOs hätten auf diese Weise die Möglichkeit, entsprechende Schattenberichte zu schreiben.

PICUM sieht seine Aufgabe zudem in der Vernetzung zivilgesellschaftlicher Akteure, die mit Menschen ohne Papiere arbeiten, und sie über die Zuarbeitung von Argumenten in ihrer praktischen oder politischen Arbeit zu stärken.

Zur Zeit ist PICUM an zwei EU geförderten Projekten beteiligt: Über das interdisziplinäre Projekt CLANDESTINO soll mit Beteiligung verschiedener wissenschaftlicher Institute aus Griechenland, Polen, Deutschland, Großbritannien und Österreich noch einmal versucht werden, realistische Schätzungen über die Zahl der Menschen ohne Papiere in Europa zu erarbeiten. „Undocumented Migration: Counting the Uncountable – Data and Trends across Europe".

Der Erfolg europäischer Abschottungspolitik bleibt umstritten. Der öffentliche Diskurs wird durch zwei zentrale Ansichten geprägt. Zum einen wird davon ausgegangen, dass die Abschaffung der legalen Einreisemöglichkeiten und des Asylrechts zu einer Zunahme der Menschen führt, die ohne gültige Aufenthaltspapiere in die EU kommen, zum anderen wird auf sinkende Zahlen spekuliert. Das BMI (Bundesministerium des Inneren) begründet diese Position mit Hochrechnungen aus Polizeiaufgriffen.

Das zweite Projekt, an dem PICUM beteiligt ist, ist das Gesundheitsprojekt – Health Care in NowHereLand –. Es soll auf lokaler Ebene den Schutz der Gesundheit für alle Menschen in Europa befördern. Dazu gehören der Zugang, die Qualität und die Bereitstellung der Gesundheitsversorgung für Migranten und Einwanderer und die sozialen Dienste als weitere Determinanten der Gesundheit. Die Gesundheitsversorgung von Menschen ohne Papiere als eine besonders vulnerable Gruppe wird hierbei als ein wachsendes Gesundheitsrisiko für die Gesamtbevölkerung dargestellt und als eine Gruppe, die die Akteure im Gesundheitswesen und in der Gesundheitspolitik mit zunehmenden Problemen konfrontiert. PICUM hat Gesundheitsrisiken durch eingeschleppte Krankheiten bisher nicht vordergründig thematisiert, um die Darstellung von Migration als Bedrohungsszenario nicht zu verstärken. Dennoch ist auch dieser Aspekt Teil einer komplexen Herausforderung. Gesundheitspolitik muss sich mit widersprüchlichen Zielen und Kriterien auseinandersetzen von öffentlicher Gesundheit über Menschenrechte, zu Sicherheitsfragen und Ordnungspolitik. Auch in diesem Projekt soll daher untersucht werden, wie in den einzelnen Ländern mit diesen Problemen umgegangen wird und wo es gute Beispiele gibt, die auf andere Länder übertragen werden könnten.

PICUM verfasst einen monatlichen Rundbrief, der in sieben Sprachen zur Verfügung steht. Dieser Bericht informiert über Vorfälle an den EU-Grenzen, Nachrichten aus den EU-Mitgliedsstaaten, der Schweiz und den USA, Entwicklungen in der Europapolitik und über Veranstaltungen und Veröffentlichungen zum Thema. Er kann bei PICUM kostenlos abonniert werden. (www.picum.org, info@picum.org)

Im Anhang finden sich die politischen Empfehlungen aus dem PICUM Gesundheitsbericht von 2007.

Sie sind ein nützliches Instrument für die Lobbyarbeit auf nationaler und EU Ebene und eine gute Argumentationshilfe für alle, die sich für Menschen ohne Papiere engagieren.

Anhang

1. Auswahl zentraler Veröffentlichungen von PICCUM

Health Care for Undocumented Migrants June 2001.

Book of Solidarity Vol. 1, December 2002, Vol..2, April 2003, Vol. 3, July 2003.

Book of Solidarity (Deutsch) 2004 von Loeper Literaturverlag, ISBN 3-86059-458-3.

Undocumented Migrant Workers in Europe, Michele LeVoy, Nele Verbruggen, Johan Wets, January 2004, ISBN 90-5550-352-5.

Undocumented Migrants Have Rights! – An Overview of the International Human Rights Framework, March 2007.

Access to Health Care for Undocumented Migrants in Europe, 2007, ISBN 9789080781399.

2. Empfehlungen aus der Projektdokumentation „Access to Health Care for Undocumented Migrants in Europe" vom November 2007

1. Respect international obligations

EU member states should comply with international obligations and therefore progressively guarantee that the right to the highest attainable standard of physical and mental health is enjoyed by all regardless of administrative status. The right to health care for undocumented migrants is guaranteed in the following United Nations conventions and declarations and European conventions:

- UDHR – Universal Declaration of Human Rights, Art 25
- ICERD – International Convention on the Elimination of All Forms of Racial Discrimination, Art 5 (e-iv)
- ICESCR – International Covenant on Economic, Social and Cultural Rights, Art 12 (1) and General Comment 14 to the ICESCR, para 34
- CRC – Convention on the Rights of the Child, Art 24(1), 25, 39
- CEDAW – Convention on the Elimination of All Forms of Discrimination Against Women, Art 14 (2b)
- ESC – European Social Charter (Revised), Art 13
- ECHR – Convention for the Protection of Human Rights and Fundamental Freedoms, Art 3.

Member states should not deny or limit equal access for all persons to preventive, curative and palliative health services.

2. Particularly vulnerable groups of undocumented migrants

Member states should especially address the health care needs of particularly vulnerable groups of undocumented migrants (e.g. children, pregnant women, the elderly, disabled, people with severe chronic diseases e.g. HIV-AIDS) and strive to equally meet their needs on the same basis as for the comparable national population.

3. Ensure implementation of entitlements

Member states should take the necessary measures to guarantee that undocumented migrants' entitlements to health care are uniformly implemented by regional and local authorities.

4. Ensure access to information about entitlements

Member states should ensure that information about undocumented migrants' entitlements is accessible to all actors involved and eliminate all practical barriers that prevent undocumented migrants from enjoying their entitlements to health care.

5. Detach health care from immigration control

Patient-related medical confidentiality should not be undermined by direct or indirect reporting mechanisms. Member states should detach health care from immigration control policies and should not impose a duty upon health care providers and health administrations to denounce undocumented migrants.

6. Civil society should always play a complementary role

The ultimate responsibility in providing health care to undocumented migrants rests on the national government. Civil society plays a role of facilitating health care to undocumented migrants, but this shall only be complementary to the duties of the government.

7. No criminalization of humanitarian assistance

Providing humanitarian assistance to undocumented migrants should not be criminalized. Member states should not criminalize civil society for providing health care and health-related assistance to undocumented migrants.

8. Include undocumented migrants in Social Inclusion-Social Protection Process

Member states and EU institutions should include undocumented migrants within the European Social Inclusion-Social Protection Process and the National Action Plans (NAPs).

9. Civil society involvement in consultation processes

Civil society organizations, health care providers working with undocumented migrants and local authorities responsible for public health should participate in regular reporting and consultation processes, to inform authorities and policy makers about barriers encountered by undocumented migrants in accessing health care.

10. Ratify the International Migrant Workers' Convention

Member states should ratify and implement the International Convention on the Protection of the Rights of All Migrant Workers and Members of Their Families, which stipulates in Article 28:

Migrant workers and the members of their families shall have the right to receive any medical care that is urgently required for the preservation of their life or the avoidance of irreparable harm to their health on the basis of equality of treatment with nationals of the State concerned. Such emergency medical care shall not be refused them by reason of any irregularity with regard to stay or employment.

3. Kapitel

Meldepflicht und Zugang zum Gesundheitssystem

Der Prüfbericht Illegalität und alternative Lösungsansätze*

Nele Allenberg / Tillmann Löhr

A. Einleitung

Menschen in der aufenthaltsrechtlichen Illegalität sind in mehrfacher Hinsicht an der Wahrnehmung sozialer Menschenrechte gehindert. Im Vordergrund der politischen und menschenrechtlichen Diskussion stehen drei Probleme: Der mangelnde Zugang zu Schulbildung,[1] zu arbeitsgerichtlichem Rechtsschutz[2] und zu Gesundheitsversorgung.[3]

Vor diesem Hintergrund hat die Große Koalition im Herbst 2005 einen Prüfauftrag für den Bereich Illegalität in den Koalitionsvertrag aufgenommen.[4] Es sollte geprüft werden, welche humanitären Probleme bestehen und ob sie einer Lösung bedürfen. Um diesen Auftrag umzusetzen hat das Bundesministerium des Innern (BMI) auf Grundlage eines wissenschaftlichen Gutachtens[5] im Februar 2007 den sogenannten Prüfbericht Illegalität fertig gestellt, der jedoch erst im November 2007 offiziell veröffentlicht und zur Beratung an den Innenausschuss des Deutschen Bundestages übermittelt wurde.[6]

Der Prüfauftrag wurde mit der Absicht in den Koalitionsvertrag aufgenommen, die humanitäre Lage der Betroffenen stärker in den Vordergrund zu rücken. Der in Erfül-

---

* *Nele Allenberg* ist juristische Referentin beim Bevollmächtigten des Rates der EKD bei der Bundesrepublik Deutschland und der Europäischen Union. *Dr. Tillmann Löhr* arbeitet als Fraktionsreferent im Deutschen Bundestag. Mit dem Artikel bringt er seine persönliche Auffassung zum Ausdruck. Für konstruktive Anregungen und Hinweise, insbesondere in Bezug auf die unten diskutierten strafrechtlichen Probleme, danken wir Katrin Gerdsmeier.

1 Ausf. m.w.N. *Andreas Fischer-Lescano / Tillmann Löhr*, Menschenrecht auf Bildung. Mitteilungsverbote von Schulen in ausländerrechtlichen Angelegenheiten, Informationsbrief Ausländerrecht 2008, 54-59; *Ralf Fodor / Erich Peter*, Aufenthaltsrechtliche Illegalität und soziale Mindeststandards – Das Recht des statuslosen Kindes auf Bildung, Rechtsgutachten im Auftrag der Max Traeger Stiftung der GEW, Frankfurt a.M. 2005; *Jörg Alt*, Leben in der Schattenwelt, Karlsruhe 2003, 216 ff.

2 Ausf. Norbert Cyrus, Aufenthaltsrechtliche Illegalität in Deutschland – Bericht für den Sachverständigenrat für Zuwanderung und Integration, Aufenthaltsrechtliche Illegalität in Deutschland. Sozialstrukturbildung – Wechselwirkungen – Politische Optionen, Berlin 2004, 34.

3 Ausf. Deutsches Institut für Menschenrechte (Hg.), Frauen, Männer und Kinder ohne Papiere in Deutschland – Ihr Recht auf Gesundheit, Bericht der BAG Gesundheit/Illegalität, Berlin 2007 (i.F. zitiert als: DIMR (Hg.)); *Adelheid Franz*, Lebenssituation, soziale Bedingungen, Gesundheit: Menschen ohne Krankenversicherung, in: *Jörg Alt / Michael Bommes*, Illegalität – Grenzen und Möglichkeiten der Migrationspolitik, Wiesbaden 2006, 180-192; *Jörg Alt* (Fn. 1), 150 ff.

4 Gemeinsam für Deutschland. Mit Mut und Menschlichkeit. Koalitionsvertrag von CDU, CSU und SPD, 137.

5 *Winfried Kluth/Dennis Cernota*, Der Rechtsstatus illegal aufhältiger Personen in der deutschen Rechtsordnung und in rechtsvergleichender Betrachtung, Halle, Oktober 2006.

6 Bundesministerium des Innern, Illegal aufhältige Migranten in Deutschland. Datenlage, Rechtslage, Handlungsoptionen, Berlin 2007 (i.F. zitiert als: BMI, Prüfbericht).

lung dieses Auftrages erstellte Prüfbericht indes konzentriert sich auf die ordnungspolitische Perspektive, ohne die menschenrechtlichen Probleme ausreichend zu berücksichtigen. So kann es nicht erstaunen, dass die im Bericht erstellte Analyse von kirchlicher Seite,[7] von NGOs[8] und in der Literatur[9] als enttäuschend wahrgenommen wurde. Das gilt auch für den Zugang zu Gesundheitsversorgung, der im vorliegenden Beitrag aufgegriffen wird. Hier wird zunächst dargestellt, inwiefern die bestehenden rechtlichen Regelungen Menschen in der aufenthaltsrechtlichen Illegalität faktisch vom Zugang zu Gesundheitsversorgung ausschließen (B.). Anschließend werden die Lösungsansätze des BMI vorgestellt und kritisch diskutiert (C.), um abschließend alternative Lösungsansätze aufzuzeigen (D.).

B. Juristische Rahmenbedingungen

Menschen in der aufenthaltsrechtlichen Illegalität haben als Leistungsberechtigte nach dem Asylbewerberleistungsgesetz (AsylbLG)[10] einen Anspruch auf medizinische Versorgung. Dieser Anspruch umfasst die Behandlung bei akuter Erkrankung, bei Schmerzzuständen, während einer Schwangerschaft und im Wochenbett. Abgedeckt sind im Rahmen dieser spezifischen Behandlungen die Bereitstellung von Arznei- und Verbandsmitteln sowie darüber hinaus amtlich empfohlene Schutzimpfungen.[11] Korrespondierend zum Anspruch des Leistungsberechtigten besteht die Kostentragungspflicht der Behörde, die bei den Sozialämtern liegt.[12] In der Praxis zeigt sich allerdings, dass nur wenige Menschen in der aufenthaltsrechtlichen Illegalität diesen Anspruch auf medizinische Versorgung wahrnehmen bzw. oftmals erst im Notfall einen Arzt oder ein

---

7 Katholisches Forum „Leben in der Illegalität", Stellungnahme zum Bericht des Bundesministeriums des Innern zum Prüfauftrag "Illegalität" aus der Koalitionsvereinbarung vom 11. November 2005, Kapitel VIII 1.2.; Deutscher Caritasverband, Stellungnahme zum Bericht des Bundesministeriums des Innern zum Prüfauftrag „Illegalität" aus der Koalitionsvereinbarung vom 11. November 2005, Kapitel VIII 1.2: Illegal aufhältige Migranten in Deutschland – Datenlage, Rechtslage, Handlungsoptionen, Freiburg, Februar 2007.
8 Forum Menschenrechte, Menschenrechte für Menschen ohne Papiere realisieren! Forderungen des Forums Menschenrechte zur Durchsetzung der Menschenrechte von Migrantinnen und Migranten ohne Aufenthaltsstatus bzw. Duldung, Berlin 2008.
9 *Tillmann Löhr*, Ein Schritt vor, zwei zurück: Der Prüfbericht Illegalität, ANA-ZAR 2008, 9-10; *Marei Pelzer*, „Prüfbericht Illegalität" – Weder Gnade noch Recht für Menschen ohne Papiere, in: *Till Müller-Heidelberg* u.a., Grundrechte-Report 2008, 24-28.
10 § 1 Abs. 1 Nr. 5 AsylbLG erfasst vollziehbar ausreisepflichtige Ausländer.
11 §§ 4 und 6 AsylbLG.
12 §§ 10ff. AsylbLG. Besteht kein Krankenversicherungsschutz des Erkrankten und besitzt er keine ausreichenden finanziellen Mittel, kann er theoretisch vor der medizinischen Behandlung die Übernahme der Kosten beim Sozialamt beantragen. Wenn es in Eilfällen bei drohender Gesundheitsverschlechterung nicht möglich ist, vorher eine Kostenübernahmeentscheidung des Sozialamtes abzuwarten, kann ein Kostenerstattungsantrag beim Sozialamt nachgeholt werden (Vgl. Norbert Cyrus, Fn. 2, 47).

Krankenhaus aufsuchen.[13] Dieses Phänomen ist in der Angst der Betroffenen vor Entdeckung begründet, die ihrerseits aus den staatlichen Übermittlungspflichten folgt. Sie sind in § 87 Abs. 2 S. 1 Nr. 1 AufenthG geregelt und legen fest, dass „öffentliche Stellen" Ausländerbehörden oder Polizeibehörden unverzüglich davon unterrichten müssen, wenn sie Kenntnis vom Aufenthalt eines Ausländers erhalten, der weder einen Aufenthaltstitel besitzt noch geduldet ist.

Die Beschränkung des Wortlauts auf „öffentliche Stellen"[14] hat zur Folge, dass Menschen in der aufenthaltsrechtlichen Illegalität keine Übermittlung ihrer Daten befürchten müssen, wenn sie ein Krankenhaus in privater Trägerschaft – beispielsweise ein kirchliches Krankenhaus – aufsuchen. Da eine Weitergabe von personenbezogenen Daten nach dem Bundesdatenschutzgesetz (BDSG) immer eine Befugnisnorm voraussetzt, liegt für einen Mitarbeiter eines privaten Krankenhauses nicht nur keine Befugnis zur Weiterleitung der Daten vor, es ist ihm sogar untersagt, personenbezogenen Daten eines Patienten weiterzugeben.[15]

Eine weitere Einschränkung ergibt sich aus der Voraussetzung, dass die öffentliche Stelle die Kenntnis der spezifischen Daten in Zusammenhang mit der Erfüllung ihrer Aufgaben erlangt haben muss. Dieses Tatbestandsmerkmal war bisher in den Gesetzestext im Wege der einschränkenden Auslegung hineingelesen worden – nun ist die Voraussetzung durch das Gesetz zur Ergänzung des Rechts zur Anfechtung der Vaterschaft ausdrücklich im Wortlaut der Norm festgeschrieben worden.[16] Erfährt der Mitarbeiter einer öffentlichen Stelle also nur anlässlich seiner Aufgabenerfüllung von dem fehlenden Aufenthaltsstatus eines Ausländers, ist er nicht zur Weitergabe dieser Information verpflichtet und damit auch nicht berechtigt.[17] Muss er den Ausländer in Ausübung seiner Tätigkeit jedoch nach dessen aufenthaltsrechtlichen Status befragen, besteht die Verpflichtung zur Übermittlung dieser Information.

Von der Übermittlungspflicht ausgenommen sind Ärzte und anderes medizinisches Personal[18], die nach § 203 Abs. 1 Nr. 1 StGB der gesetzlichen Schweigepflicht unterlie-

---

13 Eine Zusammenstellung von Fällen zur Veranschaulichung finden sich in der Publikation des DIMR (Hg.), (Fn. 3), 37; vgl. auch *Dr. Ute Koch*, Stellungnahme des Katholischen Forums „Leben in der Illegalität" zur öffentlichen Anhörung von Sachverständigen zum Gesetzesentwurf von BÜNDNIS 90/DIE GRÜNEN (BT-Drs. 16/445) und dem Antrag der LINKEN (BT-Drs. 16/1202) am 26.06.2006.
14 Für die Definition der öffentlichen Stelle ist auf § 2 BDSG zurückzugreifen, vgl. Renner, Ausländerrecht, 8. Aufl., Rn. 2 zu § 87 AufenthG; sie lautet: Öffentliche Stellen des Bundes sind die Behörden, die Organe der Rechtspflege und andere öffentlich-rechtlich organisierte Einrichtungen des Bundes, der bundesunmittelbaren Körperschaften, Anstalten und Stiftungen des öffentlichen Rechts sowie deren Vereinigungen ungeachtet ihrer Rechtsform. (...)
15 § 14 Abs. 2 Nr. 1 BDSG.
16 Die Tatbestandsvoraussetzung wurde auf Beschlussempfehlung des Vermittlungsausschusses in den Wortlaut aufgenommen (BT-Drs. 16/7506). Das Gesetz wurde am 18.3.2008 verkündet und trat am 01.06.2008 in Kraft.
17 Dies spielt insbesondere im Zusammenhang mit dem Thema Schulbesuch eine Rolle: Ist eine Schulverwaltung qua Landesschulgesetz nicht verpflichtet, den Aufenthaltsstatus zu erfragen, weil die Schulpflicht oder das Recht auf Schulbesuch nicht vom Aufenthaltsstatus abhängt, besteht für die Schulverwaltung keine Übermittlungspflicht; ihr ist die Weitergabe der Daten somit nicht erlaubt. Vgl. auch Andreas Fischer-Lescano/Tillmann Löhr, Fn. 1, 55.
18 Das sind beispielsweise neben Ärzten und Zahnärzten Angehörige von Heilberufen wie Krankenschwestern und Krankenpfleger, Kinderkrankenschwestern, Hebammen, Psychotherapeuten, Ret-

gen. Umstritten ist jedoch, inwiefern sich die Schweigepflicht des medizinischen Personals auf die Verwaltungsmitarbeiter öffentlicher Krankenhäuser erstreckt, wenn sie im Rahmen der Kostenabrechung vom fehlenden Aufenthaltsstatus oder der fehlenden Duldung des Ausländers erfahren. Grundsätzlich erstreckt sich die Schweigepflicht des medizinischen Personals innerhalb einer Organisationseinheit auf den berufsmäßig tätigen Gehilfen, wenn zwischen seiner unterstützenden Tätigkeit und der berufsspezifischen, durch die Schweigepflicht erfassten medizinischen Handlung ein innerer Zusammenhang besteht.[19] Umstritten ist jedoch, welche Beschaffenheit dieser innere Zusammenhang aufweisen muss. Einerseits wird vertreten, dass der erforderliche innere Zusammenhang nur bejaht werden kann, wenn die Gehilfenhandlung in einem medizinischen Handlungsbeitrag zur spezifischen, medizinischen Behandlungstätigkeit besteht.[20] Diesem Verständnis nach wäre der Verwaltungsmitarbeiter eines öffentlichen Krankenhauses, der die Kosten mit dem Sozialamt abrechnet, nicht schweigepflichtig. Der anderen Auffassung zufolge muss die Tätigkeit des berufsmäßig tätigen Gehilfen keinen medizinischen Handlungsbeitrag darstellen, sondern lediglich die Handlung des medizinischen Personals tatsächlich unterstützen.[21] Der Verwaltungsmitarbeiter eines öffentlichen Krankenhauses, der die Kosten mit dem Sozialamt abrechnet, ist nach dieser Auffassung schweigepflichtig – die Übermittlungspflichten gelten also für ihn nicht. Diese Ansicht ist vorzuziehen. Sie würdigt die Arbeitsteilung zwischen medizinischem Personal und Verwaltungsebene im modernen Krankenhausbetrieb und trägt Sinn und Zweck der Regelung Rechnung: § 203 Abs. 3 S. 1 StGB will zum Schutze des betroffenen Patienten die Geheimhaltungspflicht auf diejenigen ausdehnen, die den Schweigepflichtigen in arbeitsteilig strukturierten Organisationseinheiten entlasten. Das ist beim Mitarbeiter der Krankenhausverwaltung der Fall: Wäre die Ärzteschaft verpflichtet, die erfolgten ärztlichen Leistungen abzurechnen, könnte sie den stationären Aufgaben nicht im Interesse ihrer Patienten gerecht werden.[22]

Eine Weitergabe von personenbezogenen Daten ist jedoch auch für schweigepflichtige Personen zuweilen unerlässlich. Der in der Abrechnungsstelle tätige Mitarbeiter muss beispielsweise die für den Abrechnungsvorgang erforderlichen Daten an das Sozialamt weiterleiten.[23] Dies ist ihm nach der Regelung des verlängerten Geheimnisschutzes gem.

---

tungsassistenten sowie medizinisch-technische Assistenten, vgl. Aufzählung in: DIMR (Hg.), Fn. 3, 14, Fn. 14.

19 *Schönke/Schröder*, 27. Auflage, Rn. 64 zu § 203; vgl. auch: DIMR (Hg.), Fn. 3, 15 sowie die gemeinsame Stellungnahme des Bevollmächtigten des Rates der EKD und des Katholischen Büros zum Entwurf Allgemeiner Verwaltungsvorschriften zum Aufenthaltsgesetz, Freizügigkeitsgesetz/EU und zum Ausländerzentralregistergesetz, Dezember 2008, zu Nr. 88.2.3. <http://www.ekd.de/bevollmaechtigter/stellungnahmen/2008/081217_verwaltungsvorschriften.html>.

20 *Schönke/Schröder*, Fn. 19, a.a.O. Dieser Auffassung schließt sich der Prüfbericht des BMI an, Fn. 6, 29 f.

21 Vgl.: OLG Oldenburg, NJW 35 (1982), 2615-2616, 2616; *Lackner/Kühl*, 26. Aufl., Rn. 11b zu § 203. Mit expliziter Erwähnung des Verwaltungsmitarbeiters in der Abrechnungsstelle als berufsmäßig tätiger Gehilfe: *Tröndle/Fischer*, Strafgesetzbuch und Nebengesetze, 53. Aufl., Rn. 21 zu § 203.

22 So auch OLG Oldenburg, Fn. 21, a.a.O. Im Übrigen ergibt sich bei der Gegenmeinung ein Wertungswiderspruch zu § 203 Abs. 1 Nr. 6 StGB, nach der Angehörige einer privatärztlichen Verrechnungsstelle ausdrücklich der Schweigepflicht unterliegen.

23 Um das Sozialamt in die Lage zu versetzen, überprüfen zu können, ob der Patient nach dem AsylbLG leistungsberechtigt ist, müssen z.B. Angaben zum seinem aufenthaltsrechtlichen Status übermittelt werden.

§ 88 Abs. 2 AufenthG jedoch möglich, ohne die Geheimhaltungspflicht des Schweigepflichtigen gegenüber dem Patienten zu verletzten. § 88 Abs. 2 AufenthG entbindet nämlich öffentliche Stellen (z.B. das Sozialamt) von der Verpflichtung, personenbezogene Daten an Ausländerbehörden weiterzuleiten, wenn ihnen diese Daten von Personen übermittelt wurden, die der gesetzlichen Schweigepflicht unterliegen (z.B. dem Verwaltungsmitarbeiter eines öffentlichen Krankenhauses). Eine Durchbrechung des verlängerten Geheimnisschutzes erfolgt lediglich in zwei Fällen: Trotz der bestehenden Geheimhaltungspflicht der öffentlichen Stelle sind die Daten an die Ausländerbehörde weiterzuleiten, wenn von dem Ausländer eine Gefahr für die öffentliche Gesundheit ausgeht, die nicht durch besondere Schutzmaßnahmen verhindert werden kann (§ 88 Abs. 2 Nr. 1) oder, wenn die Daten für die Feststellung erforderlich sind, ob der Ausländer ausgewiesen werden kann, weil er Heroin, Kokain oder ein vergleichbares Rauschgift konsumiert und sich zu keiner Rehabilitationsbehandlung bereit zeigt (§ 88 Abs. 2 Nr. 2).[24] Da die Mitarbeiter der Krankenhausverwaltung nach hier vertretener Ansicht als berufsmäßig tätige Gehilfen des schweigepflichtigen medizinischen Personals selbst der Schweigepflicht unterliegen, kann das Sozialamt nur dann die Ausländerbehörde über den Wohnort eines Patienten ohne Aufenthaltsrecht in Kenntnis setzen, wenn einer der beiden oben genannten Fälle vorliegt.

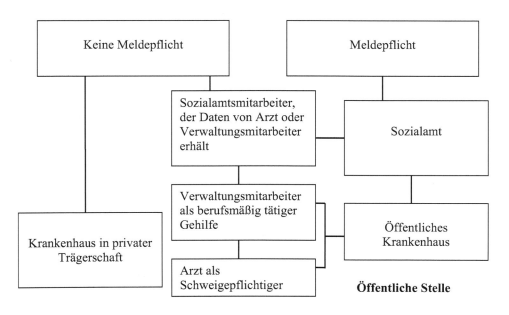

---

24 § 88 Abs. 2 Nr. 2 AufenthG verweist auf den Ermessensausweisung nach § 55 Abs. 1 Nr. 4 AufenthG.

C. Die Ergebnisse des Prüfberichts

I. Übermittlungspflichten

Wie positioniert sich das BMI zu den Übermittlungspflichten, die aus menschenrechtlicher Perspektive als zentrales Problem anzusehen sind? Einleitend wird auf eine Umfrage unter den Bundesländern verwiesen. Sie komme zum Ergebnis, dass die Übermittlungspflichten nur vereinzelt und uneinheitlich genützt würden. Deshalb hätten sie einen weniger weiten Anwendungsbereich, als es in der öffentlichen Diskussion scheine.[25] Anschließend wird jede Einschränkung der Übermittlungspflichten – trotz ihrer seltenen Anwendung – abgelehnt.[26] Sie hätten zum einen abschreckende Wirkung. Diese Wirkung sei als Beitrag zur Durchsetzung aufenthaltsrechtlicher Regelungen ebenso erforderlich wie beabsichtigt.[27] Zum anderen sei die Widerspruchsfreiheit der Rechtsordnung zu wahren. Eine Aufweichung der Übermittlungspflichten aber würde Personen begünstigen, die das Aufenthaltsrecht brächen. Unter Berufung auf das BVerfG wird dies als unvertretbar bewertet: „Eine Rechtsordnung, die sich ernst nimmt, darf nicht Prämien auf die Missachtung ihrer selbst setzen".[28] Zuletzt sei sie ein „unverzichtbares Instrument der Migrationskontrolle",[29] um dem Aufenthaltsrecht in der Praxis Geltung zu verschaffen.[30]

Diese Argumentation des BMI ist widersprüchlich. Die Länderumfrage verdeutlicht, dass die Übermittlungspflichten praktisch keinen Beitrag zur Aufdeckung illegalen Aufenthaltes leisten. Sie entfalten allein die Wirkung, dass Menschen in der aufenthaltsrechtlichen Illegalität von der Inanspruchnahme ihrer Rechte abgeschreckt werden. Sie erreichen zumindest in Bezug auf die Migrationskontrolle ein anderes als das angestrebte Ziel.[31] Sie sind demnach ungeeignet.

Doch damit nicht genug. Das BMI hatte sich im Prüfbericht zunächst sogar einen weitreichenden Vorschlag aus dem zugrunde liegenden Gutachten[32] zu Eigen gemacht. Die bisherige Auslegung der Übermittlungspflichten, nach der zwischen einer Kenntniserlangung „im Rahmen der Aufgabenwahrnehmung" und „anlässlich der Aufgabenwahrnehmung" zu unterscheiden sei, solle aufgegeben werden. Dieser Teil des Prüfberichtes

---

25 [...]icht, 14.
26 [...]ht, 42.
27 [...] 39.
28 [...] 24. Mai 2006, Az: 2 BvR 669/04, Rn. 63 ff. Vgl. hierzu die Kritik des Katholischen [...] in der Illegalität", das zu Recht darauf hinweist, dass die in dem Urteil behandelte [...] Einbürgerung nicht mit der hier diskutierten Problemlage verglichen werden kann [...], 5.
29 BMI, Prüfbericht, 38.
30 A.a.O., 5.
31 Ebenso Katholisches Forum „Leben in der Illegalität", Fn. 7, 4; zum diffusen Umgang des Prüfberichtes mit dem Begriff der Abschreckung vgl. die Kritik bei Deutscher Caritasverband, Fn. 7, 5; DIMR (Hg.) Fn. 3, 16; *Löhr*, Fn. 9, 9.
32 *Winfried Kluth/Dennis Cernota*, Fn. 5, 50.

kann jedoch getrost vernachlässigt werden, weil er mittlerweile durch gesetzliche Änderung überholt ist.[33]

II. Zugang zu medizinischen Leistungen

Das BMI erörtert drei Wege des Zugangs zu Gesundheitsversorgung.

- Erstens seien auch illegal Beschäftigte in der gesetzlichen Krankenversicherung (GKV) pflichtversichert. In der Tat entsteht die Versicherung in der GKV qua Gesetz, sobald ein Arbeitsverhältnis aufgenommen wird.[34] Allerdings hält das BMI die Verwirklichung von Ansprüchen aus der GKV in der Praxis für weitgehend bedeutungslos.[35] Diese Einschätzung ist insofern zutreffend, als die hieraus resultierenden Ansprüche meist nicht realisierbar sind. Denn der Arbeitgeber müsste den Arbeitnehmer vorher bei der Krankenversicherung anmelden.[36]

- Zweitens weist das BMI darauf hin, dass es Menschen in der aufenthaltsrechtlichen Illegalität frei stehe, medizinische Leistungen auf Grundlage eines privatrechtlichen Behandlungsvertrages in Anspruch zu nehmen. Hier erfolgt die Bezahlung durch den Patienten selbst.[37]

- Drittens diskutiert das BMI Ansprüche auf Behandlung auf Grundlage des Asylbewerberleistungsgesetzes. Zu Recht wird darauf verwiesen, dass die Betroffenen in den Kreis der Leistungsberechtigten nach § 1 Abs. 1 Nr. 5 AsylbLG einbezogen sind.[38] Voraussetzung sei, dass die Betroffenen bereit seien, ihren Anspruch auf Behandlung zu offenbaren.[39]

Zusammenfassend kommt der Bericht zum Ergebnis, dass die Behandlung auf Grundlage des privatrechtlichen Behandlungsvertrages ebenso wie auf Grundlage des AsylbLG möglich sei.[40] In diesem Zusammenhang diskutiert er auch rechtsvergleichend die Gesundheitsversorgung in Schweden, den Niederlanden, Großbritannien und Italien. Allein die Niederlande hätten Regelungen für eine Kostentragung auf Grundlage eines staatlichen Fonds. In den anderen Staaten müssten die Kosten selbst getragen werden. Bedenke man, dass Leistungen nach dem AsylbLG von den Sozialämtern getragen würden, gewähre Deutschland sogar einen vergleichsweise hohen Standard.[41] Insofern bestünde kein Handlungsbedarf.

Diese Ergebnisse sind insofern zu kritisieren, als sie sich auf eine rein formale Betrachtungsweise beschränken. Richtig ist, dass es den Betroffenen frei steht, einen privatrecht-

---

33 S.o. Fn. 16.
34 Hierzu zählt anerkanntermaßen auch das faktische Arbeitsverhältnis, das auch bei einem illegalen Arbeitsverhältnis ohne Arbeitsvertrag entsteht.
35 BMI, Prüfauftrag, 22.
36 Katholisches Forum „Leben in der Illegalität", Fn. 7, 6.
37 BMI, Prüfauftrag, 22.
38 BMI, Prüfauftrag, 22
39 BMI, Prüfauftrag, 47.
40 A.a.O., 47.
41 A.a.O., 36.

lichen Behandlungsvertrag abzuschließen. Ebenso richtig ist, dass sie dies bei niedergelassenen Ärzten und privaten Krankenhäusern ohne Angst vor Entdeckung tun können, da es sich nicht um öffentliche Stellen nach § 87 AufenthG handelt. Gleichwohl ist diese Überlegung lebensfremd – die meist illegal und prekär beschäftigten Migranten werden sich umfangreichere Behandlungen in der Regel kaum leisten können.[42]

Insbesondere in Bezug auf Leistungen nach dem AsylbLG greift die vermeintliche Lösung des Prüfberichtes zu kurz.[43] Er formuliert selbst: „Diese Leistungen müssen von der betroffenen Person bei der zuständigen Behörde beantragt werden."[44] Was der Prüfbericht jedoch übergeht, ist die hieraus folgende Frage: Wie ist es menschenrechtlich zu bewerten, dass keiner der Betroffenen in der Praxis jemals entsprechende Anträge stellt, weil deren Konsequenz die Übermittlung durch das Sozialamt an die Ausländerbehörde wäre?

Das Recht auf Gesundheit findet sich in Art. 12 des Internationalen Paktes über wirtschaftliche, soziale und kulturelle Menschenrechte und weiteren völkerrechtlichen Verträgen.[45] Es gewährleistet einen diskriminierungsfreien Zugang zu bestehenden Strukturen des Gesundheitssystems. Dabei betont der zuständige UN-Ausschuss für soziale, wirtschaftliche und kulturelle Rechte, dass dies insbesondere für die besonders schutzbedürftigen und an den Rand gedrängten Gruppen der Bevölkerung gelten müsse – und zwar rechtlich ebenso wie faktisch.[46] Zu Recht hat das Deutsche Institut für Menschenrechte diese Position des Ausschusses aufgegriffen und sie in seinem Sachverständigengutachten für die Anhörung im Ausschuss für Menschenrechte und humanitäre Hilfe des Deutschen Bundestages am 7. März 2007 wie folgt auf Menschen in der aufenthaltsrechtlichen Illegalität bezogen: „Dass zu den 'besonders schutzbedürftigen und an den Rand gedrängten Gruppen der Bevölkerung' auch irreguläre Migrantinnen und Migranten zählen, ist offensichtlich."[47] Auf dieser Grundlage ist die faktische Ausschlusswirkung, die aus der Übermittlungspflicht des § 87 AufenthG folgt, mit dem Recht auf Gesundheit unvereinbar.[48] Entgegen der im Prüfbericht vertretenen Auffassung besteht also Handlungsbedarf.[49]

III. Kostentragung

Der Prüfbericht diskutiert mehrere Modelle der Kostentragung:

- Die Einführung einer anonymen Krankenversicherung, die den Betroffenen den Zugang zur – eigentlich übermittlungspflichtigen – GKV gewähren würde,

---

42 Ebenso Katholisches Forum „Leben in der Illegalität", Fn. 7, 7.
43 Kritisch zur rein formalen Betrachtungsweise, die den faktischen Ausschluss nicht berücksichtigt: Forum Menschenrechte, Fn. 8, 6; ebenso *Löhr*, Fn. 9, 9; *Pelzer*, Fn. 9, 26 f.
44 BMI, Prüfbericht, 23.
45 Ausf.: DIMR (Hg.), Fn. 3, 19 f.
46 CECSR, General Comment No. 14, UN Doc. E/C.12/2000/4, 11 August 2000, § 12.
47 Deutsches Institut für Menschenrechte, *Heiner Bielefeldt/Valentin Aichele*, Stellungnahme zur Anhörung im Ausschuss für Menschenrechte und humanitäre Hilfe des Deutschen Bundestages am 7. März 2007 in Berlin, 3.
48 Ebenso Forum Menschenrechte, Fn. 8, 6.
49 Ebenso Katholisches Forum „Leben in der Illegalität", Fn. 7, 9; Deutscher Caritasverband, Fn. 7, 7; in diesem Sinne auch DIMR (Hg.) Fn. 3, 21; Löhr, Fn. 9, 10.

- die Einführung eines anonymen Krankenscheins sowie
- die Einrichtung eines Fonds, der Ärzten und Krankenhäusern die Kosten für die Behandlung von Menschen in der aufenthaltsrechtlichen Illegalität ersetzt.[50]

Eine anonyme Krankenversicherung wird abgelehnt. Zwar habe sie den Vorteil, dass die Betroffenen an den Kosten beteiligt würden. Als Mitglieder der GKV würden sie Versicherungsleistungen in Anspruch nehmen, zu denen sie selbst einen Beitrag geleistet hätten. Allerdings werde hiermit ein Anreiz geschaffen, sich nicht an die Regeln zu halten[51] – vermutlich stellt der Prüfbericht hier auf den Anreiz zum illegalen Aufenthalt ab. Die anderen beiden Optionen werden ebenfalls abgelehnt. Ein anonymer Krankenschein würde ebenso wie ein Fonds, sofern er öffentlich finanziert werde, zum einen die öffentlichen Haushalte zu stark belasten. Zum anderen würde mit der Finanzierung durch öffentliche Mittel zugunsten illegal aufhältiger Menschen vom aufenthaltsrechtlichen Grundsatz[52] abgewichen, dass Ausländer ihren Lebensunterhalt eigenständig sichern müssen. Damit werde ein nicht vertretbarer Anreiz zum Rechtsbruch geschaffen.[53] Gegen die Kostentragung durch einen von der Zivilgesellschaft getragenen Fonds hingegen hat das BMI keine Bedenken.[54]

Die Argumentation des Prüfberichtes klammert auch hier die Übermittlungspflichten aus. Damit wird die Frage der Kostentragung komplizierter dargestellt als sie ist: Bestünden keine Übermittlungspflichten, so wäre der angstfreie Weg zur Beantragung von Leistungen nach dem AsylbLG geebnet. Dann aber wäre auch die Frage der Kostentragung geklärt, weil sie steuerfinanziert bei den Sozialämtern liegt.[55]

Daneben ist die Argumentation des Prüfberichtes ungenau. Es wird nicht erkennbar, auf welche der beiden Optionen, die das BMI selber als praktikabel ansieht (privatrechtliche Behandlungsverträge oder Behandlung nach dem AsylbLG), sie sich bezieht.

Weiterhin enthält der Prüfbericht einen eklatanten Widerspruch: Im Rahmen der Diskussion über die Kostentragung wendet sich der Prüfbericht ausführlich gegen eine Finanzierung der Krankenbehandlung aus öffentlichen Mitteln[56] und lehnt mit diesem Argument zwei der drei aufgeführten Lösungsansätze ab. Bei der Darstellung der Rechtslage indes betont er, dass die Leistungen nach dem AsylbLG von der zuständigen Behörde übernommen und damit aus öffentlichen Mitteln gedeckt würden.[57]

Zuletzt liegt in dem Verweis darauf, dass gegen einen von der Zivilgesellschaft finanzierten Fonds keine Bedenken bestünden, die Übertragung von Verantwortung für staatliche Aufgaben auf Private. Zu Recht hat die Caritas kritisiert, dass der Bericht hier gleichsam zwischen den Zeilen anzuerkennen scheint, dass Gesundheitsversorgung erforderlich ist, der Staat sich aber nicht beteiligen wolle. Gegenwärtig sind es die Akteure der Zivilgesellschaft, NGOs, Krankenhäuser, ehrenamtlich Tätige, Kirchen und Wohlfahrtsver-

---

50 BMI, Prüfbericht, 48.
51 BMI, Prüfbericht, 49.
52 § 5 Abs. 1 Nr. 1 i.V.m. § 2 Abs. 3 AufenthG.
53 BMI, Prüfbericht, 48 f.
54 BMI, Prüfbericht, 49.
55 Ebenso Deutscher Caritasverband, Fn. 7, 8; Katholisches Forum „Leben in der Illegalität", Fn. 7, 9.
56 BMI, Prüfbericht, 48.
57 BMI, Prüfbericht, 23.

bände, die die Aufgabe der Gesundheitsversorgung übernehmen. Solange der Staat dies stillschweigend toleriert, wälzt er genuin staatliche Aufgaben auf Private ab.[58]

D. Lösungsansätze

Diese Situation ist für die zivilgesellschaftlichen Akteure, Wohlfahrtsverbände sowie kirchliche und zivilgesellschaftliche Unterstützungsstrukturen[59] unbefriedigend und auf Dauer nicht tragbar. Die Lebensumstände, in denen sich Menschen in der aufenthaltsrechtlichen Illegalität im Falle ihrer Erkrankung wiederfinden, sind angesichts der grund- und menschenrechtlich verbrieften Rechte und des einfachgesetzlich bestehenden Anspruchs der Betroffenen nicht hinnehmbar. Darüber hinaus entstehen Kosten in erheblicher Höhe, die nicht nur von den nichtstaatlichen Unterstützungsstrukturen getragen, sondern oftmals auch durch die behandelnden Ärzte übernommen werden müssen. In den letzten Jahren ist deshalb vermehrt über eine strukturelle Lösung für die Gesundheitsversorgung von Menschen in der aufenthaltsrechtlichen Illegalität nachgedacht worden – zahlreiche Publikationen,[60] Veranstaltungen,[61] lokale Bündnisse zum Teil unter Beteiligung staatlicher Stellen und die bundesweite Arbeitsgruppe Gesundheit/Illegalität zeugen von diesen Bemühungen.

Die Bundesarbeitsgruppe Gesundheit/Illegalität stellt in ihrer Publikation neben den vom Bundesinnenministerium dargestellten Optionen zur Übernahme der Kosten für die Gesundheitsversorgung (Zugang zur GKV über eine anonyme Krankenversicherung, Einführung eines anonymen Krankenscheins, sowie Einrichtung eines Fonds, der Krankenhäusern die Kosten für die Behandlung von Migranten in der aufenthaltsrechtlichen Illegalität ersetzt) folgende weitere strukturelle Verbesserungsvorschläge vor[62]:

- Geschützte Vermittlung von Krankenscheinen

Dieser Vorschlag beruht auf dem vom Gesetz vorgesehenen Abrechungsmodus des Asylbewerberleistungsgesetzes, in dem das Sozialamt über die Leistungsgewährung

---

58   Deutscher Caritasverband, Fn. 7, 2 und 9.
59   Nichtstaatliche Unterstützungsstrukturen sind beispielsweise die Malteser Migranten Medizin, Beratungsstellen der Diakonie, Büros für medizinische Flüchtlingshilfe (Medibüros) oder andere ehrenamtliche Anlaufstellen.
60   Für einen Überblick über Dokumente zum Thema Gesundheitsversorgung für Menschen in der aufenthaltsrechtlichen Illegalität seit 1997 vgl. DIMR (Hg.), Fn. 3, 39.
61   2008 fanden beispielsweise die Tagung des IPPNW „achten statt verachten – Menschenrechte für Migranten ohne Papiere" am 19. Januar 2008 in Berlin, die Tagung des ZERP „Gesundheit in der Illegalität. Rechte von Menschen ohne Aufenthaltsstatus" am 7. und 8. November in Bremerhaven sowie die Tagung von IPPNW, Ärzte der Welt und café 104 „Zugang zur Gesundheitsversorgung von Menschen ohne Aufenthaltsstatus in Deutschland" am 19. November in München statt.
62   DIMR (Hg.), Fn. 3, 22 ff. Der Vorschlag, über die Gesundheitsreform vom Kontrahierungszwang der – nicht übermittlungspflichtigen – Privaten Krankenversicherungen zu profitieren, wurde durch die konkrete Ausgestaltung der Gesundheitsreform obsolet. § 315 Abs. 1 SGB V schließt Leistungsberechtigte nach dem Asylbewerberleistungsgesetz von dem Anwendungsbereich der Regelung aus.

entscheidet und für die Kosten im Falle einer Bewilligung aufkommt. Allerdings ist die Zwischenschaltung einer örtlichen Beratungsstelle erforderlich, um die Wirkung der Übermittlungspflichten zu durchbrechen: Diese könnte aus einer nichtstaatlichen Beratungsstelle bestehen, die vom Sozialamt mit der Überprüfung der Leistungsgewährung beauftragt ist und den Krankenschein mit den für die Abrechung erforderlichen Daten versieht. Mit dem Sozialamt rechnet dann der niedergelassene Arzt ab, der die Behandlung vorgenommen hat, was gemäß der Regelung des verlängerten Geheimnisschutzes dazu führt, dass das Sozialamt von der Übermittlungspflicht entbunden ist. Statt der nichtstaatlichen Beratungsstelle könnte auch eine Behörde unter ärztlicher Leitung den Antrag entgegennehmen und die Leistung gewähren. Voraussetzung wäre dabei allerdings, dass die Behördenmitarbeiter als berufsmäßig tätige Gehilfen und somit als schweigepflichtig anerkannt würden. Das Modell der Erteilung von Krankenscheinen über Zwischenschaltung einer nichtstaatlichen Behörde wurde in einer Kommune erfolgreich über zehn Jahre praktiziert – mittlerweile ist diese Praxis jedoch aus politischen Gründen eingestellt worden.

- Ausbau örtlicher Gesundheitsämter oder der mit Schutz der Gesundheit beauftragten Behörden

Der Aufgabenbereich der für die Prävention von ansteckenden Krankheiten zuständigen Gesundheitsbehörden könnte neben sexuell übertragbaren Krankheiten und Tuberkulose um weitere Infektionskrankheiten erweitert werden. Das würde die Grundlage für eine anonyme und kostenfreie Gesundheitsversorgung von Menschen in der aufenthaltsrechtlichen Illegalität als Teil der Wohnbevölkerung schaffen. Ein solcher Ausbau dieser Behörden steht allerdings gegen den derzeitigen Trend des Abbaus von Gesundheitsämtern in den Bundesländern.

- Lokale Initiativen/Kommunale Runde Tische

Kommunale Runde Tische können Ausgangspunkt für – wenn auch lokal begrenzte – Lösungen sein, wie das Beispiel München zeigt. Ausgehend von einer Studie zur Situation von Menschen in der aufenthaltsrechtlichen Illegalität in München[63] wurde im Austausch und in Zusammenarbeit mit allen in diesem Feld tätigen Akteuren wie Kirchen, Nichtregierungsorganisationen und Polizei ein privat finanzierter Fond eingerichtet. Ab März 2009 soll ein jährlicher Fond in Höhe von 100.000 € von der Stadt München eingerichtet werden.[64] Die Ausländerbehörden können darüber hinaus Frauen während der Mutterschutzfrist vor und nach der Geburt eine Duldung erteilen, so dass sie in den Genuss der Schwangerschaftsvorsorge nach dem AsylbLG kommen und die Erteilung einer Geburtsurkunde für das Kind unproblematisch möglich ist.[65]

---

63 Philip Anderson, „Dass sie uns nicht vergessen..." Menschen in der Illegalität in München. Landeshauptstadt München, Sozialreferat, 2003 <http://www.dimr.eu/questions.php?questionid=209> (Stand: 07.02.2009).

64 Vgl. dazu den Vortrag von Dr. Margret Spohn, wissenschaftliche Mitarbeiterin des Sozialreferats, Amt für Wohnen und Migration der Stadt München: „Das Münchner Modell" auf der Tagung „Zugang zur Gesundheitsversorgung von Menschen ohne Aufenthaltsstatus in Deutschland" am 19. November 2008 in München.

65 Vortrag von Claudia Vollmer, Leiterin der Ausländerbehörde München: „Der Umgang mit kranken Menschen ohne Papiere" auf der Tagung „Zugang zur Gesundheitsversorgung von Menschen ohne Aufenthaltsstatus in Deutschland" (Fn. 61).

Keine dieser Lösungen führt jedoch zu einer flächendeckenden und umfassenden Verbesserung der Gesundheitsversorgung für Menschen in der aufenthaltsrechtlichen Illegalität. Stattdessen wird deutlich, dass in allen Optionen die Übermittlungspflichten öffentlicher Stellen eine Lösung des Problems mindestens be-, wenn nicht gar gänzlich verhindern.

Deshalb wird von allen in diesem Bereich tätigen Akteuren zu Recht die Forderung erhoben, die mit der Gesundheitsversorgung befassten öffentlichen Stellen – beispielsweise die Krankenhausverwaltungen öffentlicher Krankenhäuser oder die Sozialämter – von der Übermittlungspflicht auszunehmen.[66] Diese Forderung zu erheben, fällt insbesondere vor dem Hintergrund leicht, dass die Übermittlungspflicht – wie oben ausgeführt – nach Einschätzung des BMI keine nennenswerte Auswirkung auf die Migrationskontrolle hat. Sie verhindert stattdessen vorrangig, dass Menschen in der aufenthaltsrechtlichen Illegalität ihren Anspruch auf medizinische Versorgung wahrnehmen – mit den beschriebenen Folgen für die Betroffenen und die Gesellschaft als Ganzes.

---

66 Zu dieser Einschätzung gelangen neben den in der Bundesarbeitsgemeinschaft vertretenen Organisationen und Einzelpersonen BÜNDNIS 90/DIE GRÜNEN in ihrem Antrag eines „Gesetzes zur Verbesserung der sozialen Situation von Ausländerinnen und Ausländern, die ohne Aufenthaltsstatus in Deutschland leben" vom 24.1.2006 (BT-Drs. 16/445). Vgl. auch den Vortrag der Vizepräsidentin der Bundesärztekammer Dr. med. Cornelia Goesmann „Die Forderung nach Aufhebung der Übermittlungspflichten an die Ausländerbehörden" auf der Tagung des IPPNW am 19. Januar 2008 (Fn. 60). <http://www.ippnw.de/commonFiles/pdfs/Soziale_Verantwortung/Tagung/Goesmann.pdf> (Stand: 8.2.2009).

Gesundheit in der Illegalität – Zivilrechtliche Fragen im Arzt-Patienten-Verhältnis

Benedikt Buchner

Einleitung

Geht es um die juristische Bewältigung des Themas „Gesundheit in der Illegalität", wird das Zivilrecht regelmäßig nur eine Nebenrolle spielen. Das Arzt-Patienten-Verhältnis ist im Falle einer Behandlung von Patienten ohne Papiere kaum jemals durch privatrechtliche Regelungsprinzipien wie Privatautonomie, Vertragsbindung („pacta sunt servanda") oder den Gedanke des „do ut des" gekennzeichnet. Wenn jemand in der Illegalität einen Arzt aufsucht, wird er dies regelmäßig nicht aus einem privatautonomen Willensentschluss heraus machen, sondern viel eher aus einer schlichten Notsituation heraus. Und wenn umgekehrt ein Arzt einen solchen Patienten behandelt, dann regelmäßig nicht auf der Grundlage irgendwelcher privatrechtlicher Verpflichtungen, sondern in erster Linie aus Fürsorge und aus seinem ärztlichen Berufsethos heraus.

Entsprechend gering ist daher auch die Ausbeute, wenn man als Privatrechtler zum Thema „Gesundheit in der Illegalität" recherchiert. Wenn man überhaupt auf irgendwelche relevanten zivilrechtlichen Ausführungen stößt, hält sich deren Aussagekraft regelmäßig in Grenzen. Nur beispielhaft sei hier aus dem Bericht des Bundesministeriums des Innern zum Prüfauftrag „Illegalität"[1] zitiert und zwar aus dem Abschnitt zur „Krankenbehandlung auf privatrechtlicher Grundlage". Dieser Abschnitt ist kurz und beschränkt sich auf zwei Sätze: „Unabhängig vom Aufenthaltsstatus kann ein privatrechtlicher Behandlungsvertrag mit einem niedergelassenen Arzt oder einem Krankenhaus geschlossen werden. Die Bezahlung erfolgt durch den Patienten selbst."[2]

Sonderlich überraschend oder ertragreich sind diese Erkenntnisse nicht. Jedoch werden zumindest zwei der zentralen Aspekte angeschnitten, die regelmäßig im Mittelpunkt des zivilrechtlichen Interesses stehen: Dies ist zum einen der Vertragsschluss selbst; zum anderen ist dies, wenn ein Vertragsschluss zu bejahen ist, der Vertragsinhalt, konkret die Bezahlungspflicht und vor allem aber auch die vertragscharakteristische Leistungspflicht, die Behandlungspflicht, und hier die Frage, welchen Behandlungsstandard der Arzt im konkreten Fall schuldet. Eben diese Fragestellungen sollen auch Gegenstand der folgenden Ausführungen sein.

---

1 Bundesministerium des Innern, Illegal aufhältige Migranten in Deutschland – Datenlage, Rechtslage, Handlungsoptionen, Berlin 2007.
2 Bundesministerium des Innern (Fn. 1), 22.

I. Vertragsschluss

Zuallererst zur Frage des Vertragsschlusses und hier konkret zur Frage eines möglichen Kontrahierungszwangs: Nehmen wir den Fall, dass jemand ohne Papiere, und noch dazu auch ohne Geld und irgendeinen Krankenversicherungsschutz, bei einem Arzt mit einer behandlungsbedürftigen Krankheit erscheint. Die Frage ist, ob der Arzt hier unter Umständen verpflichtet ist, diese Person zu behandeln. Als Privatrechtler muss man diese Frage zumindest im Ausgangspunkt zunächst einmal mit einem klaren „Nein" beantworten, schon mit Verweis auf die Privatautonomie, mit der ganz selbstverständlich auch die freie Entscheidung einhergeht, ob jemand einen Vertrag schließen möchte und wenn ja, mit wem. Diese Maxime der Privatautonomie gilt grundsätzlich auch für das Arztrecht. Auch Ärztinnen und Ärzte sind zunächst einmal grundsätzlich frei, eine Behandlung vorzunehmen oder abzulehnen. Es gibt auch im Arztrecht keine generelle Abschluss- und/oder Behandlungspflicht.[3]

Allerdings gilt dies nicht ausnahmslos. Im Einzelnen wird der Grundsatz der Abschlussfreiheit im Arzt- und Patientenverhältnis doch durch bestimmte berufsethische und berufsrechtliche Prinzipien überlagert und modifiziert, so dass es im Ergebnis unter Umständen zu einer ärztlichen Behandlungspflicht kommen kann. Ein Beispiel ist § 7 Abs. 2 der Musterberufsordnung für Ärzte (MBO-Ä), der bestimmt:

> „Ärztinnen und Ärzte achten das Recht ihrer Patientinnen und Patienten, die Ärztin oder den Arzt frei zu wählen oder zu wechseln. Andererseits sind – von Notfällen oder besonderen rechtlichen Verpflichtungen abgesehen – auch Ärztinnen und Ärzte frei, eine Behandlung abzulehnen."

§ 7 Abs. 2 MBO-Ä normiert ein Zusammenspiel zwischen ärztlicher Vertragsfreiheit einerseits und ausnahmsweiser ärztlicher Behandlungspflicht andererseits. Ärzte können zwar grundsätzlich eine Behandlung ablehnen, sind jedoch ausnahmsweise zu einer solchen verpflichtet, wenn es sich um einen Notfall handelt. Eine Ausnahme, die dann selbstverständlich auch für die Behandlung solcher Notfallpatienten gilt, die sich illegal in Deutschland aufhalten. Auch insoweit nochmals ein Zitat aus dem Berufsrecht, diesmal aus dem der Musterberufsordnung vorangestellten ärztlichen Gelöbnis:

> „Ich werde … bei der Ausübung meiner ärztlichen Pflichten keinen Unterschied machen weder nach Religion, Nationalität, Rasse noch nach Parteizugehörigkeit oder sozialer Stellung."

Zumindest in Notfällen ist der Arzt also berufsrechtlich gegenüber jedermann zur Behandlung verpflichtet. Wann eine solche Pflicht im konkreten Fall anzunehmen ist, wird in erster Linie davon abhängen, wie weit oder eng man den Begriff „Notfall" definiert. Geht man davon aus, dass unter den Begriff „Notfall" nicht nur Unglücksfälle im engeren Sinne zu fassen sind, sondern etwa auch akut auftretende Krankheiten oder sich verschlechternde Leiden, ist an sich bereits ein ganz erhebliches Spektrum an behandlungsbedürftigen Fällen abgedeckt, in denen eine ärztliche Behandlungspflicht besteht, zumindest soweit es um eine Erstversorgung geht.

---

3 *Michael Quaas, Rüdiger Zuck*, Medizinrecht, München 2008, 264 f.

Unabhängig von diesen spezifisch berufsrechtlichen Prinzipien ist darüber hinaus auch zu überlegen, wie weit sich unter Umständen aus allgemeinen privatrechtlichen Prinzipien ein Kontrahierungszwang für bestimmte Konstellationen ableiten lässt. Das Privatrecht kennt – gestützt wiederum in erster Linie auf das Sozialstaatsprinzip – den allgemeinen Grundsatz, dass, soweit es um lebenswichtige Güter geht, ein Vertragsschluss nicht willkürlich, sondern nur aus sachlichen Gründen abgelehnt werden darf.[4] Dieser Ansatzpunkt würde an sich auch hier passen – insbesondere im Hinblick darauf, dass auf diesem Weg u. a. auch ein Kontrahierungszwang für Krankenhäuser begründet wird.[5]

Andererseits ist aber Voraussetzung für eine solche Abschlusspflicht, dass gerade kein sachlicher Grund für die Ablehnung einer Behandlung ersichtlich ist. Eben ein solcher sachlicher Grund kann aber im Falle der Behandlung einer Person, die sich hier illegal aufhält, zumindest nicht von vornherein ausgeschlossen werden, nicht nur mit Blick auf Aspekte wie fehlende Bezahlung oder praktische Behandlungsschwierigkeiten, sondern vor allem auch mit Blick auf das Aufenthaltsgesetz, konkret auf § 96 Abs. 1 Nr. 2 dieses Gesetzes und dessen Strafandrohung für Beihilfe zum illegalen Aufenthalt in Deutschland. Solange nicht mit hinreichender Sicherheit ausgeschlossen werden kann, dass unter Umständen auch eine ärztliche Behandlung diesen Beihilfetatbestand erfüllen kann,[6] kann man Ärztinnen und Ärzten kaum einen sachlichen Grund absprechen, wenn diese aus Angst vor einer möglichen Strafbarkeit vor einer Behandlung zurückschrecken, zumindest soweit diese über eine akute Notfallbehandlung hinausgeht. Wenn hier jemandem ein Vorwurf zu machen ist, dann nicht diesen Ärztinnen und Ärzten, sondern vielmehr dem Gesetzgeber, der es offensichtlich nicht für nötig befindet, trotz zahlreicher Forderungen eine entsprechende Klarstellung zu treffen und für eine Entlastung der Ärzte zu sorgen.[7]

II. Vertragsinhalt

1. Zahlungspflicht

Zumindest theoretisch sind mehrere Alternativen denkbar, wie ein Arzt für seine Behandlung bezahlt werden kann. Am unwahrscheinlichsten dürfte die Möglichkeit einer Kostentragung durch die Gesetzliche Krankenversicherung sein. Auch § 4 Asylbewerberleistungsgesetz mit seiner Kostentragung durch das Sozialamt wird regelmäßig keine Rolle spielen. Bleibt die dritte Alternative einer privaten Kostentragung, wobei allerdings realistischerweise davon auszugehen ist, dass Betroffene oftmals nicht die Mittel haben werden, ihre Behandlungskosten aus eigener Tasche zu tragen. Deshalb wird

---

4   *Helmut Heinrichs*, in: Palandt, Bürgerliches Gesetzbuch, München 2008, Einf v § 145 Rn 10 (mwN).
5   A.a.O.
6   *Ralf Fodor*, Rechtsgutachten zum Problemkomplex des Aufenthalts von ausländischen Staatsangehörigen ohne Aufenthaltsrecht und ohne Duldung in Deutschland, in: *Ralf Fodor, Jörg Alt* (Hrsg.), Rechtlos? Menschen ohne Papiere, Karlsruhe 2001, 125-218, 217.
7   Bericht des Bundesministeriums des Innern (Fn. 1), 11.

auch die Gebührenordnung für Ärzte, die GOÄ, die theoretisch im Falle eines privaten Behandlungsvertrags gelten würde, praktisch keine Rolle spielen.

Tatsächlich verzichten Ärzte in vielen Fällen von vornherein auf ihr Honorar,[8] was dann aber wiederum die Frage aufwirft, ob Ärzte dies überhaupt dürfen. Berufsrechtlich ist ein solcher Honorarverzicht zunächst einmal an sich nicht zulässig, sondern verstößt gegen ärztliches Standesrecht. Allerdings findet sich eine Ausnahmeregelung in § 12 MBO-Ä dahingehend, dass zumindest mittellosen Patientinnen und Patienten das Honorar erlassen werden kann. Im Endeffekt ist also eine unentgeltliche Behandlung in unserem Fall berufsrechtlich unproblematisch. Zivilrechtlich steht es ohnehin jedem frei, unentgeltlich tätig zu sein und kostenlos Leistungen anzubieten.

2. Behandlungsstandard

Die Festlegung des ärztlich geschuldeten Behandlungsstandards ist vor allem von haftungsrechtlicher Relevanz. Konkret stellt sich im Fall der Illegalität die Frage, wie hier der Behandlungsstandard zu bestimmen ist. Gilt für den Fall, dass sich jemand ohne Papiere und möglicherweise auch ohne Geld in ärztliche Behandlung begibt und infolgedessen von einem Arzt kostenlos behandelt wird, eventuell ein vom Normalfall abweichender Behandlungsstandard? Ist hier ein niedrigerer Behandlungsstandard anzusetzen, entweder im Hinblick darauf, dass die Behandlung kostenlos durchgeführt wird, oder auch im Hinblick darauf, dass nicht ein „normaler" Privat- oder GKV-Patient behandelt wird, sondern ein Patient, der außerhalb des PKV- und GKV-Systems steht?

Die grundsätzliche Frage nach dem Bestehen unterschiedlicher Behandlungsstandards je nach Patient ist nicht neu. Altbekannt und viel diskutiert ist diese Frage bislang insbesondere unter dem Stichwort der sog. Zweiklassen-Medizin – also der Medizin mit der „privilegierten" Klasse der Privatpatienten und der „benachteiligten" Klasse der GKV-Patienten. Haftungsrechtlich geht es bei dieser Zweiklassen-Diskussion in erster Linie um die Frage, inwieweit die nicht-zivilrechtlichen Maßstäbe des SGB V, insbesondere dessen Sparvorgaben, den zivilrechtlich an sich geschuldeten hohen Behandlungsstandard für die Gruppe der GKV-Patienten wieder absenken können.[9]

Eine ganz ähnliche Frage stellt sich auch hier, wobei allerdings das „verantwortliche" Gesetz nicht das SGB V ist, sondern stattdessen das Asylbewerberleistungsgesetz, konkret dessen § 4, der die medizinischen Leistungen für die nach dem Asylbewerberleistungsgesetz Leistungsberechtigten festsetzt.[10] Dieser § 4 hält einen auch im Vergleich zum Sozialrecht nochmals deutlich reduzierten Leistungskatalog vor, soweit es um die ärztliche Behandlung geht.[11] Dies legt wiederum die Frage nahe, ob man statt von einer

---

8   *Norbert Cyrus*, „Aufenthaltsrechtliche Illegalität in Deutschland" – Bericht für den Sachverständigenrat für Zuwanderung und Integration der Stadt Nürnberg, Oldenburg 2004, 54.

9   *Klaus Engelmann*, MedR 2006, 245-259, 246; *Robert Francke, Dieter Hart*, ZaeFQ 2001, 732-734, 732; *Bernhard Kreße*, MedR 2007, 393-400, 395.

10 Gemäß § 1 Abs. 1 AsylbLG werden Patienten ohne legalen Aufenthaltsstatus grundsätzlich vom Asylbewerberleistungsgesetz erfasst, vgl. Bericht des Bundesministeriums des Innern (Fn. 1), 48.

11 Siehe § 4 Abs. 1 AsylbLG: Zur Behandlung akuter Erkrankungen und Schmerzzustände sind die erforderliche ärztliche und zahnärztliche Behandlung einschließlich der Versorgung mit Arznei- und Verbandmitteln sowie sonstiger zur Genesung, zur Besserung oder zur Linderung von Krankheiten

Zweiklassenmedizin hier vielleicht sogar von einer Dreiklassenmedizin sprechen müsste. Was den *Umfang* des Leistungskatalogs angeht, ist für das Asylbewerberleistungsgesetz sicherlich auch eine solche niedrigere „dritte" Klasse anzunehmen, da eben nicht alles geleistet wird, was Privat- oder GKV-Patienten geleistet wird. Andererseits darf aber dieser eingeschränkte Leistungskatalog gerade nicht automatisch mit einem abgesenkten Behandlungsstandard, wie ihn der Arzt bei der Vornahme einer konkreten Behandlung schuldet, gleichgesetzt werden. Insoweit gilt vielmehr, dass der Arzt stets den gleichen Behandlungsstandard schuldet, egal ob Privat-, Kassen- oder sonstiger Patient. Der Sorgfaltsmaßstab, der für den behandelnden Arzt gilt, ist stets der gleiche. Insoweit darf gerade keine Klassenmedizin existieren, ein unterschiedlicher Behandlungsstandard wäre rechtlich gerade nicht legitimiert.[12]

Bleibt die Frage, ob ein anderer und zwar niedrigerer Behandlungsstandard möglicherweise deshalb anzunehmen ist, weil ärztliche Leistungen unentgeltlich erbracht werden. Auch das ist jedoch zunächst einmal zu verneinen. Grundsätzlich gilt im Zivilrecht, dass allein der Umstand der Unentgeltlichkeit einer Leistung noch nicht zu einem abgesenkten Sorgfaltsmaßstab führt.[13] Die Frage der Haftung soll gerade nicht von einer Entgeltlichkeit oder Unentgeltlichkeit eines Vertragsverhältnisses abhängen, sondern vielmehr von dem Vertrauen, das die Vertragsparteien einander entgegenbringen.[14]

Ob speziell im Fall einer ärztlichen Behandlung der Behandlungsstandard niedriger anzusetzen ist, wenn diese ärztliche Behandlung kostenlos erbracht wird, ist bereits vor über dreißig Jahren höchstrichterlich diskutiert worden. Konkret ging es damals um den Fall der kostenlosen Behandlung ärztlicher Kollegen untereinander.[15] Früher wurde hier teils vertreten, dass im Falle einer solchen kostenlosen Behandlung ein niedrigerer Behandlungsstandard anzusetzen sei.[16] Der BGH hat dies allerdings abgelehnt und auch für den Fall einer solchen kostenlosen Behandlung unter Kollegen einen üblichen Behandlungsvertrag angenommen, lediglich ergänzt um einen konkludent vereinbarten Honorarverzicht. Zentral war hierbei für den BGH die Erwägung, dass dem Patienten stets der Anspruch auf die volle ärztliche Sorgfalt wichtiger sei als ein in Aussicht stehender Honorarverzicht. Mit anderen Worten: Müsste der Patient wählen, entweder kostenlose Behandlung oder volle ärztliche Sorgfalt, würde der Patient stets die volle ärztliche Sorgfalt wählen, notfalls eben unter Verzicht auf die Kostenfreiheit der Behandlung. Deshalb darf man diesem Patienten nach Überzeugung des BGH auch im Falle einer kostenlosen Behandlung nicht einen Verzicht auf die Einhaltung der vollen ärztlichen Sorgfalt unterstellen.

Soweit es um die Behandlung ärztlicher Kollegen geht, ist diese Argumentation des BGH durchaus überzeugend. Fraglich ist jedoch, ob sie auch auf die hier relevanten

---

oder Krankheitsfolgen erforderlichen Leistungen zu gewähren. Eine Versorgung mit Zahnersatz erfolgt nur, soweit dies im Einzelfall aus medizinischen Gründen unaufschiebbar ist.

12 *Karl-Heinz Hohm*, Asylbewerberleistungsgesetz: Kommentar, Neuwied 2007, § 4 Rn 49; *Walter Schellhorn*, SGB XII – Sozialhilfe, Neuwied 2006, § 4 Rn 8.
13 *Hans Herrmann Seiler*, in: Münchener Kommentar zum Bürgerlichen Gesetzbuch, München 2005, § 662 Rn 54 ff.
14 A.a.O.
15 Bundesgerichtshof, Urteil vom 7. 6. 1977 (VI ZR 77/76).
16 *Stephan Schramm*, Der Schutzbereich der Norm im Arzthaftungsrecht, Karlsruhe 1992, 60.

Konstellationen passt. Menschen, die sich in Deutschland illegal aufhalten, werden im Falle einer Erkrankung, anders als der ärztliche Kollege, regelmäßig gerade nicht diese Entscheidungsfreiheit verspüren, zwischen kostenloser und standardgemäßer Behandlung wählen zu können. Zumeist wird es allein darum gehen, überhaupt irgendeine Behandlung zu bekommen. So „wählerisch" wie der ärztliche Kollege werden Menschen ohne Papiere regelmäßig nicht sein können. Damit kann aber auch nicht von vornherein ausgeschlossen werden, dass hier im Falle einer kostenlosen Behandlung eventuell doch eine konkludente Vereinbarung im Sinne eines niedrigeren Behandlungsstandards anzunehmen ist. Dies wäre überdies auch ein Ergebnis, das der besonderen ärztlichen Situation Rechnung tragen würde, die regelmäßig von Unsicherheit und Improvisation geprägt ist und in der aus Kosten- und Kapazitätsgründen ohnehin oftmals nur das Allernotwendigste erbracht und geleistet werden kann.

Fazit

Soweit in aller Kürze ein Streifzug durch die zivilrechtlichen Fragestellungen im Arzt-Patientenverhältnis. Wie eingangs bereits angedeutet: Viele dieser Fragen sind in erster Linie theoretischer Natur. Selbst wenn man etwa zu dem Ergebnis kommt, dass Ärzte unter Umständen verpflichtet sind, einen Behandlungsvertrag mit jemandem abzuschließen, der sich hier illegal aufhält, wird dies im Zweifel ohne praktische Konsequenzen bleiben. Es ist kaum zu erwarten, dass ein papierloser Behandlungsbedürftiger jemals versuchen wird, einen solchen Anspruch auf Vertragsschluss durchzusetzen. Ebenso wenig wie etwa ein Arzt seinerseits versuchen wird, einen Zahlungsanspruch in Situationen wie dieser durchzusetzen – unabhängig davon, ob und in welcher Höhe ein solcher hier festgestellt wird. Der medizinische Alltag bei einem Leben in der Illegalität wird regelmäßig kaum davon beeinflusst werden, welche privatrechtlichen Rechte- und Pflichtenkonstellationen hier herausgearbeitet worden sind.

Unabhängig davon dürfen all die angesprochenen Fragen gleichwohl nicht unbeantwortet bleiben – nicht nur deshalb, weil die Antworten im Einzelfall eben doch einmal relevant sein können, sondern auch deshalb, weil diese Antworten zugleich auch Aufschluss darüber geben, wie es grundsätzlich um das soziale Verantwortungsbewusstsein des Privatrechts bestellt ist. Ist dieses Privatrecht sozial verantwortungsbewusst oder sozial „kalt"? Weist es die nötige Flexibilität und die nötige Sensibilität auf, um Einzelschicksale und Notsituationen wie hier auffangen zu können, oder kann man sich insoweit gerade nicht auf das Privatrecht verlassen? Zumindest mit „ausreichend" dürfte das Zivilrecht diesen sozialen Bewährungstest auch bestanden haben – unabhängig davon, ob man die konkreten Ergebnisse im Einzelnen gutheißen möchte oder nicht. Ohnehin ist kaum zu erwarten, dass sich jemals eine für alle Seiten befriedigende Lösung in den hier angesprochenen Problemkonstellationen finden lassen wird – zu komplex und diffizil ist die gesamte Behandlungssituation, in der individuelle Not und ärztliches Selbstverständnis einerseits mit praktischen Schwierigkeiten, wirtschaftlichen Zwängen und diversen Sanktionsrisiken andererseits kollidieren.

Der Anspruch nach dem Asylbewerberleistungsgesetz auf eine medizinische Grundversorgung für Menschen ohne Papiere

Dorothee Frings

Es scheint, dass die Zahl der Menschen, die irregulär nach Deutschland zuwandern oder nach Ablauf eines Aufenthaltsrechts nicht zurückkehren, weiter zunimmt. Auch wenn die Bundesregierung keinen Handlungsbedarf sieht,[1] so berichten Nichtregierungsorganisationen und Gesundheitsämter von Situationen wie unbehandelter Tuberkulose oder Krebserkrankungen im Endstadion, Geburten ohne Hebammenhilfe, chronisch kranken Kindern ohne medizinische Versorgung. Wenn sich im Schatten der Gesellschaft Szenarien herausbilden, die an Flüchtlingslager in der Dritten Welt erinnern, lässt sich der Handlungsbedarf nicht mehr mit einem lakonischen Verweis auf ein Da-Sein im Widerspruch zur Rechtsordnung abhaken.

Nun verfügt Deutschland über ein entwickeltes und durch Rechtsansprüche gekennzeichnetes Sozialleistungssystem, welches eigentlich eine angemessene medizinische Grundversorgung für jeden bereithält. Zugänglich ist diese Grundversorgung aber durch die Meldepflichten nach § 87 AufenthG nur um den Preis der Aufenthaltsbeendigung, oftmals verbunden mit Inhaftierung und zwangsweiser Abschiebung. Hier gibt das Gesetz mit der einen Hand, was es mit der anderen wieder nimmt.

Im Folgenden möchte ich die Diskussion darüber anregen, ob eine medizinische Grundversorgung in Deutschland durch einen veränderten Umgang mit den vorhanden gesetzlichen Ansprüchen des Asylbewerberleistungsgesetzes (AsylbLG) erreicht werden kann, oder ob sich diese letztlich als untauglich erweisen.

I. Der Anspruch auf medizinische Grundversorgung als Menschen- oder Grundrecht

Die gesundheitliche Versorgung im Krankheitsfall, bei Unfällen, Schwangerschaft und Geburt gehörte von Anfang an zu den Kernelementen sozialer Sicherungssysteme.

Weil Migrant/innen weltweit dem erhöhten Risiko fehlender Absicherung ausgesetzt sind, beschäftigen sich internationale Konventionen zum Schutz der Wanderarbeiter/innen speziell oder auch zur Garantie eines sozialen Mindeststandards allgemein auch mit dem Problem einer medizinischen Grundversorgung.

Im Jahr 1990 nahmen die Vereinten Nationen die Internationale Konvention zum Schutz der Rechte aller Wanderarbeitnehmer und ihrer Familienangehörigen an, die am 1. Juli 2003 in Kraft getreten ist,[2] bislang aber erst 40 Ratifikationen zu verzeichnen hat.[3]

---

1 Siehe BMI, Illegal aufhältige Migranten in Deutschland, Berlin 2007.
2 Doc. A/RES/45/158.

Die Staaten der Europäischen Union sind ausnahmslos nicht beigetreten. Die speziell auf Wanderarbeitnehmer/innen abzielende Konvention richtet sich sowohl auf die Förderung der Rechte und den Schutz von Personen, die sich zur Beschäftigungsaufnahme in ein anderes Land begeben, als auch auf die Entmutigung und schließlich Beseitigung der illegalen Migration. Sie gilt für *alle* Wanderarbeitnehmer/innen und ihre Familienangehörigen unabhängig davon, ob sie über die erforderlichen Dokumente verfügen. Unter anderem wird der Grundsatz der Gleichbehandlung von Wanderarbeitnehmern und Inländern hinsichtlich des Zugangs zu dringend erforderlicher ärztlicher Hilfe in dieser Konvention festgelegt. So explizit findet sich ein Anspruch auf medizinische Versorgung in keinem sonstigen internationalen oder europäischen Übereinkommen.

Auch der Wirtschafts- und Sozialausschuss der UNO stellte auf der Grundlage des Art. 12 I, II Ziff. d) IPWSKR[4] fest, dass das Recht auf Gesundheit unabhängig vom Aufenthaltsstatus gewährt werden muss. Allerdings lassen sich aus dieser Konvention nur sehr eingeschränkt subjektive Rechte ableiten, ein Individualbeschwerdeverfahren besteht jedenfalls bislang nicht.[5]

Das UN-Übereinkommen zur Beseitigung jeder Form von Diskriminierung der Frau (CEDAW) verpflichtet die Staaten in Art. 12 Abs. 2 konkret zur Sicherstellung der medizinischen Versorgung anlässlich von Schwangerschaft und Geburt für jede Frau, erforderlichenfalls auch unentgeltlich. Unmittelbare Individualansprüche lassen sich allerdings auch aus diesem Abkommen nicht ableiten.

Art. 13 der Europäischen Sozialcharta[6] verpflichtet die Vertragsparteien „sicherzustellen, dass jedem, der nicht über ausreichende Mittel verfügt ... ausreichende Unterstützung", gewährt wird. Diese Bestimmung gehört zu den wenigen, die in der Europäischen Sozialcharta für verbindlich erklärt worden sind. Der Bürger kann Rechte aus der ESC aber nicht unmittelbar geltend machen. Sie enthält keine subjektiven Rechte des Einzelnen, sondern beschreibt nur allgemeine Verpflichtungen für die Staaten.[7] Zudem ist das vorgesehene internationale Kontrollsystem individuellen Beschwerden nicht zugänglich, sondern beschränkt sich auf Staatenberichte über die Umsetzung der Charta sowie auf ein kollektives Beschwerderecht für nationale und internationale Berufsverbände.[8] Das Recht der Staaten, ausländische Bürger des Landes zu verweisen, wird im Übrigen auch nach der ESC nur bei einem bestehenden rechtmäßigen Aufenthalt eingeschränkt.

Nach der Rechtsprechung des Europäischen Gerichtshof für Menschenrechte (EGMR) lässt sich aus der EMRK zwar kein Anspruch auf Gewährung einer Mindest-

---

3   Stand 17.12.2008, Office of the United Nations High Commissioner of Human Rights, <http://www2.ohchr.org/english/bodies/ratification/13.htm> (30.12.2008).
4   Internationaler Pakt über wirtschaftliche, kulturelle und soziale Rechte der Vereinten Nationen von 1966.
5   *Angelika Nußberger*, Das Sozialrecht der internationalen Organisationen, in: *Bernd Baron von Maydell* u.a. (Hrsg.), Sozialrechtshandbuch, Baden-Baden 2008, 1410 ff.
6   Abkommen des Europarats vom 18.10.1961, in Deutschland in Kraft seit dem 19.9.1964, BGBl. 1964 II, S. 1261.
7   *Kai Hailbronner*, in: *Wolfgang Graf Vitzthum*, Völkerrecht, 2. Aufl., Berlin 2001, 3. Abschn. Rn. 237; *Eibe H. Riedel*, Theorie der Menschenrechtsstandards, Berlin 1986, 74.; BVerwG v. 18.9.1984, NJW 1984, 2775, 2779.
8   Europarat, Die Europäische Sozialcharta, Heidelberg 2002, 47 ff.

unterhaltssicherung ableiten, wohl aber ein Leistungsanspruch, wenn das Recht auf Leben unmittelbar in Gefahr ist.[9] Rechte aus der EMRK sind unmittelbar, auch von Einzelpersonen, vor dem EGMR einklagbar.

Das EU-Recht übt weitgehende Zurückhaltung, wenn es darum geht, den Mitgliedstaaten soziale Leistungspflichten aufzuerlegen. Art. 152 EG-Vertrag gibt den EG-Organen lediglich eine Kompetenz zur Förderung der Gesundheit, betont aber die ausschließliche Zuständigkeit der Mitgliedstaaten bei der Ausgestaltung der Sozialsysteme.[10] Art. 5 EG-Vertrag weist der EG neben der ausdrücklichen Zuweisung durch den Vertrag eine subsidiäre Kompetenz zu, soweit die von dem Vertrag vorgegebenen Ziele besser auf Gemeinschaftsebene erreicht werden können. Zunehmend wird aus dieser Regelung die Kompetenz des europäischen Gesetzgebers abgeleitet, die Mitgliedstaaten zur Herstellung eines Mindestniveaus im Bereich des Gesundheitsschutzes zu verpflichten.[11]

Die noch nicht unmittelbar anwendbare Charta der Grundrechte der EU[12] normiert zwar ein Jedermannsrecht auf Zugang zur Gesundheitsversorgung (Art. 35), stellt es aber unter den Vorbehalt der einzelstaatlichen Rechtsordnung. In Verbindung mit der EMRK, die zum Bestand des Rechts der EU gehört, könnte auf der Grundlage des neuen EU-Vertrages durchaus ein Grundrecht auf medizinische Basisversorgung entstehen. Damit bleibt aber die Frage offen, ob es einen geschützten Zugang zu medizinischer Versorgung ohne Offenbarung gegenüber den Ordnungsbehörden geben wird.

Auf der Ebene der deutschen Verfassung lässt sich ein entsprechendes unmittelbares Grundrecht auf Gesundheitsversorgung nicht feststellen; alles andere widerspräche auch der Struktur der Grundrechte als Freiheitsrechte.

Zunächst hatte das BVerfG das Recht auf Fürsorge bei Mittellosigkeit allein aus dem Sozialstaatsprinzip des Art. 20 Abs. 1 GG abgeleitet und einen Individualanspruch ausschließlich dann für möglich erachtet, wenn der Staat seiner Schutzverpflichtung willkürlich nicht oder völlig unzureichend nachkäme.[13] Allerdings galt dem Verfassungsgericht die Sicherung der „Mindestvoraussetzungen für ein menschenwürdiges Dasein" als zentrale Verpflichtung des Sozialstaats.[14]

Den Weg zu einem unmittelbaren Anspruch auf Leistungsgewährung schlug das BVerfG ein mit der Differenzierung zwischen dem garantierten Kernbereich der Menschenwürde, welcher der Disposition des Gesetzgebers entzogen ist, und dem weiten Gestaltungsbereich außerhalb dieses Kernbereichs, in dem es dem Gesetzgeber unbenommen ist, eigene Prioritäten zu setzen und auch die verfügbaren finanziellen Mittel zu berücksichtigen.[15] Der Schutz der Menschenwürde ist demnach nicht zu verwirkli-

---

9 EGMR Urt. vom 10.5.2001 – 29392/95 – Z u.a. gegen Vereinigtes Königreich.
10 *Walter Georg Leisner*, Existenzsicherung im öffentlichen Recht, Tübingen 2007, 398.
11 *Manfred Zuleeg*, in: *Hans von der Groeben/ Jürgen Schwarze* (Hrsg.): Kommentar zum Vertrag über die Europäische Union und zur Gründung der Europäischen Gemeinschaft, 6. Auflage, Baden-Baden 2003, Art. 5 EG, Rn. 30.
12 Vom 18.12.2000, 2000/C 364/01.
13 BVerfGE 1, 97, 104 f.
14 BVerfGE 40, 121, 133.
15 BVerfGE 82, 60, 80; BVerfGE 59, 231, 263; BVerfGE 22, 180, 204.

chen ohne eine staatliche Leistungspflicht,[16] mit der ein individualrechtlicher Leistungsanspruch korrespondiert. Abgeleitet aus der Menschenwürde fließen hier alle übrigen Grundrechte mit ein, im Bereich der Gesundheitsversorgung speziell das Recht auf Leben und körperliche Unversehrtheit aus Art. 2 Abs. 2 GG.

Die Konsequenz ist – als Kernelement des Sozialstaats – ein Gefüge sozialer Sicherungssysteme, die das Entstehen von Lücken rechtlich und tatsächlich ausschließen. Als Ausdruck des Schutzes der Menschenwürde müssen hierbei alle Menschen, die sich tatsächlich im Gebiet der Bundesrepublik Deutschland befinden, erfasst werden, auch diejenigen, die sich im Schatten des Rechts, also unerlaubt aufhalten.

Allerdings lässt sich aus Art. 1 Abs. 1 GG nur die Mindestbedingung der Grundrechtsverwirklichung ableiten, durch die das zum Leben physisch Notwendige garantiert wird,[17] nicht aber der Schutz vor gesellschaftlicher Ausgrenzung, also das soziokulturelle Existenzminimum. Dieser Teilhabeanspruch ergibt sich nicht allein aus der Menschenwürde, sondern erst aus der Verbindung mit dem Sozialstaatsprinzip.[18] Auf einen Inklusionsanspruch werden sich diejenige kaum berufen können, der sich unter Verstoß gegen das Ordnungsrecht im Lande aufhalten.

Der Umfang der grundrechtlich gewährleisteten Minimalversorgung ist aber keine feststehende Größe, sondern nach der je...desto-Formel des BVerfG[19] in jedem Einzelfall zu ermitteln. Je höher die Wertigkeit des betroffenen Schutzgutes, desto größer das Ausmaß der geforderten staatlichen Schutzaktivitäten. Mangelnde Gesundheitsversorgung berührt neben der Menschenwürde auch das Recht auf Leben nach Art. 2 Abs. 2 GG und damit das höchste individuelle Rechtsgut des Menschen und führt daher auf eine besonders intensive staatliche Schutzverpflichtung.

II. Die Einordnung der Gesundheitsversorgung nach dem AsylbLG in das deutsche Sozialleistungssystem

Der Schutz des Rechtsgutes Gesundheit ist öffentlichrechtlich primär durch das System der gesetzlichen Krankenversicherung (GKV) geregelt. Die Ausgestaltung der Mitgliedschaft in der gesetzlichen Krankenversicherung im SGB V tendiert zu einer vollständigen Einbeziehung aller Personen, die sich nicht freiwillig anderweitig sichern können. Mit der Grundsicherung des SGB II wurde die Mehrzahl der bislang nicht krankenversicherten Sozialhilfeempfänger in die reguläre Pflichtmitgliedschaft einbezogen, für die verbliebenen Personen im Sozialhilfebezug wurde eine Anbindung an die GKV ohne echte Mitgliedschaft geschaffen und zuletzt wurde 2007 die „Versicherung für Nichtversicherte" in § 5 Abs. 2 Nr. 13 SGB V eingeführt. Es handelt sich hierbei allerdings

---

16 *Ulrich Sartorius*, Das Existenzminimum im Recht; Baden-Baden 2000, 63 ff.; *Ernst-Wilhelm Luthe*, Optimierende Sozialgestaltung, Oldenburg 2001, S. 55 ff.
17 BVerwGE 35, 178, 180; *Ulrich Sartorius*, a.a.O., 70.
18 BVerfGE 94, 326, 333; BVerfGE 92, 6, 8.
19 BVerfGE 6, 389, 433; BVerfGE 59, 275, 278 f.; BVerfGE 103, 21, 33.

lediglich um eine Tendenz, weiterhin bleibt die GKV – bereits durch den Ausschluss ganzer Gruppen wie der Beamten und der Selbständigen – weit davon entfernt ein allgemeines Sicherungssystem der Bevölkerung zu werden.

Der verfassungsrechtliche Auftrag gesundheitlicher Absicherung für jede Person, gebunden allein an den tatsächlichen Aufenthaltsort – macht also ein weiteres System erforderlich.

Diese Aufgabe wird traditionell vom Bereich der Fürsorge übernommen, ursprünglich geschaffen im Bundessozialhilfegesetz, als Bestandteil eines nachrangigen Sicherungssystems für alle Lebenslagen. Durch die weitgehende Verweisung der Leistungsansprüche an die GKV (§ 264 SGB V) verbleibt nur noch ein kleiner Adressatenkreis im Bereich der Hilfen bei Krankheit nach § 48 SGB XII. Seit 1993 besteht neben dem allgemeinen Regelungsbereich der Sozialhilfe der Sonderregelungsbereich des Asylbewerberleistungsgesetzes (AsylbLG), welches Drittstaatsangehörige[20] deren Aufenthaltsrecht noch nicht langfristig gesichert ist oder denen ein solches nicht zusteht, einerseits aus den Regelsystemen des Sozialstaats ausschließt, anderseits aber die Lückenlosigkeit einer Existenzsicherung in Hinblick auf Art. 1 Abs. 1 GG sichert. Auch Personen ohne jedes Aufenthaltsrecht, vollziehbare Ausreisepflichtige nach § 1 Abs. 1 Nr. 5 AsylbLG, stehen unter dem Schutz des Grundgesetzes und erhalten einen Rechtsanspruch auf die vollständigen Leistungen zur Sicherung des physiologisch notwendigen Existenzminimums.

Die Krankenhilfe nach § 4 AsylbLG und die sonstigen weiteren Leistungen nach § 6 AsylbLG sind Bestandteil dieses Systems der Sicherung des Lebenshaltungsbedarfs auf dem untersten zulässigen Niveau.[21] Wichtig ist die unbedingte Individualisierung dieser Leistung. Dies verlangt eine Identitätsklärung, eine Statusprüfung, eine förmliche, verwaltungstechnische Kenntnisnahme von der Anwesenheit einer Person auf deutschem Territorium, eine behördliche Kenntnis des illegalen Status.

Aufgabe und erklärtes Ziel des AsylbLG war und ist es, die verfassungsrechtlich garantierte Grundsicherung so unattraktiv wie möglich zu gestalten, um jeglichen Anreiz zur ungesteuerter Einreise zu vermeiden.[22] Hieraus begründen sich auch die Herausnahme aus dem System des Sozialrechts und die Einordnung ins Ordnungsrecht. Es ist bei dieser Zuordnung geblieben, obwohl die Zuständigkeit seit 2005 auf die Sozialgerichte übergegangen ist (§ 51 Abs. 1 Nr. 6a SGG). SGB I und SGB X bleiben weiterhin nur in soweit anwendbar als das AsylbLG ausdrücklich auf sie verweist; im Übrigen gilt das VwVfG.

Verfassungsrechtlich rechtfertigen ließ sich ein Gesetz zur Einschränkung und Absenkung der Sozialhilfe immer nur unter dem Aspekt einer lediglich kurzzeitigen Über-

---

20 Deutsche und Unionsbürger können grundsätzlich keine Leistungen nach dem AsylbLG erhalten, da dies gegen Art. 3 Abs. 1 GG oder gegen das Diskriminierungsverbot des Art. 12 EG-Vertrag verstoßen würde.

21 Die Rechtsliteratur hält ganz überwiegend das zulässige Niveau nach 15 Jahren ohne Anpassung an die Lebenshaltungskosten für unterschritten, siehe *Arthur Birk*, in: *Johannes Münder* (Hrsg.): Kommentar SGB XII, § 1 AsylbLG Rn. 3; *Karl-Heinz Hohm*, in: *Walter Schellhorn/Helmut Schellhorn/Karl-Heinz Hohm*, Kommentar SGB XII, 17. Auflage, Köln 2006, Vorb. AsylbLG Rn. 3; anders die Rechtssprechung, siehe LSG Niedersachsen-Bremen v. 18.12.2007 – L 11 AY 60/05 – mit weiteren Nachweisen.

22 BT-Drucks. 12/5008, S. 13.

gangssituation, in der eine gesellschaftliche Integration gerade nicht erfolgen soll und deshalb nur das physiologisch Notwendige, nicht aber das soziokulturelle Existenzminimum gewährleistet wird. Das AsylbLG soll die Funktion erfüllen, zugleich die Verfassungsgarantie auf Schutz der Menschenwürde auch bei einem an sich unerwünschten Aufenthalt einzulösen und der Abschreckung vor einer Zuwanderung in die Sozialsysteme zu dienen. Auch wenn es als Gesetz mit Ansprüchen auf Sozialleistungen konstruiert ist, handelt es sich materiell um ein reines Leistungsbeschränkungsgesetz.

Die Grundrechte der deutschen Verfassung gewährleisten einen weitgehenden Menschenrechtsschutzes und gestatten es nicht, anwesende Menschen als quasi Exterritoriale zu behandeln.

Aus der Perspektive der Einwanderungskontrolle hat dies den Nachteil eines „Pull-Faktors" für ungenehmigte Einreisen und aus der Perspektive der öffentlichen Haushalte verursacht es unerwünschte Kosten.

Der Staat kann seine menschenrechtliche Verantwortung nicht zurückweisen, aber er kann sich ihr durch die ordnungsrechtliche Wegverweisung von seinem Territorium entledigen.

Ein weiteres – auch ökonomisch interessantes – Gegenmittel ist die strikte Vermeidung einer behördlichen Wahrnehmung von Menschen ohne Aufenthaltsrecht, da jede Kenntnis über die Existenz einer Person verfassungsrechtliche Schutzpflichten auslöst. Die Bedrohung mit Haft und Deportation bei jeglichem Kontakt mit öffentlichen oder öffentlich finanzierten Institutionen bewirkt so auch die konsequente Unsichtbarkeit von statuslosen Personen in Deutschland. Solange Menschen nicht als Individuen erkennbar und registriert sind, entstehen auch keine staatlichen Schutzverpflichtungen.

Auch wenn sie sich offenbaren – meist erst bei schwerwiegendsten Erkrankungen – beschränkt sich ihr Leistungsanspruch auf das unbedingt Notwendige und scheitert oftmals an bürokratischen Hürden.

III. Der Umfang des Anspruchs auf Gesundheitsversorgung nach dem AsylbLG

a) Für Personen ohne Aufenthaltsrecht

Nach § 1 Abs. 1 Nr. 5 AsylbLG sind alle vollziehbar ausreisepflichtigen Personen mit tatsächlichem Aufenthalt auf dem Gebiet der Bundesrepublik leistungsberechtigt nach dem AsylbLG.

Sie werden nicht in das System der gesetzlichen Krankenversicherung einbezogen, sondern erhalten nach § 4 Abs. 1 AsylbLG Krankenbehandlung nur bei akuten Erkrankungen und Schmerzzuständen. Manche Sozialämter legen die Regelung so aus, dass Krankenbehandlung nur gewährt wird, wenn es sich um eine Akuterkrankung handelt, die mit Schmerzen verbunden ist. Die Behandlung chronischer Erkrankungen wurde von einigen Ämtern grundsätzlich abgelehnt.[23] Diese Einschränkung gibt der Wortlaut des § 4 Abs. 1 AsylbLG nicht her, da sich das Adjektiv akut nur auf Krankheit, nicht jedoch auf Schmerzzustände bezieht.[24] Im Übrigen wäre eine solche weitere Leistungseinschränkung nicht mit dem Recht auf Leben nach Art. 2 Abs. 2 GG zu vereinbaren, auch die Behandlung einer chronischen Erkrankung mit Schmerzzuständen muss unverzüglich einsetzen.[25] Das Leiden eines Menschen nicht zu beseitigen oder zu lindern, obwohl dies medizinisch ohne weiteres möglich wäre, muss als grausame und unmenschliche Behandlung qualifiziert werden,[26] Dagegen besteht bei chronischen Erkrankungen ohne Schmerzen kein Behandlungsanspruch,[27] es sei denn, die Krankheit ist in ein lebensbedrohliches Stadium getreten.[28]

Die Rechtsprechung zu § 4 AsylbLG zeigt wie schwierig und uneinheitlich sich die Zuordnung der medizinischen Kategorien im konkreten Einzelfall gestaltet. So wurde die Kostenübernahme für medizinisch erforderliche Brillen bei Schulkindern abgelehnt, weil die aufgetretenen Kopfschmerzen durch eine veränderte Sitzordnung im Klassenzimmer zu vermeiden seien.[29] Anderseits wurde aber die Kostenübernahme für Krankengymnastik und Wärmetherapie zugesprochen, wenn dies zur Schmerzbehandlung erforderlich ist.[30]

Eine Psychotherapie, die zur Linderung einer akuten Erkrankung dient, wurde ebenso anerkannt,[31] wie die Fahrtkosten zu einer Therapie.[32] Dagegen hielt das Oberverwaltungsgericht NRW die Kosten einer psychotherapeutischen Behandlung einer posttraumatischen Belastungsstörung nicht für übernahmefähig nach § 4 AsylbLG, weil sie nicht als Akutbehandlung einzuordnen sei.[33] Auch werden Menschen mit schweren psychischen Erkrankungen auf die Notfallversorgung nach dem Psychisch-Kranken-Gesetz verwiesen[34] oder darauf abgestellt, dass eine medikamentöse Behandlung ausreichend und billiger sei.[35] Behandlungen können auch nach § 6 AsylbLG als sonstige Leistung

---

23 Siehe *Georg Classen*, Sozialleistungen für MigrantInnen und Flüchtlinge, Karlsruhe 2008, 117 f.
24 *Christian Grube/Volker Wahrendorf*, Kommentar SGB XII, München 2008, § 4 AsylbLG Rn. 2; *Klaus Deibel*, Die Neuregelung des Asylbewerberleistungsgesetzes 2005, ZAR 2004, 321, 324.
25 VGH Baden-Württemberg, Urt. v. 4.5.98 – 7 S 920/98.
26 So z.B. EGMR v. 27.5.2008 – NL 08/3/08 –, „N. v. the United Kingdom".
27 *Karl-Heinz Hohm*, in: *Walter Schellhorn/Helmut Schellhorn/Karl-Heinz Hohm*, Kommentar SGB XII, 17. Auflage, Köln 2006, § 4 AsylbLG Rn. 4 ff.; *Adolph Olgierd*, in: *Helmut Linhart/Adolph Olgierd*, Kommentar SGB II/SGB XII/AsylbLG, Loseblattwerk, Heidelberg, Stand 2008, § 4 AsylbLG Rn. 8; *Antje Herbst*, in: *Otto Mergler/Günther Zink*, Handbuch der Grundsicherung und Sozialhilfe, Loseblattwerk, Stuttgart, Stand 2008, § 4 AsylbLG Rn. 2 ff; VGH Baden-Württemberg v. 4. 5.1998 – 7 S 920/98 – ; LSG BaWü v. 11.1.2007 – L 7 AY 6025/06 PKH-B.
28 OVG Mecklenburg-Vorpommern v. 28.1.04 – 1 O 5/04.
29 VG Meiningen v. 1.6.06 – 8 K 560/04 Me.
30 SG Gießen, Beschl. v. 10.8.06 – S 18 AY 6/06.
31 OVG Niedersachsen v. 22.9.99 – 4 M 3551/99; VG Braunschweig v. 13.4.00 – 3 B 67/00.
32 OVG Berlin v. 3.4.01 – 6 S 49.98 –.
33 OVG NRW v. 20.8.03 – 16 B 2140/02, juris; ebenso OVG Niedersachsen v. 6.7.2004, FEVS 56, 267 ff.
34 SG Aachen v. 2.6.2008 – S 20 AY 11/08 ER.
35 OVG Niedersachsen, Beschl. v. 6.7.2004 – 12 ME 209/04.

übernommen werden, wenn sie zur Sicherung der Gesundheit erforderlich sind.[36] Die menschliche Gesundheit umfasst auch das psychische Wohlbefinden, soweit seine Beeinträchtigung einer physischen Gesundheitsstörung gleichzusetzen ist. Eine engere Auslegung wäre „mit dem Verständnis des Menschen als einer Einheit von Leib, Seele und Geist und mit der Wechselwirkung zwischen psychischen und physischen Gesundheitsstörungen" unvereinbar.[37]

Behandlungen von einer voraussichtlich längeren Dauer sollen grundsätzlich nicht übernommen werden, wenn nur noch mit einem kurzfristigen Aufenthalt zu rechnen ist.[38]

Für Menschen ohne Aufenthaltsrecht bedeutet dies, dass nur die Behandlungsmaßnahmen finanziert werden, die nicht auf die Zeit nach der Ausreise zu verschieben sind, wobei mit aufenthaltsbeendenden Maßnahmen zu rechnen ist, sobald die Reise- oder Transportfähigkeit wiederhergestellt ist.

Bei Schwangerschaft und Geburt besteht nach § 4 Abs. 2 AsylbLG ein uneingeschränkter Anspruch auf Vorsorgeuntersuchungen, Entbindungskosten, Hebammenhilfe etc. Die Sozialämter machen diese Leistungen in aller Regel davon abhängig, dass zuvor durch die zuständige Ausländerbehörde eine Duldung erteilt wird; der Anspruch ist jedoch nicht von der Bescheinigung über die Aussetzung der Abschiebung abhängig.

Es bestehen nach § 4 Abs. 3 AsylbLG auch Ansprüche auf die von den Krankenkassen empfohlenen Vorsorgeuntersuchungen, wie die U 1bis U 10 für Kinder, die Krebsvorsorge für Frauen ab 20 Jahre und für Männer ab 45 Jahre, gynäkologische Vorsorgeuntersuchungen und zahnärztliche Untersuchungen für Kinder bis zum 18. Geburtstag. Ebenso sind die amtlich empfohlenen Schutzimpfungen sowohl für Kinder als auch für Erwachsene zu übernehmen. Für derartige Leistungen werden Statuslose sicher nicht ihren unerlaubten Aufenthalt aufdecken.

Nach § 6 AsylbLG bestehen Ansprüche auf weitere Leistungen u.a., wenn sie zur Sicherung der Gesundheit unerlässlich sind, z.B. Dolmetscher bei ärztlicher oder psychotherapeutischer Behandlung, Fahrtkosten, Leistungen in Einrichtungen der Behindertenhilfe, Pflegeleistungen oder Leistungen der Frühförderung.

Im Einzelfall können auch Hilfen nach § 6 AsylbLG übernehmen werden, die den Leistungen in besonderen Lebenslagen (Eingliederungshilfe, Hilfe zur Pflege, Hilfe zur Überwindung besonderer sozialer Schwierigkeiten) entsprechen, wenn sie zur Sicherung der Gesundheit oder zur Deckung besonderer Bedürfnisse von Kindern erforderlich sind.[39] Beispiele sind die Aufnahme in ein Frauenhaus,[40] Eingliederungsleistungen, wenn Menschen mit Behinderungen dringend auf sie angewiesen sind,[41] unabweisbar

---

36 *Georg Classen*, Sozialleistungen für MigrantInnen und Flüchtlinge, Karlsruhe 2008, 120; *Deibel*, a.a.O., 325.
37 BVerfG v. 14.1.81, BVerfGE 56, 54, 73 ff.
38 LSG Baden-Württemberg, Beschl. v. 11.1.07 – L 7 AY 6025/06 PKH-B; *Karl-Heinz Hohm*, in: *Karl-Heinz Hohm* (Hrsg.), Kommentar zum Asylbewerberleistungsgesetz, Loseblattwerk, Köln, Stand 2007, Rn. 54; *Adolph Olgierd*, a.a.O., § 4 AsylbLG Rn. 17.
39 OVG Saarland v. 24.4.06, – 3 W 3/06.
40 Zuständig ist hier das Sozialamt, in dessen Bezirk das Frauenhaus liegt, so VG Arnsberg v. 4.8.04 – 9 K 5019/02.
41 SG Frankfurt v. 16.1.06, SAR 2006, 59 f; VG Sigmaringen v. 2.4.03 – 5 K 781/02.

erforderliche Leistungen bei Pflegebedürftigkeit[42] oder Leistungen der Frühförderung und sonstige Hilfen für behinderte Kinder,[43] soweit sie nicht in die Zuständigkeit der Jugendhilfe (seelische Behinderungen) fallen.

Nach § 1a AsylbLG werden die Leistungen für vollziehbar ausreisepflichtige Ausländer/innen auf das im Einzelfall unabweisbar Gebotene eingeschränkt, wenn sie sich
- entweder „in den Geltungsbereich dieses Gesetzes begeben haben, um Leistungen nach diesem Gesetz zu erlangen" oder wenn
- „aus von ihnen zu vertretenden Gründen aufenthaltsbeendende Maßnahmen nicht vollzogen werden können".

Zwar lässt sich bei Personen ohne Aufenthaltsrecht kaum annehmen, ihre Einreise sei von dem Motiv der Inanspruchnahme von Sozialleistungen geprägt gewesen, weil sie in aller Regel ihren Aufenthalt vor den Behörden geheim halten wollten. Dass aufenthaltsbeendende Maßnahmen nicht vollzogen werden können, dürfte aber auf ihre ungemeldete Anwesenheit zurückzuführen sein. Schon deshalb ist der Umfang der Leistungen in der Regel auf das unabweisbar gebotene zu reduzieren ist. Es bleibt aber zu prüfen, ob die Abschiebung gerade wegen des Lebens im Verborgenen nicht möglich ist,[44] oder ob die Abschiebung aus einem anderen Grund gar nicht möglich oder zulässig wäre. Das kann z.B. dann gelten, wenn die Abschiebung zu einer Trennung von einem minderjährigen Kind führt, für das der/die Ausländer/in das Sorgerecht innehat[45] oder wenn der Herkunftsstaat nicht aufnahmebereit ist. Die Weigerung, freiwillig auszureisen, genügt allein nicht, solange die Abschiebung nicht möglich ist.

Teilweise wird in der Rechtsprechung bei Vorliegen der Voraussetzungen des § 1a AsylbLG davon ausgegangen, dass auch eine völlige Leistungseinstellung rechtmäßig sei und die Hilfebedürftigen lediglich auf die Ausreise verwiesen werden könnten.[46] Andere Entscheidungen fordern, das unabdingbar erforderliche Existenzminimum stets bis zum Vollzug aufenthaltsbeendender Maßnahmen zu gewähren.[47]

An dem Anspruch auf (eingeschränkte) medizinische Versorgung ändert sich durch die Leistungsreduzierung nach § 1a AsylbLG zunächst nichts, da für alle Leistungsbezieher/innen nur das medizinische Minimum geleistet wird. Eine Unterschreitung des Leistungsumfang würde daher das Grundrecht auf Leben und körperliche Unversehrtheit nach Art. 2 Abs. 2 GG verletzen. Die bevorstehende Aufenthaltsbeendigung hat jedoch Auswirkungen auf alle aufschiebbaren Behandlungen.

---

42 OVG Schleswig-Holstein v. 9.9.98, FEVS 49, 325 f.
43 VG Sigmaringen v. 2.4.03 – 5 K 781/02; VG München v. 26.6.02 – M 18 K 01.4925.
44 VG Leipzig v. 3.3.99; NVwZ-Beilage I 1999; OVG Greifswald, Beschl. v. 24.1.01, NVwZ Beilage I 2001, 88.
45 LSG Ba-Wü v. 21.9.06 – L 7 AY 4940/05.
46 OVG Berlin v. 12.11.99, NDV-RD 2000, 11 ff.
47 OVG Münster v. 31.5.01, InfAuslR 2001, 396.

b) Für Leistungserbringer:

In Notfällen müssen Krankenhäuser und Ärzte unverzüglich tätig werden und können die Kranken nicht auf eine Antragstellung beim Sozialamt verweisen. Soweit die Patienten mittellos sind, kommt nur die Erstattung durch das Sozialamt in Betracht.

Obwohl das AsylbLG keine Regelung zur Erstattung von Leistungen Dritter enthält, wird § 25 SGB XII nach überwiegender Rechtsauffassung entsprechend angewendet.[48]

Zweck der Regelung (§ 25 SGB XII) ist es, die Hilfsbereitschaft Dritter zu stärken, wenn staatliche Hilfen nicht rechtzeitig einsetzen können.[49]

Leistet das Krankenhaus medizinische Behandlung in einem Notfall (unaufschiebbar zum Erhaltung der Gesundheit und die Hilfe muss sofort einsetzen), so steht dem Krankenhausträger ein Erstattungsanspruch gem. § 25 SGB XII (bei Leistungsansprüchen nach AsylbLG in entsprechender Anwendung) zu.[50]

Der Notfall allein reicht für den Erstattungsanspruch nicht aus, vielmehr muss auch eine Leistungspflicht des Sozialamts bestehen; erforderlich ist der Nachweis, dass es sich bei dem Kranken um einen mittellosen Anspruchsberechtigten handelte. Den Nachweis hat der Leistungserbringer zu führen. Sowohl die Identität als auch die Einkommens- und Vermögensverhältnisse als auch fehlende Unterhaltsansprüche gegen Angehörige müssen belegt werden.[51]

Sobald der Leistungsträger (Sozialamt) von dem Bedarf erfährt, endet der Erstattungsanspruch und der Hilfebedürftige selbst wird Anspruchsinhaber.[52]

In der Realität bleiben Krankenhäuser und Ärzte nach Notfallbehandlungen zumeist ohne Kostenerstattung. Das Problem der einerseits bestehenden Handlungspflicht aus dem ärztlicher Eid und in Hinblick auf die strafbare unterlassene Hilfeleistung nach § 323c StGB wird von der Rechtsprechung zwar erkannt, in Anbetracht der erheblichen finanziellen Auswirkungen aber dem Gesetzgeber überantwortet. Letztlich müsse es als allgemeines Geschäftsrisiko des Krankenhauses (oder Arztes) hingenommen werden.[53]

---

48 Bay. VGH v. 27.4.2006 – 12 BV 04.3020; OVG Niedersachsen v. 11.6.2003, NDV-RD 2004, 15; OVG NRW v. 5.12.2000, FEVS 53, 353.

49 BVerwGE 91, 245, 248; BSG v. 11.6.2008 – B 8 SO 45/07 B.

50 SG Gelsenkirchen v. 29.5.2006 – S 2 AY 20/05.

51 LSG Berlin-Brandenburg v. 29.11.2007 – L 23 SO 119/06, ein ausländischer Patient ohne Wohnsitz in Deutschland war mit einem Herzinfarkt eingeliefert worden und nach wenigen Tagen verstorben. Es ließ sich nicht feststellen, ob eventuell noch unterhaltsverpflichtete Angehörige im Ausland lebten.

52 LSG NRW v. 13.9.2007 – L 9SO 8/06; LSG Baden-Württemberg v. 22.11.2007 – L 7 SO 5195/06.

53 BGH v. 10.2.2005 – III ZR 330/04; siehe hierzu Anm. *Hans Böhme*, PKR 2005, 78.

V. Grundrecht auf Existenzsicherung versus Beseitigung einer Gefahr für die öffentliche Sicherheit

Jede staatliche Leistung der Existenzsicherung ist verbunden den Übermittlungspflichten des § 87 Abs. 2 Nr. 1 AufenthG, die zumindest das Sozialamt in jedem Fall zur Offenbarung gegenüber der Ausländerbehörde verpflichtet. Öffentliche Leistungen sind so nur um den Preis aufenthaltsbeendender Maßnahmen (Abschiebehaft, Ausweisung, Abschiebung) zu erlangen, Leistungsrecht und Ordnungsrecht bleiben unmittelbar miteinander verknüpft. Deutlich wird hier die Funktion des AsylbLG in seiner Zuordnung zum Ordnungsrecht, welches sich dem Ziel der Verhinderung der Zuwanderung in die sozialen Leistungssysteme unterordnet und sich so als dienend gegenüber der Einwanderungsüberwachung verhält. Insbesondere die nochmalige Leistungsbegrenzung in § 1a AsylbLG auf das den Umständen nach Unabweisliche, zeigt, dass die Leistungserbringung lediglich während des Prozess der Aufenthaltsbeendigung der Verpflichtung auf die Menschenwürde Rechnung trägt, aber keine Perspektive auf Grundrechtsschutz in Deutschland bietet.

Statuslose, die von ihrem Recht auf medizinische Behandlung Gebrauch machen, wählen damit die Beendigung ihres Aufenthalts, es sei denn, es besteht ein Abschiebeverbot wegen Leib- und Lebensgefahren im Herkunftsland oder bei Bindungen an Deutschland (vor allem an die Kernfamilie) von erheblichem Gewicht.

Für schwerste Erkrankungen bietet das AsylbLG demnach eine zumutbar erreichbare Behandlungsmöglichkeit; die Schwierigkeiten liegen hier nur in Informationsdefiziten und Fehlverhalten der Behörden und Krankenhäuser.

Keine effektive Hilfe bietet das Gesetz aber für die laufende medizinische Behandlung von Statuslosen, die ein Zuwarten bis zur lebensbedrohlichen Erkrankung und die Verbreitung von Infektionen gerade verhindern könnte.

Aber welche Struktur des Gesundheitswesens könnte eine medizinische Basisversorgung gewährleisten, die für die Betroffenen tatsächlich erreichbar wäre, d.h. die nicht unter den Augen der Ausländerbehörden erfolgen würde?

Es liegt nahe, bereits bestehende medizinische Grundversorgungen in anderen EU-Staaten vergleichend heranzuziehen. Angesichts der starken Ausdifferenzierung der Systeme der Gesundheitsversorgung in der Europäischen Union, gilt es, mögliche Modelle auf ihre Passung zum deutschen Rechtssystem zu überprüfen.

V. Gesundheitsversorgung für Statuslose in ausgewählten Staaten der EU

Die medizinische Versorgung der Bevölkerung wird in den Staaten der EU durch höchst unterschiedlich strukturierte Systeme gewährleistet. Allerdings überlässt kein Staat diesen besonderen Risikobereich der alleinigen Privatverantwortung seiner Bürger, stets finden sich Sicherungssysteme in staatlicher Verantwortung.

Grundsätzlich lässt sich zwischen drei Strukturen dieser öffentlichen Leistungssysteme differenzieren, beitragsfinanzierte Versicherungssysteme, steuerfinanzierte Versorgungssysteme und Kombinationen aus beidem.

Absicherungen auf der Basis von **Versicherungssystemen** finden sich zum Beispiel in **Österreich**. Die Gesundheitsversorgung beruht auf einem beitragsfinanzierten Versicherungssystem, in das alle erwerbstätigen Bürger, auch Selbständige einbezogen sind. Ausgeschlossen bleiben Ausländer/innen ohne einen regulären Aufenthaltsstatus, zu denen auch Asylbewerber gehören. Es besteht eine aus Steuergeldern finanzierte Notversorgung, die aber zumindest eine Registrierung des Aufenthalts voraussetzt. Menschen ohne Aufenthaltsrecht können auch in Notfällen Behandlungen nur gegen Bezahlung erhalten. Bei ernsthaften Gefahren für die Gesundheit sind Krankenhäuser zur Aufnahme auch ohne Vorauszahlung verpflichtet. In diesen Fällen bleiben die Rechnungen oft unbezahlt, eine Beitreibung scheitert bereits an der erforderlichen Identitätsfeststellung. Da es für die Krankenhäuser keine Möglichkeit der Erstattung durch die öffentliche Hand gibt, wird die Schwelle der lebensbedrohlichen Erkrankung tendenziell hoch angesetzt und erschwert den Zugang zu den Krankenhäusern. Eine Meldepflicht der Krankenhäuser besteht nicht.[54]

In **Belgien** besteht ein Versicherungssystem mit Pflichtmitgliedschaft, welches die gesamte registrierte Bevölkerung erfasst, nicht aber Statuslose.

Die ambulante und stationäre Notversorgung wird jedoch unabhängig vom Wohnsitz für alle kostenfrei durch die Sozialhilfe erbracht. Der Begriff der Notversorgung entspricht eher dem der notwendigen Versorgung und umfasst alle Leistungen im Zusammenhang mit der Geburt und für Minderjährige. Auch die Kosten für Medikamente und Physiotherapie können übernommen werden. Der Genehmigungsprozess ist dagegen sehr bürokratisch organisiert. Zunächst muss eine Bewilligung der örtlichen Gesundheitsbehörde eingeholt werden, die vor allem ihre Zuständigkeit prüft. Die Dringlichkeit wird von den behandelnden Ärzten bescheinigt, der auf der Grundlage der Bewilligung seine Kosten mit der Gesundheitsbehörde abrechnen kann. In sehr dringenden Fällen erfolgt eine unmittelbare Aufnahme durch das Krankenhaus und eine nachträgliche Genehmigung. Teilweise sind nur bestimmte Ärzte und Krankenhäuser für die Behandlung zugelassen. Der gesamte Prozess unterliegt der Schweigepflicht aller beteiligten Instanzen. Der faktische Zugang zu einer medizinischen Behandlung wird aber dadurch erschwert, dass die Regelungen nicht ausreichend bekannt sind.[55]

Niederlanden. Seit 2006 wurde das bisherige Versicherungssystem in die Hand privater Versicherer gelegt. Es besteht für die gesamte Bevölkerung eine Versicherungspflicht, entweder auf der Grundlage eines Fixums oder einkommensabhängig für Arbeitnehmer bei Übernahme des hälftigen Beitrags durch den Arbeitgeber. Für Bedürftige wird der Versicherungsbeitrag von der öffentlichen Hand aus Steuermitteln übernommen.

---

54 Platform for International Cooperation on Undocumented Migrants, Acces to Health Care for Undocumented Migrants in Europe, Brüssel 2007, 12 ff.
55 Collectif des Associations Partenaires du Rapport Général sur la Pauvreté ; Pauvreté et santé: obstacles dans l'accès aux soins de santé, Brüssel 2003, 31, <http://www.luttepauvrete.be/publications/Conclusions%20forum%2014-12-2002.pdf>; Platform for International Cooperation on Undocumented Migrants, a.a.O., 19 ff.

Der Anspruch nach dem Asylbewerberleistungsgesetz

Seit 1998 ist der Zugang zum Versicherungssystem für Statuslose verschlossen; diese Ausgrenzung stellte einen der Kernpunkte der Neustrukturierung der Einwanderungskontrolle dar.

Zugang besteht nur noch zu einer Notfallversorgung gegen Bezahlung; allerdings darf keine Vorauszahlung verlangt werden. Unbezahlte Rechnungen werden durch einen Fonds ausgeglichen.[56] Der Begriff der Notfallversorgung ist weit gefasst, auch Ansteckungsgefahren für Dritte sind zu berücksichtigen, Behandlungen anlässlich von Geburten und für Kinder werden generell einbezogen. Seit kurzem wird auch die Zahnbehandlung als medizinisch notwendige Versorgung erfasst.[57]

Über die Erforderlichkeit der Behandlung entscheiden ausschließlich die behandelnden Ärzte selbst. In der Praxis ergeben sich erhebliche Probleme, weil niedergelassene Ärzte und auch Krankenhäuser um die Kostenübernahme fürchten, weil der Begriff der Notfallbehandlung zu unklar sei. Die Definitionsmacht liegt aber bei den Medizinern selbst, so dass das Risiko, auf den Kosten sitzen zu bleiben, sehr gering ist. Eine Meldepflicht existiert in den Niederlanden nicht.[58]

Die Konstruktion über den Erstattungsfonds verfolgt das Ziel, eine Balance zwischen strikter Einwanderungskontrolle und Sicherung der öffentlichen Gesundheit zu schaffen.

In anderen EU-Staaten finden sich **Versorgungssysteme,** so zum Beispiel in **Spanien.** Die Versorgung der Bevölkerung ist hier geprägt durch ein steuerfinanziertes, nationales Gesundheitssystem, welches jedem Bürger mit Wohnsitz eine kostenfreie Grundversorgung verfassungsrechtlich garantiert. Organisiert wird die Versorgung von den autonomen Departments. Voraussetzung ist die Registrierung im kommunalen Bürgerregister. Hierfür ist ein gültiger Pass und eine Wohnungsanmietung oder ein Versorgungsvertrag mit einem Strom- oder Gasversorger erforderlich. Eine Ausweisungsorder, die den Bootsflüchtlingen zumeist direkt nach der Einreise ausgehändigt wird, schließt die Registrierung aus. Im Übrigen können sich aber auch Personen ohne Aufenthaltsrecht registrieren lassen. Ohne Registrierung sind die Notversorgung und die Behandlung für Schwangere und Minderjährige stets kostenfrei. Eine Mitteilungspflicht besteht nicht, aber der Polizei wurde durch Änderung des Aufenthaltsgesetzes von 2003 Zugang zu den Bürgerregistern gewährt. Auch wenn hiervon faktisch kaum Gebrauch gemacht wird, hält es viele Statuslose von der Registrierung ab.[59]

Auch in **Schweden** besteht ein steuerfinanziertes, nationales Versorgungssystem. Voraussetzung für die Teilnahme ist eine Personalnummer, die Statuslose nicht erhalten können. Eine Ausnahme bilden die Kinder abgelehnter Asylbewerber, denen der einmal eröffnete Zugang zum Gesundheitssystem unabhängig vom Status geöffnet bleibt.

---

56 Stichting Koppeling, siehe <http://www.stichtingkoppeling.nl/> (30.12.2008); *Norbert Cyrus*, Aufenthaltsrechtliche Illegalität in Deutschland, 2005, 58.
57 College voor zorgverzekeringen, Themasites, Regeling illegalen (30.12.2008).
58 Platform for International Cooperation on Undocumented Migrants, a.a.O., 60 ff.
59 Platform for International Cooperation on Undocumented Migrants, a.a.O., 88 ff.; Picum, Spain, Right to Health Care, <http://www.picum.org/BASIC_SOCIAL_RIGHTS/Spain.htm> (30.12.2008).

Behandlungen können grundsätzlich, auch in allen Notfällen, nur gegen Bezahlung durchgeführt werden. Unaufschiebbare Notfälle müssen ohne Vorauszahlung behandelt werden, eine Erstattungsmöglichkeit für die Leistungserbringer besteht aber nicht.[60]

Die Krankenhäuser unterliegen einer Auskunftspflicht auf Anfrage der Polizei. Informationen über die Patienten werden aber auch zur Klärung der Kostenansprüche weitergeleitet, so dass jede Behandlung in einem Krankenhaus mit dem hohen Risiko einer Aufdeckung des unerlaubten Aufenthalts, einer Inhaftierung und Abschiebung verbunden ist.

Großbritannien ist berühmt für sein nationales Gesundheitssystem, welches nach dem Zweiten Weltkrieg als frei zugängliches System ohne Ansehen der Person, der Krankheit oder der Zahlungsfähigkeit etabliert wurde. In den vergangenen Jahren wurde der Zugang mehr und mehr an den Wohnsitz und damit an den rechtmäßigen Aufenthalt gebunden.

„Undocumented Persons" fallen in die Kategorie der „overseas visitors", denen innerhalb des in verschiedene Sektoren aufgeteilten Gesundheitssystems („Trusts") lediglich der Zugang zu Ambulanzen („Emergency Care") und praktischen Ärzten offen steht. . Das britische System unterscheidet bei der Kostenpflicht nicht nach der Art der Erkrankung, sondern nach der aufgesuchten Stelle (primary care trusts oder secondary care trusts).

Krankenhäuser nehmen nur gegen Bezahlung auf, in unabweisbaren Notfällen, dazu gehören auch Entbindungen, soll dies auch ohne Vorkasse geschehen.

Die Krankenhausverwaltungen sind verpflichtet, den Aufenthaltsstatus zu erfassen, um den Kostenträger zu klären bzw. die Kosten einzutreiben. Es besteht zwar keine Verpflichtung zur Datenweitergabe, vielfach werden die Einbürgerungsbehörden jedoch informiert.[61]

In einer Reihe weiterer EU-Staat bestehen Versicherungssysteme und Grundversorgungssysteme nebeneinander.

So findet sich in **Italien** ein staatliches Gesundheitssystem, welches teilweise durch Krankenversicherungsbeiträge der Arbeitgeber und Zuzahlungen der Arbeitnehmer gespeist wird, teilweise aber auch aus Steuermitteln finanziert wird. Eine Basisversorgung ist für alle Personen gewährleistet. Erforderlich ist eine Registrierung bei der lokalen Gesundheitsbehörde (Unita Sanitaria Lokale). Der Zugang für Statuslose ist ausdrücklich gesetzlich geregelt[62], ebenso besteht ein gesetzliches Verbot der Datenweitergabe. Viele Leistungen werden aber nicht über die Basisversorgung abgedeckt, hierzu gehören Medikamente, zahnärztliche Behandlung und vielfach auch die fachärztliche Behandlung. Soweit die Zuzahlungen nicht abgedeckt werden können, werden sie den Leistungserbringern von der Unita Sanitaria Lokale erstattet.[63]

---

60 Medicens sans Frontière, Press Release 30.11.2005, <http://www.msf.org/msfinternational/content/pressreleases/index.cfm> (30.12.2008).
61 Platform for International Cooperation on Undocumented Migrants, a.a.O. 97 ff.
62 Art. 35 D.Lgs. 1998/286 (Gesetzesdekret zur Einwanderung und zum Aufenthaltsstatus v. 25.7.1998).
63 *Karin Oellers-Frahm*, Italien, in: *Thomas Giegerich/ Rüdiger Wolfrum* (Hrsg.): Einwanderungsrecht – national und international, Opladen 2001, 139, 157.

In **Portugal** besteht neben verschiedenen Versicherungssystemen eine steuerfinanzierte Versorgung mit einem verfassungsrechtlich geschützten Recht auf eine Basisversorgung. Die Behandlungen sind grundsätzlich gebührenpflichtig, allerdings handelt es sich nur um relativ niedrige Zuzahlungen. Gebührenbefreiung besteht für Kinder, bei ansteckenden Krankheiten, Impfungen, Verhütungsmitteln und Leistungen im Zusammenhang mit Geburt und Mutterschaft. Für Menschen ohne Aufenthaltsrecht ist der Zugang zur Basisversorgung rechtlich gesichert, allerdings ist eine Registrierung erforderlich. In der Praxis wird von erheblichen Problemen und Abweisungen berichtet, die oftmals die Unterstützung durch Wohlfahrtsorganisationen erforderlich macht. Die Register unterliegen einer strikten Geheimhaltung. Ohne Registrierung werden die Kosten von den Krankenhäusern den Patienten in Rechnung gestellt, allerdings immer erst nachträglich.[64]

In **Frankreich** besteht ein umfassendes System staatlicher Krankenversicherungen, welches aus einkommensabhängigen Beiträgen der Arbeitgeber und Arbeitnehmer, aber auch der gesamten übrigen registrierten Bevölkerung gespeist wird. Es beruht auf dem Prinzip der teilweisen Kostenrückerstattung, nur in geringem Umfang werden Sachleistungen unmittelbar erbracht.

Daneben besteht ein Sondersystem speziell für Menschen ohne Aufenthaltsrecht (Aide Médicale de l'Etat – AME). Zur Aufnahme in das System sind ein Identitätsnachweis und eine Adresse (auch bei einer Organisation) erforderlich. Von diesem System wird für Kinder eine volle Versorgung abgedeckt, für Erwachsene nur eine Notfallbehandlung und die erst nach drei Monaten Aufenthalt.[65] Für Personen, die nicht mehr als ca. 600 € verdienen, übernimmt die öffentliche Hand die Kosten, die Übrigen können über einen Fonds der Krankenversicherung Zuschüsse beantragen. Eine Offenbarungspflicht besteht nicht.

Allerdings kennt die Mehrheit der Statuslosen das Sondersystem nicht oder scheut wegen fehlender Personalpapiere den Antrag auf Registrierung.[66] Auch die niedergelassenen Ärzte verweigern zum Teil eine Behandlung auf der Grundlage des AME-Systems.[67]

Die relativ beliebige Auswahl der verschiedenen Systeme innerhalb der EU belegt sehr deutlich, dass nicht Versicherungs- oder Versorgungssysteme *an sich* geeigneter sind, um eine medizinische Grundversorgung für alle zu sichern. Außerordentlich schwierige Zugangssituationen bestehen in Österreich (Versicherungssystem) und Schweden (Versorgungssystem). Dagegen finden sich Finanzierungsregelungen durch die öffentliche Hand und ein Schutz gegenüber den Ordnungsbehörden in den Niederlanden und Belgien (Versicherungssystem) und auch in Italien und Frankreich (Kombination aus beiden). In keinem der hier genannten Länder mit Versorgungssystemen besteht mehr eine verlässlicher Datenschutz. Weniger bürokratisch durchregulierte Systeme bieten zwar von ihrer Konstruktion her ein höheres Maß an Offenheit, jedoch zeigen

---

64 Platform for International Cooperation on Undocumented Migrants, a.a.O., 71 ff.
65 Art. L 251, 252 du Code de l'Action Social et des Familles.
66 Observatoire du Droit à la Santé des Étrangers, La Régularisation pour Raison Médicale en France, 2008, <http://www.actupparis.org/IMG/pdf/ODSE-rapport2008.pdf> (30.12.2008).
67 Nach einer Untersuchung von Medicins du Monde vom Dezember 2006 verweigern 40% der Ärzte die Behandlung von Nichtversicherten, <http://www.actupparis.org/article2799.html> (30.12.2008).

die Beispiele Schweden und zunehmend auch Großbritannien, dass sich diese Systeme ebenso effektiv gegenüber Statuslosen schließen lassen wie die Versicherungssysteme. Auch scheint die verfassungsrechtliche Garantie eines Gesundheitsschutzes keine Gewähr für eine effektive Versorgungssituation zu bieten. Als maßgeblich sowohl für den Zugang als auch den Umfang erweist sich die politische Präferenz entweder für einen weitgehenden Gesundheitsschutz der Bevölkerung oder für die ordnungsrechtliche Einwanderungskontrolle.

VI. Bietet das AsylbLG den adäquaten Rahmen für eine medizinische Grundversorgung von Menschen ohne Aufenthaltsrecht?

Das AsylbLG verhält sich – wie unter IV. erläutert – dienend zur Einwanderungskontrolle, es enthält bereits in seiner Konstruktion eine Priorität für das Ordnungsrecht. Auch scheint die Bundesregierung wenig geneigt, die hohe Kontrolldichte durch die Meldepflichten in § 87 AufenthG für den Bereich der Gesundheitsversorgung zu reduzieren.

Auch in anderen europäischen Staaten, in denen die Grundversorgung durch gesetzliche Regelungen gesichert wird, scheitert der tatsächliche Zugang oftmals an einer vorgeschalteten Registrierung. Der Staat befindet sich hier in dem Dilemma der Registrierung der Nichtregistrierten, der ordnungsrechtlich gesehen nicht vorhandenen Personen. Staaten wie Italien, Spanien und Frankreich haben über viele Jahrzehnte ordnungsrechtliche und sozialrechtliche Strukturen weitgehend getrennt und lange Zeit die Einwanderungskontrolle nicht mit Kommunal- oder Sozialregistern verknüpft. In dem Maße, indem die Einwanderungskontrolle eine gesamteuropäische Aufgabe geworden ist, geraten auch in diesen Staaten die sozialen Sicherungssysteme in Konflikt mit den ordnungsrechtlichen Überwachungsmechanismen.

Eine bei öffentlichen Stellen registrierte Person ordnungsrechtlich nicht zur Kenntnis zu nehmen, stellt in Deutschland mit seinem Grundsatz der Einheit der Verwaltung eine besondere Hürde dar.

Anders sieht es aus, wenn Leistungen so niederschwellig erbracht werden, dass eine förmliche Registrierung entweder nicht erforderlich ist oder aber auf sie zu Gunsten eines höherrangigen öffentlichen Interesses verzichtet wird.

Es spricht vieles dafür, die Gesundheitsversorgung von einer allgemeinen Inklusion in die Sozialleistungssysteme abzukoppeln und stärker unter dem Aspekt eines sowohl menschenrechtlich als auch gesundheitspolitisch begründeten gesellschaftlichen Auftrags zu betrachten.

Lediglich das Infektionsschutzgesetz eröffnet in Deutschland die Möglichkeit einer eng begrenzten anonymen medizinischen Leistung.

Nach § 19 Infektionsschutzgesetz besteht ein Anspruch auf kostenlose Beratung und Untersuchung, evtl. auch ambulante Behandlung von sexuell übertragbaren Krankheiten und Tuberkulose. Anonym kann dies nur im Fall sexuell übertragbarer Erkrankungen erfolgen. Die Beratung und teilweise auch die Untersuchung werden durch die örtlichen Gesundheitsämter erbracht. Das Recht auf Anonymität kann hier zunächst auf alle Klient/innen ausgedehnt werden, weil sich der Anspruch auf Geheimhaltung nicht im Vorhinein ausschließen lässt. Dadurch besteht die Möglichkeit für Menschen ohne Aufenthaltsrecht zunächst eine geschützte Anlaufstelle zu schaffen und die Bereitschaft zu fördern, Gesundheitsprobleme zu offenbaren. Ein Beispiel bietet die seit vielen Jahren bestehende Praxis des Kölner Gesundheitsamtes[68], die allerdings auf der engen Grundlage des Infektionsschutzgesetzes nur eine sehr begrenzte medizinische Versorgung anbieten kann und erst im Zusammenwirken mit privaten Akteuren zu einer wichtigen Anlaufstelle für Statuslose geworden ist.

Nicht das Infektionsschutzgesetz in seiner heutigen Form könnte also eine Basisversorgung für Statuslose sichern, sondern nur die Ausweitung des Grundgedankens eines Angebots, welches nicht auf der individuellen Existenzsicherung beruht, sondern eine abgekoppelte, voraussetzungslose Basisversorgung gewährleistet, die sich begründet aus der Verpflichtung auf ein hohes Gesundheitsschutzniveau für die gesamte Bevölkerung. Dies entspricht auch der in Art. 152 EG-Vertrag sowie Art. 35 der Charta der Grundrechte der EU vorgegeben Zielrichtung für das Gesundheitswesen innerhalb der Europäischen Union.

---

[68] Siehe *Michael Bommes / Maren Wilms*, Menschen ohne Papiere in Köln, Osnabrück 2007, 69 ff.

Strafrechtliche Fragen der medizinischen Behandlung von Papierlosen: Humanitäre Hilfe zwischen ärztlichen Pflichten und ausländerrechtlichem Beihilfeverdacht

Christine Graebsch

Strafrechtliche Reaktionen zeichnen sich dadurch aus, dass sie als „ultima ratio" staatlichen Handelns konzipiert sind, als die letzte in Betracht kommende Maßnahme, wenn alle anderen Mittel versagen. Dementsprechend gelten strafrechtliche Eingriffe auch als die schwerwiegendsten staatlicher Gewalt, wenngleich ihnen rechtstatsächlich gerade die ausländerrechtlichen in ihrer Intensität oft keineswegs nachstehen. Kann es wirklich sein, dass eine derart schwerwiegende Sanktion den Arzt oder die Ärztin treffen kann, wenn sie doch nichts weiter tut als ihrer beruflichen Aufgabe und ihrer jedenfalls ethischen Verpflichtung nachzukommen, nämlich Kranke oder sonst Behandlungsbedürftige medizinisch zu versorgen? Ist es denkbar, dass sich Ärztinnen, Krankenpfleger und sonstiges an der medizinischen Versorgung beteiligtes Personal mit einem Verhalten strafbar macht, mit dem andererseits auch offizielle Wertschätzung bis hin zur Verleihung des Bundesverdienstkreuzes[1] verbunden ist? Die verneinende Antwort sollte auf der Hand liegen, und für die Richtigkeit dieses Ergebnisses spricht auch die sich verbreitende Praxis, offene Angebote für die medizinische Behandlung von Menschen ohne Aufenthaltsstatus zu unterbreiten, die von Polizei und Staatsanwaltschaft ersichtlich nicht als organisierte Kriminalität verfolgt werden. Die Angst vor Strafverfolgung spielt in der Praxis keine entscheidende Rolle mehr, und das ist im Ergebnis auch richtig so, obwohl andererseits durchaus ein paar Fragezeichen verbleiben. Um diese zu verdeutlichen, müssen zunächst die unterschiedlichen strafrechtsdogmatischen Gesichtspunkte diskutiert werden, unter denen sich eine Strafbarkeit oder Straflosigkeit medizinischer Versorgung von Papierlosen annehmen lässt, um dann erst am Ende des Beitrags darauf eingehen zu können, was dies für die reale Situation derjenigen bedeuten kann, die sich an dieser wichtigen Initiative beteiligen.

Strafbarkeit des Nichthelfens

Zunächst einmal mag sich die Ärztin verwundert die Augen reiben, ist es doch normalerweise die Strafbarkeit des Nichthelfens, die betont wird. So bestimmt § 323c StGB, dass *mit Freiheitsstrafe bis zu einem Jahr oder mit Geldstrafe bestraft wird, wer bei Unglücksfällen oder gemeiner Gefahr oder Not nicht Hilfe leistet, obwohl dies erforderlich und ihm den Umständen nach zuzumuten, insbesondere ohne erhebliche eigene Gefahr und ohne Verletzung anderer wichtiger Pflichten möglich ist.*

---

[1] So auch schon *Jens Lehmann* „Ärztliche Hilfe für »Illegale«: eine Straftat nach dem Aufenthaltsgesetz?", Zeitschrift für Ausländerrecht, 2008, 24-27, 24.

„Unglücksfälle" im Sinne des § 323 c StGB sind nach der, bis heute von der Rechtsprechung verwendeten Definition des Reichsgerichts, plötzlich eintretende Ereignisse, die für Menschen erhebliche Gefahren hervorrufen. Klassisches Beispiel ist der Verkehrsunfall. Dabei wird nicht jede Erkrankung als ein Unglücksfall angesehen, es kann aber im Rahmen einer Erkrankung eine plötzliche und sich rasch verschlimmernde Wendung eintreten, die ein Unglücksfall ist, z.B. bei unerträglich werdenden Schmerzzuständen. Auch Schwangerschaft kann in diesem Zusammenhang als „Unglücksfall" verstanden werden, wenn sie plötzlich in eine kritische Phase eintritt oder einzutreten droht.[2] Es wird also für einen Unglücksfall nicht notwendigerweise ein von außen einwirkendes Ereignis vorausgesetzt und auch an die Plötzlichkeit werden keine zu hohen Anforderungen gestellt. Es ist daher nicht entscheidend, ob die Verschlechterung des Gesundheitszustandes gemessen am bisherigen Krankheitsverlauf überraschend kommt, sondern ob eine Gegenwärtigkeit der Gefahr besteht, die infolge Zuspitzung der Krise ein sofortiges Eingreifen erfordert.[3] Unter die, ebenfalls die Hilfeleistungspflicht nach § 323 c StGB auslösende, „gemeine Gefahr" fällt eine konkrete Gefährdung einer unbestimmten Mehrzahl von Menschen. Dies wird teilweise bei einer HIV-Infektion angenommen.[4] Es ist aber offen, ob sich diese Auffassung in der Rechtsprechung – die für die Frage, ob Ärzte und Ärztinnen tatsächlich strafgerichtlich verurteilt werden, allein von Bedeutung ist – tatsächlich durchsetzen wird. Außerdem ist unklar, worin die Hilfeleistung eigentlich bestehen soll, zu der dann eine Verpflichtung angenommen wird.[5] Die letztere Frage lässt sich allerdings bei Aufsuchen einer ärztlichen Praxis sicher einfacher, nämlich medizinisch, beantworten als bei einer sonstigen Alltagsbegegnung mit einer HIV-positiven Person. Allgemein kann das überlegene Können eines Arztes dessen Hilfspflicht begründen sowie deren Art und Umfang bestimmen.[6]

Es gibt mithin aus strafrechtlicher Sicht eine Pflicht jedenfalls bei besonders intensivem Hilfebedarf die medizinisch gebotene Behandlung zu erbringen. Wenn bei Verletzung dieser Pflicht Strafe droht, kann bei ihrer Erfüllung keine Strafe drohen. Wäre es anders, so würden sich staatliche Vorgaben in Wertungswidersprüche begeben. Zwar mag man solche allerorten in der Rechtsordnung ausmachen, aber hier würde es sich sogar um einen strafrechtlichen „double bind" handeln. Wenn sich aus dem Ausländerrecht eine Strafbarkeit ableiten ließe, wäre es egal, ob ein Arzt hilft oder nicht, strafbar würde er sich in jedem Fall machen. Das kann nach rechtsstaatlichen Maßstäben nicht richtig sein.[7]

Nun könnte man allerdings argumentieren, dies sei anders, wenn es um einen Bedarf an medizinischer Behandlung gehe, der in seiner Intensität unterhalb dessen liegt, was medizinisch bei einem Unglücksfall oder gemeiner Not geboten ist. Dies würde die Ärztinnen allerdings in den Grenzbereichen zwischen beiden Fällen einem völlig unüber-

---

2 Vgl. etwa OLG Düsseldorf 5 Ss 206/91 vom 24.06.1991 (juris) m.w.Nachw.
3 Vgl. für einen Überblick statt vieler *Peter Cramer/Detlev Sternberg-Lieben*, § 323 c, Rn. 5 f., in: *Adolf Schönke/Horst Schröder*, „Strafgesetzbuch. Kommentar.", München 2006; *Karl Lackner/Kristian Kühl*, 26. Aufl. 2007, § 323 c, Rn. 2.
4 *Lackner/Kühl*, a.a.O., Rn. 3.
5 Aus letztgenanntem Grund kritisch dazu *Schönke/Schröder-Cramer/Sternberg-Lieben*, a.a.O.
6 *Lackner/ Kühl*, a.a.O., Rn. 6.
7 Vgl. zur juristischen Bewertung der Pflichtenkollision unter Notstandsgesichtspunkten im Einzelnen unten S. 174 f.

schaubaren – und damit auch völlig unzumutbaren – Risiko aussetzen, indem sie stets einzuschätzen hätten, ob sie sich im konkreten Einzelfall nun durch eine Behandlung oder durch deren Unterlassen strafbar machen würden. Fraglich ist außerdem, ob tatsächlich das Strafrecht darüber bestimmen kann und soll, welche Behandlung erfolgt oder nicht erfolgt, und ob und wie sich dies mit dem ärztlichen Ethos vereinbaren lässt. Schließlich würde man bei einer solchen Betrachtungsweise dem Arzt bei diversen Krankheitsbildern und Risikolagen abverlangen, zu warten bis sich diese soweit verschlimmern, dass die Intensität des § 323 c StGB erreicht würde, und erst dann behandeln zu dürfen. Es entspricht tatsächlich der Praxiserfahrung von Ärzten, die Papierlose behandeln, dass diese zwar mit allen Arten von Leiden zu ihnen kommen, wie in einer regulären Arztpraxis, dass die Erkrankungen aber durchwegs bereits in einem fortgeschritteneren Stadium sind als es in einer solchen die Regel wäre.[8] Das dürfte sowohl auf die diesem Personenkreis fehlende Krankenversicherung als eben auch auf die Befürchtung zurückzuführen zu sein, dass bei einem Arztbesuch die Illegalität des Aufenthalts aufgedeckt wird. Wollte man die rechtlichen Regulierungen dahingehend verstehen, dass jedenfalls eine medizinische Versorgung unterhalb des von § 323 c StGB geforderten Eingreifens nicht geboten wäre, so würde man – zusätzlich zu den genannten Abgrenzungsschwierigkeiten – per Gesetz das Abwarten bis zu einer deutlichen Verschlechterung des Gesundheitszustandes auch in solchen Fällen verlangen, in denen es aus medizinischer Sicht eines möglichst frühzeitigen Eingreifens bedarf – ein schwerlich vertretbares Ergebnis, dem zudem eine berufs- und eine zivilrechtliche Behandlungspflicht jedenfalls immer dann entgegensteht, wenn die Patientin ansonsten ohne die medizinisch notwendige Hilfe bliebe.[9]

Strafbarkeit einer Schweigepflichtverletzung

Ein andere Gedanke, der zu einer Strafbarkeit führen könnte, ist der, dass die Behandlung zwar erfolgen darf oder sogar muss, dass aber anschließend bei Verletzung der Meldepflichten – die schließlich nicht zwingend mit der Behandlung einhergeht – eben doch eine Strafbarkeit gegeben wäre. Die Ärztin dürfte also die medizinisch gebotene Unterstützung leisten, anschließend müsste aber zum Beispiel die Verwaltung des Krankenhauses die Personalien der soeben behandelten Person und deren fehlenden Status an die Ausländerbehörde melden. Auch dies birgt offensichtliche Solidaritätskonflikte für die Ärztin, die ihr Tun doch nur aufgrund eines Vertrauensverhältnisses umsetzen kann, das dann nachträglich gestört würde. Die Befürchtung, dass genau dies geschieht, wird daher auch als Hauptgrund dafür angesehen, dass faktisch meist die medizinische Versorgung Papierloser unterbleibt – hingegen aber keineswegs deren illegaler Aufenthalt.[10] Zudem werden hier erneut die wenigen sicher geglaubten Rechtskennt-

---

8 Vgl. für Beispiele etwa Deutsches Institut für Menschenrechte (Hrg.), „Frauen, Männer und Kinder ohne Papiere in Deutschland – Ihr Recht auf Gesundheit", 2007, <http://www.institut-fuer-menschenrechte.de>, 37 f.
9 Vgl. dazu etwa *Michael Quaas/Rüdiger Zuck*, „Medizinrecht", München 2005, 251.
10 Vgl. etwa Institut für Menschenrechte, a.a.O., 10 u. 31.

nisse der Ärztin auf eine schwere Probe gestellt. Hatte sie doch stets gelernt, dass sie ohne Einwilligung des Patienten eben gerade keine personenbezogenen Daten aus dem Arzt-Patienten-Verhältnis an Dritte übermitteln darf – und dass ein Verstoß gegen diese Pflicht wiederum mit Strafe bedroht ist.

Gemäß § 203 StGB wird wegen Verletzung von Privatgeheimnissen mit Freiheitsstrafe bis zu einem Jahr oder mit Geldstrafe bestraft, *wer unbefugt ein fremdes Geheimnis offenbart, das ihm als Arzt, Zahnarzt oder Angehörigen eines anderen Heilberufs, der für die Berufsausübung oder die Führung der Berufsbezeichnung eine staatlich geregelte Ausbildung erfordert, anvertraut worden oder sonst bekannt geworden ist.*

Kann diese Schweigepflicht nun tatsächlich durch eine ausländerrechtliche Mitteilungsverpflichtung ausgehebelt werden, so dass der Arzt eine Mitteilung an die Ausländerbehörde machen darf oder gar muss, obwohl der Wille der Betroffenen entgegensteht?

Ausländerrechtliche Übermittlungspflichten und ihre Grenzen

Anknüpfungspunkt für eine mögliche Übermittlungsverpflichtung ist § 87 II Nr. 1 AufenthG. Danach haben öffentliche Stellen unverzüglich die Ausländerbehörde zu unterrichten, *wenn sie im Zusammenhang mit der Erfüllung ihrer Aufgaben von dem Aufenthalt eines Ausländers, der keinen erforderlichen Aufenthaltstitel besitzt und dessen Abschiebung ausgesetzt ist,* Kenntnis erlangen.

Für niedergelassene Ärztinnen, Hebammen, Psychotherapeuten usw. sowie für private Krankenhäuser besteht völlig eindeutig keine Befugnis zur Übermittlung von Daten an die Ausländerbehörde und erst recht keine Verpflichtung, weil diese lediglich „öffentliche Stellen" betrifft, also Einrichtungen der staatlichen Verwaltung oder private Stellen, soweit sie als Beliehene hoheitliche Aufgaben wahrnehmen.[11] Bei öffentlichen Krankenhäusern, Gesundheitsämtern usw. stellt sich dann aber tatsächlich die Frage, inwieweit die ärztliche Schweigepflicht einer Übermittlung entgegensteht. Eine Antwort darauf gibt § 88 AufenthG in Verbindung mit dem bereits zitierten § 203 StGB. Nach § 88 AufenthG unterbleibt eine nach § 87 AufenthG eigentlich geforderte Übermittlung personenbezogener Daten und sonstiger Angaben, soweit besondere gesetzliche Verwendungsregelungen entgegenstehen. Es wird dort außerdem geregelt, dass personenbezogene Daten, die einer öffentlichen Stelle von einem Arzt oder bestimmten anderen Schweigeverpflichteten zugänglich gemacht worden sind, von der öffentlichen Stelle (nur) dann an die Ausländerbehörde übermittelt werden dürfen, wenn „der Ausländer die öffentliche Gesundheit gefährdet und besondere Schutzmaßnahmen zum Ausschluss der Gefährdung nicht möglich sind oder von dem Ausländer nicht eingehalten werden" oder soweit die Daten für die Feststellung erforderlich sind, ob die in § 55 II Nr. 4 AufenthG bezeichneten Voraussetzungen, d.h. dass „der Ausländer Heroin, Cocain oder ein vergleichbar gefährliches Betäubungsmittel verbraucht und nicht zu einer seiner Reha-

---

11 *Winfried Kluth*, „Mitteilungspflichten nach §§ 87,88 AufenthG", in: *Kluth, Winfried/ Hund, Michael/ Maaßen, Georg* (Hg.), Zuwanderungsrecht, Baden-Baden, 2008, 608-630, 616, Rn. 44 ff.

bilitation dienenden Behandlung bereit ist oder sich ihr entzieht" (Ausweisungsgrund) vorliegen.

§ 88 I AufenthG bekräftigt den Vorrang der ärztlichen Schweigepflicht, indem er betont, dass sogar entgegenstehende gesetzliche Verwendungsregeln (vgl. z.B. § 39 BDSG) die Übermittlung ausschließen, was dann natürlich erst recht für die strafbewehrte Übermittlungssperre aus § 203 StGB gilt.[12] Der nicht ganz leicht verständliche Absatz 2 des § 88 AufenthG betrifft nicht die Übermittlung durch die Ärztin oder einen anderen Geheimnisträger selbst, sondern durch öffentliche Stellen, die ihrerseits von der zum Schweigen verpflichteten Person Kenntnis von dem genannten Sachverhalt bekommen haben. In Betracht kommt nur rechtmäßiges Kenntniserlangen, weil bei unrechtmäßigem einzig die Pflicht zur Vernichtung des erlangten Datenmaterials besteht. Die Kenntnis dürfte also regelmäßig im Wege einer Schweigepflichtsentbindung erlangt werden, die der Patient der Ärztin erteilt hat, damit sie in seinem Interesse, vielleicht zum Zweck der Kostenübernahme für eine Therapie, die Daten an öffentliche Stellen übermitteln kann.[13] Es ist daher keineswegs unproblematisch, wenn diese Daten dann plötzlich an die Ausländerbehörde weitergeleitet werden, nur weil der Eindruck entsteht, der Patient sei zu keiner Behandlung bereit.[14] Es ergibt sich aber immerhin im Umkehrschluss, dass eine Weitergabe der von Geheimnisträgern erlangter Daten in allen anderen als den ausdrücklich genannten Fällen auch der sie erlangenden öffentlichen Stelle verboten ist. Dies betrifft im Falle medizinischer Versorgung Papierloser insbesondere die mit der Abrechnung nach § 4 AsylbLG befasste Sozialbehörde.

Freilich wird die Eindeutigkeit dieses Ergebnisses in der Praxis nicht allenthalben anerkannt. Man pflegt stattdessen teilweise eine sybillinische Unterscheidung der Art, hier sei zwar dem Arzt etwas bekannt geworden, aber doch nicht in seiner Eigenschaft als Arzt (sondern?). So vertritt das Hessische Ministerium des Innern und für Sport die Auffassung,

„Die Kenntnis vom illegalen Aufenthalt ist beispielsweise einem Arzt in einem öffentlich rechtlich geführten Krankenhaus nicht als Angehörigen seiner Berufsgruppe anvertraut oder bekannt geworden, da dieses Datum nicht im Zusammenhang mit der Ausübung der beruflichen Tätigkeit oder im Hinblick auf diese zur Kenntnis gebracht wurde."[15]

---

12 Während vielfach auch § 203 StGB als besondere gesetzliche Verwendungsregel kategorisiert wird (vgl. nur BMI-Prüfbericht 2007, 27), betont *Sönke Hilbrans* § 88, Rn. 3, in: *Rainer M. Hofmann/ Holger Hoffmann* (Hrg.), Ausländerrecht, Handkommentar, 2008, mit Recht, dass es sich bei § 203 StGB um mehr, nämlich um eine Übermittlungssperre, handelt.
13 Es gilt aber auch hier die Zweckbindung des Abs. 1, vgl. *Hilbrans*, a.a.O., Rn. 8.
14 Schon mit ein wenig Kenntnis der Lebenswirklichkeit von Konsumentinnen der im Gesetz genannten Substanzen weiß man, dass die Bereitschaft zu einer Behandlung oder ihr Fehlen in diesem Bereich niemals eine statische Tatsache darstellt, sondern stets in Bewegung ist, die meistens allenfalls langfristig zu einem Behandlungserfolg führen kann. Auf der Grundlage dieser Erkenntnis konnten etwa auch Substitutionsprogramme etabliert werden.
15 Zitiert nach *Kluth* (Fn. 11), S. 626, Rn. 91.

Reichweite der Schweigepflicht in inhaltlicher und personeller Hinsicht

Wenn man bedenkt, welche ganz erheblichen gesundheitlichen Folgen ein illegaler Aufenthalt für die Betroffenen typischerweise in physischer wie psychischer Hinsicht nach sich zieht, mag man die Behauptung schon in rechtstatsächlicher Hinsicht für fragwürdig halten, dieses medizinisch relevante Faktum sei der Ärztin nicht in ihrer Eigenschaft als solche bekannt geworden. Die Auffassung des Hessischen Innenministeriums ist aber auch rechtsdogmatisch unzutreffend. Die Reichweite der Übermittlungssperre beurteilt sich nämlich nach den allgemein zu § 203 StGB entwickelten Regelungen. Dabei geht es keineswegs etwa nur um auf naturwissenschaftlicher Grundlage beruhende diagnostische Erkenntnisse, sondern nach dem ausdrücklichen Gesetzeswortlaut um „Geheimnisse" des Patienten. Mit diesem Begriff aber ist äußerst treffend beschrieben, worum es sich bei dem illegalen Aufenthalt handelt. Er ist typischerweise nur einem eng begrenzten Personenkreis bekannt, es besteht ein Geheimhaltungswillen und ein objektives Geheimhaltungsinteresse. Für letzteres kommt es nach allgemeinen Kriterien lediglich darauf an, ob das Interesse sachlich begründet und verständlich ist, wie hier wegen der Angst vor Abschiebung. Gleichgültig ist dagegen, wie dieses Geheimhaltungsinteresse von der Rechtsordnung bewertet wird. Auch höherrangige entgegenstehende Interessen oder eine Strafbarkeit ändern an der Tatsache des Geheimnischarakters nichts - sie lassen diesen vielmehr oft erst relevant werden. Selbst wenn es sich bei dem illegalen Aufenthalt nicht um ein therapeutisch bedeutsames Faktum handeln sollte, ändert auch dies an der Geheimniseigenschaft nichts. Die ärztliche Schweigepflicht nämlich erstreckt sich nicht nur auf therapeutische Fakten, sondern auf sämtliche persönlichen, familiären, beruflichen, wirtschaftlichen oder finanziellen Umstände, wobei auch ausdrücklich die Identität der Patientin und die Tatsache ihrer Behandlung überhaupt sowie jegliche Anhaltspunkte, die eine Identifizierung ermöglichen könnten, umfasst sind. Es kommt also überhaupt nicht darauf an, ob die Tatsache des illegalen Aufenthalts dem Arzt in innerer Beziehung zur Ausübung seiner Berufstätigkeit bekannt wird,[16] sondern es genügt, wenn Angaben anlässlich und wegen des Krankenhausbesuchs gemacht wurden.[17]

Die nächste wichtige Frage ist die, inwieweit sich die also einer Übermittlung entgegenstehende Schweigeverpflichtung auch auf nicht-ärztliches Personal des Krankenhauses erstreckt. Unmittelbar von der Vorschrift des § 203 StGB erfasst sind auch Angehörige anderer Heilberufe, die eine staatlich geregelte Ausbildung erfordern, mithin Ergotherapeuten, Hebammen, Krankenpfleger, medizinisch-technische Assistentinnen, Rettungsassistenten und Psychotherapeutinnen. Diesen ausdrücklich einbezogenen Personen stehen nach § 203 III 2 StGB all ihre berufsmäßig tätigen Gehilfen und die Personen gleich, die bei ihnen zur Vorbereitung auf den Beruf tätig sind. Berufsmäßig tätiger Gehilfe ist, wer eine auf die Tätigkeit eines Schweigepflichtigen bezogene unterstützende Tätigkeit ausübt, die die Kenntnis fremder Geheimnisse mit sich bringt oder ohne Überwindung besonderer Hindernisse ermöglicht. Es bedarf dabei eines inneren Zu-

---

16 So aber auch wieder die Formulierung im Entwurf des BMI von Allgemeinen Verwaltungsvorschriften zum AufenthG 88.2.4.3.
17 Vgl. dazu zusammenfassend *Kluth* (Fn. 11), 624 ff. m.w.N.

sammenhangs zwischen der unterstützenden Tätigkeit des Gehilfen und des Schweigepflichtigen und es stellt sich die Frage, wie weit dieser Zusammenhang reicht und wie weit dementsprechend der Kreis der Schweigepflichtigen beim Krankenhauspersonal zu ziehen ist. Gerade diese Grenzlinie ist aber in der rechtswissenschaftlichen Literatur umstritten. Während das Behandlungspersonal, einschließlich etwa der Zivildienstleistenden, und Personal einer Dokumentations- oder Datenarchivierungsstelle noch gemeinhin einbezogen wird, gibt es unterschiedliche Meinungen zu der Frage, ob das auch für das Verwaltungspersonal gilt.[18]

So kommt etwa der BMI-Prüfbericht[19] zu dem Ergebnis:

„Hiervon [Gehilfen, deren Kenntnisquelle die gleiche ist wie die des Berufsgeheimnisträgers und die daher auch die gleiche Geheimhaltungspflicht trifft] zu unterscheiden ist die eigenständige Ermittlung des Aufenthaltsstatus durch die Krankenhausverwaltung im Rahmen ihrer Abrechnung. Erfährt die Krankenhausverwaltung in diesem Zusammenhang, dass der behandelte Patient keine Aufenthaltserlaubnis hat, handelt es sich nicht um ein Geheimnis, das im Rahmen der Behandlung einem Berufsträger anvertraut wurde. Diese Tatsache unterfällt folglich nicht der Schweigepflicht nach dem Berufsrecht und damit auch nicht § 203 StGB."

Zutreffend ist es aber, alle diejenigen Personen in den Kreis der Schweigepflichtigen einzubeziehen, die im Rahmen moderner Arbeitsteilung in einem Krankenhaus oder Gesundheitsamt daran mitwirken, dass eine ärztliche Behandlung überhaupt erst stattfinden kann. Bei der verwaltungsmäßigen Erfassung der Patientendaten zu Abrechnungszwecken handelt es sich um eine originär ärztliche Aufgabe, ohne die die Behandlung im Rahmen des geltenden Gebührenrechts nicht möglich wäre. Ob der innere Zusammenhang bei moderner Arbeitsteilung noch gegeben ist, entscheidet sich danach, ob die Ärztin die Tätigkeit des Gehilfen ohne die organisatorische Aufteilung miterledigen müsste, um die Behandlung durchführen zu können.[20]

Selbst das Verwaltungspersonal des Krankenhauses ist ebenso wie das Sozialamt im Rahmen der Abrechnung daher nach richtiger Auffassung zum Schweigen verpflichtet, zu Mitteilungen an die Ausländerbehörde nicht befugt und erst recht nicht verpflichtet.

Da die eventuelle Straftat zudem nur durch Unterlassen begangen sein könnte, müssten Krankenhäuser usw. zunächst einmal eine sog. Garantenstellung inne haben (§ 13 StGB), d.h. eine besondere Verantwortlichkeit für das betroffene Rechtsgut. Eine solche ergibt sich typischerweise etwa aus besonderen Obhutspflichten, wie sie Ärzte lediglich ihren Patientinnen, nicht aber der Ausländerbehörde gegenüber haben.[21]

Wie aber die entgegenstehenden offiziellen Auffassungen verdeutlichen,[22] gibt es erneut keine Sicherheit dahingehend, dass ein mit einem Strafverfahren befasstes Gericht tatsächlich entsprechend entscheiden würde. Auch könnten sich Krankenhausverwal-

---

18 Vgl. für Nachweise beider Meinungen sowie zum Ganzen *Kluth* (Fn. 11), 626 ff.
19 Bundesministerium des Innern (BMI) 2007, „Illegal aufhältige Migranten in Deutschland. Datenlage, Rechtslage, Handlungsoptionen. Bericht des Bundesministeriums des Innern zum Prüfauftrag „Illegalität" aus der Koalitionsvereinbarung vom 11. November 2005, Kapitel VIII 1.2.", 28. Eckige Klammer hinzugefügt von C.G.
20 So auch *Kluth* (Fn. 11) 629 f., OLG Oldenburg 2 Ws 204/82 vom 10.06.1982 (juris).
21 Diesbezüglich ebenso BMI-Prüfbericht (Fn. 20), 34.
22 Wie hier dagegen auch Institut für Menschenrechte (Fn. 8), 15.

tungen eher der Rechtsauffassung des BMI anschließen als der hier vertretenen, so dass in der Praxis eine Mitteilung an die Ausländerbehörde befürchtet werden muss, wenn die Behandlung in einem öffentlichen Krankenhaus oder Gesundheitsamt stattfindet und wenn eine Abrechnung erfolgt.

Beihilfe zum illegalen Aufenthalt durch Verbesserung des Gesundheitszustandes

Es wird außerdem diskutiert, dass Ärztinnen sich möglicherweise durch aktives Tun, nicht bloßes Unterlassen einer Mitteilung, wegen Beihilfe zum unerlaubten Aufenthalt strafbar machen. Als aktives Tun kommt hier nur die medizinische Versorgung selbst in Betracht. Nun fragt sich der medizinisch statt rechtswissenschaftlich ausgebildete Leser (und auch so manche Juristin) inwiefern denn ärztliche Versorgung eine Beihilfe zum unerlaubten Aufenthalt darstellen könne. Dies gelingt einigen Vertretern der juristischen Zunft[23] durch die Annahme, die medizinische Hilfe versetze die Papierlosen typischerweise in einen verbesserten Gesundheitszustand, der dann zur Verstärkung des Entschlusses beitrage, sich weiterhin unerlaubt in der Bundesrepublik aufzuhalten. Für die Strafbarkeit bedürfte es dann freilich im konkreten Strafverfahren eines Beweises für diesen Zusammenhang sowie des Vorsatzes[24] bei der medizinisch behandelnden Person auch gerade diesen Effekt hervorrufen zu wollen. An beidem könnte es in der Praxis bei angemessener Beweiswürdigung regelmäßig fehlen. So wird etwa vertreten, dass es der medizinischen Behandlung an „deliktischem Sinnbezug" fehle, weil die Wiederherstellung der Gesundheit auch ohne die ausländerrechtliche Straftat als solche sinnvoll sei.[25] Man sollte sich aber andererseits vor Illusionen hüten, da in der alltäglichen Praxis vieler Staatsanwaltschaften und Gerichte keine allzu hohen Anforderungen an den Nachweis dieser Aspekte gestellt werden dürften, zumal beim Vorsatz der sog. bedingte genügt, d.h. wenn zwar nicht erstrebt, aber doch billigend in Kauf genommen würde, dass das eigene Handeln eine solche Wirkung haben könnte. Die Frage, ob eine Strafbarkeit aus strafrechtsdogmatischer Sicht angenommen werden kann oder nicht, entbehrt daher keineswegs ihrer Wichtigkeit.

---

23 Vgl etwa *Lehmann* (Fn. 1), 24.
24 Das BayObLG 4 StRR 86/99 vom 21.05.1999 (juris) betont ausdrücklich, dass der Vorsatz nicht einfach aus den äußeren Umständen als gegeben angenommen werden dürfe, sondern gerichtlich festgestellt werden müsse.
25 *Sieglinde Cannawurf*, „Die Beteiligung im Ausländerstrafrecht", Berlin 2007, 200.

Veränderung der Rechtsgrundlage eventueller ausländerrechtlicher Strafbarkeit

Bis zum sog. Richtlinienumsetzungsgesetz, das im August 2007 in Kraft trat, wurde die Frage nach der Strafbarkeit medizinischer Versorgung von Papierlosen unter dem Gesichtspunkt des § 96 AufenthG a.F. diskutiert. Bei § 96 AufenthG handelt es sich um einen Tatbestand, der die ansonsten nur nach allgemeinen Regeln strafbare Beihilfe, die gem. § 27 StGB mit einer zwingenden Strafmilderung für den Gehilfen gegenüber der Haupttäterin verbunden ist, zum eigenständigen Delikt erhebt. Die Strafdrohung ist dabei sogar höher als bei dem Ausgangsdelikt. So droht etwa einem Ausländer, der unerlaubt in die Bundesrepublik einreist, gem. § 95 I Nr. 3 AufenthG Geldstrafe oder Freiheitsstrafe von bis zu einem Jahr, im besonders schweren Fall bis zu drei Jahren. Diejenige, die ihn dabei unterstützt, kann aber gem. § 96 I Nr. 1 AufenthG mit Geldstrafe oder Freiheitsstrafe von bis zu 5 Jahren, im besonders schweren Fall mit Freiheitsstrafe zwischen 6 Monaten und 10 Jahren bestraft werden. Zwar setzt die Bestrafung nach dieser eigenständigen Beihilfenorm voraus, dass eine Unterstützungshandlung vorliegt, für die der Täter „einen Vorteil erhält oder sich versprechen lässt" oder „wiederholt oder zugunsten von mehreren Ausländern handelt". Ersteres kann allerdings bei Ärztinnen, die nicht kostenlos arbeiten, leicht gesehen werden und letzteres bei all jenen, deren Wirken sich nicht auf einen Einzelfall begrenzt. Insbesondere die Strafbarkeit der systematisch organisierten medizinischen Hilfe musste daher bis August 2007 unter dem Gesichtspunkt des § 96 AufenthG diskutiert werden.

Mit der Änderung durch das Richtlinienumsetzungsgesetz besann man sich auf den Grundgedanken des § 96 AufenthG, der in dessen gebräuchlicher Überschrift „Einschleusen von Ausländern" zum Ausdruck kommt, und beschränkte die erhöhte Strafdrohung nunmehr auf Fallgestaltungen, bei denen die bezahlte oder mehrmalige Hilfeleistung eine zur unerlaubten Einreise ist, nicht lediglich eine zum unerlaubten Aufenthalt. Die Begründung der Bundesregierung lautete dafür:

> „Aufgrund der politischen Forderungen der Kirchen und humanitärer Verbände wurde die Strafbarkeit des bisherigen § 96 Abs. 1 Nr. 2 auf die Fälle der unrechtmäßigen Einreise beschränkt. Aufgrund der in Art. 1 Abs. 2 der Richtlinie enthaltenen Öffnungsklausel für humanitär motivierte Unterstützungshandlungen ist eine Umsetzung der versuchten Beihilfehandlung zur unerlaubten Einreise europarechtlich nicht zwingend erforderlich. Denn handelt der Täter ohne dafür einen Vermögensvorteil zu erhalten, ist von einer altruistischen Handlung aufgrund humanitärer Gesinnung auszugehen."[26]

Zu betonen ist hier allerdings zweierlei: Zum einen bleibt die Möglichkeit einer Bestrafung wegen einfacher Beihilfe zum unerlaubten Aufenthalt gem. §§ 95 I Nr. 2 AufenthG, 27 StGB bestehen, es wurde mithin lediglich die Höhe der angedrohten Strafe herabgesetzt. Zum anderen hätte die erwähnte EU-Beihilferichtlinie[27] auch dies nicht geboten.

---

26 BR-Drs. 224/07, 361 f.
27 2002/90/EG vom 28.11.2002.

Böswillige könnten aus der gleichzeitigen Nichtänderung des § 95 AufenthG trotz dem Gesetzgeber bekannter Problematik sogar schließen, dass die Strafbarkeit gemäß §§ 95 I Nr. 2 AufenthG, 27 StGB und somit auch die faktische Bestrafung vom Gesetzgeber ausdrücklich erwünscht sei. Außerdem besteht die Strafbarkeit sogar nach der qualifizierten Norm des § 96 AufenthG für diejenigen Fälle fort, in denen die hilfeleistende Person für ihre Hilfeleistung „einen Vermögensvorteil erhält oder sich versprechen lässt".

Vermögensvorteil versus ärztliche Selbstausbeutung

Als „Vermögensvorteil" gilt jede günstigere Gestaltung der Vermögenslage im Sinne eines wirtschaftlichen Vorteils[28], worunter selbst ein bescheidenes Honorar fallen kann. Das bedeutet, dass von der qualifizierten Strafdrohung lediglich diejenige medizinische Versorgung ausgenommen wurde, die entgeltlos erfolgt. Damit ist auch geklärt, dass sich der Gesetzgeber lediglich zur Herausnahme solcher Unterstützungshandlungen aus der erhöhten Strafdrohung durchringen konnte, die vielleicht zwar wiederholt vorkommen mögen, denn die Unterstützung mehrerer Ausländer reicht zur Erfüllung des § 96 AufenthG nicht mehr, die aber dennoch nicht allzu oft vorkommen werden, weil sie im Wege ärztlicher Selbstausbeutung unter Verzicht auf ein Honorar erfolgen. Damit sind die sich verbreitenden Netzwerke für die medizinische Versorgung von Papierlosen nur dann aus der erhöhten Strafdrohung ausgenommen, wenn sie die daran mitwirkenden Personen aus den Spenden- oder Stiftungsgeldern nicht auch für ihre Tätigkeit vergüten, sondern lediglich das für die Behandlung benötigte Material, Medikamente, eventuelle Räumlichkeiten usw. bezahlen, die direkt für die Behandlung benötigt werden.[29]

Der BGH führt in einer wichtigen Entscheidung zur Unterstützung unerlaubten Aufenthalts aus, dass die Bejahung eines Vermögensvorteils nicht etwa dadurch ausgeschlossen sei, dass „der Angeklagte sich nicht von ausbeuterischer Gewinnsucht, sondern "nicht zuletzt von Hilfsbereitschaft gegenüber Ausländern" hat leiten lassen".[30] Auch die Geltendmachung an sich gegebener Ansprüche nach § 4 AsylbLG wäre dann wohl als strafbewehrt anzusehen, was erneut einen Wertungswiderspruch darstellt.

Zwar gibt es keine praktischen Beispiele für entsprechende gerichtliche Verurteilungen, die Strafdrohung steht aber dennoch deutlich im Raum.

---

28 Entsprechend der zu § 263 StGB bekannten Definitionen, vgl. statt vieler *Andreas Mosbacher*, „§ 10 Straftaten und Ordnungswidrigkeiten nach dem AufenthG", in: *Kluth, Winfried/ Hund, Michael/ Maaßen, Georg* (Hrg.). Zuwanderungsrecht, Baden-Baden, 2008, 761-792, 780, Rn. 36.
29 Dieser Gesichtspunkt wird von *Lehmann* (Fn. 1) , 24 ausgeblendet, wenn er offenbar davon ausgeht, die medizinische Versorgung von Papierlosen könne generell nur noch nach §§ 95 AufenthG, 27 StGB, aber nicht mehr nach § 96 AufenthG strafbar sein.
30 BGH 5 StR 614/89 vom 12.06.1990 (juris).

Unterstützungshandlungen gegenüber ohnehin zum illegalen Aufenthalt Entschlossenen

Vielfach wird davon ausgegangen, dass Verurteilungen wegen Beihilfe zum illegalen Aufenthalt für Ärztinnen auch deswegen unwahrscheinlich seien, weil nach der Rechtsprechung des Bundesgerichtshofes ein weiteres rechtsdogmatisches Kriterium erfüllt sein müsse. Eine strafbare Hilfeleistung liege aus der Sicht des BGH nicht vor, wenn der Täter zur Fortsetzung des illegalen Aufenthalts ohnehin bereits fest entschlossen sei.[31] In der Praxis wird es den Regelfall darstellen, dass der Wille zum illegalen Aufenthalt nicht erst durch die medizinische Behandlung entscheidend geprägt wird. Die erwähnte BGH-Entscheidung wurde in der Vergangenheit von Oberlandesgerichten in der genannten Weise verstanden[32], obwohl dies nicht zwingend ist. In der rechtswissenschaftlichen Literatur wurde dagegen argumentiert, die Entscheidung könne ebenso gut so zu verstehen sein, dass auch ohne konkrete Förderung der Haupttat, also auch bei bereits tatentschlossenem Haupttäter, eine Strafbarkeit gegeben sein könne, der BGH vielmehr nur das Handeln aus humanitären Gründen habe ausnehmen wollen.[33] Neuere Entscheidungen von Oberlandes- und Landgerichten zeigen, dass die in der Literatur geäußerte Skepsis sich nun auch in der Rechtsprechung widerspiegelt.[34] Eine neuere Entscheidung des Landgerichts Freiburg[35] macht deutlich, warum – jenseits der dogmatischen Begründung, dass ansonsten eine „systemwidrige" Anwendung der Beihilferegelungen gegeben wäre[36] – sich die neuere Tendenz bei gegenwärtig bestehender Rechtsunsicherheit wahrscheinlich durchsetzen wird. Dort hatte der Angeklagte als Arbeitgeber die Beschäftigung eines Papierlosen mit geringem Gehalt selbstbewusst damit verteidigt, dass der bei ihm Beschäftigte ohnehin unter allen Umständen zum unerlaubten Aufenthalt entschlossen gewesen sei. Diese Verteidigungsmöglichkeit gerade auch in eher ausbeuterischen Fallgestaltungen zu eröffnen, ist von der BGH-Rechtsprechung sicher nicht beabsichtigt. Man wird sich daher auf diese Grenze der Strafbarkeit in Zukunft eher nicht verlassen können, sondern auch hier auf die Herausnahme „humanitären Handelns" aus der Strafbarkeit setzen müssen. Eine solche Eingrenzung zeichnet sich aber dadurch aus, dass ihre Reichweite typischerweise nicht vorhersehbar ist, weil „humanitär" in höchst unterschiedlicher Weise und Ausdehnung interpretiert werden kann. Auch insofern verbleibt also trotz der Unwahrscheinlichkeit einer Strafverfolgung deren Möglichkeit sowie die aus dieser resultierende Unsicherheit.

---

31 In diese Richtung argumentiert auch der BMI-Prüfbericht (Fn. 20), 32.
32 BayObLG (Fn. 24); BayObLG 4 StRR 77/01 vom 25.06.2001 (juris); OLG Düsseldorf 2a Ss 149/01 vom 31.08.2001 (juris).
33 *Lehmann* (Fn.1), 25.
34 OLG Köln Ss 92 – 93/03 vom 25.03.2003; OLG Frankfurt a.M.1 Ss 9/04 vom 25.02.2005; LG Münster 3 Qs 51/04 vom 16.09.2004; (alle juris).
35 7 Ns 630 Js 233/06 vom 23.01.2008 (juris).
36 *Lehmann* (Fn. 1), 25.

Keine Strafbarkeit bei Duldungsanspruch

Die Strafbarkeit wegen Beihilfe zum unerlaubten Aufenthalt setzt weiterhin voraus, dass der betreffende Ausländer sich selbst tatsächlich mit einer vorsätzlichen und rechtswidrigen Haupttat strafbar gemacht hat. Keine strafbare Haupttat liegt insbesondere dann vor, wenn die Ausländerin, obwohl sie nicht im Besitz einer Duldungsbescheinigung ist, die Voraussetzungen für eine Duldung erfüllt.[37] Das liegt daran, dass die Bescheinigung nach § 60 a AufenthG lediglich einen Nachweis der auch ohne sie gegebenen Aussetzung der Abschiebung darstellt und diese nicht erst durch eine Bescheidung entsteht. Dieser verfassungsgerichtlich anerkannte[38] Grundsatz wird allerdings von der Rechtsprechung überwiegend immer noch dahingehend eingeschränkt, dass die Strafbarkeit nur ausgeschlossen sein soll, wenn die Ausländerbehörde Kenntnis vom Aufenthalt des Ausländers hatte, nicht wenn dieser sich im Bundesgebiet von vornherein verborgen hielt oder untergetaucht war[39]. Es wird auch vertreten, dass bei tatsächlicher Unmöglichkeit der Ausreise, etwa wegen krankheitsbedingter Reiseunfähigkeit – auch selbst bei nichtbestehendem Duldungsanspruch – wegen Unmöglichkeit des gebotenen Handelns die Strafbarkeit ausgeschlossen sein soll.[40] Es bleibt dabei zwar unklar, weshalb dann nicht auch die Voraussetzungen für eine Duldung gem. § 60 a II AufenthG gegeben sein sollten, dürfte sich aber um eine praktisch wichtige Konstellation in den vorliegend relevanten Fällen handeln. Sie muss aber dahingehend präzisiert werden, dass Straflosigkeit bei tatsächlich unmöglicher Ausreise etwa wegen (schwerer) Krankheit auch dann angenommen werden muss, wenn der Aufenthalt der Ausländerbehörde (noch) nicht bekannt war. Das gilt natürlich ganz besonders dann, wenn die Erkrankung sogar ein Aufsuchen der Ausländerbehörde unmöglich gemacht hat. Eine solche Argumentation kommt aber lediglich bei schwerwiegenderen, eilig behandlungsbedürftigen und bei im Herkunftsland nicht behandelbaren Krankheitszuständen in Betracht und eine Gewähr, dass sie sich bei dem jeweils zuständigen Gericht durchsetzen lässt, besteht auch hier wieder einmal nicht.

Berufliches Alltagshandeln im Strafrecht

Die Straflosigkeit medizinischer Versorgung von Papierlosen lässt sich weiterhin auch aus der rechtswissenschaftlichen Diskussion über sog. „neutrale Handlungen" oder Alltagshandlungen herleiten. Es geht dabei um die Frage, inwieweit alltäglich vorgenommene, sozial adäquate Handlungen, zumeist in Zusammenhang mit der Berufsausübung, überhaupt eine Strafbarkeit wegen Beihilfe begründen können. Es soll dabei um „nor-

---

37 Dass dies auch für die Teilnahme am illegalen Aufenthalt gilt, stellt ausdrücklich etwa OLG Schleswig 1 Ss 87/04 (juris) fest.
38 BVerfG 2 BvR 397/02 vom 06.03.2003 (juris).
39 BGH 1 StR 76/04 vom 06.10.2004 (juris), anders aber OLG Schleswig a.a.O., (Fn. 37).
40 *Mosbacher*(Fn. 28), 766, Rn. 10.

males, neutrales, sozial akzeptiertes und regelgeleitetes Handeln" gehen, welches sich vor strafrechtlicher Analyse nicht zu verstecken brauche, auch wenn dem professionell Unterstützenden die deliktischen Pläne des Täters bekannt gewesen seien.[41]

Ist es etwa strafbar jemand einen Baseballschläger zu verkaufen, den der Käufer später einer anderen über den Schädel schlägt? Oder ein Brötchen, mit dem er später jemanden vergiften will? Oder wie ist es mit Banken, die für eine Kundin anonyme Kapitaltransfers nach Luxemburg vornehmen, die dann eine Steuerhinterziehung begeht? Oder kann es eben strafbare Beihilfe sein, jemand den gebrochenen Arm einzugipsen, der sich dann weiterhin illegal in der Bundesrepublik aufhält? Man wird wohl zunächst davon ausgehen, dass es davon abhängt, ob die Unterstützerin den Tatentschluss kennt. Wie aber wenn der Verkäufer des Baseballschlägers weiß, dass der glatzköpfige und stadtbekannte Käufer unsportlich, aber in der rechten Szene aktiv ist? Der Förderungswille und damit auch der Grad von Kenntnis oder Ahnung des Zwecks, bleibt für die Rechtsprechung ein entscheidendes Abgrenzungskriterium, allerdings mit unterschiedlicher Akzentuierung.[42] Im rechtswissenschaftlichen Schrifttum ist die Lage noch unübersichtlicher, so dass auch von dort kein theoretisches Gerüst geliefert wird, das die Rechtsprechung der Zukunft in vorhersehbare Bahnen leiten würde. Es gibt dort Stimmen, die die Beihilfestrafbarkeit in Zusammenhang mit Alltagshandlungen überhaupt nicht besonders einschränken wollen. Andere argumentieren, dass die berufliche Mitwirkung völlig straflos zu stellen sei, weil das Fehlen des Brötchens nicht die Vergiftung, das Fehlen der medizinischen Behandlung nicht den illegalen Aufenthalt verhindern würde. Dazwischen finden sich wenig konsentierte Differenzierungen aller Art.[43] Während es für die vorliegend interessierende (berufliche) Unterstützung Papierloser durch medizinische Behandlung (noch) keine Gerichtsentscheidungen gibt, ist daher auch unklar, wie eine solche ausfallen würde. Dringend zu berücksichtigen wäre dabei allerdings, dass es einen ganz erheblichen Unterschied zwischen dem Baseballschläger- oder Brötchenverkauf sowie dem Bankentransfer zu der ärztlichen Tätigkeit gibt. Bei der beruflichen Tätigkeit in den zuerst genannten Fällen geht es den Handelnden nämlich zuallererst darum, damit Geld zu verdienen, wenn sie auch gleichzeitig damit eine Tätigkeit ausüben, der sich auf allgemeiner Ebene eine gewisse soziale Wichtigkeit nicht absprechen lässt. Bei der medizinischen Behandlung hingegen handelt es sich nicht nur um eine sozial außerordentlich wichtige Tätigkeit, sondern auch um eine berufsrechtlich und ethisch gebotene, und zwar nicht nur im Allgemeinen, sondern sogar regelmäßig gerade auch im zur Rede stehenden Einzelfall, deren Unterlassen in den extremeren Fällen sogar strafbewehrt ist.

Von Lehmann[44] wird allerdings darauf hingewiesen, dass ausgerechnet der Bundesgerichtshof eine Straflosigkeit berufsspezifischer Handlungen immer dann für ausgeschlossen hält, wenn der Unterstützer es nicht lediglich für möglich hält, sondern sich bereits gewiss ist, dass das Verhalten der Haupttäterin darauf abzielt, eine Straftat zu

---

41 So gibt etwa *Claus Roxin* „Strafrecht, Allgemeiner Teil, Band II, Besondere Erscheinungsformen der Straftat", München 2003, 211, Rn. 232. die Definition „professioneller Adäquanz" von Hassemer wieder.
42 Vgl. zusammenfassend *Peter Cramer/ Günter Heine*, in: Schönke/ Schröder (Fn. 3), § 27, Rn. 10 a.
43 Vgl. etwa die Diskussion diverser theoretischer Ansätze bei *Roxin* (Fn. 41), 206 ff.; *Cramer/Heine*, a.a.O., Rn. 10 b; *Cannawurf* (Fn. 25), 193 ff.
44 *Lehmann* (Fn. 1), 26.

begehen. Demnach könne bei medizinischer Behandlung von Papierlosen keine Straflosigkeit durchgesetzt werden, weil sich die Illegalität des Aufenthalts den Mitarbeitern der Anlaufstellen in der Regel aufdränge. Es stellt sich aber die Frage, ob sich ihnen neben der Illegalität des Aufenthalts für eine Strafbarkeit dann nicht auch die Kausalität der Behandlung für dessen Fortsetzung aufdrängen müsste, bei der es sich doch unter Umständen stärker um ein juristisches Konstrukt als um eine Lagebeschreibung der Beteiligten handeln dürfte. Eine klare Prognose wie die Entscheidung ausfiele, lässt sich auch hier nicht treffen.

Pflichtenkollision und Notstand

Pflichtenkollisionen zwischen einer Handlungspflicht (hier der *Be*handlungspflicht) und einer Unterlassenspflicht (die Pflicht einen Beitrag zum illegalen Aufenthalt zu unterlassen) werden strafrechtsdogmatisch über die Notstandsgrundsätze des § 34 StGB aufgelöst. Wenn die an sich gebotene (Be-)Handlung gerechtfertigt ist, erledigt sich damit die Unterlassenspflicht.[45] Im rechtfertigenden Notstand befindet sich gemäß § 34 StGB *wer in einer gegenwärtigen, nicht anders abwendbaren Gefahr für Leib, Leben, Freiheit, Ehre, Eigentum oder ein anderes Rechtsgut eine Tat begeht, um die Gefahr von sich oder einem anderen abzuwenden, wenn bei Abwägung der widerstreitenden Interessen, namentlich der betroffenen Rechtsgüter und des Grades der ihnen drohenden Gefahren, das geschützte Rechtsgut das beeinträchtigte wesentlich überwiegt. Dies gilt jedoch nur, soweit die Tat ein angemessenes Mittel ist, die Gefahr abzuwenden.*

Die Individualrechtsgüter Leben und körperliche Unversehrtheit stehen dabei hoch in der Wertung und ihnen droht unter den Bedingungen eines „Unglücksfalls" oder einer „gemeinen Gefahr" regelmäßig starke Beeinträchtigung. Deshalb fällt im Falle des Handelns privater Ärzte die Abwägung recht eindeutig zugunsten eines rechtfertigenden Notstandes aus, wenn auch hier wieder eine Ungewissheit aufgrund von Wertungsspielräumen verbleibt. Schwieriger ist es wiederum bei staatlichen oder kommunalen Krankenhäusern sowie Gesundheitsämtern. Inwieweit Rechtfertigungsgründe wie § 34 StGB auf staatliches Handeln anwendbar sein können, ist berechtigterweise umstritten, weil diese nicht etwa der staatlichen Gewalt über die üblichen Eingriffsermächtigungen in Gesetzen hinaus noch eine weitere Grundlage für z.B. polizeiliches Handeln eröffnen sollen.[46] Insofern stellt sich die Frage, ob eine Rechtfertigung nach Notstandsgrundsätzen auch etwa von öffentlichen Krankenhäusern oder Gesundheitsämtern in Anspruch genommen werden kann. Nach der sog. herrschenden Meinung und Rechtsprechung allerdings wird eine Anwendung des § 34 StGB auf hoheitliches Handeln dennoch grundsätzlich begrüßt. Im Gegensatz zu vielen anderen Fallkonstellationen ist dem im Falle der medizinischen Versorgung Papierloser auch zuzustimmen, weil es sich bei der durch die (Be-)Handlung verletzten Unterlassenspflicht um eine handelt, deren ge-

---

45 *Theodor Lenckner*, in: *Schönke/Schröder* (Fn. 3) vor §§ 32 ff., Rn. 71 ff.
46 Vgl. dazu zusammenfassend *Frank-Zieschang*, in: Strafgesetzbuch, Leipziger Kommentar, 12. Auflage, 2. Bd., §§ 32-55, Berlin 2006, § 34, Rn. 6 ff.

schütztes Rechtsgut gerade nicht ein Individualrechtsgut, sondern ein Rechtsgut des Staates ist, indem die Allgemeinheit vor dem als schädlich definierten Zustrom und Verweilen von Personen bewahrt werden soll, die dafür keine gesetzliche oder behördliche Legitimation vorweisen können.[47] Auch auf der Ebene der Rechtswidrigkeit lässt sich daher überzeugend argumentieren, dass die Strafbarkeit medizinischer Behandlung von Papierlosen zumindest durch den rechtfertigenden Notstand entfiele,[48] wenn sie denn überhaupt erst straftatbestandsmäßig wäre.

Entscheidungsspielräume und gerichtliche Entscheidungsfindung

Man sieht also, es ist juristisch kompliziert, hoffnungsvoll, aber nicht eindeutig. Aus gleich einer Vielzahl von rechtsdogmatisch unterschiedlich verankerten Argumenten lässt sich das doch eigentlich selbstverständliche Ergebnis, dass die medizinische Behandlung von Papierlosen straflos sein muss, auch juristisch begründen. Es gibt andererseits aber keine Gewähr dafür, dass auch eine noch so überzeugende Sichtweise in einer gerichtlichen Entscheidung tatsächlich zum Ausdruck kommt, solange diese nicht ausdrücklich im Gesetz steht. Auch die Amtsrichterin wird nicht unbedingt alle der jeweils vertretenen oder vertretbaren Theorien kennen und gegeneinander abwägen bevor sie eine Entscheidung trifft. Es muss zudem an dieser Stelle gerade für die nichtjuristische Leserin auf einen Zusammenhang hingewiesen werden, der von Juristen vielfach wie ein der Schweigepflicht unterliegendes Berufsgeheimnis behandelt, im Stillen aber doch zumeist eingeräumt wird: Wo keine eindeutige gesetzliche Vorgabe existiert, resultieren Rechtsentscheidungen kaum aus der vorherigen Abwägung rechtswissenschaftlicher Theoriestränge in allgemeiner Würdigung, die dann später auf den vorliegenden Einzelfall angewendet würden. Es wird dagegen ebenso regelmäßig vom Ergebnis aus gedacht und erst danach die passende Theorie dazu gesucht, wenngleich dies gemeinhin wegen der proklamierten Neutralität und Objektivität der Rechtsprechung nicht laut zugegeben wird.[49]

Die Rechtsfigur der neutralen Alltagshandlung etwa ist ein guter Kandidat für die juristische Begründung einer gerichtlichen Entscheidung über die Straflosigkeit medizinischer Versorgung von Papierlosen, sollte diese es doch einmal vor ein Amtsgericht schaffen, und der Richter der Überzeugung sein, dass es sich dabei nicht um strafwürdiges Verhalten handelt. Aus kriminologischer Sicht stellen sich die Chancen dafür schon deswegen relativ gut dar, weil es sich bei Ärztinnen im Allgemeinen um eine sozial angepasste und angesehene Bevölkerungsgruppe handelt, deren Tätigkeit hohe Wichtigkeit und Moralität beigemessen wird. Dies ist genau das Tatsachenmaterial, für das die Rechtsfigur von der „neutralen Handlung" erst geschaffen wurde. Man will als Richterin nicht seinesgleichen bestrafen, sondern die (systematisch) Anderen. Dazu

---

47 So allgemein für Rechtsgüter des Staates und der Allgemeinheit *Zieschang*, a.a.O., Rn. 6.
48 Im Ergebnis ebenso *Lehmann* (Fn. 1) sowie BMI-Prüfbericht (Fn. 20).
49 Vgl. aber schon *Josef Esser*, Vorverständnis und Methodenwahl in der Rechtsfindung; Rationalitätsgrundlagen richterlicher Entscheidungspraxis, Frankfurt am Main 1972.

wird man als Arzt auch durch die Behandlung einer Papierlosen nicht ohne Weiteres. Aber es ist eben auch nicht ausgeschlossen, dass man es doch wird, wie es bei einer eindeutigen rechtlichen Regelung der Fall wäre, die Ärztinnen von der Strafbarkeit nach §§ 95 AufenthG, 27 StGB ausnähme.

Der aktuelle Vorschlag des Bundesinnenministeriums für Verwaltungsvorschriften zum Aufenthaltsgesetz zeigt die beschriebene Tendenz recht deutlich, indem er formuliert (96.1.0.2.3):

> „Handlungen von Personen, die im Rahmen ihres sozial anerkannten Berufes tätig werden (insbesondere Apotheker, Ärzte, Hebammen, Angehörige von Pflegeberufen, Psychologen, Seelsorger, Lehrer, Sozialarbeiter, Richter oder Rechtsanwälte) erfüllen i.d.R. nicht den Tatbestand der Beihilfe, soweit die Handlungen sich auf die Erfüllung ihrer berufsspezifischen Aufgaben beschränken."

Das heißt aber auch, dass es Ausnahmen gibt. Die Unklarheit und der – nach aller Diskussion sicher nicht unbeabsichtigte – Mangel an Vorhersehbarkeit wird auch in der darauffolgenden Ausnahmeregelung (96.1.0.3) deutlich, die die vorangegangene eher wieder zu verschärfen scheint:

> „Hilfeleistungen können gemäß § 34 StGB gerechtfertigt sein. Im Übrigen können sie ausnahmsweise unter dem Gesichtspunkt der Unzumutbarkeit normgemäßen Verhaltens straffrei sein, wenn hierdurch eine akute Gefährdung höchstpersönlicher Rechtsgüter des Ausländers (z.B. des notwendigen Lebensbedarfs) abgewendet oder abgemildert wird. Dies kommt insbesondere dann in Betracht, wenn die gewährte Unterstützung auf berufliche Verpflichtungen zurückzuführen ist. Zu berücksichtigen ist dabei allerdings, dass z.B. dem „abgetauchten" Ausländer zur Abwendung von Gefahren grundsätzlich das „Auftauchen" zumutbar ist, denn auch wenn seine Abschiebung droht, werden seine Interessen durch die §§ 60 f. ausreichend gewährt."

Auch der BMI-Prüfbericht kam schon zu dem Ergebnis, dass die Kriminalisierung humanitärer Hilfe nach dem Gesetz prinzipiell möglich, es aber fraglich sei, ob sie in der Praxis tatsächlich erfolge. Neben diversen anderen Entkriminalisierungsvorschlägen wird dort dann aber auch der abgelehnt, die medizinisch gebotene Hilfe ausdrücklich im Gesetzestext aus der Strafbarkeit herauszunehmen. Dies wird groteskerweise damit begründet, dass durch eine solche Regelung Unsicherheiten bei der Auslegung auftreten könnten.[50] Angesichts der vorliegend und auch im BMI-Prüfbericht selbst breit dargestellten, ganz erheblichen nach gegenwärtiger Rechtslage bestehenden Unsicherheiten, kann diese Begründung nicht anders denn als Ausdrucksform des politischen Unwillens eine entsprechende Verbesserung vorzunehmen, verstanden werden. Die jetzige rechtliche Situation ermöglicht ebenso im Regelfall von einer Bestrafung abzusehen und sich als Staat mit der Verleihung des Bundesverdienstkreuzes usw. als humanitär zu präsentieren, wie man sich andererseits die strafrechtliche Verfolgung für den (Einzel-)Fall offen hält, dass das Ganze dann doch zu weit gehen sollte.

---

50 Vgl. etwa BMI-Prüfbericht (Fn. 20), 45 f.

Drohungs- und Zermürbungspotential durch (mögliche) Strafverfolgung

Die Offenheit der Situation wird noch dadurch verschärft, dass je nach rechtsdogmatischer Einordnung der Problematik die Strafbarkeit für eine jeweils etwas andere Gruppe bzw. Fallkonstellation erhalten bleibt, so dass man sich in der Organisation der medizinischen Versorgung von Papierlosen nur schlecht darauf einstellen kann. Ist es nun nur die bezahlte Hilfe, die von der eventuellen Strafdrohung umfasst bleibt? Nur die in Fällen unterhalb der Schwelle eines „Unglücksfalls"? Nur die durch öffentliche Stellen? Nur die von noch nicht endgültig zum weiteren unerlaubten Aufenthalt Entschlossenen? Die Antwort hängt davon ab, wie das im jeweiligen Einzelfall zuständige Gericht dann eines Tages entscheiden würde. Solange bleibt es beim Drohpotential der Strafdrohung.

Entgegen dem möglicherweise in der bisherigen Darstellung erzeugten Eindruck kommt erschwerend hinzu, dass die praktisch wesentlichen Entscheidungen in diesem Zusammenhang ohnehin keineswegs (erst) vor Gericht, sondern in den vorangehenden Verfahrensstadien fallen. So birgt bereits die Einleitung eines polizeilichen bzw. staatsanwaltschaftlichen Ermittlungsverfahrens ein nicht zu unterschätzendes Zermürbungspotential, selbst wenn sich dann in einem (viel) späteren Gerichtsverfahren der strafrechtliche Vorwurf nicht bestätigen sollte. Die Art und Weise wie in der rechtswissenschaftlichen Debatte die Herausnahme humanitär-medizinischer Versorgung von Papierlosen konzipiert ist – mit völliger Unklarheit, unter welchem rechtlichen Gesichtspunkt und wie weitgehend diese strafbar sein soll – schließt keineswegs aus, dass zunächst ein Ermittlungsverfahren eingeleitet wird.

Eine Umfrage des BMI bei den Landesinnenministerien zu Ermittlungsverfahren für den Prüfbericht ergab im Hinblick auf Fälle humanitärer Unterstützung für die meisten Länder keine Erkenntnisse bzw. keine entspr. Differenzierungen in der Statistik, vereinzelt wurden Ermittlungsverfahren genannt, insbes. in Zusammenhang mit Kirchenasyl.[51] Vielfach werden in solchen Fällen die Verfahren dann gegen einmalig bzw. erstmalig die Aufmerksamkeit der Strafverfolgungsbehörden erregende Personen noch vor einer Anklageerhebung von der Staatsanwaltschaft nach § 153 StPO eingestellt.[52] Diese Einstellung wegen Geringfügigkeit dient der Arbeitsentlastung für die Behörden und erfolgt ohne nähere Prüfung des Schuldvorwurfs unter dem Gesichtspunkt, dass dieser selbst im Falle seiner Bestätigung als geringfügig zu betrachten wäre. Bei dieser Art der Verfahrenseinstellung handelt es sich freilich gewissermaßen um eine zweiter Klasse, weil es stets auch möglich gewesen wäre, das Verfahren nach § 170 II StPO, d.h. weil überhaupt kein hinreichender Verdacht einer strafbaren Handlung ermittelt wurde, einzustellen. Gegen eine Einstellung nach § 153 StPO hat die Beschuldigte aber kein Rechtsmittel, mit dem etwa erwirkt werden könnte, dass das Verfahren doch noch nach § 170 II StPO eingestellt werden müsste.

Dass auch ein in keiner Statistik ausgewiesenes, nach § 153 StPO eingestelltes Strafverfahren ganz erhebliche psychische Auswirkungen haben kann, weiß die Autorin nicht nur von ihren Mandanten, sondern durfte sie vor einigen Jahren auch am eigenen Leib erfahren.

---

51 Vgl. dazu die Antworten der Länder in der Anlage 5 des BMI-Prüfberichts (Fn. 20).
52 Dafür ausdrücklich auch *Cannawurf* (Fn. 25), 202 ff.

Zur Verdeutlichung dessen, was mit Drohungs- und Zermürbungspotential offener Tatbestände und strafrechtlicher Ermittlungen gemeint ist, soll der dortige Zusammenhang kurz dargestellt werden, weil er dem hier diskutierten in vielfacher Hinsicht ähnelt:

> § 84 AsylVfG stellt die „rechtsmissbräuchliche Verleitung zur Asylantragstellung" unter Strafe. Die Norm wird selten angewendet, und man liest in der einschlägigen Literatur den beruhigenden Hinweis, dass eine Strafbarkeit von Rechtsbeiständen danach aus guten dogmatischen, verfassungs- und menschenrechtlichen Gründen ausgeschlossen[53] sowie dass keine Strafverfahren in Zusammenhang mit humanitärer Unterstützung bekannt seien.

Ähnlich wie vorliegend hatte Holger Hoffmann 2004 zur Frage eventueller Strafbarkeit der Flüchtlingssozialarbeit resümiert:

> „[...] kann zwar ein strafrechtlicher Tatbestand erfüllt sein (Beihilfe in verschiedenen Formen/Anstiftung/Begünstigung/Strafvereitelung o. ä.). Letztlich wird jedoch in jedem Einzelfall im strafrechtlichen Ermittlungsverfahren von Staatsanwaltschaft und Richter unter Beachtung des Verhältnismäßigkeitsprinzips zu entscheiden sein, ob die vom Grundsatz der Hilfe getragene soziale Arbeit als im strafrechtlichen Sinne vorsätzlich, rechtswidrig und schuldhaft einzustufen ist. Bei „normaler" sozialer Beratung besteht in aller Regel keine Gefahr sich strafbar zu machen. Nicht zu übersehen ist allerdings, dass der Gesetzgeber insbesondere mit Schaffung des § 92 a Ausländergesetz und der „weiten" Fassung des § 84 AsylVfG vor etwa zehn Jahren strafrechtliche Risiken für soziale Arbeit mit Flüchtlingen geschaffen hat. Soweit ersichtlich sind jedoch bisher wegen dieser Tatbestände keine professionellen Sozialarbeiter oder ehrenamtlichen Helfer verurteilt worden. Es erscheint daher nicht geboten, aus Furcht vor staatlicher Bestrafung Handlungen zu unterlassen, welche man aus ethischen Gründen für erforderlich hält, um Flüchtlinge zu schützen."[54]

Die Autorin bietet als universitäres Ausbildungs- und ehrenamtliches Rechtshilfeprojekt gemeinsam mit Studierenden in der Bremer Abschiebungshaft wöchentliche kostenlose Rechtsberatung an. In diesem Zusammenhang traf sie auf drei Afrikaner, die direkt nach der Einreise in englischer Sprache angehört worden waren, dabei nur ein paar nicht asylrelevante Sätze von sich gegeben haben sollen und daher als fehlgeleitete Arbeitsmigranten für die baldige Rückführung in ihr Herkunftsland vorgesehen waren. Da die Autorin jedoch bemerkte, dass eine Verständigung in englischer Sprache nur zu einfachsten Dingen und nicht ohne bleibende Missverständnisse möglich war, besorgte sie ihnen einen Dolmetscher für die Muttersprache und einen Rechtsanwalt. Daraufhin stellten sie Asylanträge und begründeten in der darauffolgenden Anhörung eine politische Verfolgung so hinreichend plausibel und ausführlich, dass das Bundesamt für Migration und Flüchtlinge für ihre Haftentlassung sorgte.

Einige Monate später erhielt die Autorin eine polizeiliche Vorladung unter Nennung des § 84 AsylVfG, aber ohne Hinweis auf den in Bezug stehenden Sachverhalt, und zwar an einem Samstagmittag in ihren häuslichen Briefkasten. Der Rest des Wochenendes wurde dann zu Tages- und zu Nachtzeiten mit Nachgrübeln über sämtliche Begegnungen mit Asylbewerbern und die Möglichkeiten in diese ein strafbares Verhalten hin-

---

53 *Reinhard Marx*, „Asylverfahrensgesetz", 6. Aufl.2005, Rn. 14 ff. ; *Norbert Wingerter*, in: *Hofmann/Hoffmann* (Fn. 13), § 84, Rn. 7.
54 *Holger Hoffmann*, „Flüchtlingssozialarbeit: Strafbar?", in: Asylmagazin 3/2004 <http://www.asyl.net>.

einzuinterpretieren verbracht. Auch wenn man als Strafrechtlerin weiß, dass ein solches Verfahren mit sehr hoher Wahrscheinlichkeit zumindest nach § 153 StPO eingestellt wird und schlimmstenfalls mit einer Geldstrafe enden wird, führt man sich unweigerlich und ungewollt den eigenen Gefängnisaufenthalt, dessen Bedeutung für Familie, Beruf etc. eindringlich vor Augen. Obwohl man als Strafrechtlerin weiß, dass es ein Kunstfehler wäre, der polizeilichen Ladung zu folgen oder sonst selbständig Kontakt zu den Strafverfolgungsbehörden aufzunehmen – erst Recht ohne auch nur ungefähr zu wissen, um welchen Vorwurf es geht – überlegt man permanent genau dies zu tun, um die Ungewissheit zu beenden.

Schließlich kommt – nach vielen Wochen, in denen man sich in unterschiedlicher Intensität mit den genannten Fragen herumquält – die Akteneinsicht[55] über den Verteidiger (dem gegenüber man sich auch nicht als besonders ungeduldige Mandantin outen wollte, schließlich sagt man sonst auch selbst, man könne nun nichts anderes tun als abwarten. Gleichzeitig kommt eine Mitteilung, dass das Verfahren nach § 153 StPO eingestellt wurde – nicht nach § 170 II StPO, obwohl es noch nicht einmal eine Tathandlung gegeben hatte, die auch nur im entferntesten geeignet gewesen wäre, § 84 AsylVfG zu erfüllen. Wie kam es dazu?

Die Kriminalpolizei (vermutlich von der Ausländerbehörde über den Sachverhalt informiert) fühlte sich offensichtlich von der ungewohnten Fallkonstellation überfordert und fragte bei der Staatsanwaltschaft ausdrücklich nur an, ob überhaupt ein strafbares Verhalten vorliegen könne. Der Staatsanwaltschaft war es aber offensichtlich auch zu kompliziert, diese Frage einer juristischen Prüfung zu unterziehen. Sie ordnete also – ohne die an sich gerichtete Frage zu beantworten – an, die Polizei solle doch erst mal die Beschuldigte vernehmen. Als die Beschuldigte nicht kam, wählt man den einfachen Weg über § 153 StPO, der eine zeitaufwändige Beschäftigung mit dem Thema rechtsmittelsicher unterband.

Die Autorin wollte in ihrer damaligen Lebenssituation auch keine öffentliche Debatte anregen und etwa mediale Unterstützung suchen. Es bestand im Gegenteil ständig die Befürchtung, dass schon das Ermittlungsverfahren als solches negative berufliche Konsequenzen haben könnte. Das galt zum einen für den seinerzeit noch bevorstehenden Abschluss des Rechtsreferendariats, zum anderen für Forschungsvorhaben in polizeilichen Einrichtungen und solchen des Justizvollzugs – hier wie dort macht es sich nicht gut, als potentiell „rechtsmissbräuchlich" Handelnde im Computer aufgefunden zu werden. Und vor Zulassung als Rechtsanwältin wollte die Anwaltskammer sich dann zunächst die Strafakte ansehen, wodurch eine gewisse zeitliche Verzögerung eintrat.

Die beschriebene Situation hatte durchaus einen gewissen Zermürbungseffekt auf die Autorin, wenn auch (natürlich) keinen Moment lang den, am eigenen Handeln für Flüchtlinge irgendetwas verändern zu wollen.

Das eigene Beispiel soll verdeutlichen, dass es wenig Sinn macht, die Wirkungen strafrechtlicher Normierung lediglich darin zu sehen, ob irgendwann tatsächlich eine strafgerichtliche Verurteilung erfolgt. Gerade wenn es nicht nur eine dogmatische Möglichkeit gibt, von der Strafverfolgung abzusehen, sondern gleich mehrere, von denen keine eindeutig ist, entstehen für die Strafverfolgungsbehörden Spielräume, die zum

---

55 StA Bremen 230 Js 27192/06.

einen für gezielte Zermürbung von unerwünschtem Engagement genutzt werden können (wie im eigenen Beispiel mutmaßlich seitens der Ausländerbehörde), zum anderen aber aus Gründen der Arbeitsvermeidung der für die Behörden einfachste Weg gewählt wird (wie im eigenen Beispiel von der Staatsanwaltschaft), ohne Rücksicht darauf zu nehmen, welche Folgen dies für die Beschuldigte hat.

Staatliche Entscheidungsträger reagieren im übrigen, entgegen dem oben durch die Dogmatik erzeugten Eindruck nicht unbedingt nur dann besonders empfindlich, wenn eine Handlung die Fortsetzung des unerlaubten Aufenthalts ermöglicht (was die offizielle Begründung für eine eventuelle Strafbarkeit medizinischer Versorgung von Papierlosen darstellt), sondern oftmals gerade dann, wenn ein zuvor unerlaubter Aufenthalt durch die Handlung zu einem legalen werden könnte, wie auch das eigene Beispiel zeigt. In diesem Zusammenhang gibt die Meldung der Hamburger Innenbehörde an das BMI für den Prüfbericht zu denken:

> „Darüber hinaus wird hier ein Verfahren (Tat aus 2004) geführt, in dem zwei Ärzten vorgeworfen wird, einem ausreisepflichtigen Ausländer wahrheitswidrig eine psychische Erkrankung attestiert zu haben, um dessen Ausreiseunfähigkeit zu belegen."

Es könnte daher sein, dass sich Ärztinnen dem Risiko einer strafrechtlichen Verfolgung in besonderem Maße dann ausgesetzt sehen müssen, wenn sie – insbesondere durch Erstellen ärztlicher Stellungnahmen, die eine Reiseunfähigkeit bescheinigen – einen möglichen Beitrag dazu leisten, dass der unerlaubte Aufenthalt eines Ausländers in einen mit Abschiebungsschutz übergehen könnte.

Resümee

Das Offenhalten der Möglichkeit zur Strafverfolgung muss daher umgehend durch eine eindeutige Herausnahme der medizinischen Hilfe aus der Strafdrohung beendet werden. Strafrechtsdogmatische Schwierigkeiten, dies in eine angemessene Gesetzesformulierung umzusetzen, wie sie etwa vom BMI-Prüfbericht angeführt werden, sind überwindbar. Dies zeigt etwa das Beispiel der heute existierenden ausdrücklichen Regelung des § 29 I 2 BtMG zur Vergabe von sterilen Einwegspritzen an Drogenkonsumenten, die diese aus der Strafbarkeit des „Verschaffens von Gelegenheit" zum Drogenkonsum nunmehr ausnimmt, während es zuvor einen langen erbitterten Streit darüber gegeben hatte, ob die Abgabe von Einwegspritzen aus medizinischen Gründen ein strafbares Verhalten darstellt. Dabei wird die Spritzenvergabe jenseits allgemeiner dogmatischer Streitfragen schlicht ganz ausdrücklich zum Zwecke der Klarstellung aus der Strafbarkeit ausgenommen.

Die strafrechtsdogmatischen Schwierigkeiten hinsichtlich medizinisch notwendiger Hilfe für Papierlose eine adäquate Formulierung zu finden, lassen sich jedoch am einfachsten dadurch auflösen, dass deren menschenrechtlich bestehender Anspruch auf anonyme und staatlich bezahlte medizinische Versorgung so deutlich im Gesetz verankert wird, dass sich Erwägungen über die mögliche Strafbarkeit seiner Erfüllung von Vornherein verbieten.

4. Kapitel

Europäisches und internationales Recht

Sans Papiers und Gesundheitsversorgung
Möglichkeiten europäischer Harmonisierung

*Timo Tohidipur**

Menschen ohne Papiere, *Sans Papiers*, Papierlose, sind Personen ohne rechtmäßigen Aufenthaltsstatus in dem Land, in dem sie ihren momentanen Lebensmittelpunkt haben.[1] In einer solchen Situation ist krank werden riskant.[2] Mit dem Hauptanliegen „unsichtbar" zu bleiben, verbindet sich beispielsweise der Verzicht auf den Beitritt zu einer Krankenkasse, sofern der Beitritt für die betreffende Person finanziell überhaupt möglich wäre. Jeder Kontakt zu staatlichen bzw. öffentlichen Stellen – und damit eben auch zum staatlichen Gesundheitssystem – wird gemieden, da stets eine Meldung an die Ausländerbehörden und somit die Abschiebung droht. Dies bedeutet nicht nur eine individuelle Gefahr für Gesundheit und Leben des Einzelnen, sondern kann im Fall ansteckender Krankheiten auch zur Gefahr für die Gesellschaft werden.[3] Die Regulierung des Zugangs zu medizinischer Versorgung ist in der föderal strukturierten Europäischen Union nicht nur eine rein nationalstaatliche Verpflichtung. Vielmehr stellt sich die Frage nach europäischen Harmonisierungsmöglichkeiten. Der Beitrag möchte dazu zunächst klären, was Harmonisierung im europäischen Rahmen rechtlich bedeutet. Sodann werden die konkreten Anknüpfungspunkte möglicher Harmonisierung im Primärrecht der Europäischen Union betrachtet und im Hinblick auf ihre Tauglichkeit für die Verbesserung des Zugangs von *Sans Papiers* zu den jeweiligen Gesundheitssystemen bzw. zu medizinischer Versorgung überprüft.

A. Harmonisierung als Konzept

Wer nach Möglichkeiten der Harmonisierung in der Europäischen Union fragt, muss sich zunächst mit der Harmonisierung als Konzept auseinandersetzen. Harmonisierung ist das klassische Instrument des Binnenmarktes im Fortgang der Europäischen Integration. Ihre grundlegende Idee ist die Rechtsangleichung innerhalb der Europäischen Union, die durch vereinheitlichende Beseitigung von für das ordnungsgemäße Funktionie-

---

* Dr. jur., Wissenschaftlicher Mitarbeiter am Institut für öffentliches Recht, Goethe-Universität Frankfurt am Main. Der Verfasser dankt Rechtsanwältin Elena Götzel und Dr. Felix Hanschmann für wertvolle Hinweise und Anregungen.
1 *Bea Schwager*, „Die Sans-Papiers – illegalisiert, aber nicht rechtlos", Widerspruch 26 (2006), 37-42, 38.
2 *Barbara von Escher*, „Krank werden ist riskant", Sans-Papiers. Das Bulletin, März 2008, 2.
3 *Norbert Cyrus*, Aufenthaltsrechtliche Illegalität in Deutschland. Sozialstrukturbildung-Wechselwirkung-Politische Optionen. Bericht für den Sachverständigenrat für Zuwanderung und Integration, Nürnberg, 2004, 6.

ren des Binnenmarktes abträglichen Unterschiedlichkeiten erreicht werden soll.[4] Diese „positive Harmonisierung" durch Sekundärrechtsetzung unterscheidet sich vom grundsätzlich justiziell entschiedenen Verbot bestimmter Behinderungen im Binnenmarkt durch Inanspruchnahme der Grundfreiheiten, was als „negative Harmonisierung" bezeichnet wird.[5] Die sekundärrechtliche Handlungsform der Harmonisierung ist die Richtlinie, deren Inhalte gemäß Art. 249 EG rechtsverbindlich sind[6] und die deswegen in den Mitgliedstaaten eine so nachhaltige Wirkung entfalten, weil die einzelnen Regelungen der Richtlinie in ihrer Rechtsverbindlichkeit durch den stets notwendigen mitgliedstaatlichen Umsetzungsakt Teil der Rechtsordnungen der Mitgliedstaaten werden. Umsetzungsdefizite oder Überschreitungen der Umsetzungsfristen durch die Mitgliedstaaten werden – mit Blick auf die Rechtspositionen Betroffener – ausgeglichen durch justiziell inspirierte Konstruktionen abgestufter unmittelbarer Geltung[7] sowie durch Haftung der Mitgliedstaaten für etwaige Schäden bei den Begünstigten.[8] Die durch Harmonisierung erfolgende Rechtsangleichung soll dann im Idealfall auch zur Rechtsvereinfachung führen, die aus der Kohärenz der Systeme resultiert. Eine gegenseitige Abstimmung und der jeweilige Zugang werden erleichtert. Dabei muss die richtige Balance zwischen Festlegung von Minimalstandards und der sog. Vollharmonisierung unter Beachtung des Verhältnismäßigkeitsprinzips (Art. 5 Abs. 3 EG) für jeden Bereich stets neu austariert werden.[9]

Die Harmonisierungsmöglichkeiten der Europäischen Union sind eng verknüpft mit der notwendigen Bestimmung ihrer primärrechtlichen Kompetenzreichweite. Denn für das Rechtssystem der Europäischen Union ist der Grundsatz der begrenzten Einzelermächtigung elementar.[10] Danach darf sie nur dann tätig werden, wenn sie für eine bestimmte Regelungsmaterie eine ausdrückliche Kompetenz im Primärrecht hat (Art. 5 Abs. 1 EG). Flankiert wird der Grundsatz der begrenzten Einzelermächtigung durch das in Art. 5 Abs. 2 EG verankerte Subsidiaritätsprinzip, das im vertikalen System Handlungspräferenzen bei der jeweils untersten Ebene ansiedelt, solange Gleichwertigkeit

---

4   Siehe zum Konzept und seinen Grenzen *Markus Möstl*, „Grenzen der Rechtsangleichung im europäischen Binnenmarkt", EuR 2002, 318-350 und *Peter-Christian Müller-Graff*, „Die Rechtsangleichung zur Verwirklichung des Binnenmarktes", EuR 1989, 107-151, 109 f.

5   *Apostolos Tassikas*, Dispositives Recht und Rechtswahlfreiheit als Ausnahmebereiche der EG-Grundfreiheiten, Tübingen 2004, 370; *Matthias Leistner*, Richtiger Vertrag und lauterer Wettbewerb, Tübingen 2007, 369 ff.

6   *Thomas Oppermann*, Europarecht, 3. Aufl., München 2005, 386, bezeichnet die Richtlinie als „Regelinstrument der Rechtsangleichung". Weiter zur Handlungsform der Richtlinie *Christian Bumke*, „Rechtsetzung in der Europäischen Gemeinschaft. Bausteine einer gemeinschaftsrechtlichen Handlungsformenlehre", in: *Gunnar Folke Schuppert / Ingolf Pernice / Ulrich Haltern* (Hg.), Europawissenschaft, Baden-Baden 2005, 643-702, 675 ff.

7   EuGH Rs. 41/74, van Duyn, Slg. 1974, 1337, Rn. 12; EuGH Rs. 8/81, Becker, Slg. 1982, Rn. 21 ff.; EuGH Rs. 152/84, Marshall I, Slg. 1986, Rn. 46 ff.

8   EuGH Verb. Rs. C-6 und C-9/90, Francovich, Slg. 1991, I-5357, Rn. 11 ff.; EuGH Verb. Rs. C-46/93 und C-48/93, Brasserie du Pêcheur/Factortame, Slg. 1996, I-1029, Rn. 16 ff.

9   Siehe für den Bereich des Verbraucherschutzes jüngst *Marina Tamm*, „Binnenmarkt contra Rechtsvielfalt? Ein Plädoyer für das Minimalstandardprinzip – wider die Brüsseler Pläne zur Vollharmonisierung", Kritische Justiz 40 (2007), 391-403. Weiter *Thomas Oppermann* (Fn. 5), 386 f.

10 Zur Kompetenzordnung in der EU vgl. *Christian Bumke* (Fn. 3), 647 und *Franz Mayer*, „Die drei Dimensionen der Europäischen Kompetenzdebatte", ZaöRV 61 (2001), 577-640.

und Gleichwirksamkeit der Regelung garantiert sind. Erst wenn die unterste politische Ebene, bei der die größere Sachnähe vermutet wird, nur unzureichende Aktivitäten entfalten kann, wird die Europäische Union tätig.[11] Um festzustellen, welche Kompetenz die Grundlage für ein Handeln bilden kann, muss der betreffende Politikbereich festgelegt werden. Maßstab hierfür ist die Bestimmung von Ziel und Inhalt des betreffenden Rechtsaktes.[12] Die hier zu betrachtende Thematik steht dabei in einer Schnittmenge unterschiedlicher Politikbereiche. Die Bestimmung der spezifischen Harmonisierungsperspektive ist daher notwendig. Zunächst könnte man sich fragen, auch wenn es auf den ersten Blick eher fernliegend erscheint, ob nicht selbst bei dieser Thematik ein Teil des Binnenmarktes betroffen ist, somit also Marktmechanismen eine Rolle spielen. Weiter gibt es den Themenkomplex der Gesundheitspolitik, deren Steuerungskapazitäten die Frage nach Zugang zu gesundheitlicher und medizinischer Versorgung entspringt. Zudem geht es um die Rechte der *Sans Papiers*, der Papierlosen, der Menschen ohne Aufenthaltsstatus, damit also auch um das Einwanderungs- und Flüchtlingsrecht.

B. Ansatzpunkte möglicher Harmonisierung

Damit wären drei einschlägige Politikbereiche identifiziert, die alle auf unterschiedlichen rechtlichen Grundlagen der Europäischen Union beruhen: der Binnenmarkt (1.), die Gesundheitspolitik (2.) und die Einwanderungs- und Flüchtlingspolitik (3.).

1. Binnenmarkt

Wenden wir uns also zunächst dem Bereich Binnenmarkt zu. Grundlage für eine Harmonisierung in diesem Bereich sind die Art. 94 ff. des EG, die die Angleichung gewisser Rechtsvorschriften bzgl. des Funktionierens des Gemeinsamen Marktes zum Gegenstand haben. Der Gemeinsame Markt ist ein Raum ohne Binnengrenzen, in dem der freie Verkehr von Waren, Personen, Dienstleistungen und Kapital gewährleistet ist. Betrachtet man den Bereich der sich europäisierenden Gesundheits- und Sozialdienstleistungen ist Gesundheit ein Markt[13] und damit auch Teil des Gemeinsamen Marktes. Ebenso haben Migranten grundsätzlich eine – teils erhebliche – Marktrelevanz. Dies betrifft insb. den

---

11 Dieses Grundprinzip föderaler Organisation hat insb. im deutschen Europarechtsdiskurs eine hervorgehobene Bedeutung, vgl. jüngst *Michaela Hailbronner*, „Die Justiziabilität des Subsidiaritätsprinzips im Lichte der Subsidiaritätsprotokolle", in: *Ingolf Pernice* (Hg.), Der Vertrag von Lissabon: Reform der EU ohne Verfassung?, Baden-Baden 2008, 135-144, 135 f.

12 Ständige Rechtsprechung, vgl. EuGH Rs. C-300/89, Titandioxid, Slg. 1991, I-2867, Rn. 10 und EuGH Rs. C-155/91, Kommission/Rat, Slg. 1993, I-939, Rn. 7. Weiter dazu *Markus Möstl* (Fn. 3), S. 321 ff.

13 Grundlegend *Jürg H. Sommer*, Gesundheitssysteme zwischen Plan und Markt, Stuttgart 1999, 91 ff. Vgl. weiter *Yves Jorens / Bernd Schulte*, Grenzüberschreitende Inanspruchnahme von Gesundheitsleistungen im Gemeinsamen Markt, Baden-Baden 2003; *Johan W. van de Gronden*, Das Gesundheitswesen im Spannungsfeld von Nationalstaat und EU-Binnenmarkt, Stuttgart 2007.

Arbeitssektor.[14] Und der nach Art. 61 EG zu schaffende Raum der Freiheit, der Sicherheit und des Rechts hat natürlich Auswirkungen auf die Gestaltung des freien Personenverkehrs. Doch nicht nur auf den ersten, sondern auch auf den zweiten Blick helfen uns bei der hier relevanten Thematik die Marktmechanismen des Binnenmarktes nicht weiter. Es geht beim Binnenmarkt und den hierauf fußenden Rechten eben immer nur um die rechtmäßige Inanspruchnahme der Grundfreiheiten und beispielsweise um den ebenso rechtmäßigen Partizipationsstatus von Familienmitgliedern eines Unionsbürgers aus Drittstaaten. Fehlt eine solche familiäre Bindung zu einem Unionsbürger oder eine reguläre Arbeitsaufnahme, so greift kein System sozialer Sicherheit.[15] Die einklagbaren subjektiven Rechte aus den Grundfreiheiten knüpfen an den legalen Rechtsstatus des Betroffenen an. Der „illegale" Marktteilnehmer hat insoweit keine subjektiv-rechtliche Relevanz. Zudem ist zu beobachten, dass im Bemühen um Vermeidung grenzüberschreitender Probleme selbst arbeits- und sozialrechtliche Fragestellungen einer Zuwanderung – einhergehend mit der Verlagerung von Steuerungskapazitäten auf die Europäische Union – dem Aufgabenbereich der Politik der Inneren Sicherheit zugeordnet werden, wodurch bei der Regulierung marktpolitische Aspekte hinter sicherheitspolitischen Aspekten zurücktreten.[16] Rechtsangleichung im Bereich des Binnenmarktes vermag daher in der Gesamtschau keine Verbesserung hinsichtlich des Zugangs von Papierlosen zum Gesundheitssystem zu ermöglichen.

Umso bedeutsamer könnte eine Rechtsangleichung im Binnenmarkt indes für eine andere Gruppe von Personen sein, die zwar nicht zur Gruppe der Papierlosen gehört, die aber gleichwohl im Einzelfall derselben sozialen Existenzgefährdung ausgesetzt sein kann und somit hier – als Exkurs – miteinbezogen wird: Unionsbürger ohne Zugang zur Gesundheitsversorgung, die in den Beratungsstellen erscheinen, die eigentlich für die Papierlosen eingerichtet wurden. Eine Bedrohung ihres Aufenthaltsstatus müssen diese Personen eigentlich nicht fürchten, sind sie doch durch ihren Status als Unionsbürger i.S.d. Art. 17-22 EG geschützt. Als Unionsbürger genießen sie nach Art. 18 Abs. 1 EG Freizügigkeit, die nicht mehr nur rein marktbezogene Freizügigkeit ist.[17] Der Status des Unionsbürgers vermag in gewissen Konstellationen sogar einen Anspruch auf Zugang zu sozialen Sicherungssystemen des Aufenthaltsstaates zu begründen.[18] Doch selbst das Aufenthaltsrecht eines Unionsbürgers ist nicht absolut.[19] Vielmehr besteht es nur vorbehaltlich der im Primärrecht und in den Durchführungsvorschriften vorgesehenen Be-

---

14 *Alexander Steineck*, Ökonomische Anforderungen an eine europäische Zuwanderungspolitik, Baden-Baden 1994, 255 ff.; *Georg Vobruba*, Die Dynamik Europas, Wiesbaden 2005, 13 ff., 47 f.
15 *Manfreg Zuleeg*, „Rechte der Einzelnen", in: *Reiner Schulze / Manfred Zuleeg* (Hg.), Europarecht. Handbuch für die deutsche Rechtspraxis, 266-288, 279.
16 Hierzu ausführlich *Monika Eigenmüller*, Grenzsicherungspolitik. Funktion und Wirkung der europäischen Außengrenze, Wiesbaden 2007, 58 ff., die als Folge dieser Tendenz eine Betonung der „Migrationsvermeidungspolitik" konstatiert.
17 Grundlegend EuGH Rs. C-85/96, Sala, Slg. 1998, I-2691, Rn. 61 ff. Siehe weiter dazu *Dieter H. Scheuing*, „Freizügigkeit als Unionsbürgerrecht", EuR 2003, 744-792, 744 ff., der sehr deutlich den Unterschied zum Freizügigkeitsrecht des Marktteilnehmers herausarbeitet und *Stefan Kadelbach*, „Unionsbürgerschaft", in: *Armin von Bogdandy* (Hg.), Europäisches Verfassungsrecht, Heidelberg 2003, 539-582, 552 ff.
18 EuGH Rs. C-456/02, Trojani, Slg. 2004, I-7573, Rn. 46.
19 So ausdrücklich EuGH (Fn. 17), Rn. 32.

schränkungen und Bedingungen. Dies kann gemäß Art. 1 der Richtlinie des Rates über das Aufenthaltsrecht[20] die Notwendigkeit der Verfügung über ausreichende Existenzmittel einschließlich einer Krankenversicherung sein.[21] Zugleich besteht gerade für die neuen Mitgliedstaaten der Europäischen Union hinsichtlich des regulären Marktzugangs eine mehrjährige Übergangsfrist von bis zu sieben Jahren, die einen auf Anpassung zielenden Strukturwandel bezogen auf die Mechanismen des Binnenmarktes ermöglichen soll.[22] Zwar wird für die Europäische Union generell eine Entwicklung vom Marktbürger zum Unionsbürger behauptet,[23] doch just dieser Unionsbürger hat nicht in jedem Fall uneingeschränkten Zugang zum Markt. Dies bedeutet insbesondere die bis zum Ende einer Übergangsfrist fortdauernde Abschottung der Arbeitsmärkte der alten Mitgliedstaaten gegenüber den Unionsbürgern aus den neuen Mitgliedstaaten.[24] Damit ist auch die Inanspruchnahme einer eventuell ehemals im Heimatstaat bestandenen Krankenversicherung erschwert, da die harmonisierenden Binnenmarktregeln nicht greifen. Allerdings ist die Situation der Unionsbürger – im Gegensatz zu der der Papierlosen – durchaus im Rahmen der Vorschriften des Binnenmarktes zu verbessern.

2. Gesundheitspolitik

Der Zugang zur Gesundheitsversorgung ist grundsätzlich eine gesundheitspolitische Frage und könnte so auch auf der europäischen Ebene ein Ansatzpunkt harmonisierender Maßnahmen sein. Die Grundlage für eine europäische Gesundheitspolitik liegt in Art. 152 EG. Er ist in seiner Struktur zweigeteilt: In die Umschreibung des Kompetenzbereichs und in die Normierung der sog. Querschnittsklausel.

a) Kompetenzbereich

In den Absätzen 2-5 des Art. 152 EG werden die Handlungskompetenzen der Europäischen Union festgeschrieben. Sie wird darin ermächtigt, ergänzend, fördernd und koordinierend zur Verbesserung der Gesundheit der Bevölkerung und zur Forschung über die Ursachen von Krankheiten tätig zu werden. Inkludiert ist dabei auch die Gesundheitserziehung. Zur Erreichung der in Art. 152 EG genannten gesundheitspolitischen Zielsetzungen wurde im Jahr 2002 ein erstes europäisches Aktionsprogramm für den Zeitraum 2003-2008 beschlossen,[25] das nunmehr durch ein zweites Aktionsprogramm

---

20 Richtlinie 90/364/EWG des Rates v. 28. Juni 1990, Abl. L 180 v. 13.07.1990, 26.
21 EuGH (Fn. 17), Rn. 33 ff.
22 *Volker Ullrich / Felix Rudloff*, „Chronik der Erweiterung", in: *Dies.* (Hg.), Die EU-Erweiterung, Frankfurt am Main 2004, 176 f. und <http://www.eu-info.de/arbeiten-europa/erweiterung/Ueber gangsfristen-uebersicht/>. Zur allgemeinen Sicht auf eine Beitrittskonstellation *Hans von der Groeben*, „Die Erweiterung der Europäischen Gemeinschaft durch Beitritt der Länder Griechenland, Spanien und Portugal", in: *Hans von der Groeben/Hans Möller* (Hg.), Möglichkeiten und Grenzen einer Europäischen Union, Band 1: Die Europäische Union als Prozeß, Baden-Baden 1980, 473-558, 550 f.
23 So ausdrücklich *Thomas Oppermann* (Fn. 5), 71 f., 497.
24 *Georg Vobruba* (Fn. 13), 50 f.
25 Beschluss 1786/2002/EG des Europäischen Parlaments und des Rates v. 23.09.2002, Abl. L 271, 1.

im Bereich der Gesundheit für die Jahre 2008-2013 fortgeführt wird.[26] Dieses als Beschluss verabschiedete Programm hat die Ergänzung und Unterstützung der mitgliedstaatlichen Gesundheitspolitiken zum Ziel. Dabei geht es auch um die Reduzierung von Ungleichheiten im Gesundheitswesen in und zwischen den Mitgliedstaaten,[27] was in dieser allgemeinen Form durchaus ein möglicher Ansatzpunkt für eine Inklusion Papierloser in die Gesundheitsversorgung sein könnte. Doch konkretere Maßnahmen sind dem Beschluss nicht zu entnehmen, der eben nur Rahmenbedingungen der Förderung mitgliedstaatlicher Gesundheitspolitik formuliert. Die Verbandskompetenz der Europäischen Union ist in diesem Bereich nicht allzu groß. Eine autonome Gesundheitspolitik kann sie auf ihrer primärrechtlichen Kompetenzgrundlage nicht betreiben. Es gibt also nicht eine Gesundheitspolitik in der EU, sondern Gesundheitspolitiken der EU und der Mitgliedstaaten.[28] So ist die Organisation des Gesundheitswesens und die Art und Weise medizinischer Versorgung gemäß Art. 152 Abs. 5 EG nach wie vor Sache der Mitgliedstaaten. Dort heißt es, dass die Verantwortung der Mitgliedstaaten für das Gesundheitswesen gewahrt bleibt. Zudem – und das ist der entscheidende Punkt für die hier zu betrachtende Problematik – ist nach Art. 152 Abs. 4 c) EG bei Maßnahmen, die den Schutz und die Verbesserung der menschlichen Gesundheit zum Ziel haben, jegliche Harmonisierung der Rechts- und Verwaltungsvorschriften explizit ausgeschlossen. Die Kompetenz der Europäischen Union aus Art. 152 EG ist also als reine Unterstützungskompetenz zu begreifen, die ein Handeln der Mitgliedstaaten unterstützt, fördert und koordiniert – nicht aber harmonisiert. Deshalb sind beispielsweise auch Vorhaben wie ein geplantes generelles Rauchverbot am Arbeitsplatz nicht unter Gesundheitsschutz, sondern stets unter dem Stichwort Arbeitsschutz diskutiert worden,[29] ebenso wie der Streit um die Arbeitszeiten im Gesundheitswesen, die natürlich eine erhebliche gesundheitspolitische Relevanz haben, über die Grundsätze der Antidiskriminierung und der Grundfreiheiten ausgetragen wurde.[30] Das Harmonisierungspotential der Europäischen Union ist im Bereich der Gesundheitspolitik also zunächst minimal. Das wäre anders, wenn sich beispielsweise die Mitgliedstaaten dazu entschließen würden, den Zugang zur Gesundheitsversorgung für Illegale auf die politische Agenda mitgliedstaatlicher Politik zu setzen. Eine solche horizontale Harmonisierung durch die Mitgliedstaaten könnte dann seitens der Europäischen Union durch Rechtsakte unterstützt werden. So müsste ein von den Mitgliedstaaten garantierter Zugang zu Gesundheitsleistungen europarechtskonform ausgestaltet werden.

Änderungen dieser Rechtslage würden sich durch eine Ratifizierung des Vertrages von Lissabon ergeben, der der Europäischen Union erlaubt, Leitlinien und Indikatoren

---

26 Beschluss 1350/2007/EG des Europäischen Parlaments und des Rates v. 23.10.2007, Abl. L 301, 3.
27 So ausdrücklich Art. 2 Abs. 2 Spiegelstrich 2 des 2. Aktionsprogramms.
28 *Johannes Christian Wichard*, in: *Christian Calliess / Matthias Ruffert* (Hg.), Das Verfassungsrecht der Europäischen Union, 3. Aufl., München 2007, Art. 152 EG, Rn. 2 f.
29 Vgl. überblicksartig die Ausführungen der Kommission im Grünbuch „Für ein rauchfreies Europa: Strategieoptionen auf EU-Ebene" v. 30.01.2007, KOM(2007) 27 endg., 12 f., 18 ff.
30 Die hier maßgeblichen Rechtsakte sind die auf Art. 138 (ex-Art. 118a) EG gestützte Richtlinie über bestimmte Aspekte der Arbeitsgestaltung v. 23.11.1993, Abl. 1993 L 307, 18 und die auf Art. 137 Abs. 2 EG gestützte neue Version der Richtlinie mit gleichem Namen, Abl. 2003 L 299, 9. Zu den neueren Entwicklungen diesbezüglich vgl. etwa *Brigitte Jencik/Hartmut Nolte*, „Europäische Ärzteverbände machen Front gegen Vorschlag des Ministerrates", Arzt und Krankenhaus 11/2008, 350-351.

festzulegen, die eine gesundheitspolitische Steuerung ermöglichen könnten (vgl. Art. 168 des Entwurfs).[31]

b) Querschnittsklausel

Neben der Kompetenzfestlegung enthält Artikel 152 EG die berühmte *Querschnittsklausel*, wonach bei Festlegung und Durchführung aller Gemeinschaftspolitiken ein hohes Gesundheitsschutzniveau sichergestellt werden soll. Die Querschnittsklausel verpflichtet alle Gemeinschaftsorgane, im Rahmen der Verfolgung anderer Vertragsziele auch die Erreichung eines hohen Gesundheitsschutzniveaus als „Sekundärziel" anzustreben.[32] Belangen des Gesundheitsschutzes muss also im Sinne eines „Optimierungsgebotes" unter Berücksichtigung des Standes der technischen Entwicklung und des wirtschaftlich Zumutbaren so weit wie möglich Rechnung getragen werden.[33] Somit hat diese Querschnittsklausel keinen eigenen Regelungsgehalt und kann keine Grundlage für Harmonisierung sein, doch muss der Gesundheitsschutz immerhin in allen Tätigkeitsfeldern entsprechend beachtet werden. Eines der Tätigkeitsfelder ist auch das Migrationsrecht.

3. Migrationsrecht

Die Frage nach den Zugangsmöglichkeiten Papierloser zu gesundheitlicher Versorgung ist nicht zuletzt eine Frage migrationsrechtlicher Ausgestaltung. Die Grundlage für ein migrationsrechtliches Handeln der EU sind die Art. 61 ff. EG. Konstitutiver Kern ist der in Art. 61 EG normierte Aufbau des Raums der Freiheit, der Sicherheit und des Rechts. Die wichtigsten Grundlagen für den hier zu besprechenden Kontext der Harmonisierung sind die Art. 62 und 63 des EGV. Nach Art. 62 Abs. 2 wird die EU dazu ermächtigt, Maßnahmen bezüglich des Überschreitens der Außengrenzen festzulegen – das umfasst u.a. die Festlegung von Normen und Verfahren bzgl. der Durchführung der Kontrolle der Außengrenzen und Vorschriften über die Visa-Erteilung. Auf dieser Grundlage entstand beispielsweise die Europäische Grenzschutzagentur Frontex, die als Agentur den Grenzschutz der Europäischen Union koordinieren und effektuieren soll.[34]

Art. 63 EG legt hingegen die Kompetenzen der EU zur Rechtsstellung der Flüchtlinge und anderer vertriebener Personen sowie zum Erlass generell einwanderungspolitischer Maßnahmen inkl. dem Recht von Staatsangehörigen aus Drittstaaten fest. Damit ist dies die Grundlage für die Errichtung eines vollständig harmonisierten gemeinsamen Asylsystems, mithin für die Etablierung eines einheitlichen Verfahrens für alle Flüchtlingsgruppen, für die Formulierung einheitlicher materiell-rechtlicher Anforderungen an die

---

31 *Petra Spielberg*, „Europäische Gesundheitspolitik: Schleichende Harmonisierung", Deutsches Ärzteblatt 105 (2008), 1488-1489, 1488.
32 *Johannes Christian Wichard* (Fn. 27), Rn. 22.
33 *Werner Berg*, Gesundheitsschutz als Aufgabe der EU. Entwicklung, Kompetenzen, Perspektiven, Baden-Baden 1997, 436.
34 Hierzu weiter *Timo Tohidipur*, „Die Europäische Grenzsicherungsarchitektur", in: *Felix Arndt/ Nicole Betz/Anuscheh Farahat* u.a. (Hg.), 48. Assistententagung Öffentliches Recht, Baden-Baden 2009, 242-261; *Andreas Fischer-Lescano/Timo Tohidipur*, „Europäisches Grenzkontrollregime", ZaöRV 67 (2007), 1219-1276.

Schutzgewährung und letztlich für die Festlegung eines einheitlichen unionsweiten Status für anerkannte Flüchtlinge.³⁵ Hier liegen denn auch die Erwartungen und Hoffnungen für die Verankerung eines zumindest minimalen europaweiten Gesundheitsschutzstandards für Papierlose. Die Kompetenz des Art. 63 EG umfasst auch die Regelung von Fragen illegaler Einwanderung und illegalen Aufenthalts, denn Art. 63 Nr. 3 b) bestimmt ausdrücklich, dass die Union einwanderungspolitische Maßnahmen im Bereich der illegalen Einwanderung und des illegalen Aufenthalts, einschließlich der Rückführung treffen soll. Mit der Formulierung „einschließlich der Rückführung" wird ausgedrückt, dass es auch einen Regelungsbereich des so genannten illegalen Aufenthalts außerhalb der Rückführung gibt.

Man kann der Europäischen Union im Bereich der Einwanderungs- und Flüchtlingspolitik des EG-Vertrages keine Untätigkeit vorwerfen – vielmehr wurde in den letzten Jahren ein sehr umfassendes Richtlinienwerk vorgelegt.³⁶ Eine der bekanntesten ist bisher sicher die Qualifikationsrichtlinie,³⁷ die den Flüchtlingsschutz der Genfer Flüchtlingskonvention – mehr oder weniger – unmittelbar in den Rechtsbereich der EU inkludiert.³⁸ Die Umsetzungen haben uns in Deutschland auch ein wesentlich umgestaltetes Migrationsrecht beschert.³⁹ Gleichwohl ist in der Europäischen Union der Fokus betreffend Fragen der Illegalität auf (völkerrechtskonforme) Rückführung von sich illegal in der Europäischen Union aufhaltenden Personen gerichtet.⁴⁰ Die Völkerrechtskonformität bezieht sich dabei auf die notwendige Übereinstimmung sämtlicher einwanderungspolitischer Tätigkeit der Europäischen Union mit der Genfer Flüchtlingskonvention gemäß Art. 62 Nr. 1 EG. Doch weder dieser Bezug, noch die Rechtsprechung des EGMR zum Schutz des Familienlebens aus Art. 8 EMRK⁴¹ oder zum Verbot der Folter

---

35 *Matthias Rossi*, in: *Christian Calliess / Matthias Ruffert*, Das Verfassungsrecht der Europäischen Union, 3. Aufl., München 2007, Art. 63 EGV, Rn. 5; *Miriam Wolter*, Auf dem Weg zu einem gemeinschaftsrechtlichen Asylrecht in der EU, 1999, passim.

36 Eine Übersicht über die bisherige Sekundärrechtsetzung der Europäischen Union findet sich bei *Dieter Kugelmann*, „Einwanderungs- und Asylrecht", in: *Reiner Schulze / Manfred Zuleeg* (Hg.), Europarecht. Handbuch für die deutsche Rechtspraxis, Baden-Baden 2006, 1827-1887, 1829 und im Textanhang bei *Rainer M. Hofmann / Holger Hoffmann* (Hg.), Ausländerrecht. Handkommentar, Baden-Baden 2008, 2209-2319.

37 Richtlinie 2004/83/EG des Rates v. 29. April 2004 über Mindestnormen für die Anerkennung und den Status von Drittstaatsangehörigen oder Staatenlosen als Flüchtlinge oder als Personen, die anderweitig internationalen Schutz benötigen, und über den Inhalt des zu gewährenden Schutzes, Abl. L 304 v. 30.09.2004, 12; berichtigt in Abl. L 204 v. 05.08.2005, 24.

38 Zur kritischen Würdigung der Umsetzung der Grundsätze der GFK in den europäischen Rechtsrahmen siehe *Tillmann Löhr*, „Die Qualifikationsrichtlinie: Rückschritt hinter internationale Standards?", in: *Tillmann Löhr/Rainer Hofmann* (Hg.), Europäisches Flüchtlings- und Einwanderungsrecht, Baden-Baden 2008, 47-98.

39 Für den Bereich der flüchtlingsrechtlichen Regelungen siehe beispielsweise die Ausführungen bei *Winfried Möller/Klaus Peter Stiegeler*, in: *Rainer M. Hofmann/Holger Hoffmann* (Hrsg.), Ausländerrecht Handkommentar, Baden-Baden 2008, § 60 AufenthG, Rn. 2 ff.

40 Vgl. die Ausführungen zur bisherigen Regelungstätigkeit der EU bei *Matthias Rossi* (Fn. 34), Art. 63 EG, Rn. 38 ff.

41 So z.B. EGMR Urt. v. 26.09.1997, Mehmedi, NVWZ 1998, 164, Ziff. 27; EGMR Urt. v. 02.08.2001, Boultif/Schweiz, Slg. 2001-IX, Ziff. 55; EGMR Urt. v. 17.04.2003, Yilmaz/ Deutschland, NJW 2004, 2147, Ziff. 36 und EGMR, Urt. v. 18.10.2006, Üner, 46410/99, Ziff. 58 sowie EGMR, Urt. v. 23.06.2008, Maslov, 1683/03, Ziff. 73.

Sans Papiers und Gesundheitsversorgung

oder unmenschlicher oder erniedrigender Strafe oder Behandlung aus Art. 3 EMRK,[42] die sich insbesondere auf die Gewährleistung eines die Menschenwürde wahrenden Ausweise- und Abschiebeschutzes richtet, können die Situation des Papierlosen verbessern, denn auch hier wird die Anmeldung des Status im Mitgliedstaat der Europäischen Union vorausgesetzt. Dies gilt selbst dann, wenn eine inadäquate Gesundheitsversorgung im Empfangsstaat als Abschiebungshindernis angesehen würde,[43] da allein das Bestehen eines Abschiebungshindernisses bedeutet, dass die betreffende Person aus ihrem Zustand der Illegalität herausgetreten ist, sich also dem aufenthalts- oder asylrechtlichen Verfahren nicht weiter entzogen hat.

Es findet sich jedenfalls im Rechtsapparat der Union noch keine Richtlinie oder in eine Richtlinie inkorporierte allgemeine Regelung zur gesundheitlichen Versorgung sog. illegaler Migranten. Gleichwohl finden sich in einigen Richtlinien durchaus spezielle Einzelregelungen, die die gesundheitliche Versorgung sog. „Illegaler" zum Gegenstand haben, so etwa in Art. 7 und 9 der sog. „Opferschutzrichtlinie"[44] und in Art. 13 und 15 der sog. „Aufnahmerichtlinie".[45] Diese Regelungen sind mithin auf spezielle Einzelfälle beschränkt und knüpfen die Versorgung stets an die offizielle Meldung der Betroffenen bei den staatlichen Stellen – also an die Einleitung der Beendigung der Illegalität. Das Anknüpfen an die aufschiebende Bedingung einer aufenthaltsrechtlichen Meldung bei den staatlichen Stellen lässt diejenigen durch das Raster fallen, die aus Angst vor Abschiebung gerade diesen Weg nicht beschreiten wollen oder können. Die erste Richtlinie, die sich ausdrücklich mit Illegalen in der Europäischen Union beschäftigt ist die Rückführungsrichtlinie.[46] Der Name ist dabei Programm, da im Zentrum der Richtlinie die Zielvorgabe wirksamer Rückführung steht (Erwägungsgrund 4), die durch freiwillige oder erzwungene Beendigung des Aufenthalts erreicht werden soll (Erwägungsgrund 6). Den „europäischen Zuschnitt" wird die Regelung durch ein langfristiges und für alle Mitgliedstaaten geltendes Wiedereinreiseverbot erhalten (Erwägungsgrund 14).[47]

---

42 Vgl. etwa EGMR Urt. v. 07.07.1989, Soering/Vereinigtes Königreich, EuGRZ 1989, 314, Ziff. 88; EGMR Urt. v. 15.11.1996, Chahal/Vereinigtes Königreich, NVwZ 1997, 1093, Ziff. 79; EGMR Urt. v. 17.12.1996, Ahmed/Österreich, NVwZ 1997, 110, Ziff. 40 und EGMR Urt. v. 05.02.1997, Deutschland/Großbritannien, NVwZ 1998, 161, Ziff. 49.
43 So jüngst der EGMR, Urt. v. 22. Mai 2008, Emre, 42034/04, Ziff. 81 ff.
44 Richtlinie 2004/81/EG des Rates v. 29. April 2004 über die Erteilung von Aufenthaltstiteln für Drittstaatsangehörige, die Opfer des Menschenhandels sind oder deren Beihilfe zur illegalen Einwanderung geleistet wurde und die mit den zuständigen Behörden kooperieren, Abl. L 261, 19-23.
45 Richtlinie 2003/9/EG des Rates v. 27. Januar 2003 zur Festlegung von Mindestnormen für die Aufnahme von Asylbewerbern in den Mitgliedstaaten, Abl. L 31, 18-25.
46 Noch nicht im Amtsblatt veröffentlicht, aber vom Europäischen Parlament angenommen: P6_TA(2008)0293. Vgl. hierzu auch die Pressemitteilung des Europäischen Parlaments, einsehbar unter <http://www.europarl.at/ressource/static/files/press_releases/Pressemitteilung_Nr__1_-_18_6_2008.pdf>.
47 Zur vertieften Betrachtung einzelner Richtlinien wird auf den hieran folgenden Beitrag von *Marei Pelzer* in diesem Band verwiesen.

C. Mögliches und Unmögliches

Die illegale Migration ist durchaus ein Thema im Rechtsapparat der Europäischen Union – allerdings eher im Hinblick auf die Abwehr illegaler Migration, die zu einem Kernthema geworden ist.[48] Das Stichwort der Illegalität verursacht also in der EU zunächst einmal eine Reaktion der Abwehr und keine Reaktion der Regulierung oder Verwaltung. Dies bestätigt sich auch im neuen Europäischen Pakt zu Einwanderung und Asyl,[49] der auf der Ratstagung am 15./16. Oktober 2008 beschlossen wurde und der die nachdrückliche Bekämpfung illegaler Migration zu einem Hauptziel der Europäischen Union erklärt. Ein Problem besteht schon darin, dass im Rahmen der Rechtsetzung der Europäischen Union stets der Begriff der Illegalität verwendet wird. Denn so offenbart sich ein grundlegendes Dilemma schon in der zivilgesellschaftlichen Forderung, die man an das Recht stellt: „Illegalität verrechtlichen" oder auch „Illegalenrecht". Die Begrifflichkeit deutet die Suche nach dem Legalen im Illegalen an und enthält so in sich bereits den Ansatz des Unmöglichen weil Paradoxen. Hierin spiegelt sich auch die politische Herangehensweise der Mitgliedstaaten wider, denn der einzelnen Person erwächst ein gesundheitspolitischer Rechtsstatus erst mit dem Heraustreten aus der Illegalität und der Einleitung eines rechtmäßigen Verfahrens zur Bestimmung des Aufenthaltsstatus. Mit diesem Eintritt in die Verrechtlichung des Status, die allerdings auch schnell zur Ausweisung führen kann, wird die illegale Situation gerade aus dem rechtsfreien Raum in den legalen Rechtsraum transferiert. Eine Legalisierung ist aber nur insoweit auf der Agenda, als im sicherheitspolitischen Reflex an die Illegalität legale Folgen der Abwehr, der Ausweisung geknüpft werden, die die mit dem Zustand der Illegalität einhergehende Rechtlosigkeit nicht beseitigen, also Exklusion und nicht Inklusion bezwecken. Mit dem Europäischen Pakt zu Einwanderung und Asyl werden die Mitgliedstaaten zum Absehen von Massenlegalisierungen verpflichtet. Legalisierungen dürfen nur in Einzelfällen aus humanitären oder ökonomischen Gründen vorgenommen werden.[50] Begründet wird dies letztlich mit der notwendigen Solidarität der Mitgliedstaaten untereinander, da jede Legalisierung auch die anderen Mitgliedstaaten betreffe.

Was die konkrete Perspektive angeht, so hat die Europäische Kommission in einem Papier zur künftigen Asylstrategie vom Juni diesen Jahres durchaus grundsätzlichen Handlungsbedarf hinsichtlich der Situation von Migranten signalisiert.[51] Die Richtlinie über Mindestnormen für die Aufnahme von Asylbewerbern, die Asylverfahrensrichtlinie und die Anerkennungsrichtlinie sollen überarbeitet werden – was auch zur Überprüfung der Rechte und Leistungen führen soll, auf die schutzbedürftige Personen Anspruch haben – mit dem Ziel diese Ansprüche zu stärken. Besonderes Augenmerk soll dabei auch auf die Durchsetzung von Rechten gelegt werden – das wäre dann nicht nur

---

48 *Dieter Kugelmann* (Fn. 35), 1863.
49 Der Entwurf ist einsehbar unter <http://register.consilium.europa.eu/pdf/de/08/st13/st13440.de08.pdf> und die Erläuterung von französischer Seite unter <http://www.immigration.gouv.fr/IMG/pdf/Plaquette_DE.pdf>.
50 Vgl. S. 7 des Entwurfs (Fn. 48).
51 Mitteilung der Kommission an das Europäische Parlament, den Rat, den Europäischen Wirtschafts- und Sozialausschuss und den Ausschuss der Regionen: Künftige Asylstrategie – ein integriertes Konzept für EU-weiten Schutz, KOM(2008) 360 endg.

eine Rechtsharmonisierung, sondern auch eine Vollzugsharmonisierung, die in der Tat dringend notwendig scheint. Die Töne der Kommission sind in diesem Strategiepapier durchaus selbstkritisch. Doch Gesundheit in der Illegalität wird sicher ein Thema bleiben, denn zur Verbesserung der Situation der Illegalen und zur Frage des Zugangs zu Gesundheitsleistungen liest man dort – letztlich konsequent – nichts.

D. Perspektive jenseits der Harmonisierung

Eine letzte Perspektive sollte man bei der Betrachtung dieses Themas im Bick haben, auch wenn es dabei nicht mehr um Harmonisierung im klassischen Sinne geht: Die Rechtsprechung des Gerichtshofs der Europäischen Union. Man könnte sich fragen, ob nicht beispielsweise der Gerichtshof über die Aktivierung europäisch verbürgter Grundrechte zur gesundheitlichen Versorgung der *Sans Papiers* beitragen kann. Ein möglicher Anknüpfungspunkt könnte Art. 35 der Grundrechtecharta sein, der in seinem Satz 1 ausdrücklich statuiert, dass jede Person das Recht auf Zugang zur Gesundheitsvorsorge und auf ärztliche Versorgung hat. Ähnlich der in Art. 152 Abs. 1 EG niedergelegten Querschnittsklausel verlangt Satz 2 dann auch die Sicherstellung eines hohen Gesundheitsschutzniveaus. Damit kombiniert Art. 35 der Grundrechtecharta einen konkreten Anspruch mit einer Zielbestimmung unionalen Handelns.[52] Im Grundrechtekonvent wurde die Frage diskutiert, ob aus Art. 35 der Charta mit seiner Formulierung als „Jedermannsrecht" nicht auch sich illegal im Gebiet der Europäischen Union aufhaltende Drittstaatsangehörige ein Recht auf Gesundheitsversorgung ableiten könnten.[53] Als „unstreitig" wurde in einer Debatte bezeichnet, dass illegal Anwesenden zumindest eine „medizinische Grundversorgung" zuteil werden müsse und dass diese Formulierung des Art. 35 das auch trage.[54] Diese weite Auslegung der Verbürgung gesundheitlicher Versorgung und des entsprechenden Adressatenkreises würde auch der systematischen Stellung des Art. 35 der Charta im Titel IV. mit der Überschrift „Solidarität" entsprechen und mit der grundsätzlichen Verpflichtung auf die Menschenwürde in Art. 1 der Charta korrespondieren.[55] Mithin ist der Anwendungsbereich der Grundrechtecharta weit gefasst, denn gemäß Art. 51 GRCh gilt sie für Organe, Einrichtungen und sonstige Stellen der EU, aber auch für die Mitgliedstaaten bei der Durchführung unionalen Rechts.[56] Die Anwendung könnte in der Konsequenz etwa zur Nichtanwendbarkeit der in § 87 AufenthG niedergelegten Meldepflicht führen, sofern diese die Inanspruchnahme grund-

---

52 *Eibe Riedel*, in: *Jürgen Meyer* (Hg.), Kommentar zur Charta der Grundrechte der Europäischen Union, 2. Aufl., Baden-Baden 2006, Art. 35, Rn. 9.
53 Protokoll der Achten Sitzung des Konvents (informelle Tagung) am 27./28. April 2000, SN 2536/00, abgedruckt in: *Norbert Bernsdorff / Martin Borowsky*, Die Charta der Grundrechte der Europäischen Union, Baden-Baden 2002, 227.
54 Protokoll der Fünfzehnten Sitzung des Konvents (informelle Tagung) am 17.-19. Juli 2000, SN 3502/00, in: *Bernsdorff/Borowsky* (Fn. 52), 340.
55 *Eibe Riedel* (Fn. 51), Art. 35, Rn. 9.
56 Siehe zum Anwendungsbereich *Martin Borowsky*, in: *Jürgen Meyer* (Hg.), Kommentar zur Charta der Grundrechte der Europäischen Union, 2. Aufl., Baden-Baden 2006, Art. 51, Rn. 16 ff.

sätzlich (grundrechtlich) verbürgter medizinischer Versorgung durch die Betroffenen verhindert. Die Grundrechtecharta ist allerdings mangels Ratifizierung des alten Verfassungsvertrages bzw. nunmehr des Lissaboner Vertrages noch nicht in Kraft getreten und damit kein Rechtstext, aus dem man zum jetzigen Zeitpunkt subjektive Rechte einklagbar ableiten könnte. Dies qualifiziert die Grundrechtecharta bei den Entscheidungen des Gerichtshofs zunächst lediglich als subsidiäre Orientierungshilfe.[57] Sie ist aber gleichwohl ausdrücklicher Bezugspunkt in Urteilen des EuG, Schlussanträgen der Generalanwaltschaft und des Gerichtshofs[58] und erlangte dadurch eine nicht zu vernachlässigende Funktion der Rechtsorientierung. Diese Rechtsorientierung kann sich auch in einer chartakonformen Auslegung niederschlagen, die den Geltungs- und Anwendungsbereich der in diesem Bereich erlassenen Richtlinien und deren Eingliederung in die mitgliedstaatlichen Rechtsordnungen betrifft und so das durch Art. 35 Abs. 2 GRCh geforderte hohe Gesundheitsschutzniveau sicherstellt. Insoweit statuiert die Grundrechtecharta in Zukunft ein Mindestschutzniveau, wenn sie weitergehenden Schutz als andere Quellen, wie beispielsweise das nationale Recht, gewährt.[59] Für die Fruchtbarmachung wäre allerdings verfahrensrechtlich Voraussetzung, dass vorzugsweise in einem repräsentativen Einzelfall in einem Mitgliedstaat auf menschenwürdige Gesundheitsversorgung durch einen Papierlosen geklagt und dies als Rechtsstreit bis vor den Gerichtshof getragen wird. Mit bedacht werden muss allerdings ebenso, dass dem Gerichtshof auch in materieller Hinsicht Grenzen gesetzt sind, die potentiellen Optimismus bremsen. Denn Art. 35 der Grundrechtecharta garantiert das Recht auf Zugang zu ärztlicher Versorgung nicht unbedingt, vielmehr richtet sich diese Versorgung nach „Maßgabe der einzelstaatlichen Rechtsvorschriften und Gepflogenheiten", die zwischen den Mitgliedstaaten durchaus stark voneinander abweichen.[60] Ob der Gerichtshof auch in dieser Frage politische Defizite durch justiziell konstruierte Verbürgungen auszugleichen sucht,[61] bleibt abzuwarten.

Im Zusammenspiel mit der EMRK,[62] die über Art. 6 EU zum unabdingbaren Bestand des EU-Rechts gehört, und weiteren völkerrechtlichen Impulsen wie beispielsweise der Kinderrechtskonvention, die für Kinder und Jugendliche, sowie Schwangere besondere Gesundheitsversorgung verlangt,[63] könnte durchaus ein Grundrecht auf medizinische Grund-/Basisversorgung auf der europäischen Ebene entstehen.[64]

---

57 *Thomas Schmitz*, Die Grundrechtecharta als Teil der Verfassung, EuR 2004, 691, 696; *Jürgen Kühling*, Grundrechte, in: *Armin von Bogdandy* (Hg.), Europäisches Verfassungsrecht, 2003, 583, 593.

58 EuGH Rs. C-540/03, Parlament/Rat, Slg. 2006, I-5769, Rn. 38; EuG Rs. T-194/04, Bavarian Lager/Kommission, Slg. 2006, II-1429, Rn. 71; Schlussanträge des Generalanwalts Siegbert Alber, Rs. C-63/01, Evans, Slg. 2003, I-14447, Rn. 84 ff.

59 *Martin Borowsky* (Fn. 55), Art. 53, Rn. 14.

60 Hierzu *Eibe Riedel* (Fn. 51), Art. 35, Rn. 11.

61 Grundlegend zu dieser Thematik *Timo Tohidipur*, Europäische Gerichtsbarkeit im Institutionensystem der EU. Zu Genese und Zustand justizieller Konstitutionalisierung, Baden-Baden 2008 passim.

62 Dort insb. Art. 2, 3, 8 und 10 EMRK, vgl. *Brigitte Pfiffner Rauber*, Das Recht auf Krankheitsbehandlung und Pflege, 2003, 81 ff.

63 Hierzu ausführlich *Franziska Sprecher*, Medizinische Forschung mit Kindern und Jugendlichen nach schweizerischem, deutschem, europäischem und internationalem Recht, 2007, 95 f.

64 In diesem Sinne *Eibe Riedel* (Fn. 51), Art. 35, Rn. 9. Kritisch dazu *Walter Frenz*, Handbuch Europarecht, Bd. 4: Europäische Grundrechte, 2008, 314.

Europäische Regelungen über den Zugang zur Gesundheitsversorgung: Welche Rechte haben Migranten ohne Aufenthaltsstatus?

Marei Pelzer

Das Asyl- und Migrationsrecht ist eine Rechtsmaterie, die unter dem starken Einfluss des Europarechts steht.[1] Auch der Zugang zu medizinischen Leistungen für Drittstaatsangehörige – wie Personen ohne EU-Staatsangehörigkeit europarechtlich genannt werden – ist in verschiedenen EU-Richtlinien geregelt worden. Es gibt unterschiedliche Niveaus in der medizinischen Versorgung. Es hängt davon ab, mit welchem Status eine Person sich in der EU aufhält. Während beispielsweise Asylbewerber nur eine medizinische Notversorgung erhalten, haben anerkannte Flüchtlinge einen Anspruch auf Zugang zur medizinischen Versorgung zu denselben Bedingungen wie die eigenen Staatsangehörige.[2] Im Vergleich zum Flüchtlingsrecht wird im Migrationsrecht die Möglichkeit der Einwanderung zumeist vom Bestehen einer Krankenversicherung abhängig gemacht. Dies gilt zum Beispiel für Migranten, die aufgrund der Familienzusammenführungsrichtlinie einen Aufenthaltsstatus in einem Mitgliedstaat erhalten.[3]

Nachfolgend soll die europarechtliche Ausgestaltung der Gesundheitsversorgung für Menschen ohne Aufenthaltsstatus dargestellt werden. Dabei werden zunächst die relevanten Vorschriften zum Gesundheitsschutz der Rückführungs- und Opferschutzrichtlinie behandelt (A.), dann bestehende Legalisierungsmöglichkeiten nach der Opferschutzrichtlinie aufgezeigt (B.) und anschließend die rechtspolitischen Forderungen zum Umgang mit Migranten ohne Aufenthaltstatus entwickelt (C.).

A. EU-Richtlinien und das Recht auf Gesundheitsversorgung

Ein großer Baustein der europäischen Migrationspolitik stellt die „Bekämpfung der illegalen Migration" dar.[4] Dagegen hat sich die EU bislang nur sehr zurückhaltend mit der Verwirklichung der Menschenrechte von so genannten „illegal Aufhältigen" auseinandergesetzt. Erstmals sind mit der so genannten Rückführungsrichtlinie in Ansätzen

---

1 Mit dem Amsterdamer Vertrag von 1999 wurde der EU die Kompetenz zur Schaffung von Recht in diesem Bereich übertragen, siehe Art. 63 ff. EG-Vertrag.
2 Art. 29 Richtlinie 2004/83/EG des Rates vom 29. April 2004 über Mindestnormen für die Anerkennung und den Status von Drittstaatsangehörigen oder Staatenlosen als Flüchtlinge oder als Personen, die anderweitig internationalen Schutz benötigen, und über den Inhalt des zu gewährenden Schutzes (Qualifikationsrichtlinie), Amtsblatt Nr. L 304 vom 30/09/2004, S. 0012-0023.
3 Art. 7 Ib Richtlinie 2003/86/EG des Rates vom 22. September 2003 betreffend das Recht auf Familienzusammenführung (Familienzusammenführungsrichtlinie), Amtsblatt Nr. L151 vom 03/102003, S. 0012-0018.
4 Vgl. EU Rat, Pakt zu Einwanderung und Asyl vom 24.9.2008, 13440/08 ASIM 72.

Mindestrechte von Migranten ohne Aufenthaltsstatus geregelt worden.[5] Im Vergleich zu den Normen, die Eingriffe in die Grundrechte der Betroffenen zulassen, sind diese Mindestrechte allerdings noch sehr schwach ausgestaltet. So überrascht es, dass die Rückführungsrichtlinie überhaupt Bestimmungen zur medizinischen Versorgung von „illegal Aufhältigen" enthält. Neben der Rückführungsrichtlinie sehen auch die Richtlinie über die sozialen Aufnahmebedingungen für Asylbewerber[6] und die Opferschutzrichtlinie[7] medizinische Versorgungsstandards vor. In den Anwendungsbereich der Opferschutzrichtlinie können auch Migranten ohne Aufenthaltsrecht fallen. Asylbewerber haben dagegen stets einen legalen Status, da sie während des Asylverfahrens ein Aufenthaltsrecht haben.[8] Die Aufnahmerichtlinie ist deswegen nicht unmittelbar für Personen ohne Aufenthaltsstatus relevant; sie ist allerdings als Vergleichsmaßstab von Interesse.

I. Rückführungsrichtlinie

Die Rückführungsrichtlinie (RL 2008/115/EG)[9] wurde vom Rat am 16.12.2008 beschlossen, nachdem das Europäischen Parlament bereits am 18.6.2008 im Wege des Mitentscheidungsverfahrens dem Richtlinienentwurf[10] mit einigen Änderungen zugestimmt hatte[11]. Vorangegangen war eine langwierige und äußerst kontroverse Debatte, die schließlich in einem zwischen Kommission, Rat und Europäischem Parlament ausgehandelten Kompromiss ihren Schlusspunkt fand.[12] Einerseits wurde seitens der Flüchtlings- und Menschenrechtsorganisationen der Richtlinienentwurf insbesondere

---

5   Richtlinie 2008/115/EG des Europäischen Parlaments und des Rates vom 16. Dezember 2008 über gemeinsame Normen und Verfahren in den Mitgliedstaaten zur Rückführung illegal aufhältiger Drittstaatsangehöriger (Rückführungsrichtlinie), Amtsblatt Nr. L 348 vom 24/12/2008, S. 0098-0107.

6   Richtlinie 2003/9/EG des Rates vom 27. Januar 2003 zur Festlegung von Mindestnormen für die Aufnahme von Asylbewerbern in den Mitgliedstaaten der Europäischen Union, Amtsblatt Nr. L 031 vom 06/02/2003 S. 0018-0025.

7   Richtlinie 2004/81/EG vom 29. April 2004 über die Erteilung von Aufenthaltstiteln für Drittstaatsangehörige, die Opfer des Menschenhandels sind oder denen Beihilfe zur illegalen Einwanderung geleistet wurde und die mit den zuständigen Behörden kooperieren (Opferschutz-Richtlinie), Amtsblatt Nr. L 261 vom 06/08/2004, S. 0019-0021.

8   Art. 7 Richtlinie 2005/85/EG des Rates vom 1. Dezember 2005 über Mindestnormen für Verfahren in den Mitgliedstaaten zur Zuerkennung und Aberkennung der Flüchtlingseigenschaft (Asylverfahrensrichtlinie), Amtsblatt L 326 vom 13.12.2005, S. 0013-0034.

9   Richtlinie 2008/115/EG des Europäischen Parlaments und des Rates vom 16. Dezember 2008 über gemeinsame Normen und Verfahren in den Mitgliedstaaten zur Rückführung illegal aufhältiger Drittstaatsangehöriger, Amtsblatt Nr. L 348 vom 24/12/2008, S. 0098-0107

10 Vorschlag für eine Richtlinie des Europäischen Parlaments und des Rates über gemeinsame Normen und Verfahren in den Mitgliedstaaten zur Rückführung illegal aufhältiger Drittstaatsangehöriger, KOM(2005) 391 endgültig.

11 Entschließung des Europäischen Parlaments, KOM (2005)0391 – C6-0266/2005 – 2005/0167(COD).

12 Zur Kontroverse vgl. *Katrin Hatzinger*, Die Europäische Rückführungsrichtlinie – „Schande für Europa" oder Meilenstein auf dem Weg zu einer gemeinsamen Migrationspolitik?, in: *Till Müller-Heidelberg/Marei Pelzer* u.a. (Hg.), Grundrechte-Report 2009, S. 206 ff.

wegen seiner exzessiven Inhaftierungsmöglichkeiten zum Zwecke der Abschiebung[13], der EU-weit wirkenden Wiedereinreisesperren für Abgeschobene[14] sowie den Möglichkeiten der Nichtbeachtung der rechtlichen Mindestgarantien in „Notlagen" der Mitgliedstaaten[15] – also eine Notstandsregelung zulasten der Betroffenen – kritisiert. Andererseits drängte zum Beispiel das deutsche Bundesinnenministerium zum Teil sogar auf restriktivere Regelungen.[16]

Angesichts der aus menschenrechtlicher Sicht unbefriedigenden Ergebnisse ist zu betonen, dass es sich bei den Regelungen der Richtlinie lediglich um Mindeststandards handelt und dass Art. 4 Rückführungsrichtlinie ausdrücklich feststellt, dass die Mitgliedstaaten auch günstigere Bestimmungen als die in der Richtlinie gefundenen Vorschriften schaffen oder beibehalten können. Soweit die Richtlinie höhere Standards enthält als die jeweilige nationale Rechtsordnung, so müssen diese spätestens bis zum 24.12.2010 von den Mitgliedstaaten ins nationale Recht umgesetzt werden.[17]

Die Rückführungsrichtlinie schafft Normen und Verfahren, die bei der „Rückführung illegal aufhältiger Drittstaatsangehöriger" anzuwenden sind (Art. 1). Die Normen und Verfahren sollen insbesondere im Einklang mit den Grundrechten als allgemeine Grundsätze des Gemeinschafts- und Völkerrechtsrechts, einschließlich der Verpflichtungen zum Schutz von Flüchtlingen und zur Achtung der Menschenrechte, angewendet werden.

Zu den Normen, die bei der Rückführung zu beachten sind, gehören auch die sozialen und sonstigen Rechte der Betroffenen während der Abschiebungsprozedur. Der Zugang zur Gesundheitsversorgung ist ebenso mitumfasst.

Im personalen Anwendungsbereich der Richtlinie befinden sich nach Art. 2 der Richtlinie ausdrücklich Drittstaatsangehörige, die sich illegal in den EU-Mitgliedstaaten aufhalten.

Unter illegalem Aufenthalt versteht die Richtlinie gem. Art. 4 die Anwesenheit im Mitgliedstaat, ohne dass die Person die Einreisebedingungen nach Art. 5 des Schengener Grenzcodex oder die Bestimmungen der Mitgliedstaaten erfüllt. Ebenso ist der Aufenthalt illegal wenn die Bedingungen für den Aufenthalt oder Verbleib nicht erfüllt sind. Es reicht auch aus, dass die Person die genannten Bedingungen *nicht mehr* erfüllt.

---

13 Nach Art. 15 der Rückführungsrichtlinie ist Abschiebungshaft nach deutschem Modell bis zu 18 Monate zulässig. Vgl. § 62 AufenthG.
14 Art. 11 Rückführungsrichtlinie.
15 Art. 18 Rückführungsrichtlinie.
16 Deutschland hatte entsprechend der deutschen Rechtslage (§ 11 AufenthG) ein unbefristetes Wiedereinreiseverbot gefordert. Vgl. Antwort auf die Kleine Anfrage der Fraktion Bündnis 90/ Die Grünen, BT-Drs. 16/9986, S. 3.
17 Art. 20 Rückführungsrichtlinie.

Zugang zur medizinischen Versorgung

In Art. 14 Abs. 1 Rückführungsrichtlinie wird der Zugang zur Gesundheitsversorgung für „illegal Aufhältige" geregelt. Garantiert wird die Gewährung einer medizinischen Notfallversorgung und unbedingt erforderlicher Behandlung von Krankheiten (Art. 14 Abs. 1b). Für schutzbedürftige Personen sollen die spezifischen Bedürfnisse berücksichtigt werden (Art. 14 Abs. 1d).

Die Formulierung der Rückführungsrichtlinie entspricht der vergleichbaren Regelung der Aufnahmerichtlinie.[18] Auch für Asylbewerber werden – soweit sie nicht zum Kreis der besonders Schutzbedürftigen gehören – nur diese eingeschränkten medizinischen Leistungen garantiert.[19] Unter Notversorgung dürften zumindest – wie nach § 4 AsylbLG – akute Erkrankungen sowie akut behandlungsbedürftige Erkrankungen fallen. Weiterhin ist bei allen anderen Erkrankungen die unbedingt erforderliche Behandlung vorzunehmen. Unbedingt erforderlich ist eine Behandlung zum Beispiel immer dann, wenn die Erkrankung mit Schmerzen verbunden ist. Ebenso müssen amtlich empfohlene Schutzimpfungen und medizinische Vorsorgeuntersuchungen geleistet werden. Schwangere haben demnach ein Recht auf Pflege und Betreuung sowie Vornahme der Entbindung.[20]

Für die Betroffenen führt dies zu unhaltbaren Situationen. In der Praxis werden Behandlungen, wie Psychotherapien, Herstellung von Zahnersatz oder Prothesen, mit der Begründung verweigert, es handele sich weder um eine Notversorgung noch um eine unbedingt erforderliche Behandlungen.[21] Zu einem menschenwürdigen Leben gehört auch eine angemessen medizinische Behandlung. Den Umfang der Leistungen vom Aufenthaltstitel abhängig zu machen, widerspricht der Idee der einen Menschenwürde des Grundgesetzes und den europäischen Grundrechten.

Schutzbedürftige Personen

Als Spezial-Regelung sieht Art. 14 Abs. 1d) vor, dass die spezifischen Bedürfnisse von schutzbedürftigen Personen berücksichtigt werden. Der Wortlaut dieser Regelung grenzt sich von ähnlichen Regelungen der Aufnahmerichtlinie und anderen Richtlinien ab. Aus dem Bereich des Flüchtlingsrechts ist der Begriff der „Besonders Schutzbedürftigen" geläufig. Darunter werden insbesondere Minderjährige, unbegleitete Minderjährige, Behinderte, ältere Menschen, Schwangere, Alleinerziehende mit Kindern und Personen, die Folter Vergewaltigung oder sonstige schwere Formen psychischer, physischer oder sexueller Gewalt erlebt haben, verstanden.[22] Ob eine demnach bestehende

---

18 Der ursprüngliche Kommissionsentwurf der Richtlinie enthielt sogar einen direkten Verweis auf die Artikel der Aufnahmerichtlinie, vg. Art. 13 des Vorschlags für eine Richtlinie des Europäischen Parlaments und des Rates über gemeinsame Normen und Verfahren in den Mitgliedstaaten zur Rückführung illegal aufhältiger Drittstaatsangehöriger, KOM(2005) 391 endgültig.
19 Art. 15 Abs. 1 Aufnahme-Richtlinie.
20 Vgl. zu §§ 4 und 6 AsylbLG: *Georg Classen*, Sozialleistungen für MigrantInnen und Flüchtlinge, S. 115.
21 *Georg Classen*, Krankenhilfe nach dem Asylbewerberleistungsgesetz, Asylmagazin 11/2000.
22 Art. 17 I Aufnahmerichtlinie.

Hilfebedürftigkeit vorliegt, ist nach Art. Abs. 2 Aufnahmerichtlinie in einem gesonderten Feststellungsverfahren, das eine Einzelfallprüfung vorsieht, zu prüfen. Für „besonders schutzbedürftige Personen" sieht die Richtlinie in Art. 17 bis 20 Aufnahmerichtlinie besondere Ansprüche auf medizinische Versorgung vor. Zu den speziellen Leistungen für Minderjährige gehören zum Beispiel Rehabilitationsmaßnahmen und nach Bedarf psychologische Betreuung und eine qualifizierte Beratung vorsehen. Ebenso haben Folter- und Vergewaltigungs- sowie Gewaltopfer einen Behandlungsanspruch.

Was unter „schutzbedürftigen Personen" im Kontext von Rückführungsentscheidungen zu verstehen ist, ist nicht klar definiert. Wortlogisch sind zumindest die „besonders schutzbedürftigen Personen" im Sinne der Aufnahme- und Opferschutzrichtlinie mit erfasst. Darüber hinaus gibt es allerdings weitere Gruppen, die als schutzbedürftig anzusehen sind.

Bedingung der laufenden Ausreisefrist

Die in der Rückführungsrichtlinie geregelten Normen zum Gesundheitsschutz gelten nicht uneingeschränkt für alle illegal Aufhältigen. Der Kreis derjenigen, die sich auf die Rechte nach Art. 14 Rückführungsrichtlinie berufen können, ist begrenzt. Denn das Recht auf medizinische Versorgung gilt nur bis zu der Frist, die nach Art. 7 Rückführungsrichtlinie für die freiwillige Ausreise gewährt wurde. Nach Art. 7 können die Mitgliedstaaten bei bestehender Ausreisepflicht eine Frist zwischen 7 und 30 Tagen setzen, die zur freiwilligen Ausreise genutzt werden kann. Die Ausreisefrist kann nach Belieben der Mitgliedstaaten verlängert werden. Es ist also nach der Richtlinie möglich, dass sich illegal aufhältige Migranten – trotz bestehender Ausreisepflicht – mit Einvernehmen der Behörden sehr lange im Land aufhalten. Dies stellt eine mit der deutschen Duldung vergleichbare rechtliche Situation dar. Bei der Duldung gem. § 60a AufenthG handelt es sich um eine Bescheinigung über die Aussetzung der Abschiebung, die weder ein Aufenthaltsstatus darstellt noch die Ausreisepflicht entfallen lässt.

Für den Kreis der Migranten ohne Aufenthaltsstatus hat das Recht auf medizinische Versorgung nach der Rückführungsrichtlinie nur eine sehr begrenzte Wirkung. Es handelt sich um eine tatbestandliche Einschränkung, die dazu führt, dass die gesundheitliche Versorgung eine staatliche Registrierung voraussetzt. Das Festlegen einer bestimmten Ausreisefrist setzt sachnotwendig eine staatliche Anordnung oder zumindest die Festnahme als Anknüpfungspunkt voraus. Damit fällt das Gros der illegal Aufhältigen aus dem Anwendungsbereich von Art. 14 heraus, da sie es in der Regel zu vermeiden suchen, von Polizei oder Ausländerbehörde registriert zu werden. Die Menschen, die von staatlichen Stellen nicht erfasst sind, haben also nach der Rückführungsrichtlinie keinen Anspruch auf medizinische Versorgung.

Zusammenfassend kann festgestellt werden, dass die Rückführungsrichtlinie weder vom Umfang der rechtlichen Garantien noch von den Anspruchsvoraussetzungen befriedigende Lösungen schafft. Durch die Bedingung der laufenden Ausreisefrist wird ein Großteil der betroffenen Menschen, die keinen Aufenthaltsstatus besitzen, vom Anspruch auf medizinischer Versorgung von vorneherein ausgeschlossen. Gemessen an den Bedürfnissen der Realität läuft die Richtlinie deswegen weitgehend ins Leere.

II. Opferschutz-Richtlinie

Nach der Opferschutz-Richtlinie[23] (RL 2004/81/EG) genießen Personen, die Opfer von Menschenhandel geworden sind, besondere Rechte. Der Grundgedanke dieser Richtlinie besteht darin, dass die Opfer von Straftaten im Bereich des Menschenhandels oder der Beihilfe zur illegalen Einwanderung ein befristetes Aufenthaltsrecht im Gegenzug für ihre Mitwirkung an der Überführung der Täter erhalten.

Zugang zur medizinischen Versorgung

Der Umfang der garantierten medizinischen Leistungen unterscheidet sich nach der Opferschutz-Richtlinie danach, ob ein Aufenthaltstitel bereits erteilt wurde oder ob sich das Opfer noch in der Bedenkzeit befindet.[24] Die Bedenkzeit dient dazu, dass sich das Opfer von den Erlebnissen erholt und sich dem Einfluss des Täters entzieht. Für die Erteilung eines Aufenthalttitels gem. Art. 8 Opferschutzrichtlinie wird vorausgesetzt, dass das Opfer eindeutig seine Bereitschaft der Zusammenarbeit bekundet hat. Weiterhin muss es alle Verbindungen zu den Personen abgebrochen haben, gegen die das Strafverfahren angestrengt wird.

Rechte vor Erteilung des Aufenthaltstitels

In der Phase bevor der Aufenthaltstitel erteilt wird haben Opfer von Menschenhandel im Sinne der Richtlinie einen Anspruch auf eine medizinische Notversorgung.[25] Handelt es sich um besonders schutzbedürftige Personen, werden ihre speziellen Bedürfnisse beachtet. Sie bekommen psychologische Hilfe, soweit diese angemessen und durch innerstaatliches Recht vorgesehen ist. Weiterhin besteht ein Recht auf einen Dolmetscher während der Wahrnehmung dieser medizinischen Leistungen.

Wie bei der Rückführungsrichtlinie ist hier nur ein sehr eingeschränkter Anspruch auf medizinische Notversorgung gewährleistet.[26] Die „unbedingt erforderliche Behandlung von Krankheiten" wird im Gegensatz zur Rückführungsrichtlinie nicht garantiert. Es liegt also ein nochmals reduzierter Leistungsumfang vor. Die weitergehende Garantie von psychologischen Hilfen soll nur nach den im innerstaatlichen Recht ohnehin vorgesehenen Regelungen geleistet werden, soweit sie angemessen sind. Eine solch vage formulierte Regelung dürfte vor den innerstaatlichen Behörden und Gerichten nur schwer durchsetzbar sein. Der deutsche Gesetzgeber hat indes mit dem Richtlinienum-

---

23 Richtlinie 2004/81/EG vom 29. April 2004 über die Erteilung von Aufenthaltstiteln für Drittstaatsangehörige, die Opfer des Menschenhandels sind oder denen Beihilfe zur illegalen Einwanderung geleistet wurde und die mit den zuständigen Behörden kooperieren (Opferschutzrichtlinie), Amtsblatt Nr. L 261 vom 06/08/2004, S. 0019-0021.
24 Art. 6 Opferschutzrichtlinie.
25 Art. 7 Opferschutzrichtlinie.
26 Siehe hierzu die Ausführungen unter A.I.

setzungsgesetz[27] keine rechtliche Anpassung der deutschen Rechtslage an diese Bestimmungen der Opferschutzrichtlinie vorgenommen.[28]

Rechte nach Erteilung des Aufenthaltstitels

Nach Erteilung des Aufenthaltstitels nach der Opferschutzrichtlinie ist der Umfang der gewährten medizinischen Leistungen deutlich erhöht. Gem. Art. 9 werden alle Rechte nach Art. 7 gewährt. Zusätzlich erhalten die Begünstigten die erforderliche medizinische oder sonstige Hilfe, wenn keine eigenen Mittel vorhanden sind und besondere Bedürfnisse bestehen. Als besonders Bedürftige werden zum Beispiel Schwangere, Behinderte, Opfer von sexueller Gewalt oder sonstiger Formen von Gewalt und Minderjährige angesehen.[29]

Die Opferschutzrichtlinie enthält für diejenigen, die einen Aufenthaltsstatus erhalten, also zeitweise heraustreten aus der aufenthaltsrechtlichen Illegalität, verbesserte medizinische Leistungen. Allerdings ist das Aufenthaltsrecht wegen seiner Befristung für die Dauer des Strafprozesses so praxisuntauglich ausgestaltet, dass die günstigen Bestimmungen im Gesundheitsbereich nur recht selten tatsächlich in die Realität umgesetzt werden dürften.

B. Ansätze zur Legalisierung

Eine Möglichkeit, den Zugang zur Gesundheitsversorgung für Menschen ohne legalen Aufenthaltsstatus zu verbessern, kann auch darin bestehen, sie aus der aufenthaltsrechtlichen Illegalität herauszuholen – sie also zu legalisieren. Einige Mitgliedstaaten haben in der Vergangenheit auf nationaler Ebene Legalisierungskampagnen durchgeführt.[30] Das International Centre for Migration Policy Development (ICMPD) hat im Auftrag der EU-Kommission eine Studie[31] über die praktischen Erfahrungen mit Legalisierungsregelungen in den Mitgliedstaaten durchgeführt. Die Studie kommt zu dem Ergebnis,

---

27 Gesetz zur Umsetzung aufenthalts- und asylrechtlicher Richtlinien der Europäischen Union, BT-Drucksache 16/5065.

28 KOK-Bundesweiter Koordinierungskreis gegen Frauenhandel und Gewalt an Frauen im Migrationsprozess e.V., Stellungnahme zum Entwurf eines Gesetzes zur Umsetzung aufenthalts- und asylrechtlicher Richtlinien der Europäischen Union, BT-Drucksache 16/5065.

29 Minderjährige sind nur erfasst, sofern die Mitgliedstaaten die Richtlinie auf Minderjährige anwenden. Dies ist gem. Art. 3 Abs.3 optional.

30 Siehe *Amanda Levinson*, Why Countries Continue to Consider Regularization, in: Migration Information Source 2005; *Désirée Kleiner*, Von Spanien lernen. Legalisierung als Migrationspolitik, in: Blätter für deutsche und internationale Politik 6/2005, 735-740; *Amanda Levinson*, The Regularisation of Unauthorized Migrants: Literature Survey and Country Case Studies, Centre on Migration, Policy and Society, Oxford 2005.

31 International Centre for Migration Policy Development, REGINE Regularisations in Europe, Study on practices in the area of regularisation of illegally staying third-country nationals in the Member States of the EU, Ref. JLS/B4/2007/05, Final Report, Vienna, January 2009.

dass es in den Mitgliedstaaten sehr unterschiedliche Praktiken der Legalisierung existieren. Es werden verschiedene Optionen am Ende der Studie aufgezeigt, wie sich die EU des Themas annehmen könnte. Unter anderem werden Maßnahmen, die die Schaffung von „illegalen Migranten" reduzieren sollen, sowie Mindeststandars für Legalisierung vorgeschlagen. Es dürfte allerdings noch ein langer Weg sein bis die Mitgliedstaaten sich bei dieser Frage auf ein gemeinsames Vorgehen auf EU-Ebene einigen können. In Mitgliedstaaten wie Deutschland sind die Vorbehalte gegenüber Legalisierungsmaßnahmen groß. Entsprechend wurde im Pakt des Rates zu Einwanderung und Asyl politisch erklärt, „sich auf einzelfallabhängige und nicht allgemeine Legalisierungen zu beschränken, die im Rahmen des innerstaatlichen Rechts aus humanitären oder wirtschaftlichen Gründen vorgenommen werden".[32]

Bislang sieht das europäische Migrationsrecht sieht nur wenige und lediglich einzelfallbezogene Legalisierungsmöglichkeiten vor. Die Opferschutzrichtlinie ist ein Beispiel hierfür. Sie sieht einen Übergang aus einem illegalen hin zu einem legalen Aufenthalt vor. Allerdings ist das Aufenthaltsrecht nicht als dauerhaftes konzipiert. Die Dauer des Aufenthaltsrechts ist nach der Richtlinie an die Dauer des maßgeblichen innerstaatlichen Verfahrens gekoppelt.[33]

In den USA ist die Vergabe von Aufenthaltstiteln an vormals illegal Aufhältige im Falle der Kooperation in Strafverfahren sehr viel stärker etabliert.[34] Im Jahr 2000 wurde ein „Victims of Trafficking and Violence Protection Act"[35] geschaffen mit dem Ziel, Menschenhandel zum Zwecke der Zwangsprostitution zurückzudrängen. Anders als nach der EU-Opferschutzrichtlinie wird das Aufenthaltsrecht nicht von der Dauer des Strafverfahrens abhängig gemacht, sondern für drei Jahre mit der Möglichkeit der Verlängerung erteilt.[36] Zudem können Familienangehörige des Opfers ein abgeleitetes Aufenthaltsrecht erhalten. Diese Regelung ist im Vergleich zur EU-Norm sehr viel weitreichender und entspricht sehr viel mehr den Bedürfnissen der Praxis.[37]

Die EU-Opferschutzrichtlinie ist wegen des nur befristeten Aufenthaltstitels für die Opfer von Menschenhandel nur wenig hilfreich. Haben sie ihre Pflicht als Zeuginnen getan, verlieren sie ihr Aufenthaltsrecht und fallen zurück in die aufenthaltsrechtliche Illegalität, müssen ausreisen oder werden womöglich abgeschoben. Im Herkunftsland sind sie dann jedoch vor möglichen Racheakten für die Mitwirkung im Strafverfahren nicht mehr geschützt. Folgt man der Logik solcher Legalisierungsmöglichkeiten wie die der Opferschutzrichtlinie, dann müssen die erteilten Aufenthaltstitel von langfristiger Natur sein.

---

32 EU Rat, Pakt zu Einwanderung und Asyl vom 24.9.2008, 13440/08 ASIM 72, S. 7.
33 Art. 13 Opferschutzrichtlinie schreibt die Nichtverlängerung der Aufenthaltserlaubnis vor, wenn das Verfahren beendet wurde.
34 *David Weissbrodt/Laura Danielson*, Immigration Law and Procedure, Thomson West, 2005, S. 173 ff.
35 114 Stat. 1464
36 *David Weissbrodt/Laura Danielson*, Immigration Law and Procedure, Thomson West, 2005, S. 174.
37 Zur Praxis in Deutschland: *Deilana Popova*, Rahmenbedingungen für die soziale Betreuung von Opfern von Menschenhandel und deren praktische Umsetzung in Deutschland, für das Nationale Thematische Netzwerk Asyl in der europäischen Gemeinschaftsinitiative EQUAL in Zusammenarbeit mit dem Deutschen Roten Kreuz.

Wird die Opferschutzrichtlinie entsprechend den US-amerikanischen Vorbildern weiterentwickelt, bleiben rechtsstaatliche Bedenken gegenüber einem solchen „Deal" bestehen: Das Aufenthaltsrecht wird von der Mitwirkung im Strafprozess als Zeugin/Zeuge abhängig gemacht. Wird das Aufenthaltsrecht von der Überführung von Straftätern abhängig gemacht, kommt die Zeuginnenaussage unter dem Einfluss starker individueller Interessen zustanden. Die Lösung kann allerdings nicht die der Opferschutzrichtlinie sein, nämlich das Aufenthaltsrecht nur für die Dauer des Strafverfahrens zu erteilen. Diese Konstellation reduziert zwar das Eigeninteresse am Ausgang des Strafverfahrens. Allerdings dürfte – wie bereits erwähnt – die Praxisrelevanz einer solchen Regelung verschwindend gering sein. Stattdessen wäre es sinnvoll, Opfern von Menschenhandel unabhängig von ihrer Aussagebereitschaft und Mitwirkung im Strafprozess eine Legalisierung ihres Aufenthalts zu ermöglichen. Wer die Sicherheit eines längerfristigen Aufenthaltsrechts in der EU genießt, kann sich aus freien Stücken für oder gegen eine Aussage im Strafprozess entscheiden. Somit wären sowohl die Rechtsstaatlichkeit als auch die Verfolgungsinteressen der Ermittlungsbehörden gewahrt.

C. Rechtspolitische Forderungen

Die Untersuchung der vorhandenen Bestimmungen des Europarechts zum Zugang zur medizinischen Versorgung macht deutlich, dass das Recht auf medizinische Versorgung nur unzureichend gewährleistet wird. Für den überwiegenden Teil der Migranten ohne Aufenthaltsstatus gibt es gar keine rechtlichen Garantien. Aber auch für diejenigen, für die Mindeststandards nach der Rückführungsrichtlinie oder der Opferschutzrichtlinie geschaffen wurden, unterschreiten sie den üblichen Gesundheitsschutz. Es ist aus menschenrechtlicher Sicht nicht hinnehmbar, dass der Umfang des Gesundheitsschutzes, der staatlicherseits abgesichert ist, vom Aufenthaltsstatus der Drittstaatsangehörigen abhängig gemacht wird.

Die EU-Kommission hatte sich in ihrem ersten Entwurf der Aufnahmerichtlinie als Maßstab für den in der EU zu schaffenden Gesundheitsschutz für Asylbewerber auf Art. 25 der Allgemeinen Erklärung der Menschenrechte bezogen. Dieser besagt, dass jeder das Recht auf einen Lebensstandard hat, der seine und seiner Familie Gesundheit und Wohl gewährleistet, einschließlich Nahrung, Kleidung, Wohnung, ärztliche Versorgung und notwendige soziale Leistungen, sowie das Recht auf Sicherheit im Falle von Arbeitslosigkeit, Krankheit, Invalidität oder Verwitwung, im Alter sowie bei anderweitigem Verlust seiner Unterhaltsmittel durch unverschuldete Umstände. Weiterhin haben Mütter und Kinder Anspruch auf besondere Fürsorge und Unterstützung. Alle Kinder, eheliche wie außereheliche, genießen den gleichen sozialen Schutz.

Weiterhin bekennt sich die EU in der Grundrechte-Charta in Art. 35 Satz 2 dazu, dass bei der Festlegung und Durchführung aller Politiken und Maßnahmen der Union ein hohes Gesundheitsschutzniveau sichergestellt wird.[38]

---

38 Siehe hierzu *Timo Tohidipur* in diesem Band.

Mit der Notversorgung, die die Rückführungsrichtlinie und Opferschutzrichtlinie für eine kleinen Teil der statuslosen Migranten vorsieht, wird sie diesen völker- und grundrechtlichen Anforderungen nicht gerecht. Es müssen folgende Maßnahmen ergriffen werden:

1. Das Niveau der medizinischen Versorgung ist denen der Staatsangehörigen der Mitgliedstaaten anzupassen. Die Gewährleistung des Grundrechts auf Gesundheit darf nicht vom aufenthaltsrechtlichen Status abhängig gemacht werden.
2. Das Recht auf medizinische Versorgung muss für alle in der EU sich aufhaltenden Personen gelten, insbesondere auch für alle illegal Aufhältigen. Eine Beschränkung auf diejenigen illegal Aufhältigen, denen bereits eine Frist zur Ausreise gesetzt worden ist, ist aus menschenrechtlicher Sicht nicht akzeptabel. Das Grundrecht auf Gesundheit ist eine Menschenrecht, das für alle realisiert werden muss.
3. Die tatsächliche Zugangsgewährung zu medizinischen Versorgung ist zu gewährleisten. Bestehende Hemmnisse, wie zum Beispiel Meldepflichten gem. § 87 AufenthG in Deutschland[39], sind deswegen EU-weit abzuschaffen.
4. Die Gewährleistung von hohen Gesundheitsstandards ist allerdings nicht ausreichend, um die Menschenrechte der Betroffenen umfassend zu realisieren. Hierfür bedarf es Regelungen, mit denen ein Wechsel aus der aufenthaltsrechtlichen Illegalität in einen legalen Aufenthaltsstatus ermöglicht wird. Denn solange die Angst vor der erzwungenen Rückführung fortbesteht, bleibt die Wahrnehmung von Rechten gehemmt durch die Sorge des Entdecktwerdens. Nur mit einem Aufenthaltsstatus können die Betroffenen ihre Grund- und Menschenrechte vollständig entfalten.

---

39 Siehe hierzu *Nele Allenberg/Tillman Löhr* in diesem Band.

Anspruch auf Zugang zu medizinischer Versorgung: Das Recht auf Gesundheit nach dem UN-Sozialpakt

Valentin Aichele

Einleitung

Menschen ohne Papiere haben in Deutschland keinen ungehinderten Zugang zu medizinischer Versorgung.[1] Aus Furcht davor, im Zusammenhang mit einer medizinischen Behandlung entdeckt und abgeschoben zu werden, meiden sie selbst in großer Not den Kontakt zu staatlichen Stellen, insbesondere zu den in die Kostenabwicklung einbezogenen Sozialämtern, wie zu anderen Einrichtungen der gesundheitlichen Versorgung.

Die individuellen Folgen sind teilweise dramatisch.[2] Ärztinnen und Ärzte berichten, dass die Betroffenen in der Regel – wenn überhaupt – erst viel zu spät professionelle medizinische Hilfe suchen. In vielen Fällen entfällt damit die Möglichkeit, frühzeitig notwendige präventive und therapeutische Maßnahmen einzuleiten. Besondere Schwierigkeiten bestehen für Frauen in Bezug auf Schwangerschaft und Entbindung. So weisen empirische Untersuchungen, Fall-Dokumentationen und Praxisberichte der letzten Jahre auf eine medizinische Unter- und teilweise Fehlversorgung der Personengruppe hin.[3]

---

1 Bei der Personengruppe „Menschen ohne Papiere" handelt es sich um Frauen, Männer und Kinder, die keinen deutschen Pass haben, weder Aufenthaltstitel noch Duldung besitzen und darüber hinaus auch bei den Behörden nicht bekannt sind.

2 Siehe zum Bericht der TAZ vom 11.09.2007 „Tödliche Furcht vor dem Arzt".

3 Siehe Bundesarbeitsgruppe Gesundheit / Illegalität, „Frauen, Männer und Kinder ohne Papiere in Deutschland – Ihr Recht auf Gesundheit", 2. Auflage, Berlin: Deutsches Institut für Menschenrechte 2008; vgl. auch *Jörg Alt*, Leben in der Schattenwelt. Problemkomplex „illegale" Migration, Karlsruhe 2003, 150-158; *Philip Anderson*, ‚Dass Sie uns nicht vergessen'. Menschen in der Illegalität in München. Eine empirische Studie im Auftrag der Landeshauptstadt München, München 2003, 34-42 und 67-68, 73; *Adelheid Franz*, „Medizinische Versorgung von Menschen ohne Krankenversicherung", in: *Theda Borde / Matthias David* (Hrsg.): Gut versorgt? Migrantinnen und Migranten im Gesundheit- und Sozialwesen, Frankfurt 2003, 143-151; *Holk Stobbe*, Undokumentierte Migration in Deutschland und den Vereinigten Staaten. Interne Migrationskontrolle und die Handlungsspielräume von Sans Papiers, Göttingen 2004, 116-125; *Wolfgang Krieger / Monika Ludwig / Patrick Schupp / Annegret Will*, Lebenslage „illegal". Menschen ohne Papiere in Frankfurt am Main, Karlsruhe 2006, 97-116; Büro für medizinische Flüchtlingshilfe (Hrsg.), 10 Jahre Büro für medizinische Flüchtlingshilfe – eine Erfolgsgeschichte? Berlin 2006; *Ellen Schmitt*, Gesundheitsversorgung und Versorgungsbedarf von Menschen ohne legalen Aufenthaltsstatus, Hildesheim 2007, 39-52; Médecins du Monde, European survey on undocumented migrants' access to health care, Internetpublikation 2007, 28ff.; *Heiko Waller*, Gesundheit und Gesundheitsversorgung von Menschen in der aufenthaltsrechtlichen Illegalität in Deutschland und Italien, Lüneburg 2007; *Michael Bommes / Maren Wilmes*, Menschen ohne Papiere in Köln. Eine Studie zur Lebenssituation irregulärer Migranten, Osnabrück 2007, 61-90; Ärzte der Welt (Hrsg.), Bericht 2007. Zugang zur medizinischen Versorgung für Menschen ohne Papiere, München 2008, 11-12.

Hinzu kommt, dass Menschen ohne Papiere zwar nach dem Gesetz einen Anspruch auf medizinische Leistungen (in einem sehr begrenzten Umfang) und auf Unterstützung in der Situation von Schwangerschaft und Geburt haben.[4] Diesen Rechtsanspruch auf eine gesundheitliche Basisversorgung lösen sie jedoch äußerst selten ein. Grund dafür sind nach der Auffassung von Fachleuten die behördlichen Übermittlungspflichten des Aufenthaltsgesetzes („Meldepflichten").[5] Die Meldepflichten sind für Angehörige dieser Gruppe die zentrale Zugangsbarriere zur Versorgung im ambulanten und stationären Bereich. Diese in Europa einzigartige Regelung verschärft demzufolge die Situation für die betroffenen Frauen, Männer und Kinder. Sie trägt dazu bei, dass diese Menschen selbst im Bereich einer gesundheitlichen Basisversorgung ohne professionelle Hilfe bleiben.

Vor diesem Hintergrund stellt sich die Situation hierzulande wie folgt dar: Für die tatsächliche Inanspruchnahme des fundamentalen Rechts auf medizinische Versorgung setzt der Staat eine Bedingung. Danach kann das Recht nur in Anspruch genommen werden, wenn die betroffene Person die Abschiebung aus Deutschland in Kauf nimmt. Diese Bedingung gehen Menschen ohne Papiere, wie mittlerweile hinreichend bekannt ist, so gut wie nie ein. Die Folge dieser Bedingung ist, dass Menschen selbst eine existentiell notwendige medizinische Versorgung nicht erhalten.

Die menschenrechtliche Dimension dieser aufgeworfenen Fragestellung wird in der öffentlichen Diskussion, insbesondere in der Politik, nur unzureichend erkannt. So beschäftigt man sich beispielsweise mit dem Versuch, das Phänomen „illegaler Aufenthalt in Deutschland" zu quantifizieren.[6] Aus menschenrechtlicher Perspektive entscheidet die Anzahl der sich in Deutschland illegal aufhältigen Personen aber nicht darüber, wie mit Angehörigen dieser Personengruppe umzugehen ist. Der entscheidende Maßstab ist die Einhaltung und Gewährleistung ihrer fundamentalen Rechte.[7] Teilweise wird die Diskussion auch vom Thema der Migrationskontrolle oder auch der Bekämpfung illegaler Migration nach Deutschland und Europa beherrscht. Der bloße Verweis auf die unbestrittene Befugnis des Staates, die Bedingungen in Bezug auf Zuwanderung, Einreise, Aufenthalt und Ausreise fremder Staatsangehöriger setzen zu können, beantwortet die aufgeworfene menschenrechtliche Fragestellung allerdings nicht, wie die Rechte von Menschen ohne Papiere hinreichend gewährleistet werden können.

---

4 §§ 1, 4 und 6 Asylbewerberleistungsgesetz. Zu den rechtlichen Einzelheiten siehe *Annegret Will*, Ausländer ohne Aufenthaltsrecht. Aufenthaltsrechtliche Rahmenbedingungen – Arbeitsrecht – Soziale Rechte, Baden-Baden 2008, 179-185; *Dorothee Frings*, Sozialrecht für Zuwanderer, Baden-Baden 2008, 300-325.

5 Siehe § 87 Absatz 2 Aufenthaltsgesetz.

6 Siehe *Norbert Cyrus*, Undocumented migration: Counting the uncountable. Data and trends across Europe. Country Report Germany, 2008; vgl. auch *Annette Sinn / Axel Kreienbrink / Hans Dietrich von Loeffelholz*, „Illegal aufhältige Drittstaatenangehörige. Staatliche Ansätze, Profil und soziale Situation", Nürnberg 2006, 45 ff.

7 Vgl. etwa *Heiner Bielefeldt*, „Menschenrechte ,irregulärer' Migrantinnen und Migranten", in: *Jörg Alt / Michael Bommes* (Hrsg.): Illegalität. Grenzen und Möglichkeiten der Migrationspolitik, Wiesbaden 2006, 81-93.

Menschenrechte sind fundamentale Rechte, die Menschen allein aufgrund ihres Menschseins haben.[8] Diese Rechte haben sie unabhängig von Vorbedingungen, Verhalten oder Vorleistungen. Anders als die staatsbürgerlichen Rechte kommt es auch nicht auf die Staatsangehörigkeit an. Auch der Aufenthaltsstatus spielt für die menschenrechtliche Berechtigung keine Rolle.[9] Im Allgemeinen wird in Deutschland die Bedeutung der Menschenrechte von niemandem ernstlich infrage gestellt. Auch in Bezug auf innenpolitische Fragestellungen wird ihre praktische Relevanz prinzipiell gesehen. Es zeigt sich jedoch an konkreten Details, etwa im Bezug auf den Umgang mit Menschen ohne Papiere in Deutschland, insbesondere in Bezug auf die Frage des Zugangs zu medizinischer Versorgung, dass sich die Politik in Bund und Ländern schwer damit tut, die Menschenrechte ausdrücklich in die Diskussion einzubeziehen und die Bedeutung und Tragweite menschenrechtlicher Verpflichtungen angemessen zu würdigen.

1. Hintergrund

Das Recht auf Gesundheit ist ein Menschenrecht.[10] Als solches hat dieses Recht in unterschiedlichen rechtlichen und politischen Zusammenhängen in den letzten zwei Jahrzehnten eine wachsende Anerkennung durch die internationale Gemeinschaft und durch einzelne Staaten gefunden.[11] Erwähnung findet das „Recht auf ärztliche Versorgung" bereits in der Allgemeinen Erklärung der Menschenrechte von 1948.[12]

Deutschland hat das Recht auf Gesundheit in mehreren rechtlich verbindlichen Übereinkommen anerkannt. Zentral für die Verankerung dieses Rechts ist der UN-Pakt über wirtschaftliche, soziale und kulturelle Rechte (UN-Sozialpakt).[13] Darin erkennen die Vertragsstaaten in Artikel 12 das Recht einer jeden und eines jeden auf das für sie und

---

8   Siehe hierzu *Heiner Bielefeldt*, Menschenwürde. Vom Grund der Menschenrechte, Berlin: Deutsches Institut für Menschenrechte 2008.
9   Zu den einzelnen Merkmalen des Diskriminierungsverbotes und der Auslegung durch den jeweiligen Vertragsausschuss: *Wouter Vandenhole*, Non-discriminiation and equality in the view of the UN human rights treaty bodies, Antwerpen 2005; siehe auch CERD, General Recommendation No. 30: Discrimination against non-citizen vom 1.10.2004; PICUM, Undocumented migrants have rights. An overview of the international human rights framework, Brussels 2007.
10 Office of the United Nations High Commissioner for Human Rights / World Health Organization, The right to health. Fact sheet no. 31, Geneva 2008.
11 Vgl. *Gudmundur Alfredsson / Katarina Tomasevski*, A thematic guide to documents on health and human rights, The Hague 1998; *Peter van Krieken*, Health and migration. The human rights and legal context, in: *T. Alexander Aleinikoff / Vincent Chetail* (Hrsg.): Migration and international legal norms, The Hague 2003, 289-302; *Stephen P. Marks*, Health and human rights. Basic international documents, 2. Aufl., Cambridge 2006, 80-106.
12 Siehe Allgemeine Erklärung der Menschenrechte, Artikel 25 Absatz 1.
13 Siehe *Eibe Riedel*, The International Covenant on Economic, Social and Cultural Rights, in: Encyclopedia of Public International Law, Volume 2, 2nd ed., Amsterdam 2008; *Brigitte Hamm*, "40 Jahre UN-Sozialpakt: Bilanz und Perspektiven", in: Friedenswarte (2006) 81, 87-106; *Matthew Craven*, The International Covenant on Economic, Social and Cultural Rights: a perspective on its development, Oxford 1995.

für ihn erreichbare Höchstmaß an körperlicher und geistiger Gesundheit an. Der UN-Sozialpakt ist 1976 für Deutschland in Kraft getreten.[14] Darüber hinaus hat sich Deutschland der Gewährleistung dieses Rechts etwa durch die Ratifikation der UN-Frauenrechtskonvention[15] und der UN-Kinderrechtskonvention[16] verschrieben. Im europäischen Zusammenhang hat das Recht auf Gesundheit Verankerung in der Europäischen Sozialcharta von 1961[17] und in der – noch unverbindlichen – EU-Grundrechte-Charta[18] gefunden.

Das Recht auf Gesundheit wird der Gruppe der wirtschaftlichen, sozialen und kulturellen Rechte zugeordnet. In Bezug auf diese Gruppe von Rechten bestehen nach wie vor überkommene Fehlvorstellungen. Diese scheinen etwa in dem Versuch der künstlichen Abgrenzung von den so genannten bürgerlichen und politischen Rechten auf. So wird den wirtschaftlichen, sozialen und kulturellen Rechten teilweise heute noch der Individualrechtscharakter abgesprochen oder ihre Funktion völlig verengt als bloße Leistungsrechte dargestellt. Diese Auffassung ist heute aber nicht mehr haltbar. Sie lässt die internationalen Rechtsentwicklungen der letzten zehn Jahre außer Acht. Dafür ist die Anerkennung dieser Rechte als individuelle Rechtspositionen mit einer primär emanzipatorischen Ausrichtung zu gefestigt.

Der Hintergrund für diese Fehlvorstellungen in Bezug auf diese Rechte reicht zurück in die Zeit des Kalten Krieges.[19] In der Ära des eisernen Vorhangs waren die Menschenrechte der von Ideologie getragenen Konfrontation zwischen Ost und West unterworfen. Während die westlichen Staaten die bürgerlichen und politischen Rechte für sich in Anspruch nahmen, hatten die Ostblock-Staaten die wirtschaftlichen, sozialen und kulturellen Rechte für sich vereinnahmt. Jede Seite konstruierte sich die Rechte so zurecht, dass sie ins eigene politische Programm passten. In den westlichen Staaten herrschte die Vorstellung, die wirtschaftlichen, sozialen und kulturellen Rechte seien Rechte ‚zweiter Klasse'. Sie verstanden die Rechte des UN-Sozialpakts als ‚Staatszielbestimmungen' oder als ‚Programmsätze', nicht aber als individuelle Rechtspositionen. Lediglich die bürgerlichen und politischen Rechte waren ihrer Auffassung nach die an der Freiheit ausgerichteten, ‚wahren' Menschenrechte.

Mit dem Ende der achtziger Jahre verschwand der eiserne Vorhang. 1993 fand in Wien die legendäre Weltmenschenrechtskonferenz statt. Im Abschlussdokument der Konferenz erlangte der Grundsatz der Unteilbarkeit aller Menschenrechte seine tragende Bedeutung.[20] Mit ihm haben die Staaten nicht nur die beschriebene Blockadesituation zwischen den Mächten zugunsten der Menschenrechte aufgebrochen. Vielmehr ze-

---

14 BGBl. 1973 II S. 1570.
15 BGBl. 1985 II S. 648. Artikel 12.
16 BGBl. 1992 II S. 122. Artikel 24.
17 BGBl. 1964 II S. 1262. Vgl. Artikel 11.
18 Siehe Charta der Grundrechte der Europäischen Union (2000/C 364/01), Artikel 35.
19 Siehe dazu *Eibe Riedel*, Kommentierung zu Artikel 55 (c), in: *Bruno Simma* (Hrsg.): The Charter of the United Nations, Vol. II, Oxford 2002, Rdnr. 35-52.
20 Siehe dazu *Ida Elisabeth Koch*, "Economic, social and cultural rights as components in civil and political rights: a hermeneutig perspective", in: The International Journal of Human Rights (2006) 10, 405-430; *Ernst-Ulrich Petersmann*, "On ‚individibility' of human rights", in: European Journal on International Law (2003) 14, 381-385; *Craig Scott*, Reaching beyond (without abandoning) the category of 'economic, social and cultural rights', in: Human Rights Quarterly (1999) 21, 633-660.

mentierten die Staaten die Forderung nach der Gleichrangigkeit aller Menschenrechte – der bürgerlichen, kulturellen, politischen, sozialen sowie der wirtschaftlichen – als Ausgangspunkt für die weitere menschenrechtliche Entwicklung.[21] Die Aufspaltung der Rechte in zwei Gruppen gilt zwar seither theoretisch als überwunden, in der Praxis jedoch wirkt die historisch verordnete Nachrangigkeit der wirtschaftlichen, sozialen und kulturellen Rechte immer noch nach.

Nach heutiger Auffassung stehen die wirtschaftlichen, sozialen und kulturellen Rechte wie die bürgerlichen und politischen Rechte für gleichwertige individuelle Rechtspositionen, die staatliche Verpflichtungen auf mehreren Ebenen entfalten. Dieses Verständnis der anerkannten Rechte und die damit verbundene Normstruktur haben vor allem die internationalen Fachausschüsse zu den menschenrechtlichen Übereinkommen (die so genannten „treaty bodies") vorangetrieben. In Bezug auf die wirtschaftlichen, sozialen und kulturellen Rechte nimmt dabei der UN-Sozialpaktausschuss, der im Auftrag des UN-Wirtschafts- und Sozialrats die Einhaltung und Umsetzung des UN-Sozialpakts in den Paktstaaten überwacht und befördert, eine prominente Rolle ein.[22] Parallel zu den Entwicklungen auf der internationalen Ebene hat die Rechtsprechung regionaler Schutzsysteme, beispielsweise in Europa[23] oder in Lateinamerika, sowie die Jurisprudenz verschiedener Verfassungsgerichte, wie in Indien[24] oder in Südafrika[25], mit zur Qualifizierung der wirtschaftlichen, sozialen und kulturellen Rechte beigetragen.

Nach dieser Dogmatik, die sich in Bezug auf die im UN-Sozialpakt verankerten Rechte herausgebildet und mittlerweile gefestigt hat, korrespondiert das jeweilige Recht auf drei Ebenen mit staatlichen Verpflichtungen – den staatlichen Achtungs-, Schutz- und Gewährleistungspflichten.[26] Gemäß dieser Verpflichtungsstruktur, die auch als „Pflichtentrias" bekannt ist, hat der Staat 1.) das jeweilige Recht zu achten. Die Achtungspflicht verlangt von ihm, von einem unmittelbaren oder mittelbaren Eingriff in das Recht Abstand

---

21　UN Doc. A/CONF.157/23 v. 12.7.1993, Teil I, Abs. 5.

22　Vgl. hierzu *Philip Alston*, „Out of the abyss: the challenges confronting the new U.N. Committee on Economic, Social and Cultural Rights", in: Human Rights Quarterly (1987) 9, 332-381; Fons Coomans, „The role of the UN Committee on Economic, Social and Cultural Rights in strengthening implementation and supervision of the International Covenant on Economic, Social and Cultural Rights", in: Verfassung und Recht in Übersee (2002) 35, 182-200; *Eibe Riedel* „Die Allgemeinen Bemerkungen zu Bestimmungen des Internationalen Paktes über Wirtschaftliche, Soziale und Kulturelle Rechte der Vereinten Nationen", in: Deutsches Institut für Menschenrechte (Hrsg.): Die „General Comments" zu den VN-Menschenrechtsverträgen. Deutsche Übersetzung und Kurzeinführungen, Baden-Baden 2005, 160-171.

23　Siehe dazu *Lenia Samuel*, Fundamental social rights. Case law of the European Charter, 2. Aufl., Strasbourg: Council of Europe 2002.

24　Siehe *Colin Gonsalves*, "From international to domestic law: the case of the Indian Supreme Court in response to esc rights and the right to food", in: *Wenche Barth Eide / Uwe Kracht* (Hrsg.), Food and human rights in development, Volume II, Antwerpen 2007, 215-236; siehe auch zum Recht auf Nahrung Human Rights Law Network, Right to food. Supreme Court orders, New Delhi 2008.

25　Etwa zum Recht auf soziale Sicherung *Sandra Liebenberg*, "The judicial enforcement of social security rights in South Africa. Enhancing accountability for the basic need of the poor", in: *Eibe Riedel* (Hrsg.): Social security as a human rights. Drafting a General Comment on Article 9 – some challenges, Berlin 2007, 69-90.

26　Siehe *Magdalena Sepúlveda*, The nature of obligations under the International Covenant on Economic, Social and Cultural Rights, Antwerpen 2003, 157-247.

zu nehmen, das heißt, er hat es zu unterlassen, in den jeweils vom Recht geschützten individuellen Lebensbereich einzugreifen. Der Staat hat 2.) das Recht vor Eingriffen privater Dritter zu schützen; die Schutzpflicht verlangt von ihm, Maßnahmen zu ergreifen, welche private Dritte daran hindern, das jeweilige Recht zu beeinträchtigen. Nicht zuletzt hat der Staat 3.) dieses Recht auch zu gewährleisten, indem er angemessene legislative, administrative, finanzielle, gerichtliche, fördernde und sonstige Maßnahmen verabschiedet, die die volle Verwirklichung des Rechts zum Ziel haben.

Dass diese Pflichten anerkanntermaßen mit dem jeweiligen Recht korrespondieren, unterstreicht zunächst den Individualrechtscharakter. Gerade aber die Achtungspflicht, welche für die Abwehrfunktion dieser Rechte steht (die vormals allein den bürgerlichen und politischen Rechte zugeschrieben worden ist), bedeutet, dass jedes dieser Rechte eine lebensbereichsbezogene Sphäre hat, die durch das Recht geschützt wird. Im Übrigen ist die gesamte dreigliedrige Normstruktur von dem modernen Verständnis der wirtschaftlichen, sozialen und kulturellen Rechte als Freiheitsrechte geprägt.[27]

Das neue Fakultativprotokoll zum UN-Sozialpakt, das die Generalversammlung der Vereinten Nationen am 10. Dezember 2008 angenommen hat, geht noch einen Schritt weiter. Das Protokoll sieht vor, dass sich Einzelpersonen nach Ausschöpfung nationaler Rechtsbehelfe an den UN-Sozialpaktausschuss unter Berufung auf die dort verankerten individuellen Rechte wenden können, um ihren Sachverhalt aus menschenrechtlicher Sicht beurteilen zu lassen. Hinter diesem Ansatz steht die Überzeugung, dass Menschenrechte als individuelle Rechtspositionen im Rahmen internationaler Verfahren einklagbar gemacht werden können.[28] Die lange gehegten Zweifel, die teilweise in der deutschen Rechtswissenschaft noch in der jüngeren Zeit vorgetragen worden sind – bezogen auf die Frage, ob die wirtschaftlichen, sozialen und kulturellen Rechte denn „justiziabel" oder einklagbar sind, können damit als überwunden gelten.[29] Es war denn auch erkennbar, dass es eher um die Frage nach der Schaffung eines entsprechenden Verfahrens geht, als um die „Rechtsnatur" dieser Rechte.

Diese Entscheidung der Generalversammlung der Vereinten Nationen, das Fakultativprotokoll zum UN-Sozialpakt anzunehmen, kann vor diesem Hintergrund rechtlich wie symbolisch kaum überbewertet werden. Sie unterstreicht die Gleichwertigkeit aller Menschenrechte, indem sie sucht, die institutionellen Voraussetzungen auf der Ebene der Rechtsdurchsetzung für die wirtschaftlichen, sozialen und kulturellen Rechten den der bürgerlichen und politischen Rechte endlich anzugleichen. Das neue Fakultativpro-

---

27 Vgl. *Michael Krennerich*, „Soziale Menschenrechte sind Freiheitsrechte! Plädoyer für ein freiheitliches Verständnis wirtschaftlicher, sozialer und kultureller Rechte", in: Deutsches Institut für Menschenrechte (Hrsg.): Jahrbuch Menschenrechte 2007, Frankfurt 2006, 57-66.

28 Siehe hierzu *Martin Scheinin*, "Economic and social rights as legal rights", in: *Asbjørn Eide / Catarina Krause / Allan Rosas* (Hrsg.): Economic, Social and Cultural Rights. A Textbook, Dortrecht 2001, 2nd ed., 29-54.

29 Vgl. *Christian Tomuschat*, „An Optional Protocol for the International Covenant on Economic, Social and Cultural Rights?" in: *Klaus Dicke / Stephan Hobe / Karl-Ulrich Meyn / Anne Peters / Eibe Riedel / Hans-Joachim Schütz / Christian Tietje* (Hrsg.): Weltinnenrecht. Liber amicorum Jost Delbrück, Berlin 2005, 815-834.

tokoll zum UN-Sozialpakt ist deshalb ein Meilenstein für den internationalen Menschenrechtsschutz.[30]

2. Das Recht auf Gesundheit

2.1 Zum Inhalt

Das Recht auf Gesundheit ist ein komplexes und in Teilen offenes Recht.[31] Inhaltlich bezieht sich das Recht im Wesentlichen auf alle gesundheitsrelevanten Faktoren, die dem staatlichen Machtbereich und damit seiner politischen Gestaltung unterliegen.[32] Zu diesen Faktoren zählen beispielsweise sauberes Trinkwasser, sichere Nahrungsmittel, gesunde Arbeitsbedingungen oder auch kontrollierbare Umweltbedingungen. Ein Recht, gesund zu sein, ist das Recht auf Gesundheit allerdings nicht.[33] Dies würde die Möglichkeiten eines Staates übersteigen und kann daher nicht Gegenstand des Rechts sein.

Der Kern des freiheitlich ausgerichteten Rechts schützt jeden Menschen, in Bezug auf die existentiellen Gesundheitsaspekte selbstbestimmt handeln und entscheiden zu können.[34] So schützt es beispielsweise davor, einer medizinischen Behandlung unterworfen zu werden, die von der Einwilligung des Betroffenen nicht getragen wird.[35] Es bewahrt auch vor dem willkürlichen Zugriff des Staates auf den sexuellen und reproduktiven Bereich des Menschen.[36] Und es beinhaltet auch, frei den Zugang zu vorhandenen Einrichtungen der gesundheitlichen Versorgung zu suchen, ohne dass staatliches Handeln eine Person daran hindert (siehe dazu unten).

Nach der Auffassung des UN-Sozialpaktausschusses strukturieren vier „Kernelemente" den normativen Inhalt dieses Rechts weiter aus: Medizinische Einrichtungen und ärztliche Betreuung müssen für jede und jeden verfügbar, zugänglich, annehmbar und qualitativ akzeptabel sein.[37] Gemäß der „Verfügbarkeit" ist beispielsweise zu erwarten, dass ein Staat im Rahmen seiner Möglichkeiten funktionierende Einrichtungen der öffentlichen Gesundheitsfürsorge, medizinische Einrichtungen und ärztliche Betreuungs-

---

30 Siehe *Valentin Aichele*, „Ein Meilenstein für die Unteilbarkeit: Das neue Fakultativprotokoll zum Internationalen Pakt über wirtschaftliche, soziale und kulturelle Rechte", in: Vereinte Nationen (2009) 2, 72-78.
31 Diese Ausführungen stützen sich vor allem auf die Allgemeine Bemerkung Nr. 14 (Recht auf Gesundheit) des Ausschusses über wirtschaftliche, soziale und kulturelle Rechte, UN Doc. E/C.12/2000/4 vom 11.08.2000, abgedruckt in: Deutsches Institut für Menschenrechte, Die „General Comments" zu den VN-Menschenrechtsverträgen, 285-313 (im Folgenden zitiert „CESCR, Allgemeine Bemerkung Nr. 14").
32 Siehe CESCR, Allgemeine Bemerkung Nr. 14, Ziffer 4 und 12.
33 Siehe CESCR, Allgemeine Bemerkung Nr. 14, Ziffer 8.
34 Siehe CESCR, Allgemeine Bemerkung Nr. 14, Ziffer 8.
35 Siehe CESCR, Allgemeine Bemerkung Nr. 14, Ziffer 8.
36 Siehe CESCR, Allgemeine Bemerkung Nr. 14, Ziffer 8.
37 Siehe CESCR, Allgemeine Bemerkung Nr. 14, Ziffer 12.

dienste aufbaut und unterhält.³⁸ In Bezug auf die „Zugänglichkeit" sagt das Recht, dass die vorhandenen Einrichtungen und Stellen der ärztlichen Beratung physisch wie wirtschaftlich für alle Teile der Bevölkerung frei von Diskriminierung bereit zu halten sind.³⁹ Wirtschaftlich zugänglich heißt, dass diese Leistungen auch für Angehörige sozialbenachteiligter Gruppen erschwinglich sind.⁴⁰ Zur Zugänglichkeit führt der UN-Sozialpakt-Ausschuss weiter aus:

„Medizinische Einrichtungen und ärztliche Betreuung müssen für alle, insbesondere für die besonders schutzbedürftigen Gruppen der Bevölkerung, *de jure* und *de facto* ohne Verletzung des Diskriminierungsverbotes zugänglich sein".⁴¹

Damit wird die Anforderung formuliert, dass sich der Maßstab für die Verwirklichung des Rechts daran orientiert, ob Angehörige der Gruppen in vulnerablen Lebenslagen tatsächlich Zugang zu den vorhandenen Einrichtungen haben. Zu „besonders schutzbedürftigen Gruppen" gehören Frauen, Männer und Kinder ohne Papiere. In Anbetracht der gesundheitlichen Fehl- und Unterversorgung dieser Gruppe in Deutschland muss man davon ausgehen, dass wohl nicht viele in den tatsächlichen Genuss dieses Rechts kommen. „Annehmbarkeit" der medizinischen Einrichtungen und ärztlichen Betreuung bedeutet, dass die medizinische Ethik zu achten und ihre Dienstleistungen auch kulturell angemessen sein sollen. Nicht zuletzt müssen nach dem Kernelement der „Akzeptierbarkeit" die angebotenen Dienstleistungen wissenschaftlich fundiert, medizinisch geeignet und von guter Qualität sein.⁴²

Für das allgemeine Verständnis des Rechts auf Gesundheit ist wichtig, dass das Recht als allgemeines Menschenrecht vor dem Hintergrund spezifischer Lebenslagen bestimmter Personengruppen – wie etwa die von Frauen oder Kindern – in den letzten Jahren weiter ausdifferenziert worden ist.⁴³ Entsprechend hat das internationale Recht eine weiterreichende Konkretisierung erfahren. Die Rede ist damit nicht von „Spezialrechten" für Frauen oder Kinder, sondern gemeint ist die *spezifische Interpretation* des universellen Rechts auf Gesundheit vor dem Hintergrund besonderer Lebenslagen bestimmter Personengruppen.⁴⁴

So darf es beispielsweise bei der Rechtsgewährleistung des Rechts auf Gesundheit durch einen Staat keine Diskriminierung von Frauen geben. Dies gilt zunächst für eine Ungleichbehandlung in Bezug auf das biologische Geschlecht (Englisch „sex"). So verpflichtet die UN-Frauenrechtskonvention etwa den jeweiligen Vertragsstaat dazu, eine angemessene und erforderlichenfalls unentgeltliche Betreuung der Frau während der

---

38 Siehe CESCR, Allgemeine Bemerkung Nr. 14, Ziffer 12 (a).
39 Siehe CESCR, Allgemeine Bemerkung Nr. 14, Ziffer 12 (b).
40 Siehe CESCR, Allgemeine Bemerkung Nr. 14, Ziffer 12 (b) (iii).
41 Siehe CESCR, Allgemeine Bemerkung Nr. 14, Ziffer 12 (b) (i).
42 Siehe CESCR, Allgemeine Bemerkung Nr. 14, Ziffer 12 (c) und (d).
43 Siehe die UN-Frauenrechtskonvention (CEDAW), Artikel 12 Absatz 1. Vgl. die Allgemeine Empfehlung Nr. 24 des Ausschusses für die Beseitigung der Diskriminierung der Frau, UN Doc. A/54/38/Rev. I vom 2. Februar 1999, abgedruckt in: Deutsches Institut für Menschenrechte, Die „General Comments" zu den VN-Menschenrechtsverträgen, 491-502.
44 Siehe etwa auch die neue UN-Behindertenrechtskonvention, Artikel 25. Siehe zu diesem Punkt auch *Valentin Aichele*, Die neue UN-Behindertenrechtskonvention und ihr Fakultativprotokoll. Ein Beitrag zur Ratifikationsdebatte, Berlin: Deutsches Institut für Menschenrechte, 4.

Schwangerschaft zu gewährleisten; auch für eine ausreichende Ernährung während Schwangerschaft und Stillzeit ist zu sorgen.[45] Darüber hinaus stellen etwaige Unterschiede aufgrund des „sozialen Geschlechts" (Englisch „gender") noch weitergehende menschenrechtliche Anforderungen. Mit dem „sozialen Geschlecht" sind die gesellschaftlichen Geschlechtermuster angesprochen, die zwar oft an das biologische Geschlecht anknüpfen, im Grunde aber der gesellschaftlichen Konstruktion unterliegen. Das „soziale Geschlecht", das damit eher das Ergebnis von sozialen Zuschreibungen und nicht durch gruppenbezogene oder individuelle Eigenschaften gekennzeichnet ist, ist oft Ursache für die gesellschaftliche Ungleichheit zwischen Frauen und Männern.[46] Auch mit dem sozialen Geschlecht verbundene Diskriminierung ist völkerrechtlich unzulässig.[47] Dieser Anforderung, dass das Recht auf Gesundheit unabhängig vom sozialen Geschlecht zu gewährleisten ist, verleiht die UN-Frauenrechtskonvention besonderen Nachdruck, indem sie beispielsweise unterstreicht, dass Frauen der Zugang zu den Gesundheitsdiensten eines Landes frei von Diskriminierung möglich sein soll.[48]

Vor diesem Hintergrund stellt sich beispielsweise die Frage, ob sich die Meldepflichten auf Frauen und Männer aufgrund eines rollentypischen Verhaltens unterschiedlich, insbesondere benachteiligend auf Frauen und ihre Gesundheit, auswirken. Hierauf hat die Forschung in Deutschland derzeit noch keine Antwort gegeben.

Um das Recht auf Gesundheit auch für Mädchen und Jungen hinreichend zu sichern, unterstreicht die UN-Kinderrechtskonvention, dass besondere Maßnahmen zum Schutz von Kindern ergriffen werden müssen.[49] Auch hier darf der Aufenthaltsstatus eines Kindes keinen Unterschied im Vergleich zu anderen Kindern machen. So enthält diese Konvention hier entsprechende Konkretisierungen des Rechts auf Gesundheit für Kinder, das seinerseits diskriminierungsfrei gewährleistet werden muss.[50]

2.2 Verpflichtungsstruktur nach dem UN-Sozialpakt

Auch für das Recht auf Gesundheit greift daher die bereits erwähnte Pflichtentrias, wonach zwischen staatlichen Achtungs-, Schutz- und Gewährleistungspflichten zu unterscheiden ist. Konkretisiert für das Recht auf Gesundheit, beinhaltet beispielsweise die staatliche Schutzpflicht den Sicherstellungsauftrag an den Vertragsstaat, dass private Dritte den Zugang zu Gesundheitsinformationen oder Gesundheitsdiensten nicht einschränken.[51] Die Gewährleistungspflicht etwa verlangt von den Staaten, das Recht auf

---

45 Vgl. CEDAW, Artikel 12 Absatz 2.
46 Vgl. hierzu *Regina Frey*, Gender im Mainstreaming. Geschlechtertheorie und -praxis im internationalen Diskurs, Königstein, 25 ff.
47 Siehe *Wouter Vandenhole*, Non-discrimination and equality in the view of the UN human rights treaty bodies, Antwerpen 2005, 147-154.
48 CEDAW, Artikel 12 Absatz 1.
49 Siehe UN-Kinderrechtskonvention, Artikel 24; siehe hierzu *Asbjørn Eide / Wenche Barth Eide*, Article 24: The right to health. A commentary on the United Nations Convention on the Rights of the Child, Leiden 2006.
50 Siehe hierzu PICUM, Undocumented children in Europe. Invisible victims of immigration restrictions, Brussels 2008, 44-68.
51 Siehe CESCR, Allgemeine Bemerkung Nr. 14, Ziff. 35.

Gesundheit auf politischer und gesetzlicher Ebene, vorzugsweise auf dem Gesetzgebungswege, angemessen anzuerkennen und eine nationale Gesundheitspolitik in detaillierter Ausgestaltung anzunehmen, um das Recht auf Gesundheit zu verwirklichen.[52]

Die Achtungspflicht verlangt von den Staaten, von einem unmittelbaren oder mittelbaren Eingriff in den Genuss des Rechts auf Gesundheit Abstand zu nehmen.[53] In Bezug auf die hier thematisierte Fragestellung, das Recht auf Zugang zu medizinischer Versorgung von Menschen ohne Papiere, führt der UN-Sozialpaktausschuss aus: Die Staaten unterliegen der rechtlichen Verpflichtung

> „das Recht auf Gesundheit zu achten, indem sie es beispielsweise unterlassen, den gleichberechtigten Zugang zu vorbeugenden, heilenden und lindernden Gesundheitsdiensten für jeden Menschen zu verweigern oder zu beschränken, einschließlich für (...) illegale Immigranten (...)".[54]

Zu dieser Unterlassensverpflichtung zählt aus der Sicht des Verfassers, dass ein Staat keine wie auch immer gearteten Barrieren aufbauen oder unterhalten darf, welche den Zugang zu den Einrichtungen von Menschen *de facto* wesentlich erschweren oder verhindern. Dies gilt auch, wenn diese Regelungen einen legitimen Zweck verfolgen. Diese Anforderung bezieht sich auf Regelungen, die den Zugang zu diesen Leistungen von einer Bedingung abhängig machen, die zu einer in der Praxis nie oder nur selten überwundenen Barriere werden.

2.3 Einhaltung und Umsetzung

Nach der differenzierten Lesart des UN-Sozialpaktes unterliegt der Staat im Wesentlichen zwei Anforderungen im Blick auf die Realisierung des Rechts auf Gesundheit: Es gibt die Pflicht zur Umsetzung und zur Einhaltung des Rechts.[55] Die Pflicht zur Umsetzung bezieht sich auf das rechtliche Gebot, das Recht auf Gesundheit schrittweise zu verwirklichen (Pflicht zur progressiven Realisierung).[56] Dieses Gebot hat zum Inhalt, dass der Staat im Rahmen seiner Möglichkeiten alle geeigneten Maßnahmen ergreifen muss, mit denen er so schnell und so wirksam wie möglich die volle Verwirklichung des Rechts auf Gesundheit erreicht. Es handelt sich dabei um eine sofortige Verpflichtung. Kurze Zeit nach dem Inkrafttreten des UN-Sozialpaktes sind Maßnahmen zu ergreifen.[57]

Die Pflicht auf Einhaltung bezieht sich auf die Bestandteile des UN-Sozialpaktes, die sofort eingehalten werden sollen. Dazu werden beispielsweise das Diskriminierungsverbot und die Pflicht gezählt, die *Kerninhalte* eines einzelnen Rechts ohne jeden Zeit-

---

52 Siehe CESCR, Allgemeine Bemerkung Nr. 14, Ziff. 36.
53 Siehe CESCR, Allgemeine Bemerkung Nr. 14, Ziff. 34.
54 Siehe CESCR, Allgemeine Bemerkung Nr. 14, Ziff. 34. Hervorhebungen sind die des Verfassers.
55 Vgl. hierzu die Allgemeine Bemerkung Nr. 3 des Ausschusses über wirtschaftliche, soziale und kulturelle Rechte, UN Doc. CESCR E/1991/23 vom 14. Dezember 1990, abgedruckt in: Deutsches Institut für Menschenrechte, Die „General Comments" zu den VN-Menschenrechtsverträgen. Deutsche Übersetzung und Kurzeinführungen, Baden-Baden 2005, 183-188.
56 Siehe Artikel 2 Absatz 1 in Verbindung mit Artikel 12 des UN-Sozialpaktes. Vgl. Kristina Klee, Die progressive Verwirklichung wirtschaftlicher, sozialer und kultureller Menschenrechte, Stuttgart 2000.
57 Siehe CESCR, Allgemeine Bemerkung Nr. 3, Ziff. 2.

aufschub zu realisieren. Diesbezüglich müssen nicht nur Schritte eingeleitet werden, sondern es sind auch sofort bestimmte Ergebnisse zu gewährleisten.[58] Der Zugang zu einer medizinischen Versorgung fällt nach der Auffassung des Ausschusses in den Kernbereich des Rechts auf Gesundheit. Zu dem Kernbereich des Rechts auf Gesundheit gehört für ihn insbesondere:

> „das Recht auf Zugang zu medizinischen Einrichtungen und ärztlicher Betreuung ohne jegliche Diskriminierung [zu gewährleisten], insbesondere im Hinblick auf schutzbedürftige und ausgegrenzte Gruppen".[59]

Hintergrund für diese Auslegung des UN-Sozialpaktes ist die Zielstellung des menschenrechtlichen Übereinkommens. Nach der Auffassung des UN-Sozialpaktausschusses würde es dem Grundgedanken der Menschenrechte widersprechen, wenn selbst die Achtung des Kernbereichs zeitlich in die unbestimmte Zukunft aufgeschoben werden könnte. Würden alle Bestandteile des Pakts dem Konzept der progressiven Realisierung unterworfen, so der Ausschuss in seiner Kommentierung, dann hätten die wirtschaftlichen, sozialen und kulturellen Rechte keinerlei lebenspraktische Bedeutung mehr und wären damit im Kern ihres Sinns beraubt.[60]

Einhaltung und Umsetzung des Rechts auf Gesundheit – wie es im Übrigen für alle Menschenrechte zutrifft – ist nicht unabhängig von materiellen Ressourcen. Diese Tatsache erkennt auch der UN-Sozialpakt in Form eines Ressourcenvorbehalts an.[61] Steht allerdings die Verwirklichung eines Kernbereichs in Frage, wie in diesem Zusammenhang beim Zugang zu medizinischer Basisversorgung, obliegt dem Staat die *Beweislast* dafür, alle verfügbaren Ressourcen mobilisiert und vernünftig eingesetzt zu haben, um seine menschenrechtlichen Verpflichtungen zu erfüllen.[62]

Im Hinblick auf die schrittweise Verwirklichung wird von Seiten der internationalen Fachausschüsse immer wieder unterstrichen, dass gerade die Probleme sozialer Gruppen, die sich in „verletzlichen Lebenslagen" befinden, von den Staaten mit besonderer Aufmerksamkeit und besonderem Nachdruck zu bearbeiten sind. Werden bei den an dieser Verpflichtung ausgerichteten Umsetzungsprozessen spezifische Probleme für bestimmte Bevölkerungsgruppen – wie hier Menschen ohne Papiere – erkennbar, so konkretisiert sich für den Staat die Verpflichtung dahingehend, den Angehörigen dieser Bevölkerungsgruppen besondere Aufmerksamkeit zu widmen.[63]

---

58 Siehe CESCR, Allgemeine Bemerkung Nr. 3, Ziff. 10.
59 Siehe CESCR, Allgemeine Bemerkung Nr. 14, Ziff. 43.
60 Siehe CESCR, Allgemeine Bemerkung Nr. 3, Ziff. 9.
61 UN-Sozialpakt, Artikel 2 Absatz 1 („unter Ausschöpfung aller seiner Möglichkeiten"); siehe hierzu auch die Stellungnahme UN-Sozialpaktausschusses „Evaluationen of the obligation to take steps to the „maximum of available resources" under an Optional Protocol to the Covenant, UN Doc. E/C.12/38/CRP.1 vom 16.02.2007.
62 Vgl. CESCR, Allgemeine Bemerkung Nr. 3, Ziff. 11.
63 *Michael Windfuhr*, Rights-based monitoring. Lessons to be learned from the work on indicators for the right to adequate food, IBSA-Papier, Mannheim 2004.

3. Stellung des Rechts auf Gesundheit in der deutschen Rechtsordnung

Das Recht auf Gesundheit ist auch Bestandteil der deutschen Rechtsordnung. Die Norm des Artikel 12 des UN-Sozialpaktes, wie die anderen einschlägigen völkerrechtlichen Normen über die Anerkennung und den Schutz dieses Rechts, haben Einzug in die hiesige Rechtsordnung gehalten.[64] Welche rechtlichen Konsequenzen aus dieser Tatsache abzuleiten sind, beantworten Rechtswissenschaft und Rechtspraxis bislang uneinheitlich.

Die darüber geführte Diskussion ist nicht mit der Frage zu verwechseln, ob sich unabhängig vom Einfluss des Völkerrechts, insbesondere unter Bezug auf die Bestimmungen des Grundgesetzes, ein individuelles Recht auf Gesundheit im deutschen Recht begründen lässt.[65] Anders gelagert ist auch die eher historische Debatte um „soziale Grundrechte".[66]

Die in die deutsche Rechtsordnung überführten völkerrechtlichen Normen unterscheiden sich aus der nationalen Perspektive gesehen im Grad ihrer Rechtswirkung. Grundsätzlich wird zwischen Geltung, Anwendbarkeit und unmittelbarer Anwendbarkeit unterschieden. Geltung bezeichnet die schwächste Form rechtlicher Wirkung, die in ihrer Qualität aber hinreichend ist, um staatliche Macht an die Norm zu binden. In der deutschen Rechtsordnung wird die Geltung einer völkerrechtlichen Vertragsnorm über das parlamentarische Vertragsgesetz herbeigeführt; dieses erteilt einen entsprechenden Rechtsanwendungsbefehl. Während für die gesetzgebenden Organe die Umsetzungsverpflichtung des UN-Übereinkommens im Rahmen der grundgesetzlichen Kompetenzordnung greift, binden die einzelnen Bestimmungen die staatlichen Organe der rechtsprechenden und vollziehenden Gewalt. Die überführten Normen haben nach ständiger Rechtsprechung den Rang des einfachen Bundesrechts. Da Behörden und Gerichte gemäß Artikel 20 Absatz 3 des Grundgesetzes an Gesetz und Recht gebunden sind, haben auch sie diese im Rahmen ihrer Zuständigkeiten zu beachten.[67]

Vermittelt durch den Rechtsanwendungsbefehl ist in Folge jede einzelne überführte und nunmehr im nationalen Recht geltende Bestimmung von Behörden und Gerichten daraufhin zu untersuchen, welche Rechtsqualität ihr zukommt und welche Relevanz sie

---

64 Wie menschenrechtliche Normen Einzug in die hiesige Rechtsordnung erhalten, siehe hierzu *Valentin Aichele*, Nationale Menschenrechtsinstitutionen: Ein Beitrag zur nationalen Implementierung von Menschenrechten, Frankfurt am Main, 151 ff.

65 Siehe *Paul Kirchhof*, „Das Recht auf Gesundheit", in: *Volker Schumpelick / Bernhard Vogel* (Hrsg.): Grenzen der Gesundheit, Freiburg 2004, 442-460; *Eberhard Jung*, Das Recht auf Gesundheit. Versuch einer Grundlegung des Gesundheitsrechts der Bundesrepublik Deutschland, München 1982; *Otfried Seewald*, Zum Verfassungsrecht auf Gesundheit, Köln 1981.

66 Siehe hierzu noch *Josef Isensee*, „Verfassung ohne soziale Grundrechte. Ein Wesenszug des Grundgesetzes", in: Der Staat (1980) 19, 367-384; Eibe Riedel, „Die Grundrechtssaat ist aufgegangen – Zeit nachzusäen?", in: *Jürgen Wolter / Eibe Riedel / Jochen Taupitz* (Hrsg.): Einwirkungen der Grundrechte auf das Zivilrecht, Öffentliche Recht und Strafrecht, Heidelberg 1999, 297-315; *Christine Hohmann-Dennhardt*, Gerechtigkeitsprobleme im Sozialstaat, in: Gesellschaft – Wirtschaft – Politik (GWP) (2006) 2, 141-150.

67 Siehe hierzu auch die Entscheidung des BVerfG vom 14.10.2004, 2 BvR 1481/04.

im jeweiligen Fall hat.[68] Der Rechtsanwendungsbefehl ist damit auch ein Rechtsbeachtungsbefehl.

Hat eine Norm innerstaatliche Geltung erlangt und wird von einem Rechtsanwender ihre Relevanz für den Einzelfall geprüft, stellt sich die Frage, ob sie *anwendbar* oder ob sie darüber hinaus auch *unmittelbar anwendbar* ist. Die Anwendbarkeit einer Norm ist gegeben, wenn diese zum Zwecke der Auslegung herangezogen oder wenn sie im Rahmen der Begründetheit in die Entscheidung einbezogen werden kann. Als unmittelbar anwendbar gilt sie, wenn die Bestimmung so hinreichend bestimmt ist, dass sie als *Rechtsgrundlage* in einer Einzelfallentscheidung taugt. Ob die in Rede stehende menschenrechtliche Norm anwendbar ist oder ob sie sogar unmittelbar anwendbar ist, ist durch Auslegung zu ermitteln. Zur Anwendung kommen sollen die Auslegungsmethoden nach den völkerrechtlichen Standards. Entscheidend ist der Grad der inhaltlichen Bestimmtheit der Norm.

Nach der nunmehr vorherrschenden differenzierenden Lesart menschenrechtlicher Übereinkommen, wonach die Normen eines Abkommens unterschiedliche Funktionen haben, kann die Beurteilung der Rechtsqualität nicht mehr pauschal erfolgen.[69] So kommt etwa auch der UN-Sozialpaktausschuss nach Auslegung zu dem Schluss, dass der UN-Sozialpakt unmittelbar anwendbare Bestandteile enthält.[70] Damit ist es ausgeschlossen, etwa die unmittelbare Anwendbarkeit einer menschenrechtlichen Bestimmung unter Verweis auf das Übereinkommen oder der ihm zugeschriebenen „Rechtsnatur" einfach abzulehnen.

In dieser Weise kann die Theorie überblicksartig zusammen gefasst werden. In der Praxis ist allerdings zu erkennen, dass eine förmliche und damit sichtbare Beachtung einer menschenrechtlichen Norm durch deutsche Behörden und Gerichte äußerst selten geschieht.[71] Dass ihre förmliche Einbeziehung selten ist, wurde in der Vergangenheit immer wieder kritisiert.[72] Die an den Menschenrechten und damit auch an den völkerrechtlichen Normen ausgerichtete gerichtliche und behördliche Praxis stellt einen ganz gewichtigen Faktor für den effektiven Schutz dieser Rechte im nationalen Bereich dar.

---

68 Vgl. Urteil des VGH Baden-Württemberg vom 16.02.2009 (2 S 2833/07), Rdnr. 47.
69 Siehe hierzu *Jakob Schneider*, Die Justiziabilität der wirtschaftlichen, sozialen und kulturellen Rechte, Berlin: Deutsches Institut für Menschenrechte, 24 ff., 39 ff.
70 Siehe CESCR, Allgemeine Bemerkung Nr. 9 (Die innerstaatliche Anwendbarkeit des Paktes), UN Doc. CESCR E/C.12/1998/24 vom 03.12.1998, abgedruckt in: Deutsches Institut für Menschenrechte (Hrsg.): Die „General Comments" zu den VN-Menschenrechtsverträgen. Deutsche Übersetzung und Kurzeinführungen, Baden-Baden 2005, 238-243, Ziff. 10.
71 Interessant in diesem Zusammenhang ist die Reihe an Gerichtsentscheidungen und die Diskussion zur Zulässigkeit von Hochschulgebühren gemessen am UN-Sozialpakt, siehe etwa OVG NRW, Urteil vom 09.10.2007, 15 A 1596/07; VHG Baden-Württemberg, Urteil vom 16.02.2009, 2 S 2833/07. Zur fachpolitischen Debatte siehe *Eibe Riedel / Sven Söllner*, „Studiengebühren im Lichte des UN-Sozialpaktes", in: JZ (2006) 6, 270-277; *Stefan Lorenzmeier*, „Völkerrechtswidrigkeit der Einführung von Studienbeiträgen und deren Auswirkungen auf die deutsche Rechtsordnung", in: NVwZ (2006) 7, 759-762.
72 Siehe jüngst die Stellungnahme des Deutschen Instituts für Menschenrechte, Stellungnahme im Rahmen des Universal Periodic Review-Verfahren im Februar 2009, unter I.).

4. Die Zugangsfrage in der rechtspolitischen Diskussion

Auf verschiedenen Ebenen laufen Diskussionen zur Frage des Zugangs zu medizinischer Versorgung von Menschen ohne Papiere. In Deutschland findet, angestoßen durch die humanitär schwierige Situation von Menschen ohne Papiere, eine politische wie fachpolitische Diskussion statt. Ferner ist festzustellen, dass die Frage nach dem Zugang zu medizinischer Versorgung von Menschen ohne Papiere *als menschenrechtliche Problemstellung* in den letzten Jahren auch von internationaler Seite an Deutschland verstärkt herangetragen worden ist. Diese internationalen Beiträge können wichtige Impulse für die hiesige Diskussion sein.

4.1 Internationale Perspektiven

Beispielsweise musste die Bundesregierung Anfang 2009 auf der Grundlage eines von Deutschland dem UN-Menschenrechtsrat vorgelegten Berichts über die Menschenrechtslage in Deutschland dem UN-Menschenrechtsrat Rede und Antwort stehen.[73] Im Zuge ihrer mündlichen Präsentation in Genf hat der Leiter der deutschen Delegation auf die defizitäre Versorgung von Menschen ohne Papier in Deutschland zwar hingewiesen, die Ursache dafür aber im Vermeidungsverhalten dieser Bevölkerungsgruppe festmachen wollen.[74] Mehrere Staaten haben daraufhin Deutschland in ihrer Stellungnahme kritisiert, da sie der Auffassung waren, dass Maßnahmen zur Kontrolle irregulärer Migration im Ergebnis nicht dazu führen dürfen, dass der tatsächliche Zugang zur gesundheitlichen Basisversorgung verbaut wird.[75]

Im Zuge des Berichtsprüfungsverfahrens vor dem UN-Ausschuss zur Frauenrechtskonvention (CEDAW) wurde der Bericht der Bundesregierung[76] bemängelt, weil er über die Frage des Zugangs zu Gesundheitsversorgung von Migrantinnen, Asylsuchenden und Flüchtlingen keine Informationen beinhaltete. Insbesondere hatte die Bundesregierung kein Datenmaterial hierzu vorgelegt. Entsprechend wurde Deutschland vor dem Hintergrund seiner völkerrechtlichen Verpflichtungen vom CEDAW-Ausschuss aufgefordert, in seinem nächsten Bericht desaggregiertes Datenmaterial zu diesem Punkt einzureichen.[77]

Auch im europäischen Zusammenhang werden die bestehenden Barrieren in Bezug auf den Zugang als menschenrechtliches Problem thematisiert. Der Menschenrechtskommissar des Europarats, Thomas Hammarberg, besuchte Deutschland im Jahr 2006.

---

73 Siehe General Assembly, National Report: Germany, UN Doc. A/HRC/WG.6/4/DEU/1 vom 10.12.2008.
74 UN Doc. A/HRC/WG.6/4/L.1 vom 04.02.2009, Ziff. 12.
75 Vgl. die Stellungnahmen von Südafrika, Kanada, Pakistan und Mexiko, die zusammengefasst sind in UN Doc. A/HRC/WG.6/4/L.1 vom 04.02.2009, Ziff. 38.
76 Siehe Deutscher Bundestag, Sechster Bericht der Bundesrepublik Deutschland zum Übereinkommen der Vereinten Nationen zur Beseitigung jeder Form der Diskriminierung der Frau (CEDAW), Drucksache 16/5807 vom 08.06.2007.
77 Vgl. CEDAW, Concluding Observations: Germany, UN Doc. CEDAW/C/DEU/CO/6 vom 10.02.2009, Ziff. 53 und 54.

Der Aufenthalt war Teil der regelmäßigen Länderbesuche des Kommissars in allen Mitgliedstaaten des Europarates, bei denen bewertet werden soll, inwieweit die Menschenrechte tatsächlich beachtet werden.[78] In seinem Abschlussbericht führt der Kommissar im Kapitel „Die Lage von nicht registrierten Zuwandern" aus:

> „Bedingt durch ihren illegalen Aufenthaltsstatus sind sie in einer schwachen Position in Bezug auf den Zugang zu den sozialen Grunddiensten, beispielsweise medizinische Versorgung (...). Der Kommissar bekräftigt, dass nicht registrierte Zuwanderer auch Rechte im Rahmen der internationalen Menschenrechtsinstrumente haben. Zum Beispiel haben nicht registrierte Zuwanderer das Recht auf Zugang zu medizinischer Versorgung im Falle von Krankheit (...). Der Kommissar ruft die deutschen Behörden dazu auf, sicherzustellen, dass illegale Zuwanderer ihren Anspruch auf die medizinische Versorgung (...) tatsächlich wirksam geltend machen können."[79]

4.2 Die innenpolitische Diskussion

Auch im Rahmen der innenpolitischen Diskussion spielt die Frage des Zugangs zu Einrichtungen der medizinischen Versorgung eine Rolle.[80] In der Fachöffentlichkeit wird die Frage diskutiert, wie die Situation von Menschen ohne Papiere im Bereich Gesundheitsversorgung verbessert werden kann. Als Lösung wird konkret gefordert, die Meldepflichten in dem Umfang einzuschränken, wie das für die Wahrnehmung des Rechts auf Gesundheit notwendig ist.[81] Im Folgenden werden aus der laufenden Diskussion einige Positionen von staatlicher Seite dargestellt, welche deutlich werden lassen, dass insbesondere die Bedeutung und Tragweite des Rechts auf Gesundheit als Menschenrecht nicht hinreichend erkannt und angemessen gewürdigt werden.

Beispielsweise hat das Bundesministerium des Innern (BMI) einen Bericht erarbeitet, der eine Art Bestandsaufnahme darstellt und sich dazu äußert, wie mit den sich irregulären Migrantinnen und Migranten in Deutschland umzugehen sei.[82] Dieser Bericht ist von verschiedenen Organisationen aus unterschiedlichen Gründen kritisiert worden.[83] Problematisch daran aus menschenrechtlicher Sicht ist, dass Ordnungspolitik und Men-

---

78 Siehe den Bericht des Menschenrechtskommissars *Thomas Hammarberg* über seinen Besuch in Deutschland zur Vorlage beim Ministerkomitee und der Parlamentarischen Versammlung (CommDH (2007)14; vgl. auch *Thomas Hammarberg*, Human rights in Europe: Mission unaccomplished. Viewpoints by the Council of Europe Commissioner for Human Rights, Strasbourg: Council of Europe 2007, 22-25.

79 CommDH (2007)14, Ziff. 159 und 160. Seine Empfehlung darauf an die deutschen Behörden lautete „sicherzustellen, dass illegale Zuwanderer ihre Rechte in Bezug auf die medizinische Versorgung (...) wirksam wahrnehmen können." (Siehe Empfehlung Nr. 44 des Berichts).

80 Siehe dazu Deutscher Bundestag, Drucksache 16/445 vom 24.01.2006, Gesetzesentwurf der Fraktion Bündnis 90/ Die Grünen und die damit verbundene öffentliche Anhörung von Sachverständigen im Innenausschuss des Deutschen Bundestages am 26.06.2006.

81 Siehe Bundesarbeitsgruppe Gesundheit / Illegalität, 12.

82 Siehe Bundesministerium des Innern, Illegal aufhältige Migranten in Deutschland. Datenlage, Rechtslage, Handlungsoptionen. Bericht des Bundesministeriums des Innern zum Prüfauftrag „Illegalität" aus der Koalitionsvereinbarung vom 11. November 2005, Kapitel VIIII 1.2, Berlin 2007 (im Folgenden BMI-Prüfbericht).

83 Siehe etwa die Stellungnahmen des Katholischen Forums „Leben in der Illegalität", von IPPNW und des Deutschen Caritasverbands.

schenrechte zu einem künstlichen Gegensatz aufgebaut und im Ergebnis gegeneinander ausgespielt werden. Das BMI führt diesbezüglich aus, es gäbe zwei Blickwinkel – die „ordnungspolitische Sichtweise" und die „menschenrechtlich orientierte Position".[84] Der Bericht selbst nimmt in Folge der ordnungspolitischen Sichtweise ein und lässt in seinen Ausführungen die menschenrechtlichen Aspekte, wie etwa das Recht auf Gesundheit, völlig unberücksichtigt.

Dieser Ansatz ist nicht nur grundsätzlich fragwürdig, sondern auch rechtlich schwer nachvollziehbar. Aus dem Vorrang der Menschenrechte gegenüber dem einfachgesetzlichen oder untergesetzlichen Ordnungsrecht ergibt sich, dass Ordnungspolitik und Ordnungsrecht nicht unabhängig von menschenrechtlichen Vorgaben gedacht oder umgesetzt werden können. Eine von den Menschenrechten entkoppelte Zielsetzung des Ordnungsrechts darf es daher nicht geben. Dagegen sollte Ordnungsrecht der Sicherung menschenrechtlicher Gewährleistungen dienen. Gerade darin sollte das Ziel für die deutsche Ordnungspolitik liegen.

Erinnert sei in diesem Zusammenhang, dass auch Menschenrechte nicht schrankenlos gelten.[85] Sie werden also nicht nur durch staatliches Handeln wie durch Gesetze und Verordnungen abgesichert oder geschützt, sondern sie werden gegebenenfalls vom staatlichen Recht, auch vom Ordnungsrecht, beschränkt. Das ist rechtlich zulässig. Im Falle eines unverhältnismäßigen Eingriffs in die menschenrechtlichen Rechtsgewährleistungen büßt allerdings staatliche Gewalt nicht nur an Legitimität ein, sondern ist in der Substanz auch rechtswidrig.

Ferner wird im BMI-Bericht dargelegt, die Meldepflichten seien ein unverzichtbares Mittel der Migrationskontrolle. Mit der Übermittlungspflicht verfüge der Staat über ein „Mittel der Migrationskontrolle, das dazu beiträgt, dem Aufenthaltsrecht Geltung zu verschaffen".[86] Richtigerweise haben sich die Meldepflichten für *Migrationskontrolle* aus zwei Gründen als ungeeignet erwiesen. Erstens hängt die individuelle Migrationsentscheidung, nach Deutschland zu kommen oder in Deutschland nach Ablauf eines Visums zu bleiben, nicht vom Zugang zu sozialen Leistungen ab, sondern – so die Ergebnisse empirischer Untersuchungen – von anderen Faktoren wie Sprache, soziale Anschlussfähigkeit und Arbeitsmöglichkeiten.[87]

Zweitens verfehlen die Meldepflichten ihr Ziel, da sie nicht dazu führen, dass Menschen ohne Papiere als illegale Migranten erkannt werden. Vielmehr schrecken sie die Menschen davon ab, ihr Recht in Anspruch zu nehmen. Hintergrund ist die Vorstellung, die sich bis heute mit der Regelung der Meldepflichten verbindet, Menschen ohne Papiere würden sich im Krankheitsfalle oder bei Schwangerschaft an die Behörden wenden, um nach der Gesundung oder Entbindung das Land zu verlassen. Diese Menschen würden sich um den Preis ihres Aufenthaltes den Behörden anvertrauen, um ärztliche Hilfe in Anspruch zu nehmen. Nur wenn dies der Wirklichkeit entspräche, würden die

---

84 Siehe BMI-Prüfbericht, 9 und 10.
85 Siehe etwa in Bezug auf den UN-Sozialpakt, Artikel 4 und 5; vgl. CESCR, Allgemeine Bemerkung Nr. 14, Ziff. 28 und 29.
86 Siehe BMI-Prüfbericht, 39.
87 Siehe *Dita Vogel*, „Illegaler Aufenthalt, Konzepte, Forschungszugänge, Realitäten, Optionen" in: *Dietrich Thränhardt / Uwe Hunger* (Hrsg.): Migration im Spannungsfeld von Globalisierung und Nationalstaat, Opladen, 161-179.

Meldepflichten die ihnen zugeschriebene Funktion einer „Migrationskontrolle" tatsächlich auch erfüllen. Wie wir heute aber wissen, geht diese Vorstellung an der Wirklichkeit vorbei.[88]

5. Zusammenfassung und abschließende Bemerkungen

Das Recht auf Gesundheit ist ein Menschenrecht. Als solches wurde es in zahlreichen menschenrechtlichen Übereinkommen der Vereinten Nationen anerkannt. Das Recht steht nach heutigem Verständnis für eine individuelle freiheitliche Rechtsposition, die dem Staat Verpflichtungen auferlegt. Danach hat jede Person das Recht auf Zugang zu medizinischer Versorgung und ärztlicher Beratung. Der Aspekt des Zugangs zu bestehenden Einrichtungen der medizinischen Versorgung wird vom UN-Sozialpaktausschuss dem *Kernbereich* des Rechts auf Gesundheit zugeordnet.

Nach der menschenrechtlichen *Achtungspflicht* haben es staatlichen Organe, etwa Behörden und Gerichte, zu *unterlassen*, den gleichberechtigten Zugang zu vorbeugenden, heilenden und lindernden Gesundheitsdiensten zu verweigern oder zu beschränken. Führen dagegen staatliche Maßnahmen oder staatliches Handeln, etwa eine gesetzliche Regelung oder auch eine damit verknüpfte behördliche Praxis dazu, dass Zugangsbarrieren entstehen oder werden diese aufrechterhalten, so ist das ein menschenrechtliches Problem. Gemäß der *Pflicht zur Gewährleistung* des Rechts ist an Deutschland überdies die menschenrechtliche Anforderung zu stellen, die Rahmenbedingungen für die gesundheitliche Versorgung der gesamten Bevölkerung schrittweise so auszugestalten, dass das Recht nicht nur auf dem Papier steht, sondern auch *faktisch gewährleistet* ist.

Die Meldepflichten in Deutschland sind demzufolge eine menschenrechtlich problematische Barriere. Zahlreiche Untersuchungen legen substantiiert dar, dass viele Menschen, die sich ohne Papiere in Deutschland aufhalten, den Zugang zu einer staatlich gestützten medizinischen Basisversorgung nicht suchen. Sie haben selbst in Fällen großer Not die *Furcht*, entdeckt und anschließend abgeschoben zu werden. Die individuellen Folgen in einem existenziellen Lebensbereich wiegen teilweise schwer. Menschen ohne Papiere gelten als Bevölkerungsgruppe, sozialmedizinisch gesprochen, als teilweise fehl- und unterversorgt.

Die Meldepflichten als gesetzliche Regelung sind deshalb als Eingriff in die geschützte freiheitliche Sphäre zu verstehen, der grundsätzlich rechtlich gerechtfertigt werden muss. Begreift man das Recht auf Gesundheit nach der modernen Dogmatik der wirtschaftlichen, sozialen und kulturellen Rechte als Freiheitsrecht, so steht im Raum, ob die Aufrechterhaltung der Meldepflichten in Deutschland als *unverhältnismäßige*

---

[88] Vgl. BMI-Prüfbericht, 14. Dieses Ergebnis stützt der BMI-Prüfbericht selbst, denn die Abfrage des Bundesministeriums des Innern bei den Ministerien und Senatsverwaltungen für Inneres der Länder hat nämlich ergeben, dass, soweit „überhaupt Erkenntnisse zur Bedeutung der Mitteilungspflichten [gemeint sind die Meldepflichten, Anm. des Verfassers] in der Praxis vorliegen, können diese dahingehend zusammengefasst werden, dass von den Mitteilungspflichten nur vereinzelt und uneinheitlich Gebrauch gemacht wird."

Einschränkung des Rechts zu bewerten sind. Dies anzunehmen liegt schon deshalb nahe, weil der Zugang zu medinischer Versorgung in den Kernbereich des Rechts auf Gesundheit fällt.

Die Aufrechterhaltung der Meldepflichten kann nach der Auffassung des Verfassers mit dem Argument der „Migrationskontrolle" auch nicht deshalb gerechtfertigt werden, weil sich die Meldepflichten für Migrationskontrolle als *ungeeignet* erwiesen haben. Sie erreichen nicht, wie heute hinreichend bekannt ist, den ihnen zugeschriebenen Zweck: Anstatt Migration zu kontrollieren, verhindern sie medizinische Versorgung. So ist schwer nachvollziehbar, wie in Deutschland die Regelung der Meldepflichten weiter aufrechterhalten werden kann, ohne dass ihre tatsächliche Wirkung – Abschreckung von der Wahrnehmung eines fundamentalen Rechts – nicht entscheidend ins Gewicht fällt und eine Problemlösung nicht zeitnah herbeigeführt wird. Es sollte angenommen werden, dass staatliches Interesse besteht, bedürftige Menschen nicht unversorgt zu lassen und ihre Menschenrechte, die sie unabhängig von ihrem Aufenthaltsstatus haben, hinreichend zu schützen.

In Deutschland besteht ein Spannungsverhältnis zwischen dem menschenrechtlichen Anspruch auf Zugang zu medizinischer Versorgung und der von Meldepflichten bestimmten Wirklichkeit. Dieses sollte – soweit wie es menschenrechtlich geboten ist – zugunsten des Rechts auf Gesundheit aufgelöst werden. Die Völkerrechtsfreundlichkeit des Grundgesetzes und das Gebot der Widerspruchsfreiheit der Rechtsordnung gebieten ein insofern klärendes Einschreiten des deutschen Gesetzgebers, der den Konflikt dann zugunsten des Rechts auf Gesundheit zu entschärfen und das nationale Recht entsprechend anzupassen hat.[89]

Nach der Überzeugung vieler Sachverständiger ist die *Beschränkung der Meldepflichten* der beste Weg, das humanitär wünschenswerte wie menschenrechtlich gebotene Ziel zu erreichen. Aber erst langsam setzt sich auch in der Politik die Auffassung durch, dass Menschenrechte wie hier das Recht auf Gesundheit für die Gestaltung von Politik verbindliche Grundsätze vorgeben und eine für staatliches Handeln begrenzende Funktion haben.

---

[89] Vgl. auch Hans-Jürgen Papier, „Umsetzung und Wirkung der Entscheidungen des Europäischen Gerichtshofs für Menschenrechte aus der Perspektive der nationalen deutschen Gerichte", in: EuGRZ (2006) 22, 1-3,1.

Die UN-Wanderarbeitnehmerkonvention – Verbesserung der Gesundheitsversorgung von irregulären Migranten und Migrantinnen?

Katharina Spieß

Das internationale Übereinkommen zum Schutz der Rechte aller Wanderarbeitnehmer und ihrer Familien von 1990 gehört zu den Kernmenschenrechtsverträgen der Vereinten Nationen. Sie ist in Deutschland nach wie vor nahezu unbekannt. Das liegt auch daran, dass es bis heute nicht von Deutschland ratifiziert wurde. Im Folgenden wird das Übereinkommen kurz vorgestellt, um im Anschluss auf die Bedenken der Bundesregierung gegen eine Ratifizierung einzugehen und zum Schluss darzulegen, warum das Übereinkommen die Rechte von Migranten und Migrantinnen ohne Aufenthaltstitel stärken und für diese den Zugang zur öffentlichen Gesundheitsversorgung verbessern kann.

A. Überblick über die Wanderarbeitnehmerkonvention

I. Entstehungsgeschichte

Die Anfänge der Wanderarbeitnehmerkonvention gehen in die 1970er Jahre zurück. Massenausweisungen in einigen Staaten führten international zu der Diskussion, wie Migrantinnen und Migranten besser geschützt werden könnten.[1] Vor diesem Hintergrund setzte die Unterkommission der Menschenrechtskommission zur Verhütung von Diskriminierung und für Minderheitenschutz der Vereinten Nationen 1974 eine Sonderberichterstatterin ein, die im Jahr 1977 ihre Studie über das Problem der Anwendbarkeit der bestehenden internationalen Bestimmungen für den Schutz der Menschenrechte von Personen vorlegte, die nicht Staatsbürger des Landes sind, in dem sie leben.[2] Darin kam sie zu dem Schluss, dass kein internationales Instrument existierte, das direkt auf den Schutz der Menschenrechte von Ausländerinnen und Ausländern gerichtet war. Darüber hinaus seien die bestehenden Instrumente unklar und enthielten zu viele Einschränkungsmöglichkeiten. Deshalb schlug sie die Annahme einer eigenen Erklärung über die Menschenrechte von Personen vor, die nicht Staatsangehörige des Staates sind, in dem

---

1 Auch in anderen internationalen Gremien wurde die Frage, wie Wanderarbeitnehmerinnen und Wanderarbeitnehmer besser geschützt werden könnten, diskutiert: In der ILO wurde deswegen das Übereinkommen über Missbräuche bei Wanderungen und die Förderung der Chancengleichheit und der Gleichbehandlung der Wanderarbeitnehmer von 1975 (Konvention Nr. 143) angenommen. Der Europarat entwickelte in den 1970er Jahren das Europäische Übereinkommen über den rechtlichen Status von Wanderarbeitern.
2 Die Berichterstatterin war die Britin *Baronin Elles*, Mitglied der Unterkommission.

sie leben. Ihr Entwurf für eine solche Erklärung wurde Grundlage der weiteren Arbeit innerhalb der UN.[3]

Nach mehreren Diskussionen in der UN-Generalversammlung beschloss diese schließlich im Jahr 1979, eine Wanderarbeitnehmerkonvention zu arbeiten. Deutschland stand diesem Vorhaben schon damals skeptisch gegenüber und enthielt sich sowohl im ECOSOC als auch in der Generalversammlung bei der Abstimmung über die Erarbeitung einer Wanderarbeitnehmerkonvention.[4]

Diese Skepsis teilte Deutschland mit anderen Industriestaaten, die wiederholt unterstrichen, dass sie keine Notwendigkeit für eine spezielle Konvention zum Schutze von Wanderarbeitnehmerinnen und Wanderarbeitnehmern und ihren Familien sähen. Die Mehrheit der in der Generalversammlung versammelten Staaten bejahte hingegen die Notwendigkeit, trotz der bereits existierenden Standards und Übereinkommen die Rechte der Wanderarbeiter zu stärken und zusammenzufassen. Damit setzten sich die so genannten Entwicklungsländer gegenüber den Industriestaaten durch. Die von der Generalversammlung eingesetzte Arbeitsgruppe zur Erarbeitung einer Wanderarbeitnehmerkonvention war insgesamt zehn Jahre tätig. Deutschland wiederholte während dieser Zeit immer wieder seine Vorbehalte gegenüber einer Menschenrechtskonvention, die alle Migranten berücksichtigen sollte.[5] Die Bundesrepublik befürchtete, dass eine solche Konvention den Anreiz für Migranten erhöhen würde, irregulär einzureisen. Gemeinsam mit den USA, Australien und Neuseeland sprach sie sich dafür aus, den Geltungsumfang der Wanderarbeitnehmerkonvention auf legal im Land lebende Migranten zu beschränken. Diese Kritik hielt Deutschland aber nicht davon ab, an den Verhandlungen der Arbeitsgruppe teilzunehmen.

1990 nahm die Generalversammlung schließlich die Wanderarbeitnehmerkonvention an und empfahl allen Staaten, sie zu ratifizieren. Entgegen dieser Empfehlung unterzeichneten in den ersten Jahren nur sehr wenige Staaten die Konvention. Erst nachdem seit 1999 Nichtregierungsorganisationen gemeinsam mit der VN und der Internationalen Organisation for Migration (IOM) eine groß angelegte Ratifizierungskampagne zugunsten der Wanderarbeitnehmerkonvention durchführten, kamen bis 2003 die 20 Ratifizierungen, die für das Inkrafttreten der Wanderarbeitnehmerkonvention notwendig waren, zusammen.[6] Heute ist die Konvention von 40 Staaten ratifiziert worden.[7] Mitgliedstaaten der Europäischen Union haben die Konvention bisher weder unterzeichnet noch ratifiziert.

---

3 UN Doc. E/CN.4/Sub.2/392/Rev. 1 (1980). Siehe dazu auch: *Hildern, Guido*, Die Vereinten Nationen und die Rechte der Ausländer, in: Vereinte Nationen 1990, S. 47 ff., S. 49.
4 ECOSOC, Res. 1979/13, GA Res. 34/172, beides in U.N. Yearbook 1979, S. 874 ff.
5 S. *Hildern*, a.a.O., S. 47 zu der Arbeitsgruppe.
6 Global Campaign for the Ratification of the 1990 United Nations Convention on the Protection of the Rights of all Migrant Workers and Members of Their Families.
7 Albanien, Algerien, Argentinien, Aserbaidjan, Bangladesch, Belize, Benin, Bolivien, Bosnien und Herzegovina, Burkina Faso, Kambodscha, Kap Verde, Chile, Kolumbien, Komoren, Kongo, Äquador, Ägypten, El Salvador, Gabon, Ghana, Guatemala, Guinea, Guinea-Bissau, Guyana, Honduras, Indonesien, Jamaika, Kirgistan, Lesotho, Liberia, Libyen, Mali, Mauretanien, Mexiko, Montenegro, Marokko, Nicaragua, Paraguay, Peru, Philippinen, Ruanda, Sao Tome und Principe, Senegal, Serbien, Seychellen, Sierra Leone, Sri Lanka, Syrien, Tadschikistan, Timor-Leste, Togo, Türkei, Uganda, Uruguay.

II. Anwendungsbereich der Wanderarbeitnehmerkonvention

Art. 2 definiert den Kreis der durch die Konvention geschützten Personen. „Wanderarbeiternehmer" ist gemäß Art. 2 Abs. 1 jede Person, die in einem Staat, dessen Staatsangehörigkeit sie nicht hat, eine Tätigkeit gegen Entgelt ausüben wird, ausübt oder ausgeübt hat. Dabei ist der Begriff „Wanderarbeitnehmer" in zweierlei Hinsicht irreführend; zum einen werden durch die Konvention nicht nur angestellte Arbeitnehmer und Arbeitnehmerinnen geschützt, sondern auch Selbständige. Zum anderen ist auch eine Person geschützt, die nie migriert ist, sondern immer in einem Staat gelebt hat, aber nicht die Staatsangehörigkeit dieses Staates besitzt. Über diese allgemeine Definition des Wanderarbeitnehmers hinaus bestimmt die Konvention in Art. 2 Abs. 2 spezifische Gruppen von Migrantinnen und Migranten, die auch in den Schutzbereich der Konvention fallen, z. B. Grenzgängerinnen und Grenzgänger oder Saisonarbeitnehmer.

Die Konvention gilt für alle Migranten, unabhängig davon, ob sie mit einem Aufenthaltstitel in einem Land leben oder irregulär.

Nicht anwendbar ist die Konvention auf Flüchtlinge und Asylsuchende. Diese sind von der Genfer Flüchtlingskonvention in ihren Rechten geschützt. Auch Staatenlose sind nicht von der Konvention umfasst.[8]

Gemäß Art. 1 soll die Konvention für alle Wanderarbeiterinnen und Wanderarbeiter und ihre Familienangehörigen während des gesamten Migrationsprozesses gelten. Dazu gehören sowohl die Vorbereitung der Ausreise als auch die Rückkehr in den Herkunftsstaat. Der Schutz der Wanderarbeitnehmerkonvention erstreckt sich mit anderen Worten auch schon auf den Zeitraum vor der tatsächlichen Migration und umfasst auch die Zeit nach der Rückkehr in den Herkunftsstaat. So gibt die Konvention den geschützten Personen bereits vor der Ausreise ein Recht auf Information gegenüber dem zukünftigen Beschäftigungsstaat, über die Zulassung im Beschäftigungsstaat und die Voraussetzungen für die Arbeitsaufnahme, Art. 37. Nach Beendigung der Tätigkeit und Rückkehr in den Heimatstaat sollen die Vertragsstaaten die Wanderarbeitnehmerinnen und Wanderarbeitnehmer von Einfuhr- und Ausführzöllen und -abgaben für ihre persönliche Habe und ihr Haushaltsgut befreien.

III. Geschützte Rechte

Im Schutzumfang unterscheidet die Konvention: zum einen bestimmt sie Rechte, die für alle Migranten gelten, unabhängig davon, ob sie einen Aufenthaltstitel oder eine Arbeitserlaubnis haben. Darüber hinausgehende Rechte gewährt sie für Migranten und Migrantinnen, die legal, d.h. mit Aufenthaltserlaubnis und Arbeitserlaubnis, im Land leben.

Die Rechte aller Migranten sind in Teil 3 der Konvention aufgenommen. Gegen das Votum einiger Staaten, darunter Deutschland, sollte damit unterstrichen werden, dass die Menschenrechte universell und deswegen auch für Menschen gelten, die ohne Auf-

---

8 Staatenlose sind international durch das Übereinkommen über die Rechtsstellung der Staatenlosen geschützt. Übereinkommen über die Rechtsstellung der Staatenlosen vom 28.09.1954, BGBl. 1976 II, S. 473. In Deutschland sind sie durch das Gesetz über die Rechtsstellung heimatloser Ausländer (HeimatlAuslG) geschützt.

enthaltsstatus in einem Land leben. Ein weiterer Grund für die explizite Nennung der Rechte von Migranten ohne Aufenthaltserlaubnis wird in der Präambel hervorgehoben: einer „Beschäftigung von Wanderarbeitnehmern, deren Status nicht geregelt ist, auch dadurch entgegengewirkt (...), dass die grundlegenden Menschenrechte aller Wanderarbeitnehmer eine weitergehende Anerkennung finden (...)."

Bei den grundlegenden bürgerlichen und politischen Menschenrechten, die für alle Migrantinnen und Migranten gelten, handelt es sich insbesondere um eine Bekräftigung der Rechte, die bereits im internationalen Übereinkommen über bürgerliche und politische Rechte (UN-Zivilpakt) enthalten sind.[9] Darüber hinaus werden diese Rechte für die spezifische Situation von Migrantinnen und Migranten konkretisiert. So behandelt Art. 16 das Recht auf persönliche Sicherheit und Freiheit und legt dabei unter anderem in Absatz 7 auch fest, dass Migrantinnen und Migranten das Recht zur Kontaktaufnahme mit ihrem Herkunftsstaat haben, wenn sie in Haft sind.[10]120 Artikel 17 beinhaltet die habeas-corpus-Rechte, das heißt die Rechte, die einer Person bei ihrer Verhaftung zustehen, und legt dabei in Absatz 3 auch fest, dass Personen, die wegen eines Verstoßes gegen ausländerrechtliche Vorschriften in Haft sitzen, soweit möglich getrennt von Strafverurteilten oder Untersuchungshäftlingen unterzubringen sind.[11]

Um eine willkürfreie Behandlung von Migrantinnen und Migranten zu gewährleisten, wird in Art. 20 geregelt, dass die Aufenthalts- oder Arbeitserlaubnis nicht allein deswegen entzogen werden darf, weil der Migrant eine Verpflichtung aus dem Arbeitsvertrag nicht erfüllt hat. Außerdem regelt Art. 21, dass nur die gesetzlich dazu befugten Amtspersonen dazu berechtigt sind, Ausweispapiere und Aufenthaltsdokumente einzuziehen oder zu vernichten. Art. 22 regelt den Schutz vor Ausweisungen. Danach muss u.a. jede Ausweisung einzeln geprüft werden, Migrantinnen und Migranten dürfen nur aufgrund einer gesetzlichen Entscheidung ausgewiesen werden und die Entscheidung ist ihnen in einer ihnen verständlichen Sprache mitzuteilen.

Bezüglich der wirtschaftlichen und sozialen Rechte ist die Wanderarbeitnehmerkonvention zurückhaltender, soweit sie diese Rechte für alle Migrantinnen und Migranten verbürgt. Sie wiederholt nicht alle Rechte, die im Sozialpakt verankert sind, sondern nennt explizit die Rechte in der Arbeit, das Recht auf Gesundheit, das Recht, Gewerkschaften beizutreten, das Recht auf soziale Sicherheit, das Recht auf Bildung und das Recht auf kulturelle Identität. Auffallend ist, dass das Recht auf angemessenen Lebensstandard, das das Recht auf Wohnen umfasst, und das Recht auf Arbeit nicht genannt werden.

Bezüglich des Rechts auf Gesundheit unterstreicht die Wanderarbeitnehmerkonvention, dass das Recht auf Gesundheit für alle Migranten, unabhängig von ihrem Aufenthaltsstatus, Geltung hat. Allerdings ist der Schutzumfang enger normiert als dies im internationalen Übereinkommen über wirtschaftliche, soziale und kulturelle Rechte (UN-Sozialpakt) der Fall ist. Während im UN-Sozialpakt „das Recht eines jeden auf das für ihn erreichbare Höchstmaß an körperlicher und geistiger Gesundheit" anerkannt wird, bestimmt die Wanderarbeitnehmerkonvention, dass „Wanderarbeitnehmer und

---

9 Vergleiche Art. 6-19 des UN-Zivilpakts.
10 Siehe auch Art. 36 der Wiener Konsularrechtskonvention (WKRK).
11 Deutschland hat bereits in den Verhandlungen zur UN-Wanderarbeitnehmerkonvention dagegen gestimmt.

ihre Familienangehörigen (...) das Recht (haben), jede ärztliche Versorgung, die für die Erhaltung ihres Lebens oder die Vermeidung einer nicht wiedergutzumachenden Schädigung ihrer Gesundheit dringend erforderlich ist, auf der Grundlage der Gleichbehandlung mit den Staatsangehörigen des betreffenden Staates zu erhalten."

Der UN-Sozialausschuss hat in einer allgemeinen Bemerkung zum Recht auf Gesundheit unterstrichen, dass Art. 12 des UN-Sozialpakts für alle in einem Staat lebenden Personen gilt. Insbesondere müssen medizinische Einrichtungen und ärztliche Betreuung ohne Diskriminierung zugänglich sein. Dies heißt, das diese Einrichtungen für besonders schutzbedürftige und an den Rand der Gesellschaft gedrängte Gruppen, wie zum Beispiel Strafgefangene und irreguläre Migranten, zugänglich sein müssen.[12]

Auch wenn der Schutzumfang in Art. 28 der UN-Wanderarbeitnehmerkonvention enger ist, als im UN-Sozialpakt, so bedeutet das nicht, dass Staaten, die den UN-Sozialpakt ratifiziert haben, bei Ratifikation der UN-Wanderarbeitnehmerkonvention hinter den Schutz des UN-Sozialpaktes zurückgehen dürfen. Dies wird in Art. 81 der Wanderarbeitnehmerkonvention ausdrücklich festgelegt: keine Bestimmung der Konvention berührt günstigere Rechte oder Freiheiten, die aufgrund eines für den Vertragsstaat geltenden zwei- oder mehrseitigen Vertrages gelten.[13]

Die Wanderarbeitnehmerkonvention enthält darüber hinaus ausdrückliche Informationsrechte für alle Migranten. Damit soll sichergestellt werden, dass die betroffenen Personen über ihre Rechte nach der Konvention und nach den Rechtsvorschriften und Gepflogenheiten im Herkunfts-, Transit- und Empfangsstaat umfassend informiert sind.[14] All diese Auskünfte sollen kostenlos und in einer für den Migranten verständlichen Sprache zur Verfügung gestellt werden.

Das Recht auf Information ist Bestandteil aller Menschenrechte. Nur wenn eine Person ihre Rechte kennt, kann sie sie einfordern und wahrnehmen. In älteren Menschenrechtsübereinkommen, wie dem Zivil- und dem Sozialpakt, sind diese Informationsrechte nicht ausdrücklich benannt, sondern werden vorausgesetzt. Es hat sich aber gezeigt, dass dies nicht ausreicht. Deswegen sind in neueren Menschenrechtsverträgen, wie zum Beispiel in der Kinderrechtskonvention,[15] Informationsrechte ausdrücklich enthalten. Für Migrantinnen und Migranten spielen Informationsrechte auch deswegen eine wichtige Rolle, weil sie Schutz vor Ausbeutung bieten können. Eine Person, die

---

12 General Comment No. 14 (2000), 11.08.2000, E/C.12/2000/4. Für die deutsche Übersetzung siehe Deutsches Institut für Menschenrechte (Hrsg.), Die „General Comments" zu den VN-Menschenrechtsverträgen, Baden-Baden 2005, S. 285 ff.
13 Allerdings hat der UN-Sozialausschuss in seinem General Comment zum Recht auf soziale Sicherheit im Jahr 2007 den Zugang zum Gesundheitssystem enger gefasst: „All persons, irrespectivee of their nationality, residency or immigration status, are entitled to primary and emergency medical care." (Abs. 37 des General Comments zu Art. 9, 4.02.2008, E/C.12/GC/19.) Es scheint, dass der Ausschuss den Schutzumfang mit anderen internationalen Übereinkommen, wie der UN-Wanderarbeitnehmerkonvention, synchronisieren möchte.
14 Siehe insbesondere Art. 33 der Konvention.
15 Art. 42 der VN-Kinderrechtskonvention.

ihre Rechte im Beschäftigungsstaat kennt, kann nicht aufgrund von falschen Informationen ausgebeutet werden.[16]

In Teil 4 der Konvention werden die Rechte der Migrantinnen und Migranten, die sich regulär im Empfangsstaat aufhalten, genannt.[17] Was unter regulärem Aufenthalt zu verstehen ist, definiert Art. 5 der Konvention. Die Wanderarbeitnehmerkonvention selbst definiert weder die Voraussetzungen für die legale Einreise und den legalen Aufenthalt noch für die Erteilung einer Arbeitserlaubnis. 2. Innerstaatliche Pflichten.

Gemäß Art. 83 der Konvention sind die Vertragsstaaten verpflichtet, allen Personen, die eine Verletzung ihrer Rechte aus der Wanderarbeitnehmerkonvention geltend machen, Zugang zu den nationalen Gerichten zu ermöglichen. Damit soll sichergestellt werden, dass Migranten ihre Rechte aus der Konvention auch durchsetzen können. Außerdem sind die Vertragsstaaten gemäß Art. 84 verpflichtet, die in der Wanderarbeitnehmerkonvention enthaltenen Rechte in innerstaatliches Recht umzusetzen.

IV. Pflicht zur internationalen Kooperation

Die Wanderarbeitnehmerkonvention will Migranten in allen Phasen der Migration schützen. Deswegen verlangt die Konvention von den Staaten die Wahrnehmung ihrer Pflichten gleichermaßen als Entsende-, Transit- oder Empfängerstaaten. Damit geht einher, dass die Konvention die Vertragsstaaten an verschiedenen Stellen zur Kooperation auffordert. Insbesondere wird dies in Teil 6 der Konvention festgeschrieben, denn dort werden die Vertragsstaaten verpflichtet „vernünftige, gerechte, humane und rechtmäßige Bedingungen" für die internationale Migration zu schaffen.[18] Beispielhaft für eine Verpflichtung, die unterschiedliche Staaten treffen kann, ist Art. 29. Danach haben alle Kinder das Recht auf einen Namen, auf Registrierung ihrer Geburt und auf eine Staatsangehörigkeit. Damit schafft Art. 29 zum einen die Verpflichtung des Aufnahmestaates, das Kind zu registrieren. Gleichzeitig wird damit regelmäßig die Verpflichtung des Herkunftsstaates der Eltern begründet, dem Kind die Staatsbürgerschaft der Eltern zu verleihen.[19] Ein weiteres Beispiel dafür, dass die Konvention mehr als nur einen Staat verpflichtet, ist Art. 23. In diesem wird der konsularische Schutz für Migranten in Bezug auf die Rechte der Konvention postuliert: Während der Aufnahmestaat verpflichtet ist, diesen konsularischen Schutz zu ermöglichen, muss der Herkunftsstaat auf die Einhaltung der Rechte aus der Wanderarbeitnehmerkonvention im Empfängerstaat achten. Selbstverständlich kann diese Verpflichtung, soweit sie auf die Rechte der Wander-

---

16 Das Übereinkommen des Europarates zur Bekämpfung des Menschenhandels vom 16.05.2005 erkennt dies ausdrücklich an, insbesondere in Art. 5 des Übereinkommens. Deutschland hat dieses Übereinkommen gezeichnet, bisher aber noch nicht ratifiziert.

17 Bei den in Teil 4 der Konvention genannten Rechten handelt es sich insbesondere um soziale Teilhaberechte.

18 Zum Beispiel Art. 64 (Konsultationen zur Schaffung von gerechten Wanderungsbewegungen), Art. 67 (Rückkehr der Wanderarbeitnehmer in den Heimatstaat), Art. 68 (Bekämpfung der illegalen Migration).

19 Vorausgesetzt, dass diese Staaten das so genannte Ius sanguinis zur Bestimmung der Staatsbürgerschaft zugrunde legen. Dies ist bei fast allen Staaten der Welt der Fall.

arbeitnehmerkonvention beschränkt ist, nur für solche Staaten gelten, die die Wanderarbeitnehmerkonvention ratifiziert haben.[20]

V. Der Ausschuss zum Schutz der Wanderarbeitnehmer

Die Wanderarbeitnehmerkonvention sieht in Art. 72 die Einsetzung eines Ausschusses zum Schutz der Rechte aller Wanderarbeitnehmer und ihrer Familienangehörigen vor. Seine Aufgaben sind vergleichbar mit denen der Ausschüsse, die zur Überwachung der anderen UN-Menschenrechtsverträge existieren, wie z.b. der Menschenrechts- oder der Sozialausschuss.[21] Aufgabe des Ausschusses ist es, die Berichte der Vertragsstaaten über den Stand der Umsetzung der Wanderarbeitnehmerkonvention zu prüfen und Bemerkungen zu diesen Berichten zu machen. Nach einem Anfangsbericht, der innerhalb eines Jahres nach Ratifikation der Konvention fällig wird, sind die Vertragsstaaten verpflichtet, alle fünf Jahre einen Fortschrittsbericht vorzulegen (Art. 73).

Der Ausschuss ist ferner dafür zuständig, Individualbeschwerden über Verletzungen der Wanderarbeitnehmerkonvention zu prüfen. Voraussetzung dafür ist, dass ein Vertragsstaat die Zuständigkeit des Ausschusses für Individualbeschwerde gemäß Art. 77 erklärt und mindestens zehn Vertragsstaaten die Individualbeschwerde akzeptiert haben.[22]

B. Bedenken der Bundesregierung gegen eine Ratifizierung

Die Bundesrepublik Deutschland hat von Anfang an Bedenken gegen die Konvention geäußert, die sie bis heute aufrechterhält. Zuletzt hat sie diese 2008 bestätigt.[23]

Im Wesentlichen nennt sie drei Gründe, warum sie das Übereinkommen nicht ratifiziert.

Erstens seien die grundlegenden Menschenrechte bereits im Internationalen Pakt über bürgerliche und politische Rechte (VN-Zivilpakt) und im Internationalen Pakt über wirtschaftliche, soziale und kulturelle Rechte (VN-Sozialpakt) verankert. Diese Rechte gelten ohne Ausnahme auch für Wanderarbeitnehmer.

Zweitens sei der Begriff des Wanderarbeitnehmers zu wenig differenziert und schließe auch Personen ein, die sich unerlaubt aufhalten und unerlaubt einer Beschäftigung nachgehen. Die Position der Wanderarbeitnehmer, die sich illegal aufhalten, werde hierdurch in einer Weise geschützt, die weit über das unbestrittene Erfordernis hinaus-

---

20 In allen anderen Fällen kann sich der Betroffene auf Art. 36 der Wiener Konsularrechtskonvention berufen, der auch ein Individualrecht auf konsularischen Schutz beinhaltet. Siehe zur Auslegung: IGH, LaGrand Case (Germany v United States of America), Judgement, I.C.J. Reports, p. 466.
21 Momentan besteht er aus 10 Mitgliedern, die für vier Jahre mit der Möglichkeit der einmaligen Wiederwahl gewählt werden.
22 Bis heute haben nur Mexiko und Guatemala eine entsprechende Erklärung abgegeben.
23 Zuletzt in der Antwort auf die Kleine Anfrage der Bundestagsfraktion Die Linken vom 1.10.2008, Bundestagsdrs. 16/10450.

Spieß

geht, ihre Menschenrechte zu gewährleisten. Die Regelungen der UN-Wanderarbeitnehmerkonvention seien deswegen geeignet, den Anreiz zu verstärken, ohne entsprechenden Aufenthaltstitel in Deutschland einer Beschäftigung nachzugehen. Schließlich stehe die Harmonisierung des Migrationsrechts auf europäischer Ebene der Ratifizierung entgegen. Ein einseitiges Vorgehen würde Deutschland in dieser Frage isolieren.[24]

All diese Gründe halten einer näheren Betrachtung nicht stand.

So ist es zwar richtig, dass Migranten bereits durch den UN-Sozialpakt und den UN-Zivilpakt geschützt sind. Gleichzeitig konkretisieren jüngere Menschenrechtsverträge die dort normierten Rechte für bestimmte, besonders schutzbedürftige Gruppen. Zuletzt ist dies der Fall bei dem Übereinkommen über die Menschenrechte von Menschen mit Behinderungen (UN-Behindertenkonvention) gewesen, die von der UN-Generalversammlung im Jahr 2006 angenommen wurde. Die Bundesregierung hat die Verhandlungen zu dieser Konvention aktiv unterstützt und dieses Übereinkommen bereits ratifiziert.[25] Hier hat die Bundesregierung immer wieder unterstrichen, wie wichtig es sei, die Menschenrechte für die spezifische Situation von Menschen mit Behinderten zu definieren.[26]

Die UN-Wanderarbeitnehmerkonvention ist ähnlich wie die UN-Behindertenkonvention zu beurteilen: auch sie konkretisiert die Menschenrechte für die spezifische Situation von Migranten, die zum Teil besonders von Menschenrechtsverletzungen betroffen und deswegen besonders schutzbedürftig sind.

Auch das Argument, dass die in der Konvention normierten Rechte zu weitgehend seien und es damit zu einem Anreiz für irreguläre Zuwanderung käme, ist verfehlt. Die Konvention unterscheidet sehr genau zwischen den Rechten aller Migranten, zu denen auch diejenigen ohne Aufenthaltstitel gehören, und denjenigen, die einen Aufenthaltstitel haben. Die Rechte der ersten Gruppe definiert die UN-Wanderarbeitnehmerkonvention sehr eng. So ist der Schutzumfang gerade beim Recht auf Gesundheit enger als dies z. B. im UN-Sozialpakt der Fall ist. Gleichzeitig unterstreicht die Konvention selbst, dass sie sich als Instrument der Bekämpfung der irregulären Migration sieht.[27]

---

24 Siehe Bundesregierung, a.a.O. (Fn. 23) und ausführlich m.w.N. *Spieß*, Die Wanderarbeitnehmerkonvention der Vereinten Nationen, Berlin 2007, S. 66 ff.

25 Deutschland hat die UN-Behindertenkonvention am 19.12.2008 ratifiziert, Gesetz vom 21.12.2008, BGBl. II 2008, Nr. 35, 31.12.2008, S. 1419.

26 Siehe z. B. den Entwurf eines Gesetzes zu dem Übereinkommen der Vereinten Nationen vom 13. Dezember 2006 über die Rechte von Menschen mit Behinderungen sowie zu dem Fakultativprotokoll vom 13. Dezember 2006 zum Übereinkommen der Vereinten Nationen über die Rechte von Menschen mit Behinderungen, Bundestagsdrs. 16/10808, S. 1: „Das Übereinkommen basiert auf den zentralen Menschenrechtsabkommen der Vereinten Nationen und konkretisiert die dort verankerten Menschenrechte für die Lebenssituation von Menschen mit Behinderungen." Das Übereinkommen ist zum 1.1. 2009 für Deutschland in Kraft getreten, BGBl II 2008. S. 1419 ff.

27 Siehe die Präambel der Konvention, in der es unter anderem heißt, dass die Konvention „einer Beschäftigung von Wanderarbeitnehmern, deren Status nicht geregelt ist, auch dadurch entgegengewirkt wird, dass die grundlegenden Menschenrechte aller Wanderarbeitnehmer eine weitergehende Anerkennung finden und dass außerdem durch die Gewährung bestimmter zusätzlicher Rechte an diejenigen Wanderarbeitnehmer und ihre Familienangehörigen, deren Status geregelt ist, alle Wanderarbeitnehmer und alle Arbeitgeber ermutigt werden, die Gesetze und Verfahren des betreffenden Staates zu beachten und sich danach zu richten.".

Als Mittel wählt sie die Stärkung der irregulären Migranten. Dahinter steht der Gedanke, dass die Arbeitgeber von irregulären Migranten das Interesse an deren Beschäftigung verlieren, wenn diese ihre Rechte und Ansprüche kennen und auch die Möglichkeit haben, diese durchzusetzen. Dann kann ein irregulären Migrant sich gegen Ausbeutung wehren. Der Arbeitgeber muss in diesen Fällen mit dem Risiko leben, dass der Migrant Ansprüche geltend macht, die ihm zustehen. Dies verteuert die Arbeit des Beschäftigten und macht die Anstellung eines irregulären Migranten weniger attraktiv.

Schon jetzt ist die Bundesregierung verpflichtet, die Menschenrechte von irregulären Migranten zu achten und zu schützen. Die Wanderarbeitnehmerkonvention unterstreicht dies lediglich.

Schließlich spricht auch die Harmonisierung auf europäischer Ebene einer Ratifizierung nicht entgegen, da weder das europäische Primärrecht noch das Sekundärrecht einer Ratifizierung entgegenstehen. Art. 63 des Vertrages über Europäische Union unterstreicht, dass keine der Maßnahmen, die vom Rat zur Harmonisierung der Migrationspolitik beschlossen werden, die Mitgliedstaaten daran hindert, in den betreffenden Bereichen innerstaatliche Bestimmungen beizuhalten oder einzuführen, die mit diesem Vertrag und mit internationalen Übereinkommen vereinbar sind. Auch die bis heute angenommenen Rechtsakte des Sekundärrechts[28] stehen einer Ratifizierung nicht entgegen, da diese Rechtsakte ausdrücklich günstigere Regelungen unangetastet lassen.[29]

Dieser kurze Überblick zeigt, dass die Bundesregierung politische und rechtlich nicht begründbare Vorbehalte gegen die UN-Wanderarbeitnehmerkonvention hat.[30]

C. Verbesserung der Gesundheitssituation von irregulären Migranten bei Ratifikation?

Die Ratifizierung der UN-Wanderarbeitnehmerkonvention könnte einen Beitrag dazu leisten, die Gesundheitsversorgung irregulärer Migranten zu verbessern. Die UN-Wanderarbeitnehmerkonvention etabliert Berichtspflichten über die Umsetzung der in der Konvention enthaltenen Rechte. Diese Berichtspflicht würde die Bundesregierung dazu verpflichten, auch über die Situation von irregulären Migranten zu berichten. Bis heute tut Deutschland dies nicht. Eindrücklich zeigt dies der jüngst veröffentlichte 5. Staatenbericht zum UN-Sozialpakt, in dem die Situation von irregulären Migranten an

---

28 Insbesondere die Richtlinie 2000/43/EG des Rates vom 29.96.200, Abl. 2000 L 280/22, Verordnung (EG) Nr. 859/2003 des Rates vom 14.05.2003 zur Ausdehnung der Bestimmungen der Verordnung (EWG) Nr. 1408/71 und der Verordnung (EWG) Nr. 574/72 auf Drittstaatsangehörige, die ausschließlich aufgrund ihrer Staatsangehörigkeit nicht bereits unter diese Bestimmungen fallen, Richtlinie 2003/86/EG des Rates vom 22. September 2003, Richtlinie 2008/115/EG des europäischen Parlaments und des Rates vom 16. Dezember 2008 über gemeinsame Normen und Verfahren in den Mitgliedstaaten zur Rückführung illegal aufhältiger Drittstaatsangehöriger.

29 Z. B. Art. 4 der Richtlinie 2008/115/EG.

30 Für eine ausführliche Auseinandersetzung mit den Bedenken der Bundesregierung siehe *Spieß*, Die Wanderarbeitnehmerkonvention der Vereinten Nationen, Berlin 2007, S. 66 ff.

keiner Stelle erwähnt wird, obwohl diese ein großes Problem ist.[31] Auch im jüngsten Menschenrechtsbericht der Bundesregierung wird die Situation irregulärer Migranten nicht erwähnt.[32] Ein Bericht für den Wanderarbeitnehmerausschuss würde auch dazu führen, dass die Bundesregierung das Problem der mangelhaften Gesundheitsversorgung von irregulären Migranten anerkennen müsste.

Die UN-Wanderarbeitnehmerkonvention etabliert zudem umfassende Informationspflichten für die Vertragsstaaten. In Deutschland würde dies dazu führen, dass die Bundesregierung dafür Sorge tragen müsste, irreguläre Migranten auch über ihr Recht auf Zugang zur Gesundheitsversorgung zu informieren.

Bereits heute ist Deutschland verpflichtet, irregulären Migranten den Zugang zur Gesundheitsversorgung tatsächlich einzuräumen. So muss Deutschland faktische Barrieren, die dazu führen, dass irreguläre Migranten die öffentliche Gesundheitsversorgung nicht in Anspruch nehmen, überwinden. Die Pflicht aller öffentlichen Behörden, auch derjenigen, die für die Gesundheitsversorgung zuständig sind, die Identität eines irregulären Migranten an die Ausländerbehörden zu melden, stellt eine solche Barriere dar, denn sie führt dazu, dass ein Migrant ohne Aufenthaltstitel aus Furcht vor Abschiebung auch bei akuter Erkrankung das öffentliche Gesundheitswesen nicht in Anspruch nimmt. Aus menschenrechtlicher Sicht ist Deutschland verpflichtet, sicherzustellen, dass Migranten ohne Furcht vor Abschiebung ärztliche Hilfe in Anspruch nehmen können.

Die Wanderarbeitnehmerkonvention unterstreicht dies noch einmal, indem sie explizit das Recht auf Gesundheit auch für irreguläre Migranten betont.

Aus menschenrechtlicher Sicht wäre es deswegen zu begrüßen, wenn die Bundesregierung ihre Vorbehalte gegen die Wanderarbeitnehmerkonvention aufgeben und das Übereinkommen ratifizieren würde.

---

31 5. Staatenbericht der Bundesrepublik Deutschland nach Art. 16 und 17 des internationalen Übereinkommens über wirtschaftliche, soziale und kulturelle Rechte. Abrufbar unter <http://institut-fuer-menschenrechte.de/dav/Bibliothek/Dokumente/UN-Dokumente%20deutschsprachig/CESCR2008 Dt.Staatenbericht5.pdf> (Stand 12.1.2009).

32 8. Bericht der Bundesregierung über ihre Menschenrechtspolitik in den auswärtigen Beziehungen und in anderen Politikbereichen, abrufbar unter <http://www.auswaertiges-amt.de/diplo/de/Aussenpolitik/Themen/Menschenrechte/8.MR.Bericht.html> (Stand 12.1.2009).

Autorenprofile

Valentin Aichele

Dr. iur. Valentin Aichele, LL.M. (Adelaide) arbeitet seit 2005 als Wissenschaftlicher Referent für die wirtschaftlichen, sozialen und kulturellen am Deutschen Institut für Menschenrechte in Berlin. Veröffentlichungen: Nationale Menschenrechtsinstitutionen 2003; Soziale Menschenrechte älterer Personen in Pflege 2006; Die UN-Behindertenrechtskonvention und ihr Fakultativprotokoll 2008.
E-Mail: aichele@institut-fuer-menschenrechte.de.

Nele Allenberg

Nele Allenberg ist juristische Referentin beim Bevollmächtigten des Rates der EKD. Veröffentlichungen u. a.: Besserer Schutz für verfolgte Frauen? Anerkennung geschlechtsspezifischer Verfolgung im Aufenthaltsgesetz, in: Grundrechte Report 2006, S. 132-136, Aufenthaltserlaubnis aufgrund einer Härtefallentscheidung, in: Das neue Zuwanderungsrecht (Hg.: Jürgen Blechinger, Dr. Vera Weißflog), 11/2007.
E-Mail: Nele.Allenberg@ekd-berlin.de.

Burkhard Bartholome

Burkhard Bartholome, Dr. med., Assistenzarzt an der Klinik für Anästhesiologie mit Schwerpunkt operative Intensivmedizin, Campus Virchow-Klinikum. Er ist aktiv im Büro für medizinische Flüchtlingshilfe Berlin, einem antirassistischen Projekt, das sich für die Verbesserung der Gesundheitsversorgung von Flüchtlingen und illegalisierten MigrantInnen einsetzt, <http://www.medibuero.de>; E-Mail: info@medibuero.de.

Benedikt Buchner

Benedikt Buchner, Prof., Dr. iur., LL. M. (UCLA), lehrt Bürgerliches Recht, Gesundheits- und Medizinrecht an der Universität Bremen. Er ist geschäftsführender Direktor des Instituts für Gesundheits- und Medizinrecht (IGMR) der Universität Bremen.
E-Mail: bbuchner@uni-bremen.de.

Franck Düvell

Franck Düvell, Dr. phil., Sozialwissenschaftler, ist seit 2006 leitender Wissenschaftler am Centre on Migration, Policy and Society (COMPAS), University of Oxford. In 2003/4 war er Jean Monnet Fellow am Robert-Schuman Centre for European Studies, European University Institute, von 1998-2003 war er als Research Fellow an der University of Exeter tätig. Und zwischen 2000 und 2008 war er in Bremen regelmäßig mit der Lehre beauftragt.

Seine Forschungsschwerpunkte sind internationale Migration und Migrationspolitik, insbesondere irreguläre Migration, Ost-Westmigration sowie Fragen der Ethik.

Autorenprofile

Er hat zahlreiche Arbeiten veröffentlicht, darunter ‚Europäische und internationale Migration' (Münster 2006), 'Illegal Immigration in Europe' (Houndmills, 2006), 'Migration. Boundaries of equality and justice' (Cambridge, 2003), 'Die Globalisierung des Migrationsregimes' (Berlin, 2003), 'Irregular Migration. Dilemmas of transnational mobility' (Cheltenham, 2002). Seine Aufsätze sind in Social Science Information, Journal for Ethnic and Migration Studies, Journal for Critical Social Policy, den IMIS-Beiträgen und anderen erschienen. Er ist Mitglied im EU-geförderten Network of Excellence 'International Migration, Integration and Social Cohesion' (IMISCOE).

Christiane Falge

Christiane Falge studierte Ethnologie an den Universitäten Hamburg und Addis Abeba. Von 1998 bis 2000 war sie als Gender-Beauftragte für ACORD (Agency for Cooperation and Research in Development) in Äthiopien tätig, führte Gutachten für die GTZ (Gesellschaft für Technische Zusammenarbeit) und Trainings für äthiopische Regierungsvertreter durch. 2001 kehrte sie nach Deutschland zurück und promovierte als Stipendiatin des Cusanuswerkes und des Max-Planck-Institutes für ethnologische Forschung an der Universität Halle-Wittenberg. Im Rahmen ihrer Promotion „The Global Nuer: Transnational Lifelihoods, Religious Movements and War" führte sie eine zweijährige Forschung in einem äthiopischen Flüchtlingscamp und unter sudanesischen Migranten in den USA durch. Im Anschluss an die Promotion nahm sie eine Stelle als wissenschaftliche Mitarbeiterin am ZERP (Zentrum für Europäische Rechtspolitik) in Bremen an und ist seit 2009 wissenschaftliche Mitarbeiterin am InIIS (Institut für Interkulturelle und Internationale Studien) in Bremen. Ihre Forschungsschwerpunkte sind die Themen Migration, Gesundheit, Transnationale Felder und Religiöse Bewegungen.
E-Mail: falge@iniis.uni-bremen.de

Andreas Fischer-Lescano

Andreas Fischer-Lescano, Prof. Dr. iur., LL.M. (EHI Florenz), lehr Öffentliches Recht, Europarecht, Völkerrecht, Rechtstheorie und Rechtspolitik an der Universität Bremen. Er ist geschäftsführender Direktor des Zentrums für Europäische Rechtspolitik (ZERP) der Universität Bremen. E-Mail: voelkerrecht@uni-bremen.de.

Dorothee Frings

Dorothee Frings, Prof., Dr. jur., lehrt Verfassungs-, Verwaltungs- und Sozialrecht für die Soziale Arbeit an der Hochschule Niederrhein, FB Sozialwesen. Jüngste Veröffentlichungen: Sozialrecht für Zuwanderer, Baden-Baden 2008; Ausländerrecht für Studium und Beratung (mit Elke Tießler-Marenda), Frankfurt 2009. E-Mail: dorothee.frings@hs-niederrhein.de.

Christine M. Graebsch

Christine M. Graebsch, Juristin und Diplom-Kriminologin, tätig als Rechtsanwältin im Straf- und Ausländerrecht sowie als wissenschaftliche Mitarbeiterin und Lehrbeauftragte an der Universität Bremen. Jüngere Veröffentlichungen: „Der Arzt im Polizeigewahrsam", in: „Gefängnismedizin, Medizinische Versorgung unter Haftbedingungen", Karl-

Heinz Keppler/ Heino Stöver (Hrsg.), S. 52 ff.; „Der Gesetzgeber als gefährlicher Wiederholungstäter. Empirische Erkenntnis über Kriminalprävention und Kriminalprognose im Recht der Sicherungsverwahrung sowie bei der ausländerrechtlichen Ausweisung", in: „Festschrift für Ulrich Eisenberg zum 70. Geburtstag", Henning Ernst Müller/ Günther M. Sander/ Helena Válkova (Hrsg.), München 2009, S. 725 ff.; „Abschiebungshaft – Abolitionistische Perspektiven und Realitäten", in: „Kriminologisches Journal", Heft 2008, Heft 1, S. 32 ff. E-Mail: graebsch@uni-bremen.de.

Jessica Groß

Jessica Groß, Dr. med., Oberärztin im Sankt Gertrauden-Krankenhaus Berlin, Abteilung für Frauenheilkunde und Geburtshilfe. Sie ist aktiv im Büro für medizinische Flüchtlingshilfe Berlin, einem antirassistischen Projekt, das sich für die Verbesserung der Gesundheitsversorgung von Flüchtlingen und illegalisierten MigrantInnen einsetzt, <http://www.medibuero.de>; E-Mail: info@medibuero.de.

Luciano Gualdieri

Luciano Gualdieri, Medical Doctor, director of the Centre for the Health Protection of Migrants – A.S.L. Napoli 1 – Italy. Member of National and Regional Commissions on treatment of Tuberculosis in Migrants.

Holger Hoffmann

Prof. Dr. jur. Holger Hoffmann, FH Bielefeld, Professor für Staats- und Verwaltungsrecht und Verwaltungslehre und Dekan des Fachbereichs Sozialwesen; Mitherausgeber des Handkommentars Hofmann – Hoffmann, Ausländerrecht (Baden-Baden 2008); seit 1999 zahlreiche Aufsätze im „Asylmagazin" und anderen Publikationen zu Rechtsentwicklungen und zur Beratungspraxis im europäischen und deutschen Ausländer- und Asylrecht.

Susann Huschke

Susann Huschke, Ethnologin M.A., promoviert am Institut für Ethnologie der Freien Universität Berlin und ist Stipendiatin der Hans-Böckler-Stiftung. Arbeitstitel der laufenden Promotionsforschung: „Kranksein in der Illegalität. Eine medizinethnologische Studie über lateinamerikanische MigrantInnen in Berlin."
E-Mail: susann.huschke@gmail.com.

Tillmann Löhr

Tillmann Löhr, Dr. iur., arbeitet als Fraktionsreferent im Deutschen Bundestag. Jüngste Veröffentlichungen: Die kinderspezifische Auslegung des völkerrechtlichen Flüchtlingsbegriffs, Baden-Baden 2009; Europäisches Flüchtlings- und Einwanderungsrecht – Eine kritische Zwischenbilanz (Hrsg. zusammen mit Prof. Dr. Dr. Rainer Hofmann), Baden-Baden 2008; Menschenrechtliches Niemandsland an den Grenzen Europas. Die Abschottung Europas unter Missachtung der Flüchtlings- und Menschenrechte (mit Marei Pelzer), in: Kritische Justiz 3/2008, S. 302-309.

Autorenprofile

Eckhard Lotze

Eckhard Lotze, Gesundheits- und Krankenpfleger, Pflegewissenschaftler, leitet das Referat Migration und Gesundheit des Gesundheitsamts Bremen. In seiner Arbeit befasst sich das Referat Migration und Gesundheit insbesondere mit der Gesundheit von Migranten mit unsicherem bzw. ohne Aufenthaltstitel.
E-Mail: migration@gesundheitsamt.bremen.de.

Elène Misbach

Elène Misbach, Dipl.-Psych., arbeitet in einem Berliner Projekt gegen Rechtsextremismus, Rassismus und Antisemitismus. Sie ist aktiv im Büro für medizinische Flüchtlingshilfe Berlin, einem antirassistischen Projekt, das sich für die Verbesserung der Gesundheitsversorgung von Flüchtlingen und illegalisierten MigrantInnen einsetzt, www.medibuero.de; E-Mail: info@medibuero.de.

Marei Pelzer

Marei Pelzer, Rechtspolitische Referentin der bundesweiten Flüchtlingsorganisation PRO ASYL in Frankfurt am Main, Veröffentlichungen: Menschenrechtliche Niemandsland – Die Abschottung Europas unter Missachtung der Flüchtlings- und Menschenrechte (mit Tillmann Löhr), in: Kritische Justiz, Heft 3, 2008, S. 303; Frauenrechte sind Menschenrechte auch für Flüchtlingsfrauen? Asyl aufgrund geschlechtsspezifischer Verfolgung, in: Femina Politica 01/2008, Widerruf der Flüchtlingseigenschaft und Terrorismusvorbehalt im Lichte des Gemeinschaftsrechts – Erlöschens- und Ausschlussbestimmungen der Anerkennungsrichtlinie und ihre innerstaatliche Umsetzung, in: Rainer Hofmann/Tillmann Löhr (Hrsg.), Europäisches Flüchtlings- und Einwanderungsrecht, Eine kritische Zwischenbilanz, 2008. E-Mail: mp@proasyl.de.

Gisela Penteker

Gisela Penteker, Dr. med., Fachärztin für Allgemeinmedizin. Arbeitskreis Flüchtlinge und Asyl der IPPNW (Internationale Ärzte zur Verhütung des Atomkrieges, Ärzte in sozialer Verantwortung). Vorstandsmitglied NTFN (Netzwerk für traumatisierte Flüchtlinge in Niedersachsen). Vorstandsmitglied Flüchtlingsrat Niedersachsen. Mitglied bei PICUM (Platform for International Cooperation on Undocumented Migrants). E-Mail: Penteker@t-online.de.

Maria Laura Russo

Maria Laura Russo, sociologist, senior researcher at *L'Albero della Salute*, Regional structure for cultural mediation in health care, Tuscany Region. Member of Italian Society for Migrants' Medicine.

Sandra B. Schmidt

Sandra B. Schmidt, MPH (Magister Public Health) (MediNetz Bremen; Universität Bremen), ist wissenschaftliche Mitarbeiterin im artec Forschungszentrum Nachhaltigkeit. Sie arbeitet ehrenamtlich im MediNetz Bremen. Jüngste Veröffentlichungen: Gesundheitsversorgung von papierlosen Menschen in Bremen. Ergebnisse einer Umfrage bei Arztpraxen im Land Bremen (mit Andreas Wiesner, Vera Bergmeyer und Ute Bruckermann) 2008; Nachhaltige Arbeitsqualität: Eine Perspektive für die Gesundheitsförderung in der Wissensökonomie (mit Guido Becke und Peter Bleses) 2009. E-Mail: schmidts@uni-bremen.de.

Klaus Sieveking

Klaus L. Sieveking, Prof. Dr. iur., lehrt Ausländerrecht, Gesundheitsrecht, Nationales und Europäisches Sozialrecht an der Universität Bremen, FB Human- und Gesundheitswissenschaften und FB Rechtswissenschaften, Fellow am ZERP. Veröffentlichungen zum Ausländerrecht u.a. „Meine Rechte als Ausländer", Beck-Rechtsberater im dtv, München 2007. E-Mail: ksievek@uni-bremen.de.

Katharina Spieß

Katharina Spieß, Dr. jur. (EUI, Florenz), Referentin für wirtschaftliche, soziale und kulturelle Rechte bei Amnesty International Deutschland. Veröffentlichungen u.a.: Die Wanderarbeitnehmerkonvention der Vereinten Nationen (2007), Flüchtlings- und Asylrecht (mit Julia Duchrow) (2005), E-Mail: katharina.spiess@amnesty.de.

Tineke Strik

Tineke Strik, mr. drs., Forscherin im Bereich Europäisches Asyl- und Migrationsrecht am Zentrum für Migrationsrecht, Radboud Universität Nijmegen, Niederlande. Mitglied des Senats der Universität. Jüngste Veröffentlichungen: 'Illegalen, een grensoverschrijdend punt van zorg', Migrantenrecht 2008, nr 9/10; 'The Procedures Directive: an overview', in: "The Procedures Directive, Central Themes, Problem Issues and Implementation in Selected Member States" (Zwaan als Editor), 2008; 'The Family Reunification Directive in EU Member States, the first year of implementation', (mit Groenendijk, Fernhout, Van Dam und Van Oers), 2007. E-Mail: t.strik@jur.ru.nl.

Timo Tohidipur

Timo Tohidipur, Dr. iur., ist wissenschaftlicher Mitarbeiter und Lehrbeauftragter an der Goethe-Universität Frankfurt am Main. Jüngste Veröffentlichungen: Europäische Gerichtsbarkeit im Institutionensystem der EU. Zu Genese und Zustand justizieller Konstitutionalisierung, 2008; Die Europäische Grenzsicherungsarchitektur, in: Arndt/Betz/Farahat/Goldmann u.a. (Hrsg.), Freiheit, Sicherheit, Öffentlichkeit, 48. Assistententagung Öffentliches Recht, 2009, 242-261; Strukturmerkmale des Europarechts zwischen Integration und Sanktion (mit Manfred Zuleeg), in: Fischer-Lescano/Gasser/Marauhn/Ronzitti (Hrsg.), Frieden in Freiheit, Festschrift für Michael Bothe, 2008, 1089-1098. E-Mail: Tohidipur@jur.uni-frankfurt.de.